이혼가정 자녀
어떻게 돌볼 것인가

Edward Teyber 저

성정현 · 김희수 · 박한샘 · 양심영

양혜원 · 전명희 · 주소희 · 최정숙 옮김

청목출판사

역자 서문

한부모가족에서 생활하는 아동이 증가하고 있는 현상은 전 세계적인 현상이며, 우리나라 역시 최근 몇 년 동안 이혼율의 증가로 이와 같은 현상을 경험하고 있다. 경제위기를 계기로 증가한 이혼율이 다시 감소하고 있기는 하지만, 증가율에 비하면 이 감소율은 매우 미미할 뿐만 아니라 결혼연기 및 다양한 가족형태의 증가에 비추어볼 때 지금의 이혼율이 경제위기 이전으로 되돌아가기는 어려울 것으로 보인다. 이와 같은 한부모가족의 증가로 사회·경제적 관심과 학문적 연구 또한 활발히 전개되고 있는 상황에서 역자들은 부모의 이혼이 아동에게 미치는 영향을 구체적으로 제시하고 있는 Teyber 박사 부부의 책 "*Helping Children Cope with Divorce*"를 "이혼가정 자녀 어떻게 돌볼 것인가"라는 제목으로 번역하였다. 이 책에서는 부모의 이혼을 접하게 된 아동들의 경험과 특징을 상세하게 설명하고 있으며, 아울러 아동들이 보이는 심리사회적 문제들에 실제적으로 개입할 수 있는 기술들을 사례와 함께 제시하고 있다. 이 책은 모두 4부, 11장으로 구성되어 있다.

1부는 서론으로서 이혼한 가정의 자녀들이 성공적으로 적응할 수 있도록 돕는 것의 중요성을 제시하고 있다. 1장에서는 가족의 변화와 부모의 이혼이 아동에게 미치는 영향을 주요 내용으로 담고 있다. 1장은 양혜원 교수가 번역하였다.

2부는 부모가 이혼하는 과정동안 아동들이 경험하는 심리적 문제들을 주요 내용으로 하고 있다. 2장은 부모의 이혼으로 인해 발생하는 아동의 분리불안을 중점적으로 기술하고 있으며, 3장은 부모의 재결합에 대한 환상을 다루고 있다. 2부의 마지막 4장은 부모의 이혼에 대한 책임을 느끼는 아동의 심리정서적 측면과 이에 대해 부모가 반응하는 방법을 설명하고 있다. 2장과 3장의 전반부는 최정숙 교수가 옮겼으며, 3장 후반부와 4장은 주소희 교수가 번역하였다.

3부는 이혼 후 자녀를 양육하는 부모들에게 자녀양육의 지침을 제공하는 내용으로 이루어졌다. 5장은 부모의 갈등과 협력이 자녀에게 어떻게 영향을 미치는지를 설명하고 있으며 아울러 부모들이 간과하기 쉬운 문제점을 제시하고 있다. 6장은 부모가 이혼했지만 자녀는 양측 부모를 모두 필요로 한다는 내용과 이혼에 대한 반응에서 성차를 다루고 있다. 7장은 자녀와 관련된 법적인 문제로서 자녀의 양육권과 조정 및 갈등을 해결하는 방법을 담고 있다. 5장과 6장 전반부는 김희수 교수가 번역하였으며, 6장 후반부는 양혜원 교수가 번역하였다. 그리고 7장은 양심영 교수가 번역하였다.

4부는 이혼 후 경험하는 자녀양육의 문제들을 다루고 있다. 8장에서는 자녀가 경험하는 충성심의 갈등에 대한 기본적인 이해와 발생 원인을 기술하고 있으며, 9장에서는 아동들의 부모화현상과 원인 및 대처방법을 설명하고 있다. 10장에서는 자녀를 양육하는 네 가지 방법의 사례를 들어 상술하고 있으며, 마지막으로 11장에서는 재혼이 자녀에게 미치는 영향과 부모가 준비해야 할 사항들을 수록하고 있다. 8장과 9장의 전반부는 박한샘 박사가 번역하였으며, 9장 후반부와 10장은 성정현 교수가, 그리고 11장은 전명희 박사가 번역하였다.

역자 모두 박사학위 논문을 포함한 연구논문을 통해 우리나라의 이혼문제에 접하게 되면서 이혼가정 아동을 이해하고 도울 수 있는 기본서적이 필요하다는 데 의견을 같이 했다. 그 과정에서 이혼이 아동에게 미치는 영향과 도울 수 있는 방법을 상세하게 다룬 이 책을 선택하게 되었다. 그러나 이혼가족에 대한 관심이 높아지고 현실에 비해 이혼관련 서적을 출판하는 일은 현실적으로 매우 어려운 과정이었으며, 그 과정에서 이혼에 대한 인식의 현주소를 확인할 수 있었다. 번역을 완성한 후 출판에 이르기까지 2년의 시간이 흐른 후에 출판되는 이 책이 이혼문제를 고민하고 있거나 이혼과정중에 있는 부모, 그리고 이혼문제를 다루는 전문가들과 학생들에게 도움이 될 수 있기를 바란다. 마지막으로 이 책이 나올 때까지 안내자가 되어 주셨던 스승님들과 선배교수, 가족들과 이 책의 출판을 허락해 주신 청목출판사의 유성렬 사장님에게 깊은 감사를 드린다.

2006년 3월
역자 일동

감사의 글

많은 친구와 동료들의 도움에 감사드립니다. 무엇보다 이젠 동료가 된 두 대학원생이 이 개정판의 작업의 모든 부분에 함께 해주었습니다. Ronda Reil과 Meg Walling을 통해 가족과 아이들에 대해 많은 것을 배울 수 있었습니다. 그들은 탁월한 감각과 변치 않는 판단력을 보여주었습니다.

오랜 친구들도 이 책에 많은 기여를 했습니다. 특별히 Faith McClure, Melissa Scarfone, 그리고 Margaret Dodds-Schumacher의 지원과 편집에 감사드립니다. Thamas Brayton은 가족 법률 변호사로서 전문성과 시간을 투자함으로 기여하였습니다.

Jossey-Bass 출판사의 저명한 편집자인 Alan Rinzler와 함께 일하게 된 것은 큰 기쁨이었습니다. 그의 편안한 모습(용모, 인격, 풍채)과 아이들에 대한 헌신이 이 일을 있게 하였습니다.

마지막으로, 함께 한 이혼 가정과 아이들에게 감사드립니다. 그들은 저에게 많은 것을 가르쳐 주었습니다. 모두에게 감사드립니다.

차 례

제 1 부

서　론

제 1 장　당신은 자녀들이 성공적으로 이혼에 적응하도록 도울 수 있다

제1장

당신은 자녀들이 성공적으로 이혼에 적응하도록 도울 수 있다

"내 아이들에게 앞으로 무슨 일이 일어날까? 심한 죄책감이 든다"

이 책은 이혼한 부모를 대상으로 자녀가 이혼에 성공적으로 적응하도록 돕는 방법을 교육하기 위해서 쓰여졌다. 대부분의 이혼 부모에게 가장 큰 걱정거리는 부모의 이혼으로 자녀가 상처받지 않을까 하는 것이다. 이혼이 금방 사라지지 않는 고통스러운 감정을 초래하는 것은 분명하다. 이혼은 가족 모두에게 감당하기 어려운 일인 것이다. 아이들은 당장 일어나고 있는 변화에 대해 이해하지 못하고, 앞으로 일어날 일들에 대해서도 염려한다. 대부분의 부모가 제대로 인식하지 못하지만, 아이들은 분노와 슬픔에 빠져 있는 부모에 대해서도 걱정한다.

부부 중 누가 먼저 이혼을 제안했든 간에 대부분의 부모는 이혼으로 인해 예상했던 것보다 훨씬 더 심한 고통을 경험한다. 개인적 어려움 뿐 아니라 이혼에 대해 죄책감을 갖게 되고, 자녀를 어떻게 도와야 하는지 몰라서 스스로가 부적절한 부모라는 느낌도 받게 된다. 그러나 이런 문제들은 해결 가능한 것들이다. 이혼 가정 자녀들의 삶이 영원히 고통스럽다는 널리 알려진 신념은 결코 사실이 아니다. 부모는 이런 위기를 극복하고, 자녀를 돕기 위해서 여러 가지 일을 할 수 있다.

나는 이후 이 책에서 다룰 내용들을 통해서 당신 자녀들의 옹호자가 되고자 한다. 나는 자녀에게 관심이 많은 부모인 당신과 자녀가 이혼 과정의 여러 단계를 거치면서 무슨 생각을 하는지, 어떤 감정을 갖는지, 그리고 무엇을 필요로 하는지에 대해서 이야기하고자 한다. 이혼이 자녀에게 미친 영향에 대해 당신이 궁금해 하고 걱정스러워하는 바를 이해하도록 돕고, 동시에 당신이 보다 효과적으로 대처하는데 도움이 될 실질적인 지침들도 제공하려고 한다. 이혼 부모는 이혼이 자녀에게 초래한 문제를 해결하는 데 도움이 되는 구체적인 정보와 실질적인 지침이 필요하다. 내가 이 책을 쓰는 목적은 이혼이 자녀에게 초래한 전형적인 문제들을 예측하고, 이러한 문제가 의미하는 바를 이해하도록 돕고, 부모가 이에 효과적으로 대처할 수 있도록 교육하는 것이다. 예를 들어, 나는 부모가 자녀에게 이혼에 대해 어떻게 설명해야 하는지 알려주고, 자녀에게 가장 도움이 되는 양육권과 생활방식에 대해 제안하며, 부모 사이의 다툼으로부터 자녀를 보호할 수 있는 지침을 제공할 것이다. 이런 직접적인 접근은 부모와 자녀 모두의 어려움을 줄이고, 자녀가 이혼에 성공적으로 적응하도록 돕는 긴 여정의 시작이다.

서론인 본 장에서는 먼저 미국 가족을 변형시키고, 이혼율을 치솟게 한 거시적인 사회 변화에 대해 살펴볼 것이다. 다음으로 이혼이 자녀에게 미치는 영향과 연령에 따른 차이에 대해 정리할 것이다. 마지막으로 이혼이 부모에게 미치는 영향을 다루고, 대부분의 부모가 거치게 되는 적응과정에 대해 설명할 것이다. 특히 부모가 이혼에 대해서 죄책감을 느끼고 고통스러워하기 때문에 자녀를 지지하거나 훈련시키지 못하게 되는 과정을 보여줄 것이다. 개략적인 본 장과는 달리, 이후의 장에서는 이혼과 관련된 구체적인 문제와 그것을 해결할 수 있는 실질적인 단계에 초점을 맞출 것이다.

변화하는 미국 가족

1960년대부터 이혼율이 치솟으면서 대부분의 사람들이 개인적으로 혹은 주변 사람들을 통해 결혼과 가족관계의 혼란을 겪고 있다. 이혼이 늘면서 해마다 적어도 백만 명 이상의 아이들이 부모의 이혼이라는 과정을 경험한다. 이혼은 이 아이들에게 어떤 영향을 미치는 것일까? 부모의 이혼에 대한 전형적인 반응이나 남녀 아이들이 나타내는 예측 가능한 문제들이 있을까? 자녀가 이혼 초기단계에 대처하고, 한부모 가정에서의 생활이나 혹은 아버지 집과 어머니 집을 오가면서 생활하는 것에 적응하고, 부모의 재혼과 재혼가족생활로 전환하는 과정을 돕기 위해서 부모가 할 수 있는 일은 무엇일까? 이 책은 이런 질문들과 그 외에 다른 여러 가지에 대한 답을 제시하고 있다.

그러나 중요한 여정을 시작하기 전에, 우리는 우선 이혼의 몇 가지 다른 측면에 대해 공부할 필요가 있다. 특히, 오늘날 왜 이렇게 이혼이 빈번하게 발생하는지에 대해 이해해야 한다. 단순히 사람들이 너무 이기적으로 변해서 더 이상 타인에게 헌신하거나 다른 사람들을 돌보지 않는 것인가? 아니면 사람들이 너무 게을러져서 관계에서 발생하는 문제들을 해결하려는 노력을 기울이지 않는 것인가? 불행하게도 이혼 부모들은 자주 이런 식의 비난을 당하게 되지만, 인구통계학자나 가족역사학자에 의하면 이혼율 급증은 그렇게 간단하게 설명되는 것은 아니다.

가족에 대한 역사적 관점

잠시 긴 안목을 가지고, 가족역사학자들이 미국 가족의 높은 이혼율에 대해 이야기하는 바를 살펴보자. 연구자들은 과거의 가족생활을 엿볼 수 있는 많은 역사적 자료들을 축적해 왔다. 18세기와 19세기의 통계기록이나 고문서는 가족 갈등이나 결혼의 불안정성이 현대적인 현상이 아님을 보여주고 있다. 기록이 남아 있는 한 가장 오랜 옛날부터 가족생활은 갈등과 긴장으로 점철되었고, 때로는 극적으로 요동쳤으며, 서로 다른 다양한 가족양식과 유형이 존재했음이 분명하다. 가족을 안전한 천국으로 이상화하는 것은 로맨틱한 오해인 것이다.

수백 년 동안 가족을 위협해 온 갈등과 긴장은 우리 사회의 구조와 현대 가족생활을 변화시킨 최근의 발전으로 인해 더욱 고조되고 있다. 20세기의 도시화와 산업화, 제2차 세계대전 이후에 여성들이 사회생활에 뛰어들기 시작한 것, 출생률을 통제하게 된 1960년대의 피임법, 그리고 무책주의 이혼(no-fault divorce)의 채택 등이 모두 이혼율 상승에 기여해 왔다. 이런 변화는 또 남편과 아내가 어떤 역할과 책임을 맡는가, 부부가 어떻게 의사소통하는가, 그리고 가정에서 어떻게 결정권을 분배하는가 등에 있어서 많은 변화를 가져왔다. 부부관계에 대한 이런 큰 변화의 결과, 1900년 즈음부터 증가하기 시작한 이혼율은 2차대전 이후에 더 가속화되었고, 1960년에서 1975년 사이에는 두 배로 증가하였다. 이혼율이 최고점에 달한 것은 1980년대이지만 그 이후에도 여전히 매우 높은 수준에서 일정하게 유지되고 있다. 미국에서는 새로 결혼하는 두 쌍 중 한 쌍이 결국 이혼으로 결혼생활을 마감하는데, 대부분 초기 10년 이내에 이혼한다. 이렇게 높은 이혼율이 계속 유지될 것으로 예상되므로 인구통계학자들은 오늘날 태어나는 아이들 중 절반 이상이 생애의 한 시점에는 한부모 가정, 대개 여성 한부모 가정에서 생활하게 될 것이라고 예측한다. 그러나 대부분의 이혼부모는 특정 배우자를 포기하는 것이지 결혼 자체를 포기하는 것은 아니다. 대략 남성의 3/4과 여성의 2/3가 재혼하는데, 통상 이혼 후 3년내에 재혼한다(이 중 60% 정도는 다시 이혼하는데, 5년 이내에 이혼하는 경우가 많다). 이렇게 높은 재혼율로 인하여 오늘날 약 20%의 아이들이 재혼 가정에서 생활하고 있다.

이혼은 종종 판사가 의사봉을 두드리면서 완전히 마무리되는 사건으로 오인된다. 그러나 이혼 부모가 헤어지고 법적 이혼이 이루어지는 것은 복잡한 가족 전환기의 한 단계에 불과하다는 것을 금방 깨달을 수 있다. 예를 들어, 대부분의 사례에서 부부가 헤어지기까지 부부 간의 긴장이 고조되거나 심한 갈등이 지속되는 시기가 있게 마련이다. 그 후에 한부모 가정에서 생활하거나 공동양육이 이루어지는 시기가 뒤따르고, 재혼하여 재혼 가족이 구성되고, 새 아이가 태어나고, 어쩌면 다시 이혼하게 될 수도 있다. 부모와 자녀가 모두 계속되는 변화에 대처하느라 전환기마다 발버둥치거나 간신히 살아남게 된다. 이혼 부모는 자녀들과 함께 이런 연속적인 과정에서 매번 다른 도전을 만나게 된다. 본 장에서는 부모들이 자녀가 가족생활의 새로운 국면에서 경험하는 문제를 예측하고 걱정스러운 측면에 대처할 수 있도록 돕고자 한다.

이혼에 대한 자녀의 경험

다음에 소개하는 세 개의 짧은 시나리오는 이혼 초기에 가족구성원들 각자가 보이는 전형적인 반응을 잘 보여주고 있다. 각 시나리오에서 자녀문제가 조금씩 나타나기 시작하는 것을 보게 될 것이다. 시나리오를 읽으면서, 이 아이들이 만약 당신의 자녀라면 어떻게 대처할지 생각해보기 바란다.

애보트(Abbott) 가족

잭(Jack)은 아내 린다(Linda)를 떠나고, 두 자녀에게 상처를 주는 것에 대해 죄책감을 느낌에도 불구하고 이혼을 결심했다. 그는 주말에 여자 친구와 함께 새 아파트로 이사할 계획을 세웠다. 잭은 "이렇게 하는 게 당신한테 힘들다는 건 알아"라고 이야기를 시작하면서 너무나 갑작스럽게 자신이 이혼을 원한다고 선언해 버렸다.

린다는 마치 누군가가 그녀의 배를 걷어찬 것 같은 느낌이 들었다." 무슨 말을 하는 거예요? 도대체 왜 우리를 떠나는 거죠?" 도저히 믿을 수 없어서 너무 놀란 나머지 잭의 이야기를 거의 알아들을 수 없는 지경이었다.

두 달 후에도 린다는 여전히 삶이 산산조각 난 것 같았다. 잭은 그냥 계속 친구처럼 지내자고 했지만, 그녀는 너무 고통스러웠고 다시는 그를 만나거나 이야기를 나누고 싶지 않았다. 린다는 딸들에게 아버지가 가족 모두를 배신했으며, 아버지와는 아무 일도 하지 말아야 한다고 말했다. 잭은 린다를 비참하게 만든 것으로는 충분치 않은 것처럼 딸들을 데려가려고 했다. 린다는 이런 사실을 도저히 믿을 수 없었지만, 잭은 실제로 두 딸에 대한 공동양육권을 요구했다.

별거한 후 얼마 지나지 않아 딸들의 행동이 변하기 시작했다. 열세 살인 마타(Marta)는 모든 사람에게, 그리고 모든 일에 화를 냈다. 마타는 아버지가 여러 차례 만나자고 했지만 어머니 편을 들면서 아버지를 만나거나 아버지와 이야기하려고 하지 않았다. 마타는 가족을 떠난 것에 대해 아버지를 비난하고 증오했다. 그러나 마타는 처음에 아버지에 대항해서 어머니 편에 서 있는 것처럼 보였던 것과는 달리 어머니로부터도 점차 거리를 두기 시작했다. 마타는 집에서 지내는 시간이 점점 줄어들었고, 성적도 급속도로 떨어졌다. 결국 린다는 마타가 수업에 빠지고, 자주 결석하는 상급생들과 어울려 시간을 보낸다는 내용의 보고서를 받게 되었다.

마타와는 달리, 여덟 살인 동생 앤(Ann)은 늘 화가 나 있지는 않았다. 앤은 슬프고, 마음이 갈기갈기 찢어진 것 같았다. 앤은 부모가 다시 재결합하기를 기도하면서 마타가 아버지에게 그렇게 화를 내지 않는다면 아버지가 더 쉽게 집으로 돌아올 수 있을 거라고 생각했다.

앤은 아버지와 어머니 사이에서 분열되는 느낌을 받았다. 앤은 아버지가 보고 싶었고, 종종 그와 비밀 통화를 했다. 그러나 죄책감을 느꼈고, “엄마가 알게 되면, 내가 아빠 편이라고 생각하실 거야. 하지만 난 아빠가 보고 싶어. 아빠가 나한테 엄마가 자기를 나쁜 사람으로 만드는 건 불공평한 짓이라고 했잖아. 하지만 엄마가 옳아. 아빠가 우리를 진짜 사랑한다면 우리를 떠나지 않았을 거야. 누가 옳은 건지 정말 모르겠어. 어떻게 해야 할지도 모르겠어. 나는 마치 잡아당겨져 찢어진 느낌이야.” 어떻게 손을 대는 것이 “불가능”해진 마타와는 대조적으로 앤은 자신의 갈등을 내면으로 향하게 했고, 머리와 배가 자주 아팠으며, 불평이 늘어나기 시작했다.

벡스터(Baxter) 가족

조앤(Joan)의 결혼이 파경을 맞았을 때, 남편 짐(Jim)은 주소도 알리지 않고 다른 지역으로 이사를 가버렸다. 그녀는 혼자 남아서 네 살 된 아들 벤(Ben)을 키워야 했다. 남편은 그렇게 떠나버린 후 4개월 간 단지 두 차례 양육비를 보냈을 뿐이었다. 조앤은 도무지 어떻게 생계를 유지해야 할지 알 수가 없었다. 정부에서 받는 생계지원비로는 매달 들어가는 식비, 월세, 자동차 할부금을 감당할 수 없었기 때문이다. 조앤은 시간제 판매원 일을 구했지만 보육료를 내고 나면 생활비가 모자랐다.

조앤은 자신의 처지에 압도당하는 느낌이었다. 아들마저 엉망진창이었다. 조앤은 친척들에게 "벤이 나를 미치게 해요"라고 이야기했다. "아빠가 떠난 후부터 벤을 통제할 수가 없어요. 얘는 도무지 내 말을 듣지 않아요. 정말 끔찍해요. 나랑 끊임없이 싸우면서도 잠시도 나를 내버려두지 않아요. 전에는 어린이집에 가는 걸 좋아했었는데 요즘에는 데려다줄 때마다 심하게 떼를 써요. 전에는 잠자리에 드는 것도 수월했는데 이제는 아이를 재우느라 밤새도록 전쟁이에요. 물 한 컵을 더 달라고 하고, 동화를 하나 더 읽어달라고 하고, 불을 한 번만 더 켜달라고 해요. 나는 더 이상 줄 수 있는 게 아무것도 없는데 벤은 계속해서 더 달라고만 해요."

"결국 벤을 자기 침대에서 재우는 것을 포기했어요. 벤은 자다가 악몽을 꾸고 일어나서 내가 내 침대에 올라와도 좋다고 할 때까지 계속 울어대요. 그리고 그 다음날 아침에는 또 내 말을 듣지 않지요. 이 아이는 감사한 마음은 없고, 마치 상관처럼 굴면서 요구가 무척 많아요. 아이 아빠가 떠난 뒤로 이 아이를 감당할 수가 없어요. 벤이 내 삶을 망치고 있어요!"

벤은 아버지가 떠난 후 처음 얼마 동안에는 아버지가 그립고 슬펐다. 그러나 몇 주 뒤부터는 몹시 화가 나기 시작했다. 그는 계속해서 혼자 생각했다. "아빠는 왜 나를 떠났을까? 이렇게 가버린 아빠를 정말 증오해. 아빠가 다시 돌아오는 걸 결코 원치 않아." 벤은 가끔씩 어머니에게도 화가 치밀었다. 아무래도 아버지가 떠난 것이 어머니의 잘못인 것 같다는 생각이 들었다. 벤은 혼란스러웠고 때때로 무섭기도 했다. 자신이 아버지를 떠나게 만들었다고 생각하면서, 어머니마저 떠나버리게 만들까봐 두려웠기 때문에 어머니에게 화를 내는 것은 무척 겁나는 일이었다. "만약 아빠가 나를 원치 않아서 떠났다면, 아마 엄마도 나를 떠날 거야. 그럼 난 혼자가 되잖아. 나를 돌봐줄 사람은 아무도 없어!"라고 생각했다. 벤은 어머니에게 몹시 화가 났지만 어머니가 자신으로부터 너무 멀어지지 않도록 하는 것이 대단히 중요했다.

캠벨(Campbell) 가족

바바라(Barbara)는 자신의 30세 생일이 지나고 한 달 후 남편 데이브(Dave)에게 이혼하자고 말했다. 데이브는 결혼생활을 지속하고 싶다고 했으나 바바라는 자신이 현재 누리는 것보다 더 많은 것을 원한다고 이야기했다. 바바라는 데이브와 함께 했던 때보다 더 독립적으로 생활하기 위해 다시 공부를 시작하고 직업을 갖기 원했다. 그들은 고등학교를 졸업하면서 바로 결혼했고, 그래서 그녀는 진정한 자기 자신이 될 기회를 제대로 갖지 못했다고 느꼈다. 바바라는 자신이 무엇을 원하는지 정확하게 몰랐고 "도대체 뭐가 잘못된 거야?"라는 데이브의 질문에 대답할 수 없었지만 자신이 데이브와 함께 나누어 온 삶이 만족스럽지 않다는 것은 분명히 알았다.

데이브는 6개월이 지난 후에도 네 살, 여덟 살인 두 아들, 대니(Danny)와 마크(Mark)가 자신의 새 아파트에 올 때면 도무지 뭘 어떻게 해야 할지 몰랐다. 대개 아이들을 데리고 극장이나 공원에 갔지만 아무도 별로 즐거워하는 것 같지 않았다. 데이브는 대니가 엄마 보러 집에 가고 싶다고 울기 시작하면 매우 당황스러웠다. 그는 아이들이 우울해하거나 울면 어쩔 줄 몰라 불안했다. 바바라는 지금까지 해왔던 그대로 아이들을 먹이고, 씻기고, 그 외에 필요한 모든 것을 하면서 아이들의 필요를 채워주었다. 그녀는 자연스럽게 아이들을 돌보았고, 늘 무엇을 어떻게 해야 하는지 알고 있는 것 같았다. 반면에 데이브는 항상 자신이 의심스러웠고 결코 잘하고 있다는 느낌이 들지 않았다.

데이브는 자신이 아버지로써 실패했다고 느낄 뿐 아니라 전처와 아이들에게 화가 치밀었다. 데이브는 친구에게 "나는 내가 낼 수 있는 시간보다 더 많은 시간을 할애에서 애들을 데리고 외식하고, 영화보고, 경기장에도 데리고 가는데, 아이들은 나한테 말도 제대로 안해. 게다가 아이들을 다시 데려다 주면, 애들 엄마가 나는 '관광 가이드'나 하면서 애들이랑 실컷 재미있는 시간을 보내는데 자기는 아이들을 훈련시켜야 하는 것에 너무 화가 난다고 해. 바바라가 아이들한테 자기가 나처럼 아이들을 데리고 밖에 놀러나가지 못하는 건 내가 돈을 너무 적게 주기 때문이라고 이야기했다는 거야!" 이혼 후 1년이 지나면서 데이브는 점점 아이들을 자주 만나지 않게 되었다.

아버지가 떠난 후 여덟 살인 마크는 몹시 슬펐다. 마크는 전에 비해 아버지와 함께 주말을 보내는 일이 적어졌고, 또 부자가 함께 하는 시간도 이전 같지는 않았다. 마크는 아버지와 어머니가 재결합하기만 하면 모든 것이 괜찮아질 것이라고 생각했다. 마크는 어머니가 욕실이나 침실에서 혼자 우는 소리를 듣는 날이면 몹시 속이 상했다. 그는 자기가 어머니가 울음을 멈추게 할 방법을 찾아야만 한다고 생각했는데, 그때 바로, 자신이 말썽을 부릴 때마다 부모가 싸움을 멈추고 자기에게 관심을 기울였었던 것이 기억났다. 자신이 말썽을 부린 후 얼마 동안은 어머니와 아버지가 잘 지내곤 했던 것이다. 그 뒤 바바라는 마크의 담임선생님으로부터 마크가 학교에서 종종 싸움을 한다는 연락을 받았다.

물론 이혼이 매우 흔한 일이 되었지만 앞에서 소개한 전형적인 반응들에서 볼 수 있듯이 이혼은 여전히 대단히 고통스러운 일이다. 이 세 가지 시나리오에서 가장 핵심적인 주제는 어머니, 아버지, 자녀 각자가 죄책감, 실패감, 두려움, 슬픔, 상실감 등과 같은 힘겨운 감정에 부딪쳐 몸부림친다는 것이다. 그러나 이혼 부모는 자신이 이런 문제에 어떻게 대처해야 하는가를 제대로 알기만 한다면 마타, 앤, 벤, 대니, 그리고 마크가 드러낸 많은 문제들을 줄이거나 없앨 수 있다는 확신을 가져야 한다. 이혼 과정과 이혼 이후에 자녀에게 어떻게 대처해야 하는가를 배운 부모는 자녀가 경험하는 문제를 크게 줄일 수 있다.

이혼이 자녀에게 미치는 영향

이혼이 만연하고 있다. 과연 이혼은 자녀에게 어떤 영향을 미치는 것일까? 많은 연구자들이 1970년대부터 이 문제에 대해서 연구하기 시작하여 이혼과 자녀에 대해 상당히 많은 것을 알게 되었다. 연구자들이 밝혀낸 것 중 하나는 자녀가 결혼생활 붕괴 초기에 보이는 단기적 반응과 장기적(2년 이상의) 반응은 구분되어야 한다는 것이다. 자녀들이 장기적으로 나타내는 반응은 부모가 헤어지는 과정에서, 그리고 그 이후에 자녀에게 어떻게 대처했느냐에 따라 크게 달라진다. 장기적인 적응을 결정하는 가장 중요한 요인으로는 (1) 자녀에게 노출된 부모 갈등의 정도, (2) 자녀들이 부모로부터 받은 양육의 질 등을 꼽을 수 있다. 자녀의 반응은 이 두 가지 요인 이외에도 범죄율이 높은 지역에 거주하는 것과 같은 사회적·환경적 요인에 의해서도 영향을 받는다. 이혼에 있어서 경제적 요인은 대단히 중요한데, 특히 여성 한부모는 경제적으로 어렵고, 이혼 후 자녀에게 제공할 수 있는 자원과 기회가 적은 경우가 많다. 또 경제적 문제로 인해 자주 이사를 다니게 되거나 가족이 원치 않음에도 불구하고 친척들과의 관계망이나 확대가족의 지원체계가 약화되기도 한다. 이로 인해 부모가 자신의 이혼 적응을 도울 수 있는 조부모나 친척들로부터 도움을 받지 못하게 되는 경우에는 문제가 특히 더 심각하다. 더욱이 아시아 및 라틴아메리카계의 사람들이나 기타 이혼에 대해서 수용적이지 않은 민족적·종교적 배경을 가진 사람들에게는 이혼의 부정적 영향이 더욱 클 수 있다. 이런 점들을 염두에 두면서 부모 이혼에 대한 자녀의 초기 반응을 살펴보도록 하자.

단기적 반응

연구자들은 거의 모든 자녀가 이혼 초기에 매우 심한 분노를 느끼는 것을 발견했다. 부모의 이혼을 경험한 성인들 대부분은 어린 시절을 돌아볼 때 별거 초기를(부모 중 한 사람이 집을 나갔을 때) 생애에서 가장 고통스러운 시간으로 기억했다. 대개 자녀들은 무슨 일이 일어나는지 제대로 알지도 못하는데, 이혼을 경험한 다른 아이들을 알고 있더라도 그런 경우가 많다. 어른들에게는 별거가 갑작스럽거나 미지의 세계에서 발생한 것이 아니라는 것이 분명해 보이더라도 자녀들은 일반적으로 부모의 별거에 대해서 크게 충격을 받고 놀라게 된다. 자녀들은 그동안 가족들이 늘 긴장하고, 자주 싸우고, 불행했어도 이혼을 원하지는 않는다. 신체적 폭력을 목격하지만 않았다면 대부분의 아이들이 부모가 이혼함으로써 안도감을 느끼거나 이혼을 환영하시는 않는 것이다.

이혼 후 첫해에 부모는 자녀가 더 심한 분노, 공포, 우울, 죄책감을 느끼는 것을 보게 된다. 이런 부정적 반응은 두 번째 해에 접어들면서 줄어들게 된다. 그러나 이혼의 단기적 반응을 이해하기 위해서는 반드시 이혼이 남자 아이들과 여자 아이들 간에, 그리고 연령에 따라서 어떻게 영향을 미치는가에 대해 살펴보아야 한다.

학령전기. 학령전기 아이들은(만 3-5세) 부모의 이혼에 대해 주로 분노와 슬픔을 보인다. 남자 아이들은 더 시끄럽게 굴고, 화를 내며, 안절부절하는 경향이 있다. 친구들과 잘 어울리지 못하고 자주 혼자 앉아 있는다. 남아는 유치원에서 다른 아이들과 협조하면서 집단활동을 하기보다는 활동을 방해하는 경우가 많다. 일부 학령전기 여아는 남아와 마찬가지로 분노에 가득 차 있지만 반면에 점차 작은 어른이 되어가는 아이도 있다. 이런 '완벽한' 소녀는 깔끔하고 착한 것에 지나치게 몰두하면서 마치 부모나 선생님처럼 다른 아이들을 가르치거나 잔소리를 한다. 이 시기에 남아와 여아는 모두 슬퍼하고, 더 자주 울며, 요구도 더 많아진다.

이혼의 초기 충격에 대한 반응으로 아이들이 퇴행 행동을 보이기도 한다. 즉 이미 다 벗어난 행동으로 다시 돌아가서 나이보다 어리게 행동하는 것이다. 예를 들어, 엄지손가락을 빨거나, 아기 때 늘 손에 쥐고 다니던 담요를 다시 갖고 다니거나, 인공 젖꼭지를 찾거나, 동생을 때리거나, 음식을 먹여달라고 한다. 게

다가 몹시 불안해하기도 한다. 세 살에서 다섯 살 정도의 아이들은 불안감을 느끼면 악몽, 야뇨, 자위행위 등을 보이거나 부모가 떠날까봐 두려워한다. 다음 장에서 다시 이야기하겠지만, 이 아이들의 두려움은 충분히 이해할 수 있는 것인데, 즉 예상치 못한 상황에서 부모 중 한 사람이 집을 나가는 것을 경험하면서 다른 부모마저 떠날까봐 염려하는 것이다.

만 6–8세. 이혼은 여섯 살에서 여덟 살 정도의 아이에게 특별히 힘든데, 특히 이 시기의 여아에 비해 남아는 더 심한 어려움을 겪는 것으로 여겨진다. 이 시기의 아이들이 보이는 핵심적인 반응은 슬픔이다. 이들은 슬퍼하고 울먹거리며 이혼에 대해서 공개적으로 소리 내어 운다. 아이들은 대개 집을 떠난 부모를 그리워하는데, 남아는 아버지를 몹시 보고 싶어 하기도 한다. 특히, 이 시기의 아이들은 떠난 부모가 자신을 거부했다고 믿는 경향이 있다. 이렇게 거부당했다는 느낌과 자신이 사랑스럽지 않은 존재라는 느낌으로 인해 자존감이 낮아지고, 우울감에 빠지며, 학교 성적이 급속히 떨어지는 경우가 매우 많다. 이들은 부모를 염려하고, 학교생활에 집중하지 못하며, 종종 부모가 이혼하지 않도록 해서 가족을 다시 복원하려고 애쓴다.

만 9–12세. 6세에서 8세 아이들의 주된 감정이 슬픔인 반면, 9세에서 12세가 되면 주된 감정이 분노로 변하게 된다. 이들은 이혼에 대해서 양부모 모두에게 몹시 화를 내는데, 특히 이혼을 먼저 제기한 부모에게는 더욱 심한 분노를 느낀다. 이 시기의 아이는 부모 중 한 사람에게 비난을 쏟으며, 그에게 대항해서 다른 한 사람의 편을 드는 경향이 있다. 8장에서 자세히 다루겠으나, 특별히 이 아이들은 부모 중 하나가 상대방을 비난하고, 모욕하고, 복수하는 파괴적인 전쟁에 휘말릴 가능성이 매우 높다. 불행하게도 많은 부모가 자신과 자녀에게 모두 해로운 유독한 전쟁에 아이들을 적극적으로 참여시키고 있는 것이다.

이들은 부모 중 한 사람에게 대항해서 다른 한 사람과 제휴할 뿐 아니라 그 외에 또 다른 방법을 통해서 분노를 표출한다. 이들은 어떻게 분노를 표현할까?

많은 여성 한부모들은 9세에서 12세 사이의 아들을 훈육하는 것이 불가능하다고 말한다. 또 이 아이들은 함께 살지 않는 아버지가 함께 시간을 보내려고 애쓸 때 화를 내면서 거부해 버리기도 한다.

그렇지만 분노가 이들의 유일한 반응은 아니다. 이 아이들은 이혼에 대해서 슬퍼하고, 부모를 걱정하고, 자신에게 앞으로 어떤 일이 일어날지에 대해서 염려하며, 외로워한다. 특히, 이들은 스스로가 이혼을 원치 않았기 때문에 무력하다고 느낀다. 이들은 온전한 가족을 그리워하고, 집을 떠난 부모를 그리워하며, 삶에서 일어나는 엄청난 변화를 통제할 수 없다는데 대해 무력감을 느낀다. 분노에 찬 저항과 무기력한 낙담으로 인하여, 이 연령대 아이들의 절반은 성적이 크게 떨어진다. 이 시기에 또 다른 증상이 나타날 수도 있다. 일례로, 많은 아이들이 친구들과 어울리는데 어려움을 겪거나, 또래 간 싸움에 가담하고, 두통이나 복통과 같은 신체적 증상에 대해 불평하기 시작한다. 9장에서 이야기하겠으나, 이 아이들 중 일부는 부모에 대해 너무 지나치게 걱정하는 나머지 성인처럼 행동하고 부모의 정서적 욕구를 충족시키려고 노력한다. 이들은 부모의 외로움과 우울감에 마음을 쓰거나 경제적인 문제를 해결하려고 하면서 자신의 아동기를 상실하는 것이다.

청소년기. 대부분의 이혼이 자녀가 어릴 때 일어나기 때문에 청소년기에 이혼을 경험하는 아이들은 그리 많지 않다(이혼은 자녀가 만 4세에서 7세 사이일 때 가장 빈번히 발생한다). 그러나 청소년기에 부모 이혼을 경험하는 자녀들의 반응은 매우 다양하다. 청소년은 어린 아이에 비해 가족의 붕괴에 잘 적응한다. 이들은 어린 아이에 비해 독립적이고 가족관계에서 다소 거리를 두기 때문에 아이들만큼의 애정이나 지도를 필요로 하지는 않는다. 어떤 청소년들은 부모관계의 긴장으로부터 스스로 거리를 두고 자기 자신의 야망과 미래에 대한 계획에 더 몰입하면서 이혼에 효과적으로 대처한다. 이런 청소년의 주된 관심은 자신의 미래인 것이다. 특히 이들은 종종 부모의 이혼이 자신의 대학 진학이나 원만한 결혼에 어떤 영향을 미칠 것인가에 대해 걱정한다. 학령기 후기의 아이들과 마찬가지로, 이들도 자유롭게 자신의 관심사를 추구하지 못하고 "충성심 갈등(loyalty conflicts)"에 빠지면 부모 중 어느 하나의 편을 들거나 둘 중 하나를 선택하도록 강요당한다고 느낀다.

반면에 일부 청소년들은 이혼에 대한 반응으로 긍정적인 방향으로 급성장하기도 한다. 이들은 이런 가족위기 상황에서 종종 부모와 어린 동생에게 크게 도움이 된다. 이들은 가족 의사결정 과정에 건설적으로 참여하고, 집안일을 도우며, 어린 동생들에게 안정적이고 양육적인 관계를 제공하면서 성숙하고 따듯하게 대한다. 그러나 이렇게 향상된 모습은 보기 드문 것이며, 주로 딸에게서 나타나는 모습일 뿐 아들이 이런 모습을 보이는 경우는 거의 없다.

많은 청소년들이 처음에는 이혼에 대해 배신감을 느낀다. 연구자들은 약 30%의 청소년들이 분노에 차서 가족으로부터 멀어지는 것을 발견했다(이혼 가족의 남아와 재혼 가족의 여아가 더욱 그렇다). 이들은 가급적 집에서 시간을 보내지 않고, 의도적으로 가족과의 활동이나 의사소통을 피한다. 이렇게 청소년이 집에서 멀어지는 것과 동시에 부모가 자녀를 살피고 감독하는데 소홀해지면 심각한 문제가 나타날 수 있다. 이런 경우, 청소년들은 반사회적인 또래들과 어울릴 위험이 높고, 이어서 비행, 음주나 약물남용, 학교생활의 실패, 성적 행동 등이 나타나는 경우가 많다.

또한 우울해하거나, 또래들이나 가족들 사이에서 위축되거나, 미래에 대한 계획이나 야망을 상실하는 청소년도 있다. 인종을 막론하고, 청소년이 고등학교를 중퇴하거나 실업상태에 처하게 되는 것을 보는 것은 가슴 아픈 일이다. 이후에 다시 언급하겠지만, 일부 청소년, 특히 여자 청소년에게 미치는 이혼의 장기적 영향 중 하나는 초기 성인기에 학업에서 성공하거나 직업적으로 성취할 가능성이 감소한다는 것이다.

성별에 따른 차이

연구자들은 이혼 후 몇 년 동안 자녀들이 보이는 반응에는 위에서 언급한 연령에 따른 차이 뿐 아니라 성별에 따른 차이도 있음을 발견했다. 공동양육권과 남성 한부모 가정에 대한 관심이 증가하고 있기는 하지만 여전히 85%의 이혼가족 자녀가 여성 한부모 가정에서 생활하고 있다. 연구결과는 부부갈등, 이혼, 여성 한부모의 보호 아래서 생활하는 것 등이 야기하는 문제가 어린 여아에 비해 어린 남아에게서 더 심각함을 밝히고 있다. 여성 한부모 가정의 여아나 양부모 가정의 아이들과 대조적으로 여성 한부모 가정의 남아는 더 많은 적응문제를 보이는 경향이 있다. 어린 남아는 더 의존적이고 도움을 많이 청하는 반면, 큰 남자 아이들은 보다 공격적이고 반항적이다. 여성 한부모 가정의 남아는 여아에 비해 아버지가 관여하지 않을 때 학교와 가정에서 더 많은 행동 문제를 보이고, 학교에서 친구들과 지내는데 더 큰 어려움을 겪으며, 학업성취도도 낮다. 이혼 2년 후, 여성 한부모 가정의 여아는 원만한 양부모 가정의 여아와 비슷한 수준의 적응 양상을 보이는 반면, 아버지가 양육에 관여하지 않는 여성 한부모 가정의 남아와 양부모 가정 남아와의 적응수준 차이는 시간의 지나면서 더 크게 벌어진다. 이런 현상은 아버지가 부재할 경우, 남아는 수요 동일시의 대상과 훈육을 제공할 자원을 상실하고, 주양육자인 어머니로부터 여아에 비해서 더 많은 분노와 비난을 받기 때문인 것으로 보인다. 이혼 후 남아를 양육하는 것이 더 어렵다는 것은 형제자매관계에서도 확인된다.

연구자들은 이혼 후에 남매나 자매에 비해 형제 사이에서 분노와 갈등이 더 심각하다는 것을 발견했다. 미국 인구통계청(U. S. Census Bureau)은 아들을 둔 부모는 딸을 둔 부모에 비해서 이혼 가능성이 9% 정도 낮다고 보고했는데, 그 원인 중 하나는 이혼해서 아들을 키우는 것이 딸을 키우는 것보다 훨씬 더 힘들다고 여기기 때문이다. 아들을 키우는 어머니들 중 일부는 혼자서 아들을 감당할 자신이 없어서 이혼을 꺼리게 된다는 것이다. 그러나 이런 성차는 자녀가 청소년기에 이르면 달라진다.

청소년기가 되면 딸은 어머니와 갈등이 증가하고, 이성관계 문제도 일으키게 된다. 특히 아버지가 딸의 생활에 적극적으로 관여하지 않으면, 어머니가 이들을 효과적으로 훈육하고, 철저하게 지도하고 점검하기가 어려워진다. 구체적으로 이들은 일반 가정의 여자 청소년에 비해서 더 일찍, 더 많은 대상과 성관계를 갖는 경향이 있다. 이렇게 바람직하지 않은 양상이 지속되면서, 어린 나이에 결혼하고, 결국 자신도 이혼에 이르게 될 가능성도 높다. 남자 청소년에 비해서 여자 청소년이 학업이나 직업에서 성취하지 못하는 것과 더불어 이와 같은 이성문제는 성인 초기까지 지속되는 경향이 있다. 이런 성차는 이혼한 한부모 가족에서 재혼 가족으로의 전환기를 거치면서 더욱 복잡한 양상을 보인다. 예컨대, 남아는 책임감 있는 계부에게 긍정적으로 적응해 가는 반면 여아는 새로운 식구들과의 관계에 어려움을 겪을 가능성이 높다.

장기적 반응

연구자들은 이혼 뒤 5년에서 10년이 지난 후에, 그리고 이혼 가정 자녀들이 20대 후반이나 30대 초반이 되었을 때 이혼이 그들에게 미친 장기적 영향을 살펴보았다. 다양한 연구결과에서 나타난 일반적인 양상은 그들 중 약 25%는 잘 살고 있고, 약 50% 정도는 성공한 측면과 문제들이 뒤섞여 있으며, 나머지 25%는 심각하고 지속적인 문제들과 씨름하고 있다는 것이다(일반 가정 자녀들의 경우에는 약 10%만이 이런 문제를 경험한다). 그러나 이혼에 대한 장기적 반응에 있어서는 상당히 다양한 주제들을 발견할 수 있다. 일부는 여전히 떠난 부모에 대한 분노와 거부감을 가지고 있는 반면, 다른 일부는 슬픔을 느끼면서 이혼 후 관계가 단절된 부모를 그리워한다. 온전한 가족에 대한 비현실적이고 이상적인 기억에 매달리기도 하고, 스스로가 결핍되었다고 느끼거나 아동기를 박탈당했다고 여기는 사람도 있다. 그러나 또 다른 사람들은 이혼의 결과로 자신이 보다 강하고, 탄력적이 되었다고 생각한다. 많은 이혼 가정의 성인 자녀들이 관계에 있어서 신뢰, 충성심, 안전 등에 높은 관심을 갖는 것은 이해할 만한 일이다. 평균적으로, 이들은 일반 가정의 자녀에 비해서 성인으로서 더 많이 외롭고, 부부 갈등이 더 심각하다고 보고한다.

자녀에게 관심이 있는 이혼 부모로서, 이러한 모든 이야기들이 당신에게 어떤 의미를 갖는가? 당신의 자녀는 부모의 이혼으로 인해 일생동안 고통스러워해야만 하는가? 그렇지 않다, 결코 그렇지 않다! 이혼이 자녀에게 반드시 해롭거나 장기적인 문제를 일으키는 것은 아니다. 양부모 가정에서 자녀가 긍정적으로 적응하는데 도움이 되는 양육기술들은 이혼 가정에서도 마찬가지이다. 자녀의 적응을 결정하는 가장 중요한 변수는 이혼 과정에서 당신이 자녀에게 반응하는 방법과 이혼 후 자녀에게 제공하는 양육의 질인 것이다. 보다 구체적으로, 문제를 일으키는 가장 중요한 변수들은 다음과 같다.

- 부모의 적대감에 지속적으로 노출되는 것
- 효과적이지 못한 훈육
- 이혼 후 부모와 만나지 못하는 것
- 부모 중 한 사람을 선택하거나 한 사람의 편을 들어야 한다는 부담감을 갖는 것
- 성인 역할이나 부모의 정서적 욕구를 충족시키라고 요구하는 것

이와는 대조적으로, 자녀가 지속적인 정서적 지지와 효과적인 훈육을 받고, 부모와 안정적인 관계를 유지하며, 부모 사이의 갈등에 휘말리지 않으면 원만히 적응할 수 있다. 만약 부모가 이 책에서 제시하는 자녀양육의 지침을 따른다면, 자녀들은 성공적으로 적응해 나갈 수 있을 것이다.

기억하라 : 자녀에게 문제를 일으키는 것은 이혼 자체가 아니라, 부모가 자녀들에게 반응하는 방법과 이혼 후에 그들에게 제공하는 양육의 질인 것이다.

이혼은 부모에게도 고통스럽다

물론 앞에서 내가 마치 자녀들의 옹호자인 것처럼 행동하고, 자녀가 잘 적응하도록 하기 위해서 당신이 무엇을 해야 하는가에 초점을 맞추어 이야기했지만, 그렇다고 부모의 어려움을 잊은 것은 아니다. 때로는 성인보다 아이들의 문제를 인식하고 강조하는 것이 더 쉬울 때가 있다. 그러나 부모는 자신이 이해받고 지지받는다고 느낄 때 자녀를 더 잘 이해하고 돌볼 수 있다. 이혼에 대한 자녀들의 전형적인 반응과 부모가 이에 가장 적절하게 대처할 수 있는 방법에 대해서 더 자세히 살펴보기 전에 먼저 이혼이 대부분의 부모들에게 얼마나 고통스러운가와 그들이 지니고 있는 불필요한 죄책감에 대해서 다루고자 한다. 이제 살펴보겠지만, 부모들이 이혼에 적응하는 데에는 예상보다 훨씬 더 오랜 시간이 걸린다. 그들은 대부분 이혼이라는 위기를 극복해가면서 예측할 수 있는 일련의 단계를 거치게 된다.

이혼 과정의 단계

연구자들에 의하면 이혼 초기에 부모들은 몹시 들떠 있는 상태에서부터 매우 우울한 지경에 이르는 심한 감정적 기복을 경험한다. 이혼 초기에 이혼한 부모들은 전형적으로 업무수행 능력이 떨어지고, 집중이 어려우며, 건강문제와 불안, 짜증, 수면장애 등이 동반된다고 보고한다. 또한 이 시기에 부모들은 데이트하는 것이 불안정하다고 느끼고, 남성의 경우에는 성기능 문제도 증가한다. 안타깝게도 많은 부모들이 이렇게 스트레스가 심한 시기에 흡연, 음주, 약물사용이 늘었다고 보고한다.

부모들은 이혼 초기의 혼란과 분열이 점차 가라앉을 것임을 깨달으면서 안정을 되찾을 수 있으나, 사실 몇 주 혹은 몇 달 안에 이혼에 적응할 수는 없다. 부모에게는 대개 이혼이 이루어지고 1년 정도 지났을 무렵이 정서적으로 가장 저하되는 시기이다. 이혼 부모가 자존감과 대인관계에 대해 완전히 자신감을 회복하는데 2-3년이나 걸리는 경우도 드물지 않다.

따라서 부모는 자신에 대해 비현실적인 기대를 갖지 않도록 해야 한다. 대부분의 부모들은 자신이 그래야 한다고 생각했던 것에 비해서 훨씬 더 오랜 기간을 힘들게 지낸다. "이혼한지 거의 1년이 다 되어 가는데, 왜 아직도 모자 하나만 떨어져도 울고 싶어지는 것일까?"는 이런 태도를 나타내는 전형적인 이야기이다. 많은 부모들이 이혼으로 인한 정서적 어려움을 감당하는데 2-3년이 걸리는 이유는 무엇일까? 여러 가지 복잡한 문제들이 해결되어야 하기 때문인데, 연구자들에 따르면 이혼 과정은 다음의 세 단계로 명확하게 구분될 수 있다.

1단계. 아마 이혼 직후의 초기 단계가 가장 고통스러운 시기일 것인데, 어머니에게 특히 그렇다. 이는 상황이 꼬이기 시작하는 시기인데, 부부관계의 갈등, 긴장, 불만이 증가하여 배우자 중 일방이 헤어지기를 원하면서 이혼을 결정하고(주로 어머니), 한 사람이 집을 나감으로써(대부분 아버지) 정점에 도달하게 된다. 널리 퍼져 있는 오해와는 달리, 자녀를 동반한 이혼의 약 2/3는 어머니에 의하여 제기된다. 이들 어머니들은 종종 이혼에 대해서 장기간 필사적으로 고민한다. 따라서 어머니들은 회복을 위한 국면에 이미 접어든 시기인 반면, 아버지들은 이혼 과정이 상당히 진행될 때까지 이혼의 정서적 영향을 충분히 경험하지 못할 수도 있다.

이런 붕괴의 시기는 대개 혼란스럽고, 부모들은 잘못된 결정을 내리거나 나중에 후회하게 될 행동을 하기도 한다. 특히, 초기 단계에 부부 간에 일어난 서로에게 상처가 되는 상호작용들은 이후에도 계속 남아서, 몇 년 후에 이들 이혼 부모가 자녀에게 제공할 양육의 질이나 상호협조에 지속적으로 영향을 미칠 수 있다. 이 시기에는 부모가 종종 자신을 제대로 통제하지 못하고 충동적으로 행동하므로 자녀가 두려움을 느낄 수도 있다. 아마도 절반가량의 자녀가 부모가 상대방에게 고함을 지르거나 서로에게 추한 협박을 하는 것을 볼 것이다. 또 비극적이게도 너무나 많은 아이들이 부모가 상처, 배신, 분노 속에서 서로에게 폭력을 행사하는 것을 목격한다. 이렇게 고통스러운 이혼 초기에는 상식과 적절한 판단력이 실종될 가능성이 높다. 예를 들어, 자녀가 부모가 새로운 사람과 단기적인 성관계를 갖는 것에 부적절하게 노출될 수 있고, 충동적인 부모가 충분히 생각하지 않고 함부로 행동하여(예를 들어, 전 배우자로부터 자녀를 훔쳐오는 것) 영원히 지속될 증오와 불신에 갇히게 될 수도 있다.

이러한 결혼 붕괴의 초기는 대개 수개월 간 지속되는데, 일부 사례에서는 1-2년간이나 질질 끌기도 한다. 그러나 부모 간의 극적인 갈등을 목격하는 것은 자녀에게 대단히 해로운 일이다. 이혼하는 부모는 그런 장면으로부터 자녀를 보호함으로써 자녀에게 큰 도움을 줄 수 있다. 이혼 초기에 부모가 최대한 심사숙고하여 헤어지는 것에 대한 절제되고 계획적인 절차를 마련하는 것이 대단히 중요하다. 이혼 과정에서 부모가 서로에게 예의를 지키고, 배려하며, 다소마나 존중한다면 자녀가 훨씬 덜 불안할 것이다. 부모 중 한 사람이 함부로 행동하더라도 다른 한 사람만이라도 무책임한 행동을 하지 않기로 결정한다면 자녀에게 훨씬 도움이 될 것이다.

2장에서부터 4장까지는 이런 불안정한 시기에 부모가 자녀를 위해 계획을 세울 수 있도록 돕는 구체적인 지침을 제공할 것이다. 이미 폭발이 일어났다고 하더라도 아직도 이전의 실수를 바로잡을 방법이 있다.

2 단계. 이혼 초기의 혼란이 가라앉으면서, 많은 부모들이 생활 전환기라는 새로운 단계에 들어서게 된다. 시도와 실수가 반복되는 이 두 번째 단계에서 부모는 새로운 생활양식을 시도해 보고, 삶을 다시 조직화한다. 수개월에서 1-2년에 걸쳐 지속될 수 있는 이 전환기에 부모와 자녀 모두에게 많은 변화가 일어난다. 부모는 학업이나 직장생활을 다시 시작하고, 집을 사거나 팔고, 새로운 관계를 시작하거나 끝낼 수 있다. 자녀는 새로운 동네로 이사 가고, 전학 가고, 친구들과 헤어지거나 새 친구들을 만나고, 서로 다른 규칙을 가진 두 가정을 오가면서 생활할 수 있다. 이 시기는 부모와 자녀가 모두 너무 많은 변화에 대처해야 하기 때문에 근간이 흔들리는 불안정한 때이다.

아이들은 생활이 보다 안정되고 감당해야 할 변화가 적을 때 더 잘 적응한다.

따라서 부모는 생활을 최대한 친숙하고 예측 가능하도록 유지함으로써 자녀의 대처를 도울 수 있다. 다시 말해서, 자녀는 부모가 자녀의 생활에서 최대한 많은 것을 — 학교, 교사, 교회, 침실, 탁아모, 친구, 가정의 규칙과 훈육방법 등 — 일관되게 유지할 때 더 잘 적응한다. 특히, 자녀는 부모가 일정한 매일의 일과, 일관된 훈육, 양부모와의 정기적인 만남 등으로 자녀의 일상생활을 통제할 때 더 잘 적응할 수 있다. 변화가 불가피할 때에는 부모가 자녀에게 언제 무슨 일이 일어날지에 대해서 반복해서 설명하고 확실하게 알리는 것이 좋다.

3 단계. 이혼의 세 번째 단계는 새로운 안정감을 갖는 시기이다. 물론, 어떤 가족은 다른 가족에 비해 이 시기에 빨리 진입할 수 있다. 부모가 일관될수록 자녀가 더 안정감을 가질 수 있다. 부모의 새로운 애정관계가 정착되고, 정기적인 방문 일정이 세워진다. 혼란이 가라앉으면서, 한부모 가정에서 생활하는 아이들도 있을 것이고, 두 가정을 오가면서 생활하는 아이들도 있을 것이며, 재혼가정에 생활하는 아이들도 있을 것이다.

이혼은 거의 대부분의 부모에게 매우 고통스러운 일이다. 이혼이 초래하는 심도 깊은 변화를 감당하는 데에는 2-3년이 걸리기도 한다. 대부분의 부모들은 자신이 예상했던 것보다 이혼이 더 고통스럽고, 적응에 더 오랜 시간이 걸리며, 더 많은 변화를 가져온다는 것을 발견한다. 이는 누가 먼저 이혼을 제기했는가와는 상관없이 두 사람에게 마찬가지이다. 이혼 부모들이 나름대로의 방식으로 이혼 과정의 세 단계를 거치면서 이런 어려운 전환기를 감당하는데 도움이 되는 가족이나 친구 지지체계를 마련할 수 있다면 적응과 부모역할 수행에 도움을 얻을 수 있을 것이다. 대개 어머니들은 아버지들에 비해 이렇게 매우 중요한 지지체계를 더 효과적으로 형성한다. 부모의 적응에 있어서 가장 중요한 과정 중 하나는 비현실적인 죄책감과 비난을 극복하는 것이다.

부모로서의 죄책감

죄책감은 이혼으로 인한 문제를 더욱 복잡하게 만든다. 많은 부모가 이혼에 대한 자신의 결정에 대해서 심한 죄책감에 시달리는데, 이후에 다시 살펴보겠지만, 이는 부모가 자녀를 효과적으로 훈육하는데 크게 방해가 된다.

자녀를 위한 결혼생활의 유지. 이혼 부모가 갖는 가장 심각한 문제 중 하나는 자신에 대한 실패감인데, 이는 자기가 자녀들을 좌절시켰다고 느끼기 때문이다. 대부분의 부모는 이혼에 대한 죄책감에 시달리는데, 심지어는 상대방 배우자가 먼저 헤어지자고 한 경우에도 그렇다. 불행하게도, 많은 부모가 우리 사회의 이혼 부모에 대한 비난에 찬 태도를 그대로 받아들인다. 다음 이야기에서 이혼 부모의 고민을 엿볼 수 있다: "내 결혼생활이 실패했기 때문에 아이들이 고통을 당하는 것은 부당하다. 내가 더 나은 삶을 살기 위해서 이혼하여 아이들에게 상처를 주는 것은 너무 이기적이다. 아이들을 위해서 결혼을 유지하는 것이 낫지 않을까?"

자녀를 위해서 부모가 결혼을 유지해야 하는 것일까? 물론 이런 심각한 문제에 대한 간단한 답은 없다. 궁극적으로, 부모 각자가 자기 가족에게 무엇이 최선인지를 결정해야 한다. 한 가족에게는 적절한 것이 다른 가족에게는 옳지 않을 수도 있다. 예를 들어, 결혼을 유지할지 헤어질지에 대한 결정이 자녀에게 미치는 영향은 상황에 따라 크게 다르다.

- 자녀가 평온하고 적절하게 반응하는 이혼 부모와 함께 성장하도록 할 것인가 혹은 짜증스럽고 우울한 이혼하지 않은 부모를 감당하도록 할 것인가?
- 자녀가 친구들을 잘 사귀는 기질적으로 원만한 아이인가 혹은 변화나 전환기를 감당하기 어려운 아이인가?

- 부모가 평정을 유지하면서 이혼의 스트레스와 어려움을 적절히 극복할 수 있는가 혹은 계속적으로 고통스러워하면서 부모역할을 효과적으로 수행하기 어려운가?

이처럼 대조적인 변수들이 강조되므로 모든 가족에게 정확하게 들어맞는 간단한 공식을 찾을 수는 없다. 동일한 결정도 — 헤어질 것인가 혹은 함께 할 것인가 — 특정한 가족 상황에 처한 아이에게 미치는 영향은 또 다른 사회적 상황에 처한 아이에게 미치는 영향과 크게 다르다. 이렇게 상황이 복잡하고, 서로 다른 가족들에게 서로 다른 해결책이 요구됨을 염두에 두면서, 선행연구가 제공하는 지침을 살펴보도록 하자.

지금까지 알려진 바에 의하면, 자녀가 만성적인 부부갈등에 노출될 경우, 불행한 결혼생활을 지속하는 것은 자녀에게 별다른 유익을 주지 못한다. 연구자들은 자녀가 갈등의 골이 깊은 가정보다는 적절하게 기능하는 이혼 가정에서 더 원만하게 적응한다는 것을 지속적으로 발견해 왔다. 물론 원만한 양부모 가정이 자녀에게 최선의 환경이겠지만, 원만하지 못한 양부모 가정보다는 원만한 이혼 가정이 더 낫다는 것이다. 그러나 원만하지 못한 이혼, 즉 부모 간에 전쟁이 지속되는 이혼은 그 어떤 상황보다도 자녀에게 부정적인 환경임에 틀림없다. 결혼을 유지하는 부모나 이혼한 부모 모두 만성적인 갈등관계의 부모 밑에서 성장하는 자녀에게 나타나는 심각한 결과에 대하여 단순히 상대방만을 비난할 것이 아니라 개인적으로 책임을 지려고 해야 할 것이다.

가족 간 상호작용에 대한 수십 년에 걸친 연구결과는 결혼생활의 심각한 갈등과 혼란이 자녀에게 부정적인 영향을 미친다는 사실을 반복적으로 밝히고 있다. 자녀는 다른 어떤 가족 상황보다도 부모가 끊임없이 싸우는 불행하고 애정이 결핍된 가정에서 인성문제와 행동문제를 발전시킬 가능성이 높다. 다시 말해서, 정말 중요한 문제는 이혼이냐 혹은 결혼을 유지하느냐 하는 가족구조가 아니라, 원만한 가족이냐 혹은 상호작용이 갈등적인 가족이냐 하는 것이다.

역기능적인 가족관계는 자녀의 적응에 다음과 같은 문제를 초래한다.

- 부모 간, 또 부모와 자녀 간의 갈등과 부정적인 인식
- 형제자매 간의 공격적이고 지지적이지 못한 경쟁의식
- 비효율적인 훈련
- 가족 간의 따뜻함과 응집력 결여

비록 미디어와 대중 언론은 이런 핵심 개념을 분명하게 제시하지 못하고 있지만 이혼 부모는 가족구조(이혼 대 결혼유지)와 가족간 상호작용(원만함 대 갈등)을 명확하게 구분하여 인식해야 한다.

만성적인 부부갈등은 모든 자녀들에게 어려운 문제이지만, 그 결과 행동문제를 발전시킬 가능성이 높은 남아에게 특별히 더 힘든 일일 수 있다. 지속적인 부부갈등 속에서 자라는 어린 남아는 불안하고 불안정하며, 자라면서 분노에 차고, 반항적이며, 훈육이 어려운 아이로 변하는 경우가 많다. 이들은 경찰이나 학교의 책임자들과 문제를 일으킬 가능성이 많고, 성인 초기에 범죄를 저지르는 비율도 높다. 여아도 지속적인 부부갈등에 영향을 받는데, 이들 역시 공격적이고 반항적으로 성장할 수 있다. 그러나 이들은 대개 불안하고, 위축되거나 완벽주의적으로 올바르게 행동하려는 반응을 보인다.

국립정신건강국(National Institute of Mental Health)이 1,500여명에 가까운 아동을 대상으로 실시한 한 전국조사 결과, 이혼한 부모와 함께 생활하는 아이들은 늘 싸우면서 결혼생활을 유지하는 부모와 함께 생활하는 아이들에 비해 더 적은 문제를 보였다. 이러한 결과는 법원이나 자기 자녀들을 통해서 지속적으로 싸우는 비통하고 논쟁적인 이혼 부모의 자녀가 왜 가장 부적응적인가를 부분적으로 설명한다. 자녀에게는 부모가 원만하게 각자의 길을 갈 것에 동의하는 것이 끊임없이 전쟁이 일어나는 가정에서 생활하는 것보다 훨씬 나은 것이 분명하다.

그러나 단순히 행복하지 않은 결혼생활을 하는 다른 부모들의 경우는 어떠한가? 부부 사이에 표면적인 적대감이 드러나지 않거나 고함을 지르거나 큰 소리

로 다투는 것, 비인격적인 모욕, 추한 협박, 혹은 폭력으로부터 자녀를 방어할 필요가 없는 경우 이혼을 결정하는 것은 대단히 어려운 일이다. 자녀는 이혼 가정에 비해서 조용하게 불행한, 즉 정서적으로 거리감이 있는 양부모 가정에서 더 잘 적응하는가? 불행하게도 연구결과들은 이와 같이 보다 정교한 질문에 대해서는 만족스러운 해답을 제시하지 못하고 있다. 이혼은 거의 모든 아이들에게 단기적인 고통을 일으키고, 일부 아이들에게는 장기적인 문제를 초래한다. 우리는 이런 냉정하고 분명한 사실을 정직하게 바라보아야 한다. 앞에서 이야기한 바와 같이, 이혼 가정에서 성장한 성인들 대부분이 부모의 이혼을 생애에서 가장 고통스러운 사건으로 기억한다. 이혼이 자녀에게 미치는 결과는 대단히 심각하므로 부모는 절대로 분노한 상태에서 혹은 충동적으로 이혼을 결정해서는 안 된다. 충분히 고민하고, 존경하는 주위 사람들과 상의하고, 문제를 해결하려고 반복적으로 시도하고 자녀들을 위하여 상세한 계획을 세우는 것이 반드시 선행되어야 한다. 그러나 이혼할 것인가, 결혼을 유지할 것인가를 저울질 할 때는 불행한 결혼생활을 지속하는 것에 대한 잠재적인 대가도 함께 고려할 필요가 있다.

첫째, 부모가 자신 때문에 불행한 결혼생활을 유지하고 있다고 느낄 때 자녀는 죄책감과 책임감이라는 짐을 짊어지게 된다. 둘째, 불행한 결혼생활을 지속하는 것은 자녀에게 문제를 회피하는 것을 가르칠 수 있다. 실망스럽게 살아가거나 자신이 원하는 것에 미치지 못함에도 불구하고 포기하는 소극적인 모습의 역할모델을 제공함으로써 부모는 자녀에게 위험부담을 감수하기에 변화는 너무 위협적이라거나 인생의 문제를 해결하기 위해서 할 수 있는 것은 아무 것도 없다는 원치 않는 메시지를 전달할 수 있다. 마지막으로, 부모들 역시 자신의 행복을 추구할 권리가 있으며, 그들의 삶도 고려해야 할 가치가 있다. 부모들은 자신에게 다음과 같은 질문을 던져볼 수 있다: 만약 당신의 성인 자녀가 찾아와서 조언을 구한다면 당신의 딸이나 아들에게 불행한 결혼생활을 유지하라고 이야기할 것인가?

부모는 정직하게 노력했음에도 불구하고 부부갈등이 해결되지 않는다면 자녀를 위해서 결혼을 유지하는 것이 그들 자신을 위해 또 자녀를 위해 최선의 선택은 아니라는 결정을 내릴 수 있다. 그러나 이것이 이야기의 끝은 아니다. 권리에는 책임이 동반되어야 한다. 부모는 비록 상대방 배우자가 그렇게 하지 않더라도 자녀의 이익을 위해서 건설적으로 노력하겠다고 헌신할 필요가 있다. 이 책에서 강조한 바와 같이, 부부관계는 끝나더라도 책임감 있는 부모역할은 계속되어야만 한다.

효과적인 부모역할. 결혼생활이 불행해서 이혼하게 될 때 부모들은 심한 죄책감에 시달리게 된다. 이런 감정은 상대방 배우자가 이혼을 제기한 경우에도 마찬가지로 대단히 심각하다. 자녀들을 위해서 옳은 일을 하고자 헌신된 책임감 있는 부모들은 이와 같이 원치 않는 죄책감과 자기비난의 지배 하에 놓이게 되는 경우가 많다. 이혼에 대한 죄책감은 많은 부모에게 불필요한 고통을 초래하고, 자녀의 적응문제에도 크게 영향을 미친다.

부모가 이혼에 대해 지나친 죄책감을 느끼면, 자녀가 이혼에 대해 이야기를 나눌 필요가 있음에도 불구하고, 부모와 자녀가 함께 이혼에 대한 대화를 나누기 힘들 수 있다. 2-4장에서는 자녀가 부모로부터 왜 이혼하게 되었으며, 이혼 후 자신에게 어떤 일이 일어나게 될 것인가에 대해서 효과적인 설명을 듣는 것이 자녀의 적응에 도움이 됨을 보여줄 것이다. 불행하게도, 대부분의 부모들은 자녀의 고통과 분노를 보면서 너무 심한 죄책감을 느끼기 때문에 자녀와 자신이 걱정하는 바에 대해서 함께 이야기를 나누지 못한다. 죄책감에 짓눌린 부모는 자신의 죄책감을 감당하느라 주제를 회피하고, 자녀의 질문, 걱정, 슬픔으로부터 고개를 돌리게 된다. 그 결과로 자녀는 자신에게 필요한 설명을 듣지 못하게 되고, 이혼에 적응하는데 더 큰 어려움을 겪게 되는 것이다.

부모의 죄책감은 자녀에게 또 다른 문제를 일으키기도 한다. 예컨대, 이혼에 대해서 죄책감을 느끼는 부모는 자신에게 지나치게 비판적이어서 우울감에 빠지는 경우가 많고, 결국 자녀나 다른 사람들로부터 멀어진다. 우울감에 빠진 자기 처벌적 부모는 자녀가 가장 불안정하고 부모와의 정서적 접촉을 가장 많이 필요로 하는 바로 그 시기에 자녀에게 도움을 주지 못하게 되기 때문에 문제가 더욱 심각한 것이다.

부모가 지닌 죄책감은 또 부모 간의 갈등을 심화시켜서 자녀의 어려움이 가중되도록 하기도 한다. 앞에서 강조한 바와 같이, 자녀는 부부싸움에 노출되거나 부모 사이에서 한 쪽 편을 들어야 한다는 압력을 느낄 때 상처를 받는다. 이혼 부모는 전 배우자와의 관계에 어떤 신랄함이나 고통이 있더라도 자녀를 보호하기 위해서 노력해야 한다. 죄책감은 이렇게 자녀를 부모 간 갈등에 휩싸이게 하는 매우 중요한 문제와도 관련된다. 우리는 방금 일부 부모들이 이혼에 대한 죄책감으로 인하여 자신을 과도하게 비난하는 것에 대해 이야기했다. 그런데 이와는 대조적으로 결혼생활의 모든 문제에 대해서 상대방을 비난함으로써 이혼에 대한 죄책감과 수치심을 왜곡하려는 부모들도 있다. 이런 부모는 근거 있는 비난도 전혀 받아들이지 않고, 결혼생활의 모든 문제에 대해 자신이 책임지거나 혹은 공동으로 책임져야 할 부분을 인정하지 않으며 전적으로 상대방에게 비난을 전가한다. 잘못에 대한 책임을 조금이라도 공유해야만 수용하기 어려운 죄책감, 실패감, 부적절감 등에 대해 마음을 열 수 있게 될 것이다. 이와 같이 비난에 대해 방어적인 자세를 취할 때 부모 간 갈등은 이야기되거나 해결될 수 없고, 부모의 전쟁에 노출된 불안한 자녀들은 불안정한 성인이 되어갈 것이다.

더욱 중요한 것은 죄책감이 부모가 자녀를 훈육하는 능력을 저해한다는 것이다. 이혼 가정이 아니더라도 오늘날 아동기나 청소년기 자녀를 훈육하는 것은 쉽지 않은 일이다. 그런데 이혼은 자녀에 대한 훈육을 더욱 어렵게 만든다. 가장 보편적인 이혼문제 중 하나는 부모가 자녀를 제대로 훈련시킬 수 있는 능력을 상실한다는 것이다(일례로, 한 어머니는 "내가 아이를 제대로 훈련시키려고 하면, 아이는 곧 아버지한테 가서 살겠다고 할 거에요!"라고 말할 것이다). 부모가 이혼에 대해서 죄책감을 가지면, 자녀에게 분명한 태도를 취하고, 안된다고 말하고, 자신이 세운 규칙을 효과적으로 실행하는 것이 더욱 어려워진다. 자녀가 인정하지 않을까봐 두려워하는 부모는 점차 허용적이 되고, 자녀와 협상하기 시작하거나 자녀가 적절하게 행동하도록 매달리게 된다. 자녀는 자신이 부모

-자녀관계에서 우위를 차지했음을 인식하게 되면, 부모에게 조작적이거나 요구가 많아지게 되고, 형제자매에게 공격적이며, 동료들에게 군림하게 된다. 부모가 지나친 죄책감을 느끼거나, 자녀의 행동을 제한하거나 규정을 실행할 때 자녀가 저항하는 것을 견디지 못하면 자녀가 심각한 적응문제를 발전시키게 되는 것이 분명하다. 10장에서 부모가 자녀의 성공적인 이혼 적응을 도울 수 있는 훈련 방법과 효과적인 자녀양육 방법에 대해서 살펴보고자 한다.

다음의 일화는 이혼에 대한 죄책감이 결국 효과적이지 못한 훈육을 초래하고, 부모와 자녀에게 모두 문제를 일으키게 됨을 보여준다.

스미스(Smith) 부인

스미스 부인은 이혼한 지 2년이 지났음에도 불구하고, 여전히 아이들을 실망시킨 것에 대해서 죄책감을 느끼고 있었다. 그녀는 경제적인 상황이 이혼 전에 비해 훨씬 열악해져서 특히, 십대인 딸 사라(Sarah)에게 다른 친구들 부모는 모두 사주는 많은 것을 사줄 수 없는 게 속상했다.

스미스 부인은 딸의 요구를 너무 자주 거절하지 않기 위해서 연장근무를 시작했다. 그녀는 사라에게 '안돼'라고 말해서 아이를 실망시킬 때마다 무척 속상했다. 물론 연장근무로 생긴 부수입이 사라를 만족시키는 데는 다소 도움이 되었으나, 스미스 부인 자신을 위한 시간이나 에너지는 전혀 남아있지 않았다. 삶은 온통 다른 사람들의 욕구를 충족시키기 위한 냉혹한 일상이 되었고, 스미스 부인은 너무나 많은 요구를 짊어진 채 점차 우울해졌다. 결국 그녀는 동료의 조언에 따라 상담자를 만나게 되었다.

상담자는 곧 이혼에 대한 죄책감이 스미스 부인의 개인 생활을 위축시키고, 효과적인 부모 역할을 방해하고 있음을 지적했다. 상담자는 죄책감이 특히 아들을 효과적으로 훈련시키는 능력을 저해한다는 것을 알게 되었다. 아홉 살인 데이비드(David)는 이혼 후부터 행동문제를 보였다(이는 스미스 부인의 죄책감을 더욱 가중시켰다). 그는 엄마 말을 따르지 않았고, 최근에는 학교 선생님한테 말대꾸를 해서 집으로 돌려보내지기도 했다. 상담자는 스미스 부인이 데이비드의 문제행동이 이혼 때문이 아니라 그녀가 규칙을 지키도록 하지 못했기 때문임을 깨닫도록 도왔다.

또 다른 측면에서 스미스 부인의 죄책감은 경우에 따라 두 자녀에게 안 된다고 말하거나 단호한 태도를 취하는 것을 방해했다. 스미스 부인은 이혼으로 인해 데이비드가 상처받았다고 느꼈기 때문에 자신이 그를 더 이해해야 하고 그에게 더 관대해야 한다고 생각했다. 또 스미스 부인은 원치 않는 일을 시킬 때마다 데이비드가 심하게 반항하는 것을 감당할 수가 없었다. 이런 행동 패턴은 결국 데이비드가 어머니에게는 자기가 하고 싶은 아무 말이나 행동을 거의 다해도 그냥 넘어갈 수 있다고 생각하는 지경에까지 이르렀다. 상담자는 자녀가 일단 부모를 얕잡아보기 시작하면, 교사, 코치, 그 외에 권위 있는 다른 어른들도 존경할 필요를 느끼지 못하게 된다는 것을 지적했다.

그 후 몇 회기동안 상담자와 만나면서 스미스 부인은 이혼에 대해서 자신이 느끼고 있는 죄책감을 살펴보고 통제하기 시작했다. 죄책감으로 인한 부담이 줄어들기 시작하면서 그동안 자신이 포기했던 통제력을 회복하고, 아들의 분노에 찬 요구들에 맞서기 시작했다. 상담자의 조언에 따라 아들을 훈련시키기 위해서 타임아웃(time-out) 프로그램을 도입하고, 그를 보다 더 효과적으로 다루기 시작했다. 데이비드가 더 이상 스미스 부인을 조정하지 못하게 되면서, 가정과 학교에서의 행동이 긍정적으로 변화했다. 마찬가지로, 스미스 부인이 사라의 실망을 현실적으로 받아들이는 것을 배우게 되자 사라도 점차 불평하거나 토라지는 일이 적어지고 성숙하게 행동하기 시작했다. 스미스 부인이나 다른 많은 부모들이 자녀를 실망시킨 것에 대한 죄책감을 해결하게 되면 더욱 효과적으로 자녀를 교육하고 자기 자신에 대해서 보다 현실적인 기대를 가질 수 있는 것이다.

어떻게 하면 비합리적인 죄책감을 현실적으로 제한하고, 그로 인한 부모역할 문제를 예방할 수 있을까? 우선, 이혼 부모는 하나의 **사건**(예컨대, 이혼, 재혼, 이사, 동생의 출생 등)을 **상호작용**이나 그 사건에 대한 부모의 **반응**에서 분리하고, 자녀가 이를 이해하고 대처할 수 있도록 돕는 것이 중요하다. 우리는 줄곧 자녀가 일반 가정에서 생활하는지 혹은 이혼 가정에서 생활하는지는 중요하지 않음을 보아왔다. 자녀들은 두 유형의 가정에서 모두 잘 적응할 수도 있고, 그렇지 못할 수도 있다. 일반 가정이냐 이혼 가정이냐 하는 것은 중요하지 않다. 어떤 유형의 가정에서든 상호존중, 지지, 일관된 훈육, 효과적인 의사소통, 그리고 예측가능한 일상이 유지되는 조직적인 가정생활이 있을 수 있다. 일반 가정인가 혹은 이혼 가족인가 하는 것과는 무관하게, 가족 간 상호작용의 특성이 자녀의 적응을 결정하는 것이다.

마찬가지로, 일반 가정과 이혼 가정에 모두 위협, 외로움, 비하하는 말, 경쟁적인 동맹 등이 있을 수 있다. 이러한 가족 상호작용과 관련된 요인들이 적응문제를 가진 불행하고 성취하지 못하는 자녀들을 만드는 것이다. 처음에는 이처럼 사건(이혼)과 상호작용(사건에 대한 부모의 반응)을 구분하는 것이 학술적인 것처럼 보일 수도 있지만, 이후의 장들에서 주로 이에 따라 자녀의 적응이 결정됨을 보게 될 것이다. 나아가서, 이를 구분하는 능력은 부모가 이혼에 의해서 무기력하게 통제당하지 않고 스스로 이혼 과정을 정당하게 통제할 수 있는 기회를 제공한다.

요약컨대, 본 장에서는 이혼과 관련된 문제의 대부분은 취약한 부모역할에서 비롯됨을 강조하였다: (1) 자녀들이 지속적인 부부갈등과 부부싸움에 노출되도록 하는 것 (2) 우려스러운 자녀양육방침, 특히 효과적이지 못한 훈육방식. 이런 맥락에서, 부모들은 모든 자녀가 이혼으로 인한 부정적 결과로 장기적인 고통을 받아야만 하는 것은 아님을 깨달을 필요가 있다. 부모는 일정한 지침을 따름으로써 자녀가 긍정적으로 적응하도록 만들 수 있다.

이 책은 부모가 자녀의 질문과 걱정에 대처하고, 이혼에 성공적으로 적응하는데 필요한 정보를 제공한다. 이런 지침이 만병통치약은 아니지만 자녀에게 도움이 되는 많은 것을 얻을 수 있다. 만약 부모가 이런 제안을 따른다면, 부모 이혼으로 인해 고생하는 자녀들이 많이 나아지는 것을 자주 보게 될 것이다. 이와 같은 이혼 부모를 위한 교육 프로그램은 기초적인 계획을 제공한다. 부모들 대부분이 자녀를 돕기 위해서 이런 지침을 즉각적으로 도입할 수 있음을 알게 될 것이다.

이제 자녀들의 분리 불안과 대부분의 어린 이혼 가정 자녀들이 제일 먼저 걱정하는 문제인 유기 불안에 대해서 이야기하고자 한다. 이런 불안을 완화시키기 위해 부모가 무엇을 할 수 있는가에 대해서 배우게 될 것이다.

도움이 되는 책들

읽기 쉬운 책인 S. Goldstein과 H. Colb의 *The Smart Divorce: A Practical guide to the 200 Things You Must Know* (Golden Books, 1999)는 실용적인 정보와 이혼의 다양한 측면(법적, 경제적, 정서적)에 대한 실질적인 대처 방안을 제공한다. 이 유용한 책은 이혼과 같이 정서적으로 부담스러운 주제에 친근하고 쉽게 접근한다.

J. Kelly와 J. Wallerstein이 지은 *Surviving the Breakup: How Children and Parents Cope with Divorce* (New York: Basic Books, 1996)는 자녀와 부모, 양측의 관점에서 경험한 이혼에 대해서 포괄적으로 다룬 학문적인 책이다. 1980년에 초판이 출간되었고, 이후 개정판도 나왔으나 개정판이 초판과 크게 다르지는 않다.

J. Spring의 *After the Affair* (New York: HarperCollins, 1997)는 부부가 외도 후에 이혼할 것인지 혹은 가능하면 화해를 모색해 볼 것인지를 신중하게 결정하는데 도움이 된다. 다양한 정보를 제공하는 이 책은 부모가 이런 어른들의 문제에 자녀를 끌어들이는 문제에 대해 중점적으로 다룬다.

제 2 부

이혼과정에서 나타나는 아동의 문제

제2장

이혼은 분리 불안을 일으킨다

"아빠가 떠났으니,
엄마도 멀리 가버리는 게 아닐까?"

초기 파경 시 많은 아이들에게 가장 큰 관심은 부모를 잃는 것에 대한 두려움이다. 어린 아이들은 부모가 자신을 정말로 떠나거나 신체적으로 유기할지도 모른다고 두려워하는 반면 좀더 나이든 아이들은 자신이 부모의 사랑을 필요로 할 때 그 사랑을 받지 못할까 걱정한다. 자녀의 관점에서 볼 때, 이런 두려움은 비합리적인 것이 아니다. 왜냐하면 이는 종종 자신들의 실제 삶의 경험에 기반을 두고 있기 때문이다. 일반적으로 부모가 떠나는 것에 대해 많은 준비를 하게 하거나 미리 주의를 주지 않기 때문에 아이는 부모 중 한 사람이 갑자기 짐을 싸서(주로 아버지) 이사를 나가는 것으로 본다. 그 후부터 떠난 부모를 가끔 불규칙하게 보게 되는 경우가 많다. 이 장은 부모와의 안전한 결합을 잃어버릴 수 있다는 위협이 어떻게 분리불안(즉, 신체적・정서적 이별에 대한 불안정)을 일으키는지, 그리고 그것이 이혼 이후 아이들이 겪게 되는 많은 문제에 어떻게 기여하는지 살펴볼 것이다.

무엇이 자녀의 분리 불안을 일으키는가

3-8세 자녀는 부모와의 관계의 영속성에 왜 그렇게 관심을 갖는 것일까? 이혼 이전에 잘 적응했던 자녀라면 부모와의 애착관계에서 안정을 유지하지 않을까? 대부분의 성인들은 초기 아동기의 모든 아동에게 존재하는 유기에 대한 두려움을 이해하지 못한다. 8세 혹은 그 이상의 나이에서조차 대부분의 자녀는 부모가 자신을 떠날지도 모른다는 두려움을 가지고 있다. 몇 세기에 걸쳐 계속되어 온 동화는 이런 관심을 반영한다. 헨젤과 그레텔은 숲에 버려졌고 신데렐라와 백설공주의 부모는 죽었으며 웬디는 피터팬과 "길잃은 소년들"을 돌보려 했다. 밤비부터 라이온킹에 이르기까지 대부분의 디즈니 작품에서, 부모의 상실은 시작 장면의 주제이다. 나이를 막론하고 아동기에 속한 아이에게 부모와 분리되고 양육자를 상실하는 것에 대해 느끼는 두려움보다 더 중요한 것은 없다.

유기와 상실에 대한 이런 일반적인 두려움은 이혼으로 훨씬 악화된다. 아동에게는 자신들의 가장 큰 두려움—그들 세계의 기반이 되는 중요한 양육자가 떠날지 모른다는—이 현실로 이루어질 것처럼 보인다. 이혼 가족의 자녀들은 너무나 즉각적으로 관계가 영원하지 않다는 것을 발견하게 되고 자신들이 실제로 버려질 수 있다는 것을 많이 느끼게 된다.

분리 불안은 아동뿐 아니라 성인에게도 강렬하고 견디기 어려운 것일 수 있다. 아마도 배우자나 사랑하는 사람이 떠날 것이라는 것을 알렸을 때 당신이 어떻게 느낄지 상상할 수 있을 것이다. 그렇게 차갑고 공허하고 넌더리나는 느낌은 아동이 느끼는 분리 불안의 성인 버전이다. 알코올이나 약물로 자가치료를 하려는 일부 성인들의 절망적인 시도조차도 강한 분리 불안의 고통을 달래기는 어렵다. 어른에 비해 상대적으로 덜 성숙한 아동이 어떻게 그런 힘든 감정을 이해하고 대처할 수 있겠는지 생각해 보라. 따라서 초기 파경이 어린 아동에게 불러일으키는 가장 일반적인 문제 중 하나는 분리와 상실에 대한 걱정이다. 아동은 두 가지 이유 때문에 분리 불안이라는 이런 고통스러운 감정을 경험하게 된다. 첫째, 이런 두려움은 아동의 한정된 시간개념과 그들의 미발달된 사고 능력에서 초래된다. 둘째, 이런 두려움은 아동의 양육자에 대한 애착과 정서적 욕구에서 발생한다.

아동의 한정된 시간 개념

어린 아동의 세상에 대한 지각과 시간 감각은 성인보다 더 즉각적이고 현재에 내여 있다. 아동은 제한된 사고능력 때문에 성인처럼 어떤 확신을 가지고 (시간이나 날짜 같은) 자신의 미래 상황을 생각하는 법을 배우지 못한다. 그래서 부모가 "며칠 뒤에 만날 거야."라고 말할 때, 어린 자녀는 이것이 무엇을 의미하는지 이해하지 못하고 만남이 지속되는 것을 확신하지 못한다. 예를 들어, 부모가 자녀를 베이비시터와 함께 남겨두고 영화를 보러 갈 때, 어린 자녀는 대개 몇 시간 뒤를 생각할 수 없고 따라서 그들의 어머니나 아버지가 다시 돌아올 것임을 알고 안정이 되기는 어렵다. 어머니나 아버지가 집에 있게 하려고 떼쓰는 이면에는 무기력해지는 것과 혼자 남겨지는 것에 대한 두려움이 있는 것일지도 모른다. 다른 한편으로 자녀는 부모가 죄의식을 느끼게 하기 위해 조작적으로 눈물을 흘릴 수 있고, 이와 같은 방법으로 부모-자녀간 관계를 더 많이 통제하고자 힘을 행사하기 시작할 수 있다. 뒤에서 나는 부모가 어떻게 자녀의 진정한 정서적 욕구에 반응하면서 동시에 부모역할 관계에 남아 있을 수 있는지 그 방법을 보여줄 것이다.

추가적으로, 아동의 "대상영속성"은 발달의 초기 단계에서도 여전히 존재한다. 대상영속성은 대상(공이나 장난감)이 침상 아래로 굴러가서 시야에서 사라지더라도 그것이 여전히 존재하고 있다는 것을 인식하는데서 시작된다. 이후에 이것은 떠나간 양육자가 돌아올 것이라는 것을 이해하는 안전장치가 된다. 또한 이후에 당신이 사랑하거나 그리워하는 사람에 대해 생각함으로 감정을 지속시키거나 달랠 수 있는 힘이 된다. 즉, 당신은 사랑하는 사람의 부재 시에 현재 그와 물리적으로 함께 있지 않지만 단지 그를 생각하거나 기억함으로써 그와 정서적으로 연결되어 있다는 느낌으로 편안해지는 것을 발견할 수 있다. 예를 들어, 당신은 어른들이 다음과 같이 말하는 것을 들어보았을 것이다. "어머니는 20여년 전에 돌아가셨지만 마치 이제는 내 목소리처럼 어머니의 다정한 목소리를 계속 들을 수 있습니다. 비록 어머니가 돌아가셨지만 여전히 내 마음 속에서 함께 이야기하는 것처럼 항상 느껴집니다." 이렇듯 풍부한 인지적, 정서적 성취를 학령 전 아동이 충분히 획득하기는 어렵다. 관계의 영속성에 대한 확신은 위기에 처한 많은 후반기 아동은 물론, 심지어 성인조차도 스트레스로 인하여 계속 흔들릴 수 있다.

관계의 지속성과 확실성에 대해서 안심하는 것은 아동이 이혼의 스트레스 하에 있을 때 쉽게 동요될 수 있다. 이것은 대상영속성이 아직 안정된 인지 능력이나 정서적 역량으로 자리잡지 못했기 때문이다. 이런 문제를 돕기 위해 부모가 무엇을 할 수 있는지를 살펴보기 전에, 애착에 대해 배움으로 분리 불안을 더 잘 이해할 필요가 있다.

애착

아동의 분리 불안이 발달하는, 두 번째이자 대단히 중요한 이유는 파경이 아동의 애착을 위협한다는 것이다. 이혼 가정 아동이 경험하는 분리 불안을 이해하기 위해 우리는 먼저 정상발달 과정에서 애착의 역할에 대해 알아야 한다.

신생아는 태어날 때부터 생물학적으로 주양육자와 애착("강하게 묶인")을 형성하는 경향이 있다. 유아는 생후 며칠 이내에 애착추구행동을 보인다. 아기는 특정 사람의 목소리를 다른 소리보다 더 좋아하는데, 예를 들면 4주까지는 다른 사람보다 엄마의 목소리와 냄새를 더 좋아한다. 2개월이 되면 엄마의 눈을 찾아 엄마와 아기의 눈이 서로 즐거워하면서 시선을 접촉한다. 3개월 무렵에는 사람 얼굴을 구별할 정도로 얼굴을 세밀하게 인식할 수 있다. 얼굴을 인식하는 능력은 유아에게 상당한 즐거움을 제공하기 때문에 이때부터 사람들을 보고 웃기 시작한다. 이런 웃음이 부모에게 제공하는 기쁨과 이 웃음을 끌어내려고 구사하는 어른의 바보스런 익살을 생각해 본다면, 부모와 자녀가 어떻게 서로 애착을 형성하는지 알 수 있게 된다.

6개월에서 9개월 사이에, 유아의 무차별적인 사회적 웃음은 더욱 선택적인 것으로 바뀌어 간다. 애착이 깊을수록 아이는 특정 양육자인 내부 집단을 더 선호하게 된다. 이런 애착 형태는 다른 것보다 더 큰 기쁨을 끌어낼 수 있고, 스트레스에 처해 있을 때 유아를 더 쉽게 편안하게 할 수 있다. 그러나 이렇듯 자라나는 애착을 곰곰이 생각해 보면, 이는 떠날 때 아동에게 더 많은 디스트레스를 야기시킬 수 있다. 연구자들은 유아가 한 사람 혹은 그 이상의 일관된 양육자로부터 애정이나 관심을 받지 못한 채 단지 신체적 욕구만을 충족시킬 때 우울해지고 무감각해지고 발달을 지연되는 것을 발견한다. 간단히 말해서 사람이 잘 자라기 위해서는 애정 어린 양육자와의 따뜻한 관계를 필요로 한다는 것이다.

유아기 아동은 주양육자를 안전한 기지로 생각해서 그들에서부터 출발해서 모험을 하러 나가고 세상을 탐색하곤 한다. 부모가 아동이 필요로 할 때 접근가능하고 편안하며 정서적인 반응을 한다면, 아동은 안정되게 애착을 형성하게 될 것이다. 이렇듯 안정된 애착을 형성한 아동은 피곤하고 몸이 아프고 놀라게 될 때, 정서적인 연료를 공급하는 양육자의 품으로 돌아갈 수 있다는 것을 알기 때문에 안심하게 된다. 곧 그들은 세상 탐색을 계속 하기 위해 다시 출발하려 한다. 유아기의 정서적인 욕구 충족은 아동의 의존심을 기르게 되기보다는 더 성공적으로 양육자를 떠나게 하고 자신 있게 자신이 속한 환경을 탐색할 수 있게 한다.

연구자들은 안정되게 애착을 형성한 유아는 더 높은 자존감을 가지고, 유아기에 더 효과적인 문제해결자가 되고, 학령전기에는 더 열성적이고 호기심 많은 아이가 되며, 학령기에는 더 자신감이 강하고 독립적인 아이가 되는 것을 발견하였다. 반대로 양육자가 일관성 없이 응하거나 디스트레스나 관심에 대한 요구에 반응하지 않을 때 아동은 불안정한 애착을 형성한다. 이런 반응의 일관성 부족(모든 부모에게 힘든 날이 있다)은 부모의 계속적인 우울, 피로감, 흥미 저하,

자기 문제에 대한 걱정 때문에 나타날 수 있다.

아동기에 부모와 형성한 애착은 주변에 있는 사람들 대부분에 대한 이해의 본질을 구성하는 요소가 된다. 이런 초기 애착으로부터 이후 다른 사람을 공감하고 동정심을 느끼고 사랑한다고 느끼는 역량이 개발된다. 이런 애착은 또한 성격의 기초와 미래 관계에 대한 예상이나 지도를 형성한다. 예를 들면 우리가 사랑받을 만한 가치가 있는지 다른 사람에게 아무것도 아닌 존재인지, 또한 우리가 다른 사람을 신뢰할 만한 사람으로 볼 것인지 우리를 실망시키고 실패하게 하는 사람으로 볼 것인지에 대한 가장 기초적인 의미를 제공한다. 안전한 유대는 어린 시절에 기쁨과 만족의 가장 큰 원천이 되지만, 또 다른 방식으로 회전할 수도 있다. 안전한 유대는 정서적인 결합이 깨지고 양육자에게 접근이 어려울 때 분노와 절망의 가장 큰 원천이 될 수도 있다. 아동이나 성인이나 마찬가지로 사랑하고 마음을 주는 것은 이런 상처받기 쉬운 부분을 위태롭게 하는 것이다. 왜냐하면 그것은 어떤 다른 방식으로 존재할 수 없기 때문이다.

애착은 일방통로가 아니다. 부모는 어린 자녀와 애착을 형성한다. 많은 사람에게 이런 애착은 자신의 생애에서 경험하는 가장 다정다감하고 깊은 감정이 될 것이다. 자녀를 양육하는 초기 몇 년 동안 많은 부모들의 생애에서 연애하는 듯한 관계가 두드러진다. 부모가 아닌 사람들의 입장에서 피곤한 눈, 얼룩진 셔츠, 한 아름의 더러운 기저귀로 괴롭힘을 당하는 부모를 볼 때, 사람들이 왜 자유를 포기하고 그런 과도한 요구를 선택하는지 의아할지 모른다. 이런 회의를 안고 있는 구경꾼들은 양육 초기에 나타나는 이런 사랑의 유대의 힘이 현재를 생애에서 가장 귀중한 시간으로 만든다는 것을 알지 못한다. 이런 초기 애착은 대부분의 부모가 자녀의 안녕에 깊이 전념한 것에서부터 서서히 벗어나면서 생애주기 동안 자라가고 바뀌어간다. 초기 애착이 어떻게 아동기 후기와 심지어 성인기까지 지속되게 되는지, 그리고 어떻게 이혼 시기에 중요한 문제로 나타날 수 있는지 더 깊이 살펴보자.

애착의 특성

아동의 애착의 특성과 그것을 표현하는 방법은 나이가 들어감에 따라 달라지지만 유대는 계속적으로 그들의 발달을 조성하고 영향을 미친다. 후기 아동은 더 독립적으로 되고 청소년은 애착의 대상을 부모로부터 친구들로 바꾸기 시작한다. 유대는 성인기에도 여전히 사라지지 않고 친밀한 관계에서 힘을 조직하는, 핵심적인 것으로 남아 있다. 전 생애에 걸쳐 성인은 애착 이슈로 돌아간다. 강한 사랑과 고통은 손을 맞잡고 계속된다. 전 연령에서 지속적인 관계는 가장 깊은 의미와 만족을 주지만 떠남은 우리에게 상처, 배신, 상실을 경험하게 한다. 특히 이혼하는 많은 부모들은 다른 관계에 몰입하는 위험을 무릅쓸 것인지 아닌지 그리고 자신을 얼마나 투자할 것인지에 대한 질문을 가지고 몇 년 동안 고전할 것이다. 수반되는 감정이 너무 깊어서 그런 질문에 적절한 대답하기는 어렵지만 부모는 결혼의 상실을 애도하고 해소할 수 있기 때문에, 대부분은 다시 사랑하고 헌신하는 선택을 할 것이다.

애착 이슈는 이혼하려는 부모가 초기 파경 시기에 경험하는 강한 양가감정과 디스트레스에서 두각을 나타낸다. 이런 힘든 감정은 별거 후 1년이나 2년 혹은 그 이상 지속될 수 있다. 배우자와의 애착이 붕괴되고 있었다 하더라도 그것은 여전히 많은 힘을 갖고 있다. 예를 들어 이혼한 부모의 부부관계가 조화롭지 않고 해로워서 이를 진정으로 원하지 않는 것이 명백함에도 이전 배우자를 그리워하는 것을 발견할 때 이런 사실이 드러난다. 결혼생활을 진정으로 원치 않은 사람들도 이전 배우자에 대해 오래 질질 끄는 감정으로 혼란을 경험한다. 그때 그들은 자신이 정말 결혼의 종말을 원하는지, 모든 사람들이 미친 듯이 질주하는 길에서 전 배우자와 떨어져 다시 마음을 끌고 성적으로 접촉할 사람을 찾는 사이클을 시작할 수 있을 것인지 의아할지 모른다. 그런 양가감정은 흔히 볼 수 있는 것이고 그것은 종종 전 배우자에 대한 애착의 끈을 점진적으로 포기하는 것을 반영하는 것이다. 그것은 전 배우자와의 사랑이 여전히 남아 있다거나 헤어지려는 결정이 실수였다는 것을 나타내는 것은 아니다.

애착의 붕괴

애착이 아동기와 성인기 전반에 미치는 광범위한 영향을 평가하는 또 다른 방법을 생각해 보자. 대다수의 성인이 아동의 양육자에 대한 완전한 신체적, 심리적 의존과 애착의 생성 및 종결의 강도를 모두 파악한다는 것은 어려운 일이다. 부모가 이런 계속되는 욕구를 평가하는 것은 특히 어려운데, 왜냐하면 학령전 아동은 부모를 밀쳐내기 시작하고("내 스스로") 학령기 아동은 유능성을 갖추고 독립적으로 되어가며 청소년기에는 자기 주장적으로 되어 가기 때문이다. 그러나 친밀한 관계를 유지하고자 하는 우리 성인들의 욕구를 자세하게 살펴보게 되면 자녀의 애착과 부모의 파경으로 유발되는 분리 불안에 더 민감해지게 될 것이다.

연필과 종이를 가지고 다음 세 가지 질문에 답해 보라.

- 지난 3년 동안 당신에게 가장 스트레스가 되었던 경험은 무엇인가?
- 당신의 성인기에 가장 스트레스가 되었던 경험은 무엇인가?
- 당신의 아동기에 가장 고통스러웠던 경험은 무엇인가?

세 가지 질문에 대한 대다수 사람들의 대답은 공통된 주제를 다룬다. 세 살 간격의 남녀들 대부분의 대답은 중요한 관계의 상실을 포함한다. 부모나 사랑하는 사람의 죽음, 사랑하는 관계의 원치 않는 종결, 혹은 우정의 상실이나 중요한 사람이 이사 가는 것을 포함하는 대답이 대부분이다. 성인이라 하더라도 가장 큰 관심은 친밀한 관계의 안정성과 지속성이다. 그러나 이런 유대에 대한 우리들의 욕구는 아이들의 욕구보다는 상대적으로 적다. 나는 이런 연습을 통해 당신이 부모에 대한 자녀의 애착욕구의 중요성과 힘에 대해 더 큰 비중을 두고 평가하게 되기를 바란다.

자녀가 우리에게 가장 원하는 것은 안정된 애착을 제공하는 것이다. 이런 안정된 기지를 제공하는 것은 자녀양육의 핵심 과업이다. 자녀가 애착이 안전하다고 느끼기 위해서는 부모의 관심과 애정을 양육자가 제공해 줄 수 있을 때가 아니라 자녀가 필요로 할 때 획득할 수 있다는 자신의 능력에 대한 자신감이 있어야 한다. 물론 아동이 나이가 들어가면서 자신을 더 잘 달래고 바램을 연기하고 자기 순서 기다리기를 배우게 될 것이고 점차 더 많은 시간이 지나면서 독립적으로 기능하게 될 것이다. 그러나 아동이 스트레스를 받을 때 확실한 부모의 반응을 믿음직하게 이끌어낼 수 없다면 그것이 유발할 수 있는 불안정, 분노, 무력감은 전 생애에 걸친 성격 특성이 될 것이다.

이혼은 종종 여러 이유로 아동의 애착을 위협하거나 파괴한다. 연구자들은 이혼 가족에서 자란 성인이 그렇지 않은 가정에서 자란 성인보다 불안정 애착 증상을 보고할 가능성이 더 높음을 발견했다. 예를 들어 이혼 가정에서 자란 성인은 울부짖기, 불면증, 과도한 걱정, 무가치감이나 사랑받을만하지 않다는 느낌, 죄의식, 절망으로 고통당하는 경우가 더 많다. 몇 십 년 뒤에 이런 성인들은 혼자 있을 때 두려워하고 민감하게 느낄 가능성이 더 많다. 성인기에 나타나는 이런 증상은 어린 아동이 애착대상으로부터 분리 스트레스를 경험할 때 나타나는 분리 불안이라 부르는 감정에 상응하는 것이다.

따라서 안정적인 애착은 이혼 가정 자녀의 장단기 적응의 핵심이다. 그러나 이런 애착이 이혼으로 인해 반드시 위협받는 것은 아니다. 부모는 이혼 후에도 자녀와 안정된 애착관계를 확고히 하기 위해서 많은 것을 할 수 있다. 앞에서도 강조한 것처럼, 양육지는 이혼 가족에서든 비이혼 가족에서든 안정된 애착을 형성할 수 있기 때문에 부모는 이혼 가족이든 비이혼 가족이든 안정된 애착을 제공할 수 있다. 그러나 부모가 무엇을 해야 하고 무엇을 하지 않아야 하는지를 알기 전에 분리 불안이 어떻게 표현되는지 왜 파경이 애착의 끈을 위협하는지를 더 잘 이해할 필요가 있다.

부부별거가 자녀의 애착을 어떻게 위협하는가

어떤 전문가는 분리 불안이 아동과 성인이 생애에서 경험하는 가장 고통스러운 감정일 수 있다고 말한다. 3세에서 7세에 속하는 자녀가 이혼의 결과로 경험하게 되는 많은 디스트레스는 실제 분리와 상실 혹은 그것을 두려워하는 불안으로부터 유발되는 것이다. 우리가 보게 될 것처럼, 자녀가 부모나 형자자매를 떠나거나 만나지 못하게 되는 것에 대한 걱정을 공공연히 표현하지 않는다 하더라도, 이혼한 부모는 자녀가 이런 것에 관심을 두고 있을 가능성에 대해 잘 고려해야 할 것이다.

부모가 이혼을 결정했을 때, 보통 아버지가 집에서 이사를 나가고 새로운 집에서 살게 된다. 이사하는 날은 대체로 이혼하는 커플에게 가장 힘든 시간 중 하나이다. 관계가 끝난다는 사실이 생각과 말로만 이루어지다가 현실이 되는 것이다. 두 배우자 모두 분노, 슬픔, 안도와 같은 복잡한 감정을 경험하게 되는 것은 당연하다. 이때 부모의 정서적 반응이 너무나 소모적이기 때문에 당시 자녀가 무엇을 경험하는지 인식하기 어려울 수 있다.

3세에서 7세 사이 자녀가 아버지가 떠나는 날 느낄 수 있는 감정과 생각을 상상해 보라.

> 엄마와 아빠는 많이 울고 소리질러왔다. 그들은 정말 불행해 보인다. 엄마는 아빠가 오늘 이사 갈 것이고 큰 트럭을 타고 떠날 것이라고 했다. 나 역시 이사를 가야 하나? 나는 가는 것을 원치 않는다. 나는 아빠가 돌아오길 바란다. 아빠는 언제 돌아오게 되는거지? 엄마도 어딘가로 이사 가는 건 아닐까? 엄마는 우리는 우리 집에서 살 것이고 나는 내 방에서 그대로 지낼 수 있으며, 단지 아빠가 떠나간 것이라고 말했다. 아빠가 떠났다면 엄마 또한 떠나지 않을까? 아마도 엄마는 차를 타고 떠나고 나만 여기에 혼자 남겨지겠지. 나는 이것을 원하지 않는다. 정말 두렵다.

대부분의 어린 아이들은 부모의 별거에 대해 이런 생각과 감정으로 반응한다. 이혼하는 부모는 어린 아이들이 안전한 유대가 위협받기 때문에 걱정할 수 있다는 것을 예상해야 한다. 어린 남아와 여아는 야뇨증, 손가락 빨기로 퇴행, 어둠에 대한 두려움, 악몽, 손톱 물어뜯기, 매달리기, 요구의 증가를 통해 불안정이 높아진 것을 표현한다. 불안정이 완화되지 않는다면, 이런 불안증상은 시간이 지나면서 공격적인 반항 혹은 소아 우울로 발전해 갈 수 있다.

대부분의 부모는 자녀를 버린다는 것은 생각도 할 수 없기 때문에 자녀의 분리 불안과 유기 두려움을 평가하는데 어려움을 겪는다. 그러나 정도의 차이가 있기는 하지만 이런 두려움은 이혼 가정의 어린 자녀들 대다수를 위협한다. 부모는 자녀들이 부모의 사랑을 항상 의지할 수 있도록 분명하게 말해 줌으로써 그들 관계의 영속성에 대해 자녀들이 확신하게 할 수 있다. 많은 변화가 생기게 되더라도 부모는 여전히 자녀를 돌볼 것이라는 것을 자녀들이 확신할 수 있게 해야 한다. 이것을 어떻게 효과적으로 할 수 있는지에 대해 이 장에서 더 배우게 될 것이다. 그러나 무엇보다 먼저, 부모는 분리 불안이 생길 때 그리고 아동이 버려지는 것을 걱정할 때 보여주는 행동패턴을 인식할 수 있어야 한다.

일상적인 헤어짐의 문제

부모는 아이들이 이전에 문제되지 않던 일상적인 헤어짐으로 분란을 일으킬 때 분리 불안에 주의를 기울일 수 있다. 4살 된 앨리사(Alicia)는 파경 이전에는 차에서 뛰어내려 재빨리 어린이집 운동장으로 달려갔으나, 이제는 엄마가 떠나려 할 때 엄마에게 매달리고 울음을 터트린다. 밤에 침대에서 잘 자던 조니(Johnny)는 이야기를 하나 더 해달라거나 물을 한잔 더 달라며 끊임없이 요구하거나 자신이 어둠에 혼자 남겨지면 괴물이 나올 것이라는 두려움으로 엄마를 화나게 한다. 베이비시터가 도착하자마자 아이가 떼를 쓰기 시작하면 가장 참을성있고 죄책감을 별로 느끼지 않는 부모조차 하루 저녁 외출하려던 일정을 망치게 된다. 이혼이나 스트레스를 유발하는 다른 변화가 발생할 때, 부모의 이탈은 그것이 아무리 짧은 시간이라 하더라도 분리 불안을 일으킬 수 있다.

너무나 잘 참아오던 성인은 이런 행동에 좌절과 분노로 반응한다. 이런 반응이 이해할만한 것이라 하더라도 그것은 곧 아이와 부모 모두의 문제를 증대시키는 부정적 순환의 일부가 된다. 좌절한 부모는 화를 내고 아동을 위협하거나 심판할 수 있다. 이런 반응에서 아이는 친밀함을 가장 필요로 하는 그 순간에 부모로부터 떠밀려 났다고 느낄 수 있다. 결과적으로 아이는 더 혼자라고 느낄 것이고 부모가 안심시켜 줄 것에 대한 욕구는 더 커질 것이다. 그때 아이의 요구는 증가되고, 이는 부모를 더 화나게 한다. 분명하게도, 이 순간에 부모가 자녀의 불안정과 안심에 대한 욕구를 이해하지 못한다면 삶은 곧 둘 다에게 비참해 질 수 있다. 부모는 과잉반응을 하고 디스트레스를 경험하는 자녀에게 너무 많은 힘을 줄 수 있다(예를 들어, 베이비시터를 집으로 보내고 자신의 저녁 약속을 취소하는). 만일 그렇게 된다면 자녀는 자신이 양육자를 통제할 수 있다는 대단히 문제가 되는 메시지를 받게 된다.

그때 해답은 무엇인가? 자녀의 진정한 디스트레스를 무시하거나 조작적인 요구에 휩쓸리는 원치 않는 두 가지 극단 사이에 더 효과적인 중립 지점이 있다. 이 장의 후반부와 그 이후의 장에서는 더 효과적인 중립 지점을 나타내는 부모 반응을 강조할 것이다.

매주 비양육부모를 방문하는 것

흔히 아동의 분리 불안을 유발하는 또 다른 상황은 비양육부모와 보내는 시간과 거주지의 이동이다. 예를 들어, 나는 세 살 된 딸 아이를 둔 이혼한 부모를 만났었는데, 그 아이는 아버지와 만나서 재미있게 지낸 일을 하루 종일 말했었다. 아버지는 항상 수요일 저녁에 딸아이를 데려가려고 집에 왔다. 그러나 어머니 집을 떠나기 시작하면서부터 아이는 울기 시작하고 저녁 내내 혼란에 빠진 상태로 지내는 것이었다. 다음날 아버지가 어머니에게 아이를 데려다주면,

그 아이는 아버지에 대해 행복하게 이야기하면서, 자신이 얼마나 아버지와 함께 있기를 원하는지에 대해서 말했다.

부모가 딸아이의 모순된 행동을 어떻게 이해할 수 있겠는가? 딸아이가 아버지와 함께 가는 것에 너무 저항하기 때문에 어머니는 아이가 아버지와 함께 있을 때 무엇을 하는지 의아해지기 시작했다. 반대로 아버지는 아이에게 거절당하면서 딸아이가 그렇게 분명하게 자신보다 어머니를 선택하고 있기 때문에 어머니에게 분노를 느꼈다. 내가 그들을 만났을 때, 아버지는 딸과 함께 규칙적으로 정해진 시간을 보내는 데 관심이 덜해지고 있었다.

그 부모와 아이의 분리 불안에 대해 이야기하고 난 다음, 부모는 어머니를 떠나는 것에 대한 딸아이의 디스트레스가 아버지가 갑작스럽게 집을 이사한 바로 직후에 시작되었다는 것을 인식했다. 아이 아버지가 초기에 설명하지 않고 떠나버린 것이 딸아이의 남겨짐에 대한 두려움을 불러일으켰다는 것을 부모가 이해하게 되었을 때 나는 그들에게 아이의 분리 불안에 대해 아이와 얘기 나누게 하고 이혼이 의미하는 바를 더 충분히 설명할 수 있게 했다. 부모가 다른 집에 살더라도 그들은 둘 다 항상 자신의 어머니이고 아버지라는 것과 그들이 자신을 버리거나 떠나지 않을 것이라는 것을 확신시켜 줄 수 있었다. 반복적인 확신 제공과 지속적인 설명으로, 아이는 곧 별 어려움 없이 어머니 집에서 아버지 집으로 이동할 수 있었다.

자녀에게 이혼 설명하기

이혼하는 부모가 직면하는 가장 어려운 일 중 하나는 임박한 별거와 이혼에 대해 자녀에게 말하는 것이다. 부모와 자녀 모두에게 이것은 실제로 민감한 주제이다 — 그리고 이것은 자녀의 미래에 중요한 함의를 갖는 주제이다. 여기에 제공된 예시와 부모-자녀간의 대화는 자녀와 이런 중요한 이야기를 나누는데 도움이 될 것이다.

자녀가 부모의 별거에 대해 준비되지 않는다면 분리 불안이 발전될 가능성이 더 크다. 무엇이 예상되고 언제 일어날 것인지 미리 이야기를 듣게 된다면 이혼과정의 모든 단계에 더 쉽게 대처할 수 있을 것이다. 자녀는 보통 어느 날 아침에 일어나서 아버지와 더 이상 같이 살지 않을 것이라는 것을 알게 되는 경우가 너무나 많다. 이렇게 제한적이거나 혹은 아무 설명도 없이 아버지는 간단하게 떠나버린다. 아이는 아버지가 이사 나가고 자신의 부모가 이혼하게 될 것이라는 말만 듣게 된다.

부모가 갑자기 혹은 예고 없이 이사 나갈 때 그것은 보통 아이들에게 놀랄만한 것이고 많은 불안이 생기게 되는데, 그것은 아이가 떠난 부모와 특별히 친밀하지 않다 하더라도 그렇다. 이런 아이들 대부분은 강한 분리 불안을 경험한다. 왜냐하면 그들은 왜 아버지가 떠나는지, 이후에 아버지와 만날 수 있을 것인지, 누가 또 떠날 것인지 정말 이해할 수 없기 때문이다.

이혼이 확고하게 결정되었고 부모가 이사 나갈 날짜를 정했다면 부모는 자녀에게 이혼에 대해 이야기할 수 있고 그들과 지속적인 대화를 시작할 수 있다. 가장 좋은 접근은 부모가 함께 앉아서 언제나 그런 단합이 가능하다는 것을 아이들과 이야기 나누는 것이다. 또한 그것은 나누어서 하기보다는 모든 가족성원들이 참여한 가족모임에서 아이들과 함께 얘기하는 것이 더 좋다. 그렇게 했을 때, 형제와 자매는 처음부터 서로 편안함의 원천이 되는 것을 배울 수 있다. 때로 이런 고통스러운 첫 토론에 신뢰할만한 치료자, 목회상담자 혹은 조부모가 함께 참여하는 것은, 특히 성인의 정서나 기질이 지나치게 불안정할 때 유익할 수 있다.

언제 설명할까

부모가 이사하기 일주일 혹은 그 전에 자녀에게 얘기하는 것은 중요하다. 자녀가 준비되기 전에 한쪽 부모가 이사한다면, 예고되지 않은 떠남은 심각한 디스트레스 상황이 될 것이고 부모는 자신의 신용이나 자녀의 신뢰를 다시 얻기가 쉽지 않을 것이다. 부모가 이사 나갈 때, 떠난 직후 바로 규칙적이고 예정된 자녀와의 만남을 시작하고, 이후에도 자주 그렇게 해야 한다. 함께 살지 않는 부모는 가능하다면 첫 일주일이나 그 이상동안은 매일 자녀에게 전화하거나 방문해야 한다. 자녀가 언제 어디서 부모와 다시 만날 수 있을 것인지 구체적으로 미리 아는 것은 필수적이다. 방문 일정을 닥치는 대로 정하거나 무심코 따라가서는 안 된다. 부모는 자녀에게 방문 일정이 동그라미로 표시된 두 개의 동일한 달력(예컨대, 어머니 집에서 지내는 날은 분홍색으로 동그라미하고 아버지 집에서 지내는 날은 파랑색으로 동그라미하는)을 줄 수 있고, 부모와 자녀는 함께 두 집 모두에 달력을 붙여놓을 수 있다. 부모는 무슨 계획이 세워졌던 간에 일관성 있게 따르고 신뢰할만하게 지켜야 한다. 예측가능성은 아동의 안정에 필수적이다.

분리 불안은 이혼 이후 어린 자녀에게 발생하는 적응문제의 주요한 원천 중 하나임이 분명하다. 분리 불안을 완화시키거나 예방하는 가장 좋은 방법은 아이들이 자신의 삶에 발생한 거대한 변화를 더 많이 통제할 수 있다고 느끼도록 돕는 것이다. 부모는 무엇이 발생하고 있는지 아이들에게 준비시키고, 왜 어머니나 아버지가 이사를 가는지 설명함으로써 이를 가장 잘 수행할 수 있다. 어머니와 아버지 모두는 가능하다면 함께 다음과 같이 함으로써 자녀를 준비시킬 수 있다.

- 예상되는 일을 자녀에게 말하기(즉, 무슨 일이 일어날 것이고 언제 일어날 것인지).
- 아이들이 이해할 수 있도록 이혼에 대해 설명하기.
- 자녀에게 양쪽 부모와의 영구적이고 지속적인 관계에 대해 확신 주기.

무엇을 말할까

아동은 이혼이 무엇을 의미하는지 이해하기 어려운 나이이고 어른들은 자신의 일신상의 위기와 디스트레스 가운데 있기 때문에, 부모는 종종 이혼을 설명하기가 어려움을 발견한다. 이런 문제를 돕기 위해 이 부분에서는 자녀에게 이혼에 대해 어떻게 말할 것인지 제시하고자 한다. 부모-자녀 대화 예문에서는 부모가 어떻게 분리 불안과 그 외 관심들을 감소시킬 수 있는지 설명하고 있다. 나는 이런 대본이 당신 자신의 것이 되도록, 그리고 당신의 개인적 상황에 더 적합하도록 여러 번 다시 쓰고 수정할 것을 권한다. 단어는 여러 다른 방식으로 구사될 수 있다.- 중요한 것은 아이디어이다.

1. **예상되는 일을 자녀에게 말하기.** 부모는 어머니와 아버지가 이혼하게 되고 더 이상 함께 살지 않을 것이라고 자녀에게 말해야 한다. 자녀는 떠나가는 부모가 언제 이사 갈 것인지 그리고 언제 아버지나 어머니를 만날 수 있는지 들을 수 있다. 자녀에게 또한 양쪽 부모와의 지속적인 만남에 대해 확신을 제공해야 한다. 물론 파경의 위기 동안 항상 그렇게 사려깊을 수 있는 것은 아니다. 그러나 이런 견딜 수 없는 상황 하에서 가능한 주의깊게 자제하고 계획을 세워 실천해나가는 것은 중요하다. 자녀와 부부가 초기에 파경을 어떻게 다루느냐 하는 것은 이혼 이후 몇 년간 자녀가 어떻게 적응할 것인지 그리고 커플이 협력할 수 있는 능력에 중요하게 연관될 것이다.

앞에서도 언급했듯이, 어머니와 아버지가 그들의 자녀에게 함께 이혼에 대해 설명하는 것이 바람직하다. 그런 협력이 가능할 때, 양쪽 부모가 자녀의 삶에 적극적으로 관여할 것이고 함께 협력할 것이라는 아주 중요한 메시지를 자녀에게 전달하게 되는 것이다. 예를 들어 다음의 대화 예문에서, 어머니와 아버지는 돌아가면서 자녀에게 이야기한다.

어머니 : 아빠와 나는 더 이상 부부로 지내지 않을 거야. 우리는 이혼하려고 해. 우리는 이제부터 다른 집에 살게 될 것이지만 우리는 여전히 항상 너희들의 엄마와 아빠로 있을 거야. 그것은 절대 변하지 않는 거란다.

아버지 : 나는 토요일 아침에 새 집으로 이사할거야. 너희들은 엄마와 함께 여기서 지낼 것이고, 그렇지만 너희들은 종종 아빠의 새 집에서 함께 지낼 수 있을 거야.

어머니 : 너희들은 여기서 나와 함께 살게 되지만, 아빠는 여전히 너희들과 함께 하기 원할 거야. 우리는 매번 그 날짜 〈그날을 구체화하라〉에 너희들이 아빠와 함께 있도록 정했고 너희들은 〈그날〉에 아빠 집에서 지낼 거야. 내일 우리는 모두 함께 아빠의 새 집으로 가볼 텐데, 그러면 너희들은 그곳에 있는 너희들의 새 방을 볼 수 있을 것이고 모두가 매일 어디서 자는지 알 수 있게 될 거야.

아버지 : 나는 매일 너희들이 그리워질 거야. 그러나 〈정해진 날〉에 너희들과 함께 지낼 것을 기대 할께. 그리고 우리는 서로 그리워할 것이기 때문에 만나는 날 사이에는 〈정해진 날과 시간〉에 전화로 너희들과 얘기할거야.

어머니 : 아빠와 내가 더 이상 부부가 아니라 하더라도 너희들은 항상 우리 중 한 사람과 살게 될 거야. 우리는 두 사람 다 너희들을 항상 사랑할 것이고 우리는 너희들이 성장할 때까지 너희들을 돌보기 위해 함께 협력할거야.

아버지 : 이건 우리 가족 모두에게 아주 큰 변화가 될 것이고, 너희들은 이런 모든 것에 대해 많은 질문이 생길거야. 지금 엄마와 내가 대답해야 할 게 뭐가 있을까?

2. 이혼에 대해 설명하기. 부모는 자녀에게 예상되는 일을 알게 하는 것 뿐 아니라 왜 이혼이 발생하게 되었는지 설명해야 한다. 연구자들은 아이들이 이혼에 대해 이해할 수 있도록 설명하는 것이 자녀의 적응을 돕는다는 것을 발견하였다. 그러나 대부분의 부모는 이런 어려운 대화를 피한다. 한 연구에서는 교육받은 중산층 부모 중 80%가 자녀에게 자신들의 이혼을 설명하지 않았음을 발견하였다! 부모는 여러 이유로 자녀와 이혼에 대해 이야기하지 않는다. 어떤

사람들은 대답하기 부적절하다고 느낀다. 그들은 부모가 무엇을 말해야 하는지 모른다고 말한다. 또 다른 이들은 죄책감에 매여 있어서 이런 대화가 자녀를 슬프거나 화나게 한다면 부모에 대해 더 나쁘다고 느낄 것이기 때문에 이런 문제에 대해 말하기를 꺼린다. 이런 부모는 이런 힘겨운 시간에 자녀가 부모에 대해 이미 느끼고 있는 것보다 더 나쁘게 느끼도록 할 수 있는 자녀의 반응을 유발하기 원치 않는다. 부모는 원치 않는 슬픔과 두려움의 감정이 드러날 것이고 자신이 울음을 멈출 수 없을 것이라고 걱정한다. 현실적으로 자녀에게 임박한 별거와 이혼에 대해 말하는 것은 고통스러울 것이다. 많은 자녀와 부모는 이후에 다같이 이를 그들 생애 중 가장 힘든 경험 중 하나로 회고할 것이다. 부모가 자녀에게 언제(시기), 왜(이유) 무슨 일이 일어날 것인지 이해할 수 있게 설명하고 이것에 대해 반복적으로 질문할 기회를 줄 때 자녀가 더 잘 적응한다는 것은 그것이 아무리 어렵다 해도 질문할 여지가 없다. 만일 부모가 이런 단계가 너무 어려워 자신이 하기 힘들다면 상담자, 목사, 이혼중재자로부터 가정법원에 이르는 전문적인 원조가 도움이 될 수 있다.

부모의 "설명"이 자녀에게 전혀 쓸모없다고 보는, 흔히 발생하는 한 예를 살펴보자.

상담자 : 당신과 남편은 8살 된 딸에게 어떻게 이혼을 설명하실 건가요? 당신이 아이에게 말할 것을 당신의 표현으로 저에게 얘기해 보세요.

어머니 : 오, 나는 우리가 이혼에 대해 그렇게 많이 말해야 한다고 생각지 않아요. 걔는 스스로 이혼을 어림잡아 이해하는 것 같았어요.

상담자 : 그것을 어떻게 알죠?

어머니 : 남편이 이사 간 다음날, 걔가 옆집 여자아이와 이야기하는 걸 엿들었어요. 친구가 아빠가 이사했는지 물었고, 크리스티나(Christina)는 "그래, 우리 엄마, 아빠는 이혼했어."라고 말했어요. 걔는 무슨 일이 일어나고 있었는지 아는 듯했고 그래서 나는 더 이상 말하지 않았어요. 왜 그 아이를 혼란스럽게 해야 하나요?

이런 식으로 설명하지 않는 경우가 많다. 그러나 부모가 설명하지 않았을 때 자녀는 그 자신의 설명을 만들어낼 것이다. 우리가 4장에서 보게 될 것처럼, 아동이 스스로 발전시킨 설명은 아동이 이혼에 대해 스스로를 비난하는 경향이 있기 때문에 (예컨대, "아빠가 나에게 화가 났기 때문에 이사 나갔어") 잘못된 것이고 더 많은 문제를 유발한다. 따라서 자녀에게 이혼에 대해 말하는 것이 어렵다 하더라도 무엇이 발생할 것인지에 대한 분명한 예상과 그들 나이에서 이해할 수 있는 적합한 설명을 제공할 때 아이들은 더 잘 적응한다.

아이들에게 이혼에 대해 설명하기 가장 어려운 측면 중 하나는 비난의 이슈를 다루는 것이다. 많은 경우 한 배우자가 이혼을 주도하고, 다른 배우자는 이혼을 원치 않는다. 남겨진 배우자는 종종 거절당했다고 느끼고 상처받으며 분노를 느낀다. 그 배우자는 가족을 파괴하고 떠난 배우자를 비난하는 데 아이들을 끌어들이는 것이 정당하다고 느낄지도 모른다. 한쪽 부모가 자녀에게 이혼에 대해 비난하게 하고 떠난 부모에게 분노해야 한다거나, 그와 지내기를 원하거나 돌보거나 관심을 두어서는 안 된다고 얘기할 때 자녀들에게는 더 많은 문제가 발생하게 된다. 이런 비난은 부부간의 배신과 성적인 관계에 대한 구체적인 묘사와 더불어 아이들에게 부적절하게 제공된다. 비록 부모가 그런 유혹을 받는다 하더라도 이것이 좋은 사람과 나쁜 사람을 만들어 내고 자녀를 경쟁적인 동맹관계로 끌어당기는 것을 의미할 때 진실—그들이 진실로 보는—을 말하려는 이런 충동은 참아야 한다.

이혼에 대한 이후의 설명은 자녀에게 (1) 부모가 왜 헤어지는지 이해하도록 (2) 이혼은 어른들의 결정이라는 것과 아이들이 이혼에 대해 책임지거나 비난받을 이유는 없다는 것을 전하도록 (3) 분리 불안을 경감시키고 한쪽 부모로부터의 소외를 예방하도록 도울 것이다.

아버지 : 우리는 결혼했을 때 그리고 너희들이 태어났을 때 서로 사랑했었단다. 그러나 이제 더 이상 결혼생활이 행복하지 않단다.

어머니 : 때로 부모의 서로에 대한 감정은 시간이 지나면서 변하는데 우리에게도 그런 일이 일어나게 되었구나. 우리는 두 사람 모두 이제 달라졌기 때문에 서로에 대해 이전과 같이 느끼지 않는단다.

아버지 : 엄마의 어떤 부분이 나를 행복하지 않게 하고, 나의 어떤 부분이 엄마를 행복하지 않게 하기 때문에 우리가 더 이상 서로 함께 살아가기는 어렵단다. 우리는 지금부터 헤어져 살기로 결정했어.

어머니 : 우리는 네가 이혼이 너의 잘못이 아니라는 걸 알기 바래. 이혼에 대해 네가 이전부터 해올 수 있었던 것이나 지금 할 수 있는 건 없어. 이혼은 가족 중에서 어른들 사이, 아빠와 나 사이에 있는 문제란다.

아버지 : 우리가 서로에 대해 느끼는 방법이 달라졌다 해도 너에 대한 우리의 사랑이 달라지지는 않아. 우리는 너를 사랑하고 네가 성장할 때까지 함께 협력해서 너를 돌볼 거야. 부모는 자녀에 대한 아주 특별한 사랑을 가지고 있단다. 그런 사랑은 변하지 않아. 부모와 자녀는 이혼할 수 없는 거란다.

어머니 : 아빠와 나도 우리 사이의 문제를 이해하는 것은 어렵단다. 그래서 우리가 왜 이혼하게 되었는지 네가 이해하는 것은 더 어려울 것이라는 걸 알아. 네가 원한다면 언제든지 우리에게 이혼에 대해 말할 수 있고, 우리는 네 질문에 다 대답할 것이고 또 그렇게 노력할 거야.

아버지 : 이것이 우리가 생각하는 전부야. 우리가 대답해야 할 질문이 있니?

3. **자녀에게 양쪽 부모와의 지속적인 관계에 대해 확신 주기.** 어린 자녀의 경우는 부부 별거에 대해 준비해 왔고 왜 이런 일이 생겼는지 이해했다 하더라도 여전히 분리 불안이 유발될 수 있으며, 부모와의 지속적인 관계에 대해 불안정하다고 느낄 수 있다. 엄마와 아빠는 항상 그들과 함께 있기 원할 것이고 떠나지 않을 것이라는 것을 반복적으로 확신하게 하면서 자녀의 분리 불안을 경감

시킬 수 있다. 이것을 표현하는 한 가지 방법이 다음에 제시된다. 이 예문은 아버지가 쓴 것이지만, 어머니든 아버지든 이런 내용으로 말할 수 있다.

> 엄마와 나는 더 이상 함께 살지 않는단다. 엄마는 이제 새로운 집으로 이사할 거야. 아마 너는 엄마와 내가 더 이상 함께 살기를 원치 않기 때문에 우리가 너와 함께 살기를 원치 않는다고 염려할지도 모르겠다. 아이들은 부모가 이혼하게 될 때 때로 이런 것을 염려한단다. 나는 우리가 이전과 같이 느끼지 않는다는 걸 네가 알기 원해. 우리는 너를 떠나지 않을 거야. 엄마와 나는 둘 다 너를 사랑하고 항상 너와 함께 하기를 원할 거야. 너는 항상 우리 중 한 사람과 살게 될 것이고 우리는 항상 여기에 있으면서 너를 돌볼 거야. 네 친구 중에 이런 걱정을 하는 친구를 본 적 있니?

이 메시지는 이혼 과정에서 자녀가 종종 경험하게 되는, 부모의 사랑을 잃는 것에 대한 두려움을 감소시킬 것이다. 자녀들은 이런 이슈를 여러 번 논의할 필요가 있다는 것을 기억하라. 자녀는 이혼에 대해 같은 질문을 여러 번 거듭 반복해서 해야 하고 동일한 확신을 반복적으로 제공받아야 한다. 뒤얽힌 감정이 너무 깊고 관심을 너무 많이 기울이고 있기 때문에 자녀가 신뢰할 수 있을 때까지 이런 확신을 여러 번 반복해서 제공해야 한다.

시험적 별거를 설명하기

앞에서 보여준 대화는 어머니와 아버지가 이사와 이혼을 결정한 상황을 보여준다. 그러나 많은 경우 결혼의 미래가 불확실한 긴 시간이 있을 것이다. 한쪽 부모가 이사 갔지만 커플이 함께 시간을 보내면서 함께 지낼 가능성을 탐색할 수도 있다. 그런 시험적 별거 또한 자녀에게 영향을 주고, 따라서 부모는 어떻게 이런 모호하고 과도기적인 기간을 자녀에게 설명할지 고려할 수 있다.

부모는 또한 "배우자가 이사 나갔지만 데이트를 계속한다면 아이들이 혼란스럽지 않을까?" 혹은 "우리가 시험적 별거를 먼저 한다면 아이들이 이혼을 받아들이기 더 어렵게 되는 것은 아닐까?" 하고 궁금해 한다. 시험적 별거가 궁극적인 이혼보다 자녀들에게 반드시 더 좋거나 나쁜 것은 아니다. 부모는 서로 일정 시간을 지내면서 탐색하고 결혼으로부터 일시적인 타임아웃 시간을 가지고 결혼생활을 지속할지 끝낼지를 결정할 수 있다. 별거 자체보다는 별거를 알리는 방법이나 이후 자녀에게 어떻게 반응하는지가 아이들 적응에 더 중요하다.

이혼하는 부모를 위한 지침의 대다수를 시험적 별거에도 동일하게 적용할 수 있다. 아이들은 적어도 며칠 전에 부모의 별거에 대해 준비되어 있어야 한다. 자녀가 잠에서 깨어나서 한쪽 부모가 사라진 것을 발견하거나 심한 논쟁 뒤에 한쪽 부모가 집을 나가는 것을 보는 것은 너무 위협적이다. 덧붙여, 비양육부모와 자녀는 규칙적으로 낮과 밤의 방문 계획을 세워두어야 하고, 전화연락은 떠난 이후부터 즉각적으로 시작해야 한다. 아이들의 주된 두려움은 부모에 대한 접근가능성을 상실하는 것인데, 이것은 집을 나간 부모를 다음에 만날 수 있는 장소와 시간에 대해 알게 됨으로써 진정될 수 있는 것이다.

자녀들이 시험적 별거에 깊은 관심을 두더라도 양쪽 부모와의 관계가 유지되고 있다면 성공적으로 대처할 수 있을 것이다. 자녀가 한쪽 부모에게 신체적 혹은 정서적인 접근 가능성을 잃어버리게 될 때 분리 불안이나 그 외 다른 증상들이 지속적인 문제가 되는 경우가 많다. 다음 대화는 자녀에게 무슨 일이 왜 일어나고 있는지에 대해 현실적으로 설명하면서 이런 중요한 확신을 전달하고 있다. 물론 부모가 자녀와 계속 관계를 유지할 것이라거나 혹은 자녀가 다른 부모와 계속적으로 관계 맺는 것을 지지하겠다고 약속만 해서는 안 된다. 부모는 그 이후에 반드시 약속을 지키고 그러한 확신이 현실이 되도록 해야 한다. 자녀는 우리가 말하는 것이 아니라 우리가 행동하는 것을 믿는다. 이번에는 어머니의 말로 구사되어 있다. 아버지의 말로 사용될 수도 있다.

아빠와 나는 이제 함께 사는 게 행복하지 않아. 우리는 잠시 떨어져 지내면서 결혼생활을 계속할지 이혼할지 결정하려고 해. 아빠는 잠시 이사 가실 거야. 우리가 다시 함께 살게 될 것인지 모르는 채 여러 달 동안 지내게 되겠지만, 우리가 결정하는 대로 곧 너에게 알려줄께. 우리가 너와 함께 지내는 것이 불행한 것이 아니라는 걸 네가 알기 바래. 그리고 우리는 너를 떠나지 않을 것이고 너를 사랑하는 것을 그만두지 않을 거야.

아빠와 나는 결혼생활을 계속할지 이혼할지 결정하는 동안, 너는 〈주소〉에서 〈사람이름〉과 함께 살게 될 거야. 아빠는 여전히 너와 함께 지내기 원하실 것이고, 따라서 우리는 네가 매 〈날짜〉에 그를 방문하도록 정했고, 너는 〈날짜〉에 아빠 집에서 지내게 될 거야. 네가 원할 때 아빠와 전화로 얘기할 수 있고, 우리가 함께 이야기할 수 있는 정기적인 시간을 마련할 거야.

이건 우리 모두에게 아주 큰 변화가 될 거야. 너희들이 잠시 동안 이것에 대해 생각하고 나면 아마 우리에게 묻고 싶은 질문이 많을 거야. 지금 우리가 너희를 위해 대답할 수 있는 가장 중요한 질문은 뭐가 있을까?

제시한 내용이 당신의 개인적인 상황에 정확하게 맞지는 않을 수 있다. 예를 들어 어떤 부모는 이전 배우자가 너무 지독해서 자녀와 그 부모의 지속적인 관계를 지지하지 않을 수도 있다. 혹은 한쪽 부모가 이혼 후에 자녀와의 정기적인 관계를 유지하는 데에 책임감 있게 전념하지 않을 수도 있다. 이런 상황들은 자녀에게 특별한 문제를 가져오기 때문에 이후의 장에서 언급될 것이다. 지금 당장 중요한 것은 자녀가 쉽게 적응하게 하기 위해서는 이와 같은 분명한 설명이 제시되어야 한다는 것이다.

학대가 발생할 때 무엇을 해야 하나

이혼하는 부모가 자녀를 위해 할 수 있는 가장 중요한 것 중 하나는 양쪽 부모와의 관계를 존중하는 것이다. 아이들은 부모 두 사람과 신체적, 정서적 접근을 유지하는 자신의 능력에 관심을 가질 것인데, 양쪽 부모가 자녀와 안정적인 관계를 유지하게 하는 것은 필수적이다. 아이들은 강한 애착욕구를 가지고 있으며, 그래서 양쪽 부모와 가깝게 지낼 자신의 능력이 불확실하면 매우 불안하게 된다(그리고 이후 우울해진다). 그러나 부모가 가능하면 자녀가 양부모와 많은 연계를 유지하도록 도와야 한다는 규칙에 한 가지 예외가 있다. 어떤 상황에서는 부모와의 지속적인 관계로 인해서 신체적 혹은 성적 학대에 노출될 수 있다. 이런 고통스러운 주제는 대부분의 독자들과는 관련되지 않고, 이 책의 영역을 넘어서는 것이지만 때로 그것이 이혼의 한 측면이기 때문에 반드시 언급되어야 한다.

일부의 결혼생활은 한쪽 부모가 자녀에게 무책임하게 행동하기 때문에 다른 부모가 자녀를 신체적 혹은 성적 학대로부터 보호하기 위해 이혼에 이르기도 한다. 어떤 가족의 경우에는 비밀리에 발생하던 학대가 파경 초기의 위기상황에서 드러나기도 한다. 아동 학대라는 고통스러운 문제와 관련하여 신화와 오해가 만연해 있다. 우리는 이런 원치 않는 주제를 외면하기 원하지만 그 주제를 피해가지 않을 때 아이들을 더 잘 보호할 수 있다.

누가 성적 학대에 관련되는가? 널리 신봉되는 신념과 달리 성적 학대는 여아뿐 아니라 남아에게도 발생하고, 남성에 의해서 뿐 아니라 여성에 의해서도 행해진다. 그러나 가장 흔한 가해자는 계부이다. 전형적인 시나리오는 어머니가 아동기에 성적으로 학대당한 경험이 있는데, 그렇게 배신당한 문제를 전문가로부터 도움을 받으며 해결하지 못한 경우이다. 배신이라는 애끓는 현실을 계속 부인하거나, 즉 자신이 겪은 참을 수 없는 수치심을 직면할 수 없어서, 성인이 된 후에도 자신에게 혹은 아이들에게 그런 학대의 패턴을 반복할 남자를 선택하기가 쉽다. 대개 가해자는 어머니가 어려서 성 학대를 당한 연령과 대략 같은 나이일 때 딸을 학대하는 듯하다. 성 학대가 발생할 때, 알코올이나 약물남용이 나타나는 경우가 많다. 아동 성 학대에 있어서 가장 우려되는 사실은 모든 사례의 3/4 정도에서 가해자는 가족, 친한 친구가족, 혹은 학대가족의 일원과 같이 아동을 잘 아는 사람이라는 것이다. 이런 신뢰의 무자비한 모독은 성 학대 희생자에게 나타나는 가장 심각한 장기적 결과일지도 모른다.

어떤 자녀가 가장 취약한가? 자녀 성 학대에 대한 흔한 오해는 로리타(Lolita) 신화이다. 많은 사람들은 부정확하게도 성적으로 발달하고 있는 조숙한 청소년이 가장 위험하다고 믿고 있다. 그러나 실제로 십대는 더 주장적이고, 더 효과적으로 "아니오"라고 말할 수 있다. 따라서, 더 어릴 때 시작된 성 학대는 청소년기까지 지속될 수 있으나 청소년기에 시작된 경우는 드물다. 대신에, 피해자가 될 가능성이 가장 많은 아이는 5세에서 7세사이의 여아이다. 여아가 우울하고, 지나치게 고분고분하고, 애정이나 주목을 지나치게 적게 받을 경우 희생될 가능성이 가장 많다. 남아도 성적으로 학대를 당하지만, 이는 잘 보고되지 않는 경향이 있어서 널리 알려지지는 않았다.

부모가 자신의 자녀가 성적으로 학대당하고 있는지 여부를 어떻게 알 수 있는가? 많은 아이들이 바로 직접적으로 말할 것이고, 부모는 주의를 기울여야 한다. 그러나 너무 많은 부모들이 그렇게 하지 않는다. 자녀가 성인과의 성적 접촉에 대해 부모에게 분명하게 말하거나 혹은 그들이 "비밀"을 지켜야 한다고 이야기할 때마다, 부모는 이를 간단히 처리해서는 안 되고 자녀를 보호하기 위해 상황을 더 구체적으로 파악해야 한다. 부모는 소아과 의사나 가정의학과 의사의 도움을 통해서 보다 정확한 상황을 알 수 있다.

나타날 수 있는 다른 증상이나 신호는 무엇이 있을까? 어린 아동은 자신의 경험을 인형이나 그림을 통해서 재연하고, 가해자의 행동을 다시 반복해 볼 것이다. 부모는 아동이 그런 그림을 그리거나 인형을 활용해서 노골적으로 성적 행동을 할 때 주의를 기울여야 한다. 아동이 이런 놀이를 하는 것이 성인 영화 채널이나 포르노 웹사이트에서 본 것을 나타내는 것일 수도 있다. 그러나 때때로 그들이 경험한 부적절한 성인-아이 접촉을 연출할 것일 수도 있다. 아이가 성기와 관련된 불편이나 고통을 호소할 수도 있고, 다른 아이들을 성적으로 만지고, 자신의 성기를 보여주고 다른 사람에게 성기를 노출하도록 요구하는데 아주 관심이 많을 수도 있다. 이것은 이 아이가 전문적 검사를 필요로 한다는 것을 알리는 적신호이다.

신체적 학대를 둘러싼 신화와 부정도 있다. 성적 학대에서와 마찬가지로, 가장 큰 문제는 양육자들이 이런 일이 발생할 수 있다는 것을 믿으려 하지 않는다는 것이고, 따라서 그들은 이런 신호를 무시하는 경향이 있다. 아동에게 신체적으로 학대할 가능성이 가장 많은 사람은 정서적으로 고립된 젊은 엄마이고, 희생될 가능성이 제일 높은 아이는 초기 청소년기나 두 살가량의 어린 아이들이다.

신체적 학대는 남아나 여아에게 비슷하게 발생하고 대부분은 부모가 자녀를 훈육하는 동안 발생한다. 신체적으로 학대하는 가족은 사회적으로 고립되어 있는 경향이 있고, 일반적으로 자녀 양육에 있어 매우 권위적(즉, 다정하지 않고, 비의사소통적이며, 아주 엄한)이다. 부모가 자녀에게서 설명듣지 못한 자국이나 타박상을 볼 때, 신체 학대가 일어났을지도 모른다. 성적 학대의 잠재성도 고려하면서, 과잉 반응하면서 고발해서도 안 되고, 이런 신호를 무시하고 잘못된 것이 없다고 확신하지도 않아야 한다. 책임성 있는 첫 번째 단계는 역시 가정의학과 의사에게 아이가 검사받을 수 있게 하는 것이다.

부모가 때로 격한 이혼 진행과정 동안 전 배우자를 협박하기 위해 신체적, 성적 학대에 대한 거짓 주장을 하는 경우가 있을까? 그렇다, 불행하게도 그런 경우가 있다. 부모는 때로 학대의 신호를 무시하고, 자녀 보호에 실패하고, 그래서 나중에 심한 죄책감을 느끼는가? 그렇다. 불행하게도 이런 일 또한 발생한다. 성적 혹은 신체적 학대가 발생하는 경우에, 학대하는 부모와 자녀 사이의 만남에는 반드시 제한이 있어야 하는데, 예를 들어, 자녀를 만나는 모든 시간이 감독되어져야 한다. 이렇게 특별히 고려해야 하는 상황에 대처하는 부모는 자신과 자녀를 위해 심리적, 법적 도움을 구할 필요가 있다.

결핍이나 방임에 덧붙여 학대의 또 다른 형태는 정서적인 것이다. 다시, 양쪽 부모와의 지속적인 친밀한 접촉을 유지하는 것이 이혼하는 부모가 자녀에게 제공할 수 있는 가장 중요한 확신 중 하나라 하더라도, 중요한 예외가 있다. 예를 들어, 연구자들은 한쪽 부모가 반복적으로 자녀의 가치를 손상시키고, 자녀를 수치스러워할 때 자녀가 초기 성인기에 학교나 직업에서 성취하거나 혹은 만족스러운 이성관계를 갖는 것을 어려워한다는 것을 발견하였다. 이혼의 혼란스러운 초기 단계 동안 부모는 서로에게, 때로는 자녀에게 정서적 학대로 반응하는 경우가 많다. 그 결과 자녀는 부모가 반복적으로 소리를 지르거나 바보 같다, 가치 없다, 나쁘다고 말한 것을 일생동안 견뎌나가게 되는 것이다. 만일 부모가 자신을 통제하지 못하고 이처럼 상처가 되는 말을 했다면, 자녀에게 사과해야 하고, 그것은 사실이 아니라고 말해야 하며, 이런 실수를 한 것에 대해 전적으로 책임을 져야 한다. 이런 수치심이 재발되고 이것이 행동패턴으로 된다면, 부모는 아이가 상담으로 도움 받을 수 있게 해야 한다. 슬프지만, 이런 부모는 자신의 부모가 그들에게 말했던 것을, 동일하게 경멸하는 톤의 목소리로, 상처가 되는 단어와 문구로, 자신의 자녀에게 반복하는 경우가 많다.

자녀가 성적으로, 신체적으로, 정서적으로 학대하는 부모와의 관계에서 보호받지 못한 것은 일생에 손상을 줄 수 있는, 수치심에 기초한 자아감과 불안을 야기시킨다. 그러나 이혼하는 가족의 주된 염려는 부모가 통제를 상실하고 서로 싸움을 멈출 수 없을 때 초래되는 장기적인 문제이다. 학대가 대부분의 이혼 커플에게 문제되지 않는다 하더라도 만성적인 부부 불화를 목격한 아동에게 불안증상과 심각한 불안정이 만연해 있다. 전투 태세를 갖춘 부모는 보통 그 자신을 들여다보거나 자신의 호전적인 행동이 자녀에게 미치는 부정적인 영향을 생각하기 싫어한다. 그들은 전배우자에게 초점을 두기 원하고 배우자에 상대방을 비난한다. 그러나 자녀가 반복적으로 심한 부부갈등과 위협에 노출될 때 심각한 디스트레스를 받게 된다는 것은 부인할 수 없는 사실이다. 나는 이 책을 통해 계속되는 부모의 싸움으로부터 자녀를 보호하지 못했을 때 자녀에게 일어날 수 있는 심각한 문제를 강조했다.

마무리 하면서, 대부분의 부모에게 기본적인 이슈는 가장 중요한 양쪽 부모와의 유대가 지속적으로 유지될 것이라는 것을 자녀가 확신할 수 있게 해야 한다는 것이다. 이런 확신은 이혼이 어린 자녀에게 유발시키는 가장 큰 관심 — 그들의 부모를 잃는다는 두려움 — 을 경감시키도록 도울 수 있다.

다음 장에서는 초기 파경동안 많은 아이들에게 두 번째로 발생되는 문제인 재결합 환상을 다룰 것이다.

도움이 되는 책들

Robert Karen이 쓴 *Becoming Attached* (New York: Oxford University Press, 1998)는 애착이론에 대한 아주 재미있는 개요를 제시한다. 이 책은 많은 부모가 어린 자녀를 더 잘 이해하고 더 잘 반응하도록 도울 것이다.

Selma Fraiber는 고전, *The Magic Years*에서 사려깊게 부모를 자녀의 마음으로 인도한다(New York: Scribner, 1959).

아동학대에 대해 더 많이 배우고자 하는 부모는 K. Hagans가 쓴 *When Your Child Has Been Molested: A Parent's Guide to Healing and Recovery* (Sanfrancisco: Jossey-Bass, 1998)를 읽어도 좋다.

제3장

자녀는 부모의 재결합을 원한다

"내가 정말로 착해진다면, 엄마 아빠가 다시 합칠 거야"

2장에서 알게 된 것처럼 자녀는 부모가 파경에 이르게 되면 불안해 한다. 이런 불안을 유발하는 상실에 자녀가 대처하는 한 가지 방법은 부모의 이혼 현실을 부인하고 자신들이 노력하여 자신들의 부모를 합치게 할 수 있다고 생각하는 것이다. 부모 중 한사람 혹은 두 사람 모두 이혼을 원한다 하더라도 자녀는 그렇지 않다. 드러내 놓고 얘기하지는 않지만 많은 아이들은 이혼 후 몇 년 동안 본래의 가족을 다시 만들겠다는 바램에 집요하게 붙들려 있다. 종종 재결합에 대한 바램이 너무 강해서 오랫동안 지속되며, 심지어 한쪽 부모 혹은 양쪽 부모가 모두 재혼을 하고 새로운 아이를 출산한 이후까지 계속될 수도 있다. 이런 바램은 이혼 이후 가정내 긴장이 줄어들고 가족원 모두의 삶이 더 나아지고 있음에도 불구하고 계속된다. 많은 자녀들은 단순히 부부관계가 끝났고 그들이 알고 있는 것과 같은 가족은 영원히 바뀌었다는 사실을 받아들이고 싶어하지 않는다.

재결합환상은 단지 따뜻한 어린시절의 바램만은 아니다. 그것은 자주 문제를 불러일으킨다. 이것은 자녀의 현재 삶의 현실을 감수하는 것을 방해하고 성공적으로 발달해 나가는 것을 막는다. 부모가 이런 재결합 환상을 종결시킬 수 있는 이혼에 대한 설명을 하지 않는다면, 그들은 종종 이혼 이후 몇 년 동안 문제를 경험할 수 있으며 문제를 유발할 수도 있다. 부모가 이혼하는 것이 확실하다면 이혼 결정이 끝났고 아이들이 이것을 바꾸기 위해 할 수 있는 것은 아무것도 없다는 것을 자녀에게 말해 주어야 한다. 물론 그렇게 하는 것은 대부분의 부모에게 몹시 고통스러운 것이다. 그리고—현실적으로 말해—부모가 이런 이야기를 하는 것이 힘든 만큼 자녀도 그것을 듣는 것이 고통스러운 일이라는 것을 생각해야 한다. 그러나 파경의 영구성에 대해 설명하는 것은 반드시 필요하다. 장기적 안목에서 보면 그런 설명은 자녀가 더 효과적으로 대처하도록 하는데 도움이 되기 때문이다. 아이들은 어머니와 아버지가 다시 결혼하지 않을 것이라는 것을 확신할 때까지 그들의 새로운 삶의 상황에 적응할 수 없을 것이다.

재결합환상의 3가지 원천

왜 대다수의 학령기 아동들은 자신의 어머니와 아버지가 이혼하지 않을 것이며 혹은 이혼하더라도 결국 다시 결혼할 것이라는 바램에 매달려 있는 것일까? 왜 일부의 아이들은 부모를 다시 합치게 하기 위해 질병이나 다른 행동문제를 일으키기까지 하는가? 재결합환상은 세 가지 원천으로부터 유래할 수 있다. 각각은 아동에게 다른 의미를 갖고 부모의 다른 반응을 필요로 한다.

첫째, 자녀는 부모의 이혼으로 인해 생긴 고통스러운 감정을 피하고 싶어한다. 그들은 자신들이 알아온 것처럼 가족이 유지되고, 부모가 여전히 서로 사랑하고 행복하다고 믿고 싶어한다. 초기에 부모의 파경에 대해 보이는 이런 반응은 매우 보편적이다. 이런 재결합환상의 첫 번째 원천은 자녀에게 장기적인 문제를 발생시키지는 않으며, 특히 부모가 이혼에 대해 분명하게 설명을 한다면 더욱 그렇다.

재결합환상의 두 번째 원천은 아주 다른 것으로. 자녀에게 더 많은 문제가 된다. 이혼으로 끝난 많은 부부관계에서 안정된 부모의 연합이 형성되지 않으면 결국 자녀가 너무 많은 힘을 행사하게 된다. 특히 자녀는 한쪽 부모와 함께 다른 부모에게 대항하면서 종종 자신이 부모 사이에 있을 수 있다는 것과 부모의 부부관계를 조작할 수 있다는 것을 배우게 된다. 항상 부모에게 요구하고 무례하게 행동하고 훈육하기 어려운 이런 자녀는 이혼 전에도 가족관계를 통제하는데 지나치게 성공적이었던 아이들이다. 그들은 어른들의 관계를 조종하고 부모가 합치도록 노력했기 때문에 이혼할 때에도 종종 더 많은 문제를 초래한다.

재결합 환상의 세 번째이자 가장 문제가 되는 원천은 한쪽 부모가 이혼을 원하지 않을 때 결혼관계를 유지하기 위해 다른 부모를 설득하는데 자녀를 이용하는 것이다. 재결합환상의 이런 세 가지 유형 각각을 더 면밀하게 탐색해 보자.

일반적이거나 예측 가능한 재결합환상은 자녀에게 가장 흔한 유형으로, 별 문제를 일으키지 않는다. 그것은 또한 부모가 해결하기에도 가장 쉽다. 그런 바램은 여러 가지 이유로 인해 발생하며 아마도 이 중 가장 단순한 것은 부모가 화해하는 것으로 아는 것이다. 아이들은 종종 부모가 서로 헤어지자고 위협하는 것을 들었지만 그 위협이 실현되기 전에 없어진 경험을 갖고 있다. 더 나아가 많은 아이들은 부모가 일시적으로 별거하는 것을 목격해 왔다. 이런 아이들이 부모의 최후 별거 또한 파기될 수 있을 것이라고 생각하는 것은 이해할만하다.

아이들은 또한 부모의 초기파경 현실을 부정하기 위해 재결합 환상을 발전시킨다. 부모의 파경은 너무 스트레스가 되기 때문에 그것이 전부 사실이라는 것을 곧바로 인식하기는 어려울 수 있으며, 따라서 많은 아이들(과 일부 성인)은 현실을 점차적으로 받아들이면서 대처하게 된다.

아동이 피하려고 하는 고통의 대부분은 함께 살던 가족과 가족이 제공해 온 친밀함을 상실하게 되는 것에서 유발된다. 아이들은 가족이 오랫 동안 함께 지낼수록 자신들이 더 안전하고 더 보호받는다고 느끼기 때문에 그들의 부모가 행복하게 함께 살기를 원한다. 이전에 함께 살던 가족에서 자녀는 응집력 있는 가족집단의 일부였고, 그런 가족집단은 세상에서 자녀들에게 자리를 제공해 주는 것이었다. 가족성원은 종종 소속에 대한 깊은 확신감을 준다. 이혼 전에 긴장과 갈등이 있었다 해도 함께 사는 가족은 여전히 친밀함과 안정을 준다. 이혼 이후 달라진 새로운 가족구조는 단지 가족이 달라졌고 알지 못했던 것이기 때문에 불안감을 일으킬 수 있으며, 가족 정체감이 변한 것 뿐 아니라 새로운 생활에 적응해야 할 필요가 있기 때문에 아이들에게 불안을 불러일으킬 것이다.

자녀의 재결합 환상은 또한 기본적인 욕구를 충족하는 것에 대한 불안감이 높아지면서 가열된다. 자녀들은 이혼과정 동안 정서적인 욕구가 증가하지만 부모가 자신들의 욕구를 충족시켜 줄 수 있을 것이라고 확신하지 못한다. 부모-자녀 관계가 이혼 이전처럼 안정적이거나 의지할 수 있는 것으로 여겨지지 않기 때문에 불안정은 더욱 증가된다. 이런 불안은 부모가 별거한 이후 자녀들이 아버지와 덜 만나게 된다는 것을 발견하면서 더 높아진다. 또한 자녀는 부모의 이혼 동안 부모가 겪는 디스트레스를 알게 되면서 부모는 강한 존재라는 어린시절의 확신—아주 효과적으로 자녀를 복종하게 한—을 종결하게 될 수도 있을 것이다. 아마도 처음으로 자녀는 부모의 걱정과 근심을 알게 되면서 자신의 중요한 보호자에게도 약한 면이 있다는 것을 알게 될 것이다. 때로 자녀는 너무 일찍 그리고 너무 완전하게 자신이 믿어왔던 것처럼 부모가 자신들을 보호하거나 지켜주지 못할 수도 있다는 것을 알게 된다.

이런 이유들 때문에 자녀는 부모의 이혼이 영구적이라는 것을 수용하고 싶어하지 않으며, 또한 부모가 재결합할 것이라는 환상에 매여 있게 된다. 앞에서도 언급한 것처럼, 이것이 단지 무해한 아동기 바램인 것만은 아니다. 아동은 재결합 환상을 사용해 자신이 이전에 알아온 가족이 종결될 때 생기는 슬픔과 상실이라는 고통스러운 감정을 막아낸다. 이런 부정은 자녀가 이혼의 현실을 수용하고 새로운 삶의 상황에 적응해 나가는 것을 방해한다. 이 장의 끝부분에서 토론하겠지만, 부모는 자녀에게 방해가 되는 재결합의 바램을 끝내도록 도울 수 있다.

자녀가 과도한 통제를 사용할 때

재결합 환상의 두 번째 근원을 이해하기 위해서 우리는 첫 번째 주제인 "구조적 가족관계"로 돌아가 기본적인 가족치료의 개념을 배워야 한다. "구조적 가족관계"는 좀 다루기 어려운 용어인데 가족의 상호작용의 유형을 설명할 때 사용되며, 가족구성원들 간의 관계와 조화가 어떻게 조직화 되는가를 묘사하기 위한 용어이다. 보다 구체적으로, 가족 속에 존재하는 가족간의 동맹이나 하위체계유형으로 언급되기도 한다. 여기서 우리는 구조적 가족관계가 가족의 의사소통유형과 가족 구성원의 역할을 어떻게 형성하게 되는지 살펴볼 것이다.

서로 다른 구조적 가족관계중 부모 간 연합은 가족생활과 가족기능의 많은 부분을 형성하는 중요한 축이다. 특히 부모 간 연합의 본질은 아이의 적응에 상당한 영향을 준다. 부모 간 연합은 이혼하지 않은 가족에게 뿐 아니라 이혼가족에서도 매우 중요하게 영향을 미치며, 앞으로 우리가 11장에서 보게 될 재혼가족에게도 영향을 준다.

원만하게 기능하는 일반가정에서 부부관계는 두 사람이 함께 만들어 가는 연합체이다. 부부는 서로에게 헌신된 충성심을 가지고 있기 때문에 조부모나 자녀, 친구나 동료 또는 다른 사람에 의해 분열될 수 없다. 효과적인 연합을 이룬 부부도 그들간에 차이와 갈등이 있게 마련이며 또한 다른 사람에게도 헌신한다. 그러나 이렇게 연합이 잘 이루어진 부부관계는 다른 사람에 의해 쉽게 깨지지 않는다.

하지만 어떤 가족은 부부간에 안정적인 정서적 동맹이나 친밀한 관계가 형성되지 못한 경우도 있다. 이러한 가족에서 기본적 동맹은 조부모와 부모 간, 부모와 자녀 간에 또는 어떤 다른 양자관계 내에 존재하게 된다. 만약 부모가 연애기간이나 결혼초기에 효과적인 결혼동맹을 수립하지 못하거나 자녀양육기간에 성공적으로 결혼동맹을 유지하지 못하면 자녀가 행동문제를 보일 가능성이 높고 결혼은 이혼으로 끝날 가능성이 높다.

가족관계 구조에 있어서 또 다른 요소는 어떻게 자녀가 부모 사이의 친밀감을 조절하려고 하느냐 하는 것이다. 부모관계의 친밀감에 대한 자녀의 반응은 역설적이다. 부모가 신체적, 정서적으로 친밀할 경우 자녀들은 부모사이에 끼어들려고 하거나 혹은 그들을 떼어 놓으려고 한다. 반면 부모가 갈라서거나 이혼을 하면 자녀는 부모를 재결합시키려고 노력한다.

부모는 자녀가 아주 어릴 때부터 자녀가 부모 사이에 끼어들려고 하는 것을 보게 된다. 예를 들어, 걸음마를 시작한 어린아이는 부모가 함께 앉아 있을 때 부모 사이로 기어 올라가서 부모 사이를 물리적으로 떨어지게 만든다. 세 살 된 아이는 아빠에게 "엄마에게 말하지 마"라고 명령한다. 네 살 된 아이는 부모에게 뽀뽀하지 말라고 직접적으로 말한다. 큰 아이들은 부모가 앉아서 함께 이야기를 나누려고 하면 시끄럽게 굴거나 방해한다. 또한 아이들은 다른 쪽 부모에 대항하여 한쪽 부모와만 놀려고 한다.

그렇기 때문에 아이가 반복적으로 부모 사이를 왔다갔다 하는 것에 성공하게 되면 아이는 더욱 더 요구가 많아지게 되며, 훈육하는 것은 더욱 어려워지게 된다. 왜냐하면 자녀가 가족관계를 과도하게 통제하게 되면 아동은 자신의 힘에 대해 과장되게 생각하거나 비현실적으로 지각하기 때문이다. 부모가 헤어지도록 한 아이이건 이혼해서 한쪽 부모가 자연스럽게 따로 살게 된 아동이건 간에 부모가 이혼하게 되면, 아동은 자신의 힘으로 다시 부모를 함께 살도록 하는데 에너지를 기울이게 된다. 이러한 아이들은 이미 부모의 관계에서 일어나는 일에 대해 자신이 영향을 미칠 수 있다는 것을 알고 있기 때문에 본인의 힘으로 부모를 재결합시킬 수 있을 것이라고 믿는다.

이와는 대조적으로 기능을 잘 하는 가족의 경우, 부모는 둘이서 충분히 정서적 동맹을 유지 할 수 있기 때문에 설혹 부모 간에 정서적 갈등이 있다하더라도 자녀는 부모 사이를 방해할 수 없으며 나아가 가족 내에서 "한편" 혹은 한 팀으로 조종할 수 없다는 것을 안다. 즉, 자녀가 아니라 부모가 가족관계를 책임진다. 부모가 성공적으로 부부동맹을 수립한 후에 이혼을 하면 자녀는 이차적인 문제를 가지지 않을 것이고 더욱 심각하게 재결합에 대한 환상도 갖지 않을 것이다. 왜냐하면 아이는 이혼 전에 부모간의 관계를 조종할 수 없다는 것을 알았기 때문에 부모가 다시 함께 살도록 하는 시도를 감추려 하는 문제는 훨씬 덜 할 수 있다.

다음 장에서는 결혼생활동안 수립하지 못했다 하더라도 이혼 후 어떻게 부모가 성공적인 부모동맹을 수립할 수 있는지에 대해 연습해 보도록 한다. 그러나 지금은 결혼동맹을 파괴시킬 수 있는 아동의 경우를 살펴보자.

찰스와 에바

찰스(Charles)와 그의 아내 에바(Eva)는 지난 몇 년 동안 관계가 소원해졌다. 지금 그들에게는 예전에 서로를 위해 사용했던 방법이 통하지 않게 되었다. 찰스는 왜 그런지 이해하지 못했지만 그들 사이에는 친밀감을 가로막는 그 무엇이 있는 것처럼 보였다.

10주년 결혼기념일에 찰스는 평소와 다른 저녁시간을 보내기로 결정하고—에바가 좋아하는 레스토랑을 예약했다. 찰스는 멋진 은시계를 샀고, 그녀에게 선물로 주기 위해 포장을 했다. 그는 이 밤이 그들에게 특별한 밤이 되기를 희망했다.

찰스와 에바에게 오늘의 멋진 선물과 정장은 그들을 흥분시켰다. 그들은 행복한 저녁시간을 보내기로 했다—긴 시간 동아 나누지 못했던. 찰스가 먼저 옷을 갈아입고 5살 된 아들 아드리안의 방으로 잠자리를 봐주려고 내려갔다.

“안녕, 아드리안” 왜 잠옷을 갈아입지 않았니? 아이미 부인이 준비해 주지 않은 거니?

아드리안(Adrian)은 “나는 아주머니를 좋아하지 않아 라고” 투덜댔다. “나는 아주머니가 싫어, 나는 아주머니와 함께 있기 싫어”.

찰스는 오늘밤에는 이런 귀찮은 일에 마음을 쓰고 싶지 않았다. 그래서 빨리 이러한 논쟁을 끝내고 싶었다. 에바가 이런 소란을 모두 듣고 난 후에 아래로 내려왔다. 이미 아드리안은 너무도 당연하게 화를 내고 있었다. 찰스는 아들을 한대 치려고 위협했다. 아드리안은 이불로 그의 엄마를 밀어냈다.

"왜 그러니? 아드리안? 무엇이 잘못되었는지 말해주겠니?

"나는 아이미가 싫어"라고 아드리안은 흐느꼈다. 나는 아줌마와 있기 싫어. 나는 다른 사람을 원해, 그럼 엄마와 함께 있고 싶니?

찰스는 너무 화가 났다. "오늘밤 너는 아줌마와 함께 있어야 해, 그리고 엄마와 아빠는 외출을 할 거야. 그것은 엄마 아빠가 함께 결정한 거야!"

"잠시 기다려요 찰스" 에바가 말했다. "만약 아드리안이 정말 아줌마와 있기를 원하지 않는다면 무슨 이유가 있을 거야. 아이가 이렇게 화가 났을 때 아이의 곁을 떠날 수는 없어. 내가 아이의 이야기를 듣고 일찍 잠자리에 들도록 해볼께. 아이의 화가 가라앉거나 잠이 들면 조금 이따 나갈 수 있잖아".

찰스는 그의 아들에게 조종당한 것 같아 매우 화가 났고 아내 말에 화가 약간 누그러졌다. 이러한 일은 마치 그가 아내인 에바와 무엇인가 함께 하고자 할 때마다 일어났던 것 같다. 그는 아들을 끌어안고 있는 아내를 바라보았다. 찰스는 화가 났고 외로웠다. 그는 천천히 그리고 신중하게 말하였다, "좋아. 두 사람 좋은 시간을 보내라고 나 혼자 나갈 테니"

차도로 나온 찰스는 돌아가야 할지 어떻게 해야 할지 망설였다.

부모를 재결합시키기 위해 문제를 만들기

부모가 이혼한 후에 자녀가 보일 수 있는 문제 중의 하나가 부모를 재결합시키기 위한 전략을 시도하는 것이다. 예를 들어, 부모가 이혼한 후 아동은 도둑

질을 하거나 싸우거나 학업성적이 떨어지거나, 또는 부모가 다시 부부로의 역할을 하게 되도록 은근히 신체적 질병에 걸리게 된다. 특히 안정적인 부부동맹이 이루어 지지 못한 가족의 경우, 아이는 자신의 문제행동을 고치기 위한 공동의 목적을 추구하기 위해 엄마와 아빠가 함께 올 것이라는 사실을 배운 바 있다. 적어도 일시적으로 문제를 일으킴으로써, 아이들은 실제적으로 부모의 재결합을 이끈다.

만약 자녀에게 문제가 생기면, 가족 동맹은 부모-자녀의 동맹으로 옮겨지고 엄마와 아빠는 다시 파트너체계가 된다. 이러한 경향은 일반적으로 부모가 자신들의 부부 사이에 자녀가 끼어들도록 허용할 때 혹은 부부관계가 혼란스러운 가족에게서 나타난다. 찰스와 에바 그리고 아드리안의 이야기로 돌아가서 왜 이것이 그렇게 문제가 되는지 살펴보자.

3년 후 찰스와 에바는 이혼했다. 3년 동안 찰스는 거리감을 느꼈고 아버지로서 필요 없는 존재 같은 느낌을 받았다. 에바는 전보다 더 아드리안에게 마음을 쓰고 더 깊이 관여하게 되었다. 그러나 부모가 이혼하던 날, 아드리안은 매우 화를 냈고 학교에서 행동문제를 일으켰다. 3학년 담임선생님은 아드리안이 다른 친구들과 어울리지 못하고 학업수행도 매우 저조하다고 보고했다. 과거와 마찬가지로 찰스와 에바는 아드리안의 이러한 문제를 논의하기 위하여 학교 상담선생님을 만나러 갔다.

대부분의 아이처럼 아드리안은 부모의 이혼을 원치 않았고 부모가 함께 살기를 원했다. 부모로부터 이혼에 대한 이야기가 나오자 자신이 학교에서 문제를 일으키게 되면 부모가 부부로서 다시 반응할 것이라는 사실을 알고 있었다. 부모가 함께 있으면서 이야기하고 공동의 관심을 보여줄 때가 최상의 순간이었다는 것을 그는 문제행동을 통해 예측한 것이다. 그래서 만약 학교에서 계속 문제행동을 일으킨다면 자신의 문제를 해결하기 위해 부모는 함께 있게 될 것이라고 생각했다.

학교 상담선생님은 아드리안의 문제행동이 이혼과 관련이 있다고 이야기했다. 상담선생님으로부터 아드리안의 문제행동이 부모를 재결합시키기 위한 행동이었다는 이야기를 듣고, 찰스는 상담선생님이 뭔가 잘못 알고 있는 것이라고 생각했다. 찰스는 마치 바위에 매달려 있는 것 같은 느낌이 들었다. "아이가 보인 문제행동이 우리를 함께 있게 하기 위한 것이라구!".

에바와 찰스는 선생님과 몇 번의 상담시간을 보냈다. 아이가 부모 사이에서 왜 역설적인 방법을 사용하는지, 부모가 함께 있을 때 왜 방해를 하는지 그리고 부모가 헤어지고 난 후에 왜 재결합을 시도하는지에 대해 자세하게 이야기를 나누었다. 점차 부모는 결혼생활 동안 아이로 하여금 부모 사이를 조종하도록 허용했다는 것과 가족 내에서 영향력을 너무 많이 행사하도록 허용했다는 것을 깨달았다. 선생님의 이야기를 통해 문제행동의 원인을 인식하게 되면서 아이의 문제행동 패턴을 변화시키는 것이 더 쉬워졌다. 나아가 아드리안이 이혼 후에 부모의 관계에 영향을 행사하지 못하도록 하였다.

학교상담교사의 도움을 받은 후 찰스와 에바는 이혼이 끝이라는 것과 자녀가 그것을 변화시킬 수 없다는 것을 분명하게 설명하였다. 점차 아드리안은 부모가 진실을 말한다는 것을 알게 되었다. 이혼이 끝이라는 것을 점차 수용하면서, 부모가 다시 함께 살도록 노력하는 시도는 하지 않았다. 아드리안의 행동문제도 감소되었다.

재결합 환상을 격려하기

학령기 아동은 대부분 이혼 후 따로 살고 있는 부모와의 관계를 단절하려는 방법에 대해 생각한다. 그래서 이혼 후 1년 동안 아동은 자신이 갖고 있는 재결합에 대한 환상을 감추게 된다. 그러나 다양한 가족상황이 아동으로 하여금 재결합에 대한 생각과 환상을 계속 갖게 만든다. 더욱 심각한 문제 환경중의 하나는 남겨진 부모가 자녀의 재결합에 대한 환상을 조장하는 경우이다. 갈등상황 속에 놓여 있는 아동의 경우 대부분 심각한 정서적 문제를 가질 가능성이 높다.

나는 쟈니(Johnny)라는 8살 된 아이를 상담하면서 재결합 환상이 자녀에게 심각한 정서적 문제를 갖게 한다는 사실을 확인했다. 쟈니의 엄마는 도움을 받기 위해 치료실로 아이를 데리고 왔다. 그녀는 아이가 학교 가는 것을 거부하고, 어머니에게 무례하게 말하며, 집에서는 더 이상 통제하기 힘들어졌다고 했다.

처음 상담받는 동안 쟈니는 부모가 다시 함께 살게 될 것이라는 확신을 갖고 있었다. 쟈니는 부모가 몇 달 동안 별거를 했을 때에도 심지어 엄마가 이혼서류를 정리했을 때조차도 재결합에 대한 환상을 갖고 있었다. 나는 쟈니 엄마에게 그녀와 남편이 서로 이혼 조정의 가능성이 있는지에 대해서 물었다. 그러나 그녀는 아니라고 대답했다. 나는 그러한 사실을 쟈니에게 직접적으로 말하도록 했다. 그녀가 쟈니에게 이러한 사실을 말하기 시작하자, 쟈니는 테이블 위로 뛰어올라가서 나는 엄마와 아빠가 다시 함께 살게 될 것이라는 것을 알고 있는 힘썬 마술사라고 큰 소리로 말했다. 쟈니는 테이블 위에 서서 안절부절하지 못했다. 그는 자신의 마술적 힘이 부모를 다시 함께 살도록 만들 수 있다고 소리 질렀다. 어린 아이가 이토록 필사적으로 부모의 이혼을 통제하려는 노력이 문제행동으로 나타났던 것이다.

그때 나는 왜 쟈니가 그토록 강하게 재결합에 대한 환상을 갖게 되었는지 이해할 수 없었다. 왜 쟈니가 마술적 힘을 빌려서라도 그렇게 강렬하게 부모의 재결합에 대한 욕구를 갖게 되었는가에 대한 이유를 곧 알게 되었다. 나는 이혼의 불가피성에 대해서 쟈니에게 이야기해 주도록 아이의 아버지가 모임에 올 수 있는지 묻기 위해 쟈니 아버지에게 연락을 했을 때 자니가 왜 그토록 재결합의 욕구를 가지게 되었는지 알게 되었다.

그 모임에서 아버지가 직접 쟈니에게 엄마와 아빠가 이혼을 하게 되었고, 심지어 쟈니가 원지 않더라도 그 사실은 변하지 않을 것이라는 이야기를 하도록 했다. 쟈니의 아버지는 잠시 동안 머뭇거리다가 마침내 내가 제안한 말을 애매하게 표현했다. 그렇게 마지못해 하는 설명은 쟈니가 혼란에 빠지기에 충분했다. 쟈니의 아버지는 쟈니가 재결합에 대한 환상을 포기하는 것을 원하지 않는다는 사실이 분명해졌다. 이혼은 아내의 결정이었고, 아빠는 쟈니를 그들의 결혼생활을 유지하기 위한 하나의 수단으로 이용하고 있었다. 이야기가 시작되면서 쟈니의 아버지는 쟈니에게 아빠와 엄마는 결혼생활을 계속 유지할 것이고, 쟈니가 엄마와 아빠가 함께 살도록 도와달라고 이야기한 것이 드러났다. 나는 쟈니의 아버지가 아들이 경험한 슬픔과 이혼은 변할 수 없는 사실이라는 것을 받아들이도록 도울 수 있기를 원했다. 마침내, 쟈니의 아버지는 자신이 집착하고 있는 이혼에 대한 실패감과 실망에 대해 이야기하기 시작했다. 쟈니 아버지가 결혼생활에 대한 실패의 감정과 갈등을 직접 다루고 난후, 상담교사는 쟈니 아버지로 하여금 쟈니가 갖고 있는 재결합에 대한 환상과 부모의 결혼을 통제할 수 있다는 부적절한 신념을 더 이상 갖지 못하도록 설명해 달라고 부탁했다. 얼마 지나지 않아 쟈니의 아빠는 아들에게 이혼했다는 사실이 변하지 않을 것이라고 분명히 말했다. 비록 이러한 사실이 쟈니를 슬프게 했더라도 쟈니는 눈에 띄게 불안이 경감된 듯이 보였고 문제행동도 눈에 띄게 감소되었다. 6개월의 추후상담동안 쟈니는 학교에 잘 적응했고 집에서 엄마에게 더 잘 복종을 했다. 아이자신이 성인의 결혼이나 이혼 그리고 그 외의 결정을 자신이 통제할 수 있다고 믿는 경우 문제행동을 보일 가능성이 높다. 이렇듯 잘못된 신념의 결과로 쟈니는 자신의 힘과 통제력에 대한 비현실감이 발달되었던 것이다. "강력한 마술사"로 생각하고 그의 엄마를 통제하려고 시도했고 부모를 재결합시키려고 노력했다. 그러나 아이는 부모를 재결합시키려는 과도한 책임감으로 끔찍한 불안감을 경험한다. 왜 이런 힘의 사용이 아이로 하여금 불안감을 갖게 하고 문제행동으로까지 발전시키는가?

첫째, 8살된 쟈니는 정상발달 과정에서 멀어졌지만, 아직 쟈니는 어른들로부터 많은 관심과 사랑을 받아야 하는 어린 아이였다. 그러나 쟈니 자신도 어린아이에 의해 통제되는 성인으로부터는 이러한 자신의 욕구를 충족시킬 수 없다는 것을 분명히 느끼고 있었다. 이런 경우 쟈니와 같은 아동은 매우 힘든 상황에 처하게 된다. 사실 아동기에는 아동에게 필요한 욕구가 충족되어야 한다. 그러나 쟈니와 같은 상황에 처한 아동은 성인으로부터 그들의 욕구를 충족시키기 어렵기 때문에 스스로 보호욕구를 충족시키기 위해 어른과 같은 행동을 한다. 자니가 8살 아이로 되돌아왔을 때, 아이는 더욱 안전감을 느끼게 되었고 아이답게 행동했다. 그 후 아이는 자신을 책임지거나 자신의 보호자 역할을 하기보다 강한 성인에게 자신을 의존하도록 허용했다.

둘째, 우리는 이미 아이가 부모의 이혼에 대한 고통스런 감정을 피하는 하나의 방법으로 재결합에 대한 환상을 유지한다는 것을 알았다. 그러나 한쪽부모가 재결합에 대한 환상을 갖도록 조종한다면 자녀들은 대부분 문제행동을 나타내게 된다. 자녀가 부모의 싸움에 볼모로서 역할을 하게 되는 경우 효과적인 혹은 안정적인 부모 간 동맹이 유지된다. 그러나 이것은 건강한 가족기능의 특징이 아니다. 기능을 잘하는 가족의 경우, 그것이 일반가족이든 한 부모 가족이든 혹 재혼가족이든 간에 부모가 양육을 함께하면서 자녀가 성인의 상호작용을 통제하도록 허용하지 않는다. 성인의 일과 책임감 그리고 자녀들의 일들 간에 문제를 분명하게 구분한다. 이 장에 이어서 부모가 자녀로 하여금 성인의 역할을 하도록 허용하거나 부모 간 갈등 속에 끼도록 허용할 때 나타날 수 있는 심각한 문제를 검토해 볼 것이다.

자녀에게 이혼의 영속성에 대해 설명하기

본 장에서는 부모가 자녀에게 이혼에 대한 결정은 변하지 않을 것이라는 사실을 설명할 수 있도록 격려했다. 결혼 생활이 정말 끝났다는 사실을 자녀가 이해하도록 하기 위해 부모는 다음과 같은 것들을 할 수 있다.

- 이혼에 대한 결정은 최종적이며 자녀가 그것을 변화시키기 위해서 할 수 있는 일은 아무것도 없다는 사실을 분명히 하라.
- 엄마와 아빠는 재결합하지 않을 것이고 미래에 서로 다른 사람과 재혼을 하게 될 것이라는 것을 설명하라.

• 이혼에 대한 결정이 분명 어른들의 결정이고 그런 결정은 아이들의 일이 아니기 때문에 아이는 그것을 변화시킬 수 없다는 것을 지적하라.

자녀에게 설명하는 방법 중에 가장 효과적인 것은 "성인의 일과 아이들의 일"간에 차이를 강조하는 것이다. 이러한 방법은 성인의 책임(이사, 작업 바꾸기, 새 차 구입, 임신)과 성인의 결정도 포함된 아이의 책임(외출하기, 가족휴가, 애완동물을 갖기, 친구집 방문하기, 가사 일)간의 차이를 설명할 수 있다. 첫 번째, 이러한 결정은 성인의 일이고 아이는 결정할 수 없다는 것, 두 번째, 이러한 문제는 가족 구성원 간에 논의도 포함되어야 한다. 그리고 이혼은 아이가 통제할 수 없고 책임질 일이 아니며 그것은 어른들의 문제 중 하나라는 것도 분명히 한다.

재결합환상에 대해서 자녀에게 이야기할 수 있는 특별한 방법을 다음의 대화를 통해 제언해 본다.

어머니: 너는 엄마와 아빠가 결혼생활을 유지해서 우리 가족이 모두 다시 함께 살 수 있기를 원한다고 엄마에게 말했지. 엄마는 네가 우리 가족이 옛날처럼 다시 함께 살기를 원하고 있다는 것을 알고 있어. 그리고 너는 우리가 이혼하는 것을 원하지 않지. 이런 모든 변화가 우리 모두를 힘들게 해. 그러나 이런 우리의 결정이 변하지는 않는다는 것을 너에게 이야기해야만 하는구나. 이혼에 대한 우리의 결정은 변하지 않아.

자녀: 예, 나중에 혹시 엄마의 마음이 변하게 되면, 아빠와 다시 살게 되기를 원해요.

어머니: 아빠와 엄마가 결혼생활을 계속한다면 그것은 정말 좋은 일이라는 것을 알아. 물론 너는 그것을 원하지, 이혼은 때로 너를 슬프게 하고

미치게 하지. 그러나 이혼이 최종이라는 엄마아빠의 결정을 네가 이해하도록 도와주고 싶어. 그것은 변할 수 없어. 네가 이혼에 대해서 나쁘게 느끼거나 혹은 이혼과 관련해서 질문하고 싶은 것이 있으면 언제든지 아빠나 엄마에게 항상 말할 수 있단다. 그러나 우리 마음이 변화하지 않을 것이라는 것과 더 이상 우리는 함께 살지 않을 것이라는 사실을 너에게 다시 이야기하고 싶어.

또 다른 예가 다음에 있다.

아버지: 간혹 아이들은 자신이 정말 나쁜 아이라고 혹은 문제를 일으키는 아이라고 믿거나 혹은 만약 자신들이 항상 착한 아이였다면 그들의 부모가 다시 함께 살게 되지는 않을까 생각한다. 그러나 너의 엄마와 나는 더 이상 함께 살기를 원하지 않기 때문에 그런 일은 일어나지 않아. 네가 우리가 다시 결혼생활을 함께 하기를 원하는 만큼 네가 부모가 함께 살게 되도록 노력하는 것은 쓸모없는 일이야. 이혼은 엄마와 아빠가 한 어른들의 결정이다. 그리고 우리는 다시 결혼하지 않을 것이고 다시 함께 살지도 않을 것이다. 알다시피 내가 너에게 이러한 이야기를 한다는 것은 매우 어려운 일이란다. 이리 가까이 와보렴. 그리고 네가 생각하는 것들에 대해서 이야기해 주렴.

대부분의 부모가 자녀에게 이혼에 대해 직접적으로 이야기하는 것은 쉽지 않다. 더욱이 가족이 함께 살기를 희망하는 자녀의 소원이 이제는 더 이상 이루어질 수 없다는 것을 이야기한다는 것은 쉬운 일이 아니다. 이러한 말을 자녀에게 한다는 것은 부모에게 고통을 준다. 그래서 부모들이 자녀에게 말할 수 있는 용기를 가지도록 지지되어야 하고, 자녀에게 어려운 이야기를 하는 동안에 부모 자신에게 나타날 수 있는 감정에 대해서도 생각할 수 있어야 한다. 그렇게 함으로써 부모는 자신의 슬픔과 죄책감 때문에 자녀가 자신의 감정을 숨길 수 있다는 사실도 이해할 수 있게 된다. 그래야 자녀가 자신의 감정을 숨기지 않고 솔직하게 표현하도록 도울 수 있다. 대화가 어렵다 하더라도, 부모와 자녀 모두가 피하고 싶은 주제를 서로 이야기하고 직면하게 되면 둘 다 좀더 잘 적응할 수 있다. 이혼하는 부모는 자녀가 가장 관심 있어 하는 문제를 다루어야 한다. 즉, 자신을 비난하지 않도록, 부모 간 갈등에 자녀가 노출되지 않도록 해야 하며 이혼과 관련해서 자녀가 갖게 되는 많은 궁금증에 대해 설명을 제공해 주어야 한다.

도움이 되는 책들

How to talk so children will listen ; How to listen so children will talk(A Faber and E Mazlish, New York ; Avon, 1982)는 부모들이 자녀와 좀더 효과적으로 의사소통하고 자존감을 수립하도록 하는 방법을 교육할 때 쓰는 유명한 책이다. 많은 독자들은 가족치료와 구조적 가족관계에 대해서 좀더 배우고 싶게 될 것이다. 관심있는 독자들은 S. Minuchill의 교재, Families and Family Therapy (Harvard University Press, 1974)의 3장과 5장을 탐구하는 것이 도움이 될 것이다.

제4장

이혼에 대해 자녀가 갖는 책임감

"내가 잘했다면,
엄마 아빠가 이혼하지 않았을 텐데"

부모가 이혼한 아이는 대부분 자신을 비난하면서 이혼에 대한 책임감을 느낀다. 이런 사실은 아동의 잘못된 신념에 근거하기 때문에 부모는 이것을 상상하지 못하지만 대부분의 아동은 그렇게 생각한다. 많은 어린아이들이 부모의 이혼을 자신 때문이라고 생각하거나 혹은 자신이 중요한 원인을 제공했기 때문에 가족이 깨졌다고 생각하게 된다.

나는 이혼가정자녀들과 상담을 할 때, 자녀들이 부모이혼의 원인이 자신 때문이라고 생각하는지 혹은 그렇지 않은지에 대해서 꼭 질문을 한다. 그러면 대부분의 아동은 "예"라고 대답한다. 그런 후에 무엇 때문에 자신이 부모이혼의 원인이라고 생각하는지 질문한다. 자녀들의 대답은 항상 같다. 즉 자신이 했던 어떤 나쁜 행동에 대한 다양한 상황을 이야기한다. 아이들은 분명하게 대답한다. "나랑 형은 항상 싸우기 때문에" "나는 좋은 아이가 아니기 때문에"와 같은 예를 들어 부모가 이혼을 했다고 거의 확신에 차서 심각하게 말한다. 그런 자기 비난(self-blame)은 이혼 후 몇 년 동안 계속될 수 있고 끊임없는 죄책감과 걱정거리의 원인으로 작용할 수 있다.

부모는 이러한 반응을 예측하고 이러한 잘못된 신념을 없애주기 위한 준비를 해야 한다. 다행히도 부모이혼에 대한 아이의 잘못된 가정은 부모의 설명과 재확인으로 쉽게 경감시킬 수 있다. 즉 자녀는 부모로부터 부모이혼에 대해서 자신이 어떤 역할을 했다는 생각이 잘못된 것이라는 말을 듣게 되면 걱정거리가 크게 줄어들고 책임감에서 벗어나게 된다. 본 장은 이혼과 같은 어른의 결정에 대한 책임감이 아이에게는 전혀 없다는 사실을 설명하고 아동이 스스로를 비난하지 않도록 하기 위한 것이다. 우리가 앞에서 이혼에 대한 설명과 함께 가족이 해체된 것은 어른의 결정이고 성인의 문제이지 아이들의 일이 아니라는 것을 강조했다. 따라서 부모이혼은 자녀가 통제할 수 있는 일이 아니라는 것을 이해시켜줄 필요가 있다. 부모는 잘못된 신념을 해결해 주고 아동이 갖고 있는 불필요한 자기비난과 죄책감을 감소시켜 주어야 한다.

왜 아이들이 책임감을 느끼는가?

자녀가 10살 혹은 12살이 넘도록 부모이혼의 원인이 자신에게 있다고 생각하여 자신을 비난하는 데에는 여러 원인이 있다. 첫째, 앞에서 이미 이야기한 바와 같이 아동의 사고는 자기중심적(egocentric)이다. 그래서 아동은 세상이 자신을 중심으로 돌고 있다고 믿는 경향이 있다. 아동의 눈으로 보면, 세상에서 일어나는 많은 일들은 특별히 그들에게만 일어나거나 혹은 그들 때문에 발생된다. 둘째, 아동의 인지적 미성숙과 지적발달의 미숙으로 어린 아동은 인과관계를 명확하게 이해할 수 없다. 예를 들면, 유아기와 학령전기의 아동은 자신들에게 영향을 준 다른 사람의 결정이나 아직 그들과 아무 상관이 없지만 자신들도 그들에게 영향을 줄 수 있다는 것을 알지 못한다. 왜냐하면 어린아이의 사고는 매우 자기중심적이기 때문에 마치 그들이 우주의 중심에 있는 것처럼 자신의 생활을 경험하기 때문이다.

초기 아동기를 지나면서 학령기가 되면, 이런 자기중심성, 즉 자아중심적 사고는 점차 세상에 대한 현실적 이해로 바뀌게 된다. 그 결과 학령기 아동들은 타인에 대한 주관성과 객관성 그리고 원인과 결과를 보다 분명하게 이해할 수 있게 된다. 그러나 3장에서 언급했던 마술적 사고와 같은 개념, 즉 사건의 원인이 자신이라는 생각은 청소년기까지 계속되고 심지어 성인이 되어서도 지속된다. 사고하는데 있어 자기중심적 모드(mode)로 회귀하려는 경향은 정서적으로 불편한 상황에서 증가되는 경향이 있다. 예를 들어, 건강검진에서 암의 가능성을 통보 받았을 때, 사람들은 자신이 어떤 잘못을 해서 벌을 받는 것이라고 생각하거나 자신의 약점 때문에 벌을 받는 것이라는 비합리적인 생각을 하게 된다. 비록 그것이 잘못된 신념이라 하더라도, "내 책임이야, 내 잘못에 대한 비난을 받아야 돼, 나는 벌을 받고 있는 거야"라는 잘못된 신념이 표면으로 올라온다. 성인은 위기에 처해서 일시적으로 이런 자기중심적이고, 비현실적사고를 하는데 반해, 아동은 일상적으로 자기중심적인 사고를 한다. 그렇기 때문에 아동은 부모나 형제의 죽음 그리고 가족해체와 같이 실제적으로 자신이 통제할 수 없는 사건에 대해 책임감을 느끼게 되는 것이다.

아동이 부모의 이혼에 대해서 책임감을 갖게 되는 또 다른 요인이 있다. 자녀들은 부모에 대해서 화가 날 때가 있다. 그런 상황에서 아동은 부모가 죽어버리거나, 멀리 가버리거나 혹은 더욱 이상적인 다른 좋은 사람이 우리 부모였으면 하고 바랄 수 있다. 아동의 이러한 평범한 감정이 부모이혼의 원인이 된 것이라는 잘못된 해석을 하게 된다. 그래서 부모이혼이라는 사실은 아이가 "엄마 아빠가 떠나버렸으면 하고 바랬던" 소원이 현실로 나타난 것이 되는 것이다. 아이가 화가 나서 생각했던 환상이 이혼이라는 현실로 나타나게 되면 자연히 아이들은 매우 큰 두려움을 갖게 된다. 마술적 사고의 개념에 대해서 좀더 생각해 보자.

마술적 사고

마술적 사고는 아동이 환상과 현실을 분명히 구분해서 이해하지 못하기 때문에 나타난다. 부모는 종종 자녀가 자신의 생각과 행동의 차이 그리고 가정과 사실의 차이를 구분하려고 시도하는 모습을 본다. 많은 자녀들이 갖게 되는 죄책감은 자신의 화난 감정과 나쁜 바램으로 인하여 부모가 이혼을 한 것이라고 믿기 때문에 나타난다. 잘못된 신념을 가진 아동은 자신이 갖고 있는 파괴적인 힘에 대해서 두려움을 느낀다. 만약 당신의 내적 사고나 감정이 사람들의 생활을 통제하고 부모를 멀리 보내고 가족을 파괴한다면 얼마나 깜짝 놀라겠는가 상상해보라. 다행히도, 이러한 왜곡된 생각과 그것으로 인해 생겨나는 죄책감과 비난은 어른들의 설명으로 수정될 수 있다.

그러나 이러한 생각은 너무 비현실적이고, 또 대부분의 어른이 도저히 상상할 수 없는 것이므로, 많은 부모는 자녀가 스스로를 이혼의 원인이라고 생각하고 있는지에 대해 질문해야 한다고 생각하지 못한다. 간혹 자녀들이 한쪽 부모에게 다른 부모가 떠난 것이 자신 때문인 것 같아서 미안하다고 말한다. 그러나 대부분 아동은 자신을 비난하고 있다는 사실을 비밀로 간직한다. 그럼에도 불구하고 부모의 이혼이 너 때문인 것 같냐고 묻는다면 4살에서 10살 사이의 아이들 4명중 3명은 그렇다고 대답한다. 학령기 후기 아동이나 청소년은 소수의 몇몇 사람들과 이러한 잘못된 생각을 나누기도 한다. 그러나 부모는 자녀가 갖게 되는 이혼에 대한 책임감이나 자기비난과 같은 감정에 대해 직접적으로 질문하고, 이혼에 대해 보다 더 현실적으로 설명해 주며 자녀가 갖는 자신에 대한 비난도 재확인해 줄 수 있어야 한다.

아이를 비난하는 부모

지금까지 살펴본 것과 같이 어린 아동은 그들 부모가 이혼한 원인이 자신 때문이라는 책임감으로 인해 고통받는다. 그러나 슬프게도 몇몇 경우에는 정말 부모들이 자신의 이혼에 대한 책임이 아이에게 있다고 믿는다. 재혼가족을 포함하여 해체된 가족의 경우, 한 부모나 양부모는 아이를 비난하고 이혼의 책임이 자녀에게 있다고 말한다. 이러한 부모는 자녀에게 "우리는 너 때문에 끝났어" "만약 너만 아니었더라면 이런 일은 일어나지 않았을 거야" "너 때문에 내가 너희 엄마를 떠난 거야" "이혼은 모두 너의 잘못이야" 등과 같이 이야기한다.

이런 방법으로 아이를 비난하는 것은 끔찍한 잘못이다. 부모가 아이를 비난하게 되면 이혼에 대한 책임감으로 인해 갖게 된 자기중심적인 두려움이 완화되기는커녕 오히려 더 확고해진다. 그런 아동은 이혼의 영향으로 인해 계속해서 우울증과 같은 문제를 갖게 된다. 물론, 현실적으로 아이는 어른의 결정에 대한 책임감이 없고 죄책감을 느낄 필요도 전혀 없다. 성인이 실패감으로 고통 받게 되면, 자신의 결정이나 행동에 대한 책임을 피하고 싶어 한다. 그럴 때 이러한 부담감이 자녀에게 옮겨지기 쉽다. 이런 부모는 "나의 결혼이 실패한 것은 나의 잘못이 아니야, 모든 잘못은 지미에게 있어, 그는 우리를 마음에 들어 하지 않았고, 그래서 많은 문제가 발생했으며, 결국 우리가 행복한 가정을 갖지 못했어, 나의 남편은 더 이상 머물 수가 없어서 떠난 거야, 조용히 해 프랭크 나는 그를 비난하지 않아"라고 소리친다.

물론 아이들은 결코 어른의 결정을 통제할 수 없다. 이혼이 아이의 잘못이라고 주장하는 부모들도 자신의 삶을 다시 책임지려고 하면 회복시킬 수 있다. 자녀에게 이렇게 이야기하는 것은 잘못이었다고 인정하고 자녀에게 했던 비난도 진실이 아니라고 말해야 한다. 그리고 지금 당장 미안하다고 사과할 수 있어야 한다.

비록 어떤 독자는 부모가 이런 방법으로 자녀를 비난하는 것은 믿기 어렵다고 말하겠지만 그러한 비난은 일상적으로 자주 일어난다. 그 결과, 아이는 낮은 자아 존중감을 갖게 되고 심지어 자신을 미워하고 만성적 우울증이 되거나 수치심을 갖게 된다. 그러나 더 일반적으로 부모는 자신의 실패에 대한 책임감을 피하거나 더 부적절하고 애매한 방법을 사용하기도 한다. 예를 들어, 어떤 부모는 "엄마와 아빠가 이혼하는 것이 너한테는 가장 큰 관심거리였지"라고 말함으로써 책임감을 아이에게 떠넘긴다. 이러한 부모는 "메리, 내가 너희 아버지를 떠나는 것이 너에게 최선이 될 수 있을 거라고 생각 한다"라고 아이에게 말한다. 이러한 말이 아이를 비난하는 것보다 더 애매하지만 그러한 말들은 다시 자녀에게 또 다른 책임감으로 남는다. 자녀가 직접적 혹은 간접적으로 비난을 받을 경우, 어른들의 실패감이나 부적절감 또는 죄책감은 아이의 희생으로 경감된다. 비난받은 아이는 수치스러울 정도로 나쁜 짓을 한 아이라고 스스로 믿게 되고 더욱 심각하게 죄책감을 갖게 될 수 있다. 이러한 상황 속에서 아동은 자신감을 상실하게 된다. 자녀들은 다른 사람을 지나치게 통제하려고 애쓰기 때문에 불안해지고 자신이 나쁜 사람이라고 생각하기 때문에 우울해진다. 만약 부모자신이 한 결정에 대해 다시 스스로 책임지려고 한다면, 아이와 부모는 모두 훨씬 잘 적응할 수 있다. 어떤 사람에게는 이렇게 하는 것이 어려울 수 있지만 이것은 자신의 삶을 통제하는 유일한 방법일 수 있다. 자기 자신의 결정에 대한 책임감을 느끼고 그것을 책임지려고 할 때 사람들은 만족스런 자신감을 갖게 된다. 대부분의 경우 이혼에 대해 자녀를 비난하는 부모는 자신들이 실수했다는 것을 받아들이거나 또는 무엇인가 잘못되었다는 것을 인정하는 것을 두려워한다. 단지 결혼에 실패했다는 슬픔이나 실망감이라기보다는 이혼으로 인해 인생의 실패자가 되었다는 확신이 들게 되어 두려워한다. 이러한 슬픔은 실패감을 더 크게 느끼게 한다. 부모가 자녀에게 책임감을 전가하면서 자신의 책임감을 모면하려고 하는데 이것은 부모자신이 어린시절 실수를 했을 때, 그들 부모로부터 과도한 비난을 받아 더 화가 났던 것과 같다. 어떤 경우 이렇게 비난하는 부모는 자신이 완벽해야 한다고 믿는다. 이러한 잘못된 신념 때문에 부모는 자녀에게 상처를 주었다는 생각과 다른 사람들을 실망시켰다는 것 그리고 종교적으로 부끄럽지 않은 생활을 하는데 실패했다는 비현실적인 죄책감을 갖게 된다. 다른 경우에 자녀를 비난하는 부모는 아이처럼 제멋대로 행동한다. 그들은 자신의 행동에 대해 다른 사람의 비난을 피하는 방법을 일찍부터 배우게 된다. 그리고 자신의 자녀에게 책임감을 부여하는 이러한 문제패턴은 지속된다.

물론 이혼을 개인적인 실패로 설명할 필요는 없다. 많은 경우 용기를 갖고 건강하게 삶의 다음 단계로 나아간다. 자녀를 비난하는 많은 이혼한 부모는 자신을 더 많이 용서하고 자신에게도 인간적인 결함이 있다는 것을 인정해야 한다. 사람의 진실성을 재는 척도는 얼마나, 어떻게 넘어지거나 실수하느냐가 아니라 어떻게 극복하고 헤쳐 나가느냐에 달려 있다.

요약하면, 부모는 이혼에 대한 비난을 표면적으로 자녀에게 돌리기보다는 결혼에 있어 문제의 원인과 자신의 결점에 대한 적절한 책임감을 갖도록 도움을 주어야 한다. 이것은 이혼한 사람들 중에 치료자나 전문가 또는 자신이 존경하고 신뢰하는 사람을 만났을 때 이혼의 책임이 자녀에게 있다고 자녀들을 비난하는 사람들에게 더욱 필요하다.

자녀에게 부모의 이혼에 대해 이야기하기 위한 지침

많은 부모들은 이혼과 관련해서 처음에 어떻게 아이에게 이야기해야 할지 힘들어 한다. 어떤 부모는 죄책감을 느껴 이혼과 관련된 주제에 대해서 이야기하는 것을 꺼린다. 어떤 사람은 이런 주제에 대해서 어떻게 말을 꺼내야 할지 모른다. 이번 주제는 비난을 감소시키기 위해 적절한 예를 통해 부모가 자녀에게 효과적으로 말할 수 있는 지침을 제공할 것이다.

비난을 감소시키기 위한 예

대부분의 가족에서 부모는 자녀에게 이혼에 대해서 비난을 하거나 책임감을 느낄 필요가 없다고 간단하게 말해야 한다. 여러 제안들이 다음의 아래에 있다.

아버지: 때로 엄마 아빠가 이혼에 대한 결정을 하기도 한단다. 그런데 간혹 아이들이 자신이 부모이혼의 원인이라고 생각한다. 너도 그런 생각을 하니?

아들: 아니요

아버지: 좋아, 나는 네가 그렇게 이야기 해줘서 기쁘다. 왜냐하면 너의 엄마와 내가 이혼하게 된 원인이 너 때문이 아니라고 말해줘서 고맙거든. 너는 어떤 상황에서도 너를 비난하지 마. 그리고 만약 네가 그런 생각을 하게 되거나 그런 감정을 갖게 되면 그것에 대해서 나에게 이야기해 줬으면 좋겠다. 너는 이 아빠에게 그렇게 해줄 수 있지?

또는 어쩌면 아이가 "예"라고 대답할 수도 있다.

아버지: 음, 그리고 네가 무엇을 하고 싶은지 그것이 왜하고 싶은지 나에게 말해 주었으면 한다.

아버지: 그것은 사실이 아니야. 너는 우리 이혼과 아무 상관이 없단다. 그리고 네가 어떤 설명을 하든간에, 그러니까 네가 나쁘고, 네가 어떤 잘못을 했기 때문에 엄마아빠가 이혼을 한 것은 분명 아니야.

다음과 같이 이혼에 대해서 명확하게 설명해 주는 또 다른 예가 있다.

마리야, 엄마는 엄마와 아빠가 이혼한 것이 너의 책임이 아니라는 것을 네가 알았으면 한다. 그리고 엄마와 아빠가 이혼한 것에 대해서 너를 비난하지도 말았으면 해. 그것은 너의 잘못이 아니야. 너 때문에 부모가 이혼한 것이 아니란다. 엄마아빠가 말하는 것을 잘 들어봐. 어떤 것은 어른들의 일이고, 어떤 것은 아이들의 일이지?. 좋아 분명히 이혼은 어른의 일이지 그것은 아이가 결정할 문제가 아니야. 그것은 너의 문제가 아니라 엄마 아빠 간의 문제란다. 엄마가 이야기 한 것에 대해서 너는 어떻게 생각하니?

우리는 지금 부모이혼으로 자녀가 보이는 3가지 중요한 반응에 대해서 설명하려 한다. 그것은 분리불안, 재결합 환상, 이혼에 대한 책임감이다. 부모는 이러한 두려움에 대하여, 자녀가 보여주는 오해와 착각 그리고 자녀를 도와주기 위해 고안된 지침을 잘 보길 바란다. 앞으로 이혼과 관련된 문제는 계속해서 다룰 것이다.

부모-자녀간 토론을 위한 지침

아이의 분리불안, 재결합환상, 그리고 이혼을 자기 탓으로 돌리는 것은 이혼 후 자녀의 적응에 영향을 주는 것이므로 주의 깊게 고려해야 한다. 다행히 이러한 관심은 부모와 자녀가 서로 이야기하면서 해결될 수 있다. 그러나 한 번의 이야기로 아이를 충분히 안심시킬 수는 없다. 아이와 관련된 문제는 너무 심각해서 정서적으로 해결하는데 쉽지 않다. 부모는 이러한 주제를 놓고 자녀와 여러 번 논의해야 한다. 다음은 이러한 문제를 계속적으로 논의하도록 도움을 주기 위한 지침이다.

아이에게 접근하기 가장 좋은 방법은 무엇인가? 부모는 처음에 아이와 대화를 시작하기 위해 기다릴 필요가 없다. 대신, 분명한 주제가 있어야 한다. 사례에서 보여준 것과 같이 부모는 자녀에게 사실을 설명해 주는 것으로 시작할 수 있다. 그리고 이혼과 관련된 전후 맥락을 자녀가 잘 이해했는지 검토한다. 예를 들어, 부모는 최선을 다해 각 주제에 대해서 자녀에게 그들의 생각과 느낌에 대해서 조심스럽게 질문을 한다. "우리의 이혼에 대해서 좀더 자세히 말해 볼래?, 우리 이혼의 원인이라고 네가 생각하는 것을 다시 말해 줄래?"와 같은 질문을 한다. 일단 자녀가 부모이혼에 대해 어떻게 지각했는지를 충분히 이야기하게 되면, 부모는 훨씬 더 쉽게 아동이 잘못 생각하고 있는 것이 무엇인지 알게 되며 바르게 설명해 줄 수 있다. 부모가 법정에 휘말리거나 "충성심 갈등"으로 위협하지 않는 한, 대부분의 자녀는 금방 질문에 솔직하게 반응한다. 만약 부모가 사실에 관해 직접적으로 묻게 되면, 아이들은 놀랍게도 질문에 정직하고 숨김없이 대답한다. 더욱 이혼에 대해 부모에게 솔직하게 이야기하는 것이 심리적으로 편안하다는 것을 자녀가 알게 되면 자신의 생각과 느낌도 솔직하게 이야기 한다. 부모가 계속해서 이혼에 대해 이야기를 해보라고 말해도, 아이가 반응을 보이지 않는다면, 아이가 이혼에 대해서 이야기하는 것이 안전하다고 느끼지 못하기 때문이다. 이렇게 애매한 반응을 보이는 것은 보통 두 가지 원인 때문이다. (1) 아동은 그렇게 말하는 것은 위험하다고 생각하며, (2) 충성심 갈등으로 솔직히 이야기하는 것이 안전하지 않다고 여긴다.

위험(Risk). 억제된(과묵한)아이는 종종 부모가 자신이 원하는 것은 듣지 않고 자신이 말하려고 하는 것이 무엇이든 받아들여 주지 않는다는 것을 배운다. 예를 들면, 이혼한 부모는 자녀가 부모이혼에 대해 얼마나 슬퍼하는지, 가정이 깨어진 것에 대해서 부모에게 얼마나 화가나 있는지 이해하고 자녀의 감정을 수용하는 것이 힘들 것이다. 진실로 자녀를 도와주기 위해서 부모는 개방적인 마음으로 자녀의 부정적 반응을 들으려는 충분한 노력해야 한다. 부모가 부모마음에 상처를 주는 말이나 혹은 듣고 싶지 않은 말이라도 이해하고 받아줄 때 그리고 이러한 비판적 지각을 참아낼 때 자녀들은 더 잘 적응하게 된다. 만약 자녀가 좋아하는 것에 거부적인 부모의 반응을 본다면 스스로 낙담하여 감정을 감추고 더 이상 자신의 감정을 나누려하지 않을 것이다. 만약 자녀가 부모로부터 긍정적 반응을 받을 경우 더 많은 것을 나누려 할 것이다. 비효과적인 부모의 반응과 좀더 나은 부모의 반응을 비교해 보자.

"너무 화내지 마라; 모든 것이 좋아질 것이다"와 "네가 이 문제 대해서 얼마나 화가 났는지 나는 알 수 있어. 무엇이 너를 가장 견디기 힘들게 하는지 나에게 이야기해 봐?"

"너는 어떤 반응도 보여서는 안 된다"와 "그건 매우 중요한 생각인 것 같구나, 나에게 그런 말을 해줘서 얼마나 고마운지 모르겠다"

"왜 너만 그렇게 생각하니?"와 "나는 그렇게 생각하지 못했어. 흥미 있는데 그것에 대해서 좀더 말해 줄 수 있겠니?"

"너에게 내가 어떻게 해도 너는 나에게 절대 화를 내서는 안돼"와 "지금 네가 나에게 얼마나 화가 났는지 알겠구나. 자, 얘기해 봐 그리고 우리가 이것을 함께 해결할 수 있는지 생각해보자."

"좋아, 그만해 그런 말은 정말 질색이야"와 "이 문제에 대해서 너와 함께 이야기를 하고 싶다. 그러나 네가 나에게 화가 났더라도 나를 존중해 줄 필요가 있어".

"잘못된 건 아무것도 없어 어떤 것도 슬퍼해서는 안돼"와 "이 문제에 대해서 그렇게 눈물을 많이 흘리게 하고 너를 그렇게 슬프게 해서 미안하구나. 자 이리와봐. 그리고 눈물을 그치자"

"만약 네가 하고 싶은 말이 있다면, 네가 좀더 좋은 태도를 갖게 될 때 그때 가서 하자"와 "너는 정말 슬프고 지금 이 모든 문제에 대해서 화가 났구나. 너에게 그것이 얼마나 어려운 문제인지 나는 알고 있단다. 자 함께 이야기해 보자. 그리고 지금보다 더 나아질 수 있는 어떤 방법을 찾으면 나에게 이야기해 주렴."

충성심 갈등. 당신의 자녀가 부모와 이야기하기를 꺼려하는 두 번째 이유는 충성심 갈등으로 인해 솔직히 이야기하는 것이 안전하지 않다고 느끼기 때문이다. 이 경우에 자녀들은 명시적으로나 혹은 암묵적으로 부모간 갈등의 한쪽 편에 서야 되는 압력을 받게 된다. 예를 들어, 한쪽 부모는 싸움에서 유리한 상황에 있기 위해 아이가 했던 말을 상대편이 화가 났을 때 이용한다. 우리는 8장에서 충성심갈등의 결과로 나타날 수 있는 의미 있는 문제를 가까이서 실험할 것이다.

당신의 자녀가 당신의 설명을 믿는지 또는 자녀가 여전히 그 문제로 인해 고통을 받고 있는지 얼마나 알고 있는가? 부모는 자녀가 보이는 어떤 징후를 알아차릴 수 있다. 예를 들어, 만약 아이가 이혼의 어떤 부분에 대해서 이야기하는 것이 너무 화가 난다면, 아이들은 종종 주제를 바꾼다. 설명해 보면, 브라운(Brown) 부인이 다섯 살 난 아들에게 쟈니, "엄마가 지금 이혼에 대해서 생각하고 있는데 너 아니? 만약 네가 이미 알고 있다면 엄마는 놀랄 거야? 하지만 우리 집에서 일어난 변화에 대해서 함께 이야기하는데 지금이 좋은 시간이 될 것 같아?라고 했을 때 만약 쟈니가 "지저귀는 예쁜 새를 보세요".라고 말한다면, 지금 지미는 부모이혼에 대해서 말하거나 부모이혼을 받아들이는 것이 매우 힘들다는 것을 알 수 있다. 이러한 반응을 회피라고 한다. 대부분의 자녀들은 원하지 않은 이혼에 대해서 부정한다. 그러나 부모는 자녀가 즉시 현실로 돌아오도록 하는 방법을 발견할 수 있다.

브라운 부인은 아들에게" 쟈니, 엄마가 아빠와 더 이상 함께 결혼생활을 유지할 수 없다는 말을 너에게 했을 때 네가 그것을 원치 않는다는 것을 알고 있었어. 우리가 이혼한다는 것이 너에게 참 슬픈 일이지만 그 사실은 변하지 않아. 엄마와 아빠가 이혼하면 어떤 변화가 일어날지에 대해서 더 이야기해 볼까? 아빠와 엄마가 이혼하게 되면 너에게 일어날 일 중에서 가장 나쁜 일은 무엇일까?

쟈니는 이혼과 관련된 어떤 이야기도 계속 피할 수 있다. 예를 들어, 쟈니는 엄마의 질문에 대해 다음과 같이 반응할 수 있다. "이혼에 대해서 나는 이야기하고 싶지 않아요. 나는 엄마와 아빠가 결혼생활을 유지하고 여기에서 나와 함께 같이 살았으면 좋겠어요"라고 말한다. 브라운 부인은 "물론 너는 엄마와 아빠가 함께 살기를 원하고 있다는 걸 안 단다". "네가 우리 모두 함께 살기를 원한다 하더라도 그런 일이 일어나지 않을 것이라는 사실을 엄마아빠는 알고 있어" 그래서 이혼에 대해서 그리고 앞으로 일어날 변화에 대해서 함께 있을 때 할 수 있는 것에 대해서 좀더 이야기해 보자.

쟈니: "변하지 않는 게 있을까요?".

브라운 부인: "좋아, 엄마는 네가 혹시 엄마 아빠가 예전만큼 너를 사랑해 주지 않을까봐 혹은 이혼 후 너와 함께 많은 시간을 함께 하지 못할 것에 대해서 네가 걱정할 봐 걱정이야. 우리가 전에도 이러한 이야기를 했지만 아빠가 이사 갈 때 네가 무슨 생각을 했는지 다시 이야기해 줄 수 있니?".

쟈니: "그만 얘기해요, 나는 더 이상 그런 이야기를 하고 싶지 않아요."

브라운 부인: "이런 말을 하는 것이 얼마나 힘든 일인지 알고 있어. 엄마가 생각하기에 우리는 서로 타협해야 할 것 같아. 네가 원하지 않으면 지금 당장 이혼에 대해서 이야기 하지 않을 거야. 그러나 우리는 오늘 중에 시간을 조금 내서라도 그 이야기를 해야 돼. 네가 잠자러 가기 전이 아빠가 새로운 집으로 이사 갈 때 일어난 일에 대해서 이야기할 수 있는 가장 좋은 시간인 것 같은데?".

쟈니: "오늘밤, 엄마가 나를 재우러 내 침실에 올 때 이야기해요. 그러나 아주 잠깐 동안 만이에요."

브라운 부인: "좋아 내가 너의 방에 가서 잠깐 동안만 이야기 하자. 맞아 그때가 이야기하기에 참 좋은 시간인 것 같구나".

이렇게 부모-자녀가 함께 이야기하는 단계는 중요하다. 부모가 이혼에 대해 이야기하는 것을 편안해 한다고 느끼게 되면 자녀들은 자발적으로 질문에 대답하고 자신의 견해나 생각도 이야기한다. 부모는 자녀가 이혼과 관련된 주제를 언제든지 꺼내면 아이에게 적절한 반응을 보이면서 자녀로 하여금 자유롭게 자신의 감정을 표현하도록 격려해야 한다. 보통 부모가 이혼과 관련된 주제를 꺼내려면 조용하고 하루를 정리하는 시간대가 가장 좋다. 쟈니가 이야기하려던 시간대와 같이, 취침시간은 이혼에 대해 함께 이야기하기에 좋은 기회이다. 예를 들어, 아이의 관심사에 대해 이야기하고 있는 동안 부모가 자녀를 뒤에서 껴안을 수 있다. 이러한 애정적인 분위기는 아동의 걱정거리를 표현하도록 하는데 도움을 준다. 그러나 부모는 자녀가 말하기를 원하지 않을 때 강제로 이야기하도록 해서는 안 된다. 이러한 주제는 아이에게 매우 고통을 준다. 그래서 자녀에게도 아이들이 언제 어떻게 이러한 감정을 통제하게 되는지를 함께 나눌 사람이 있으면 더 좋다.

슬픔에 반응하기

아동은 지구상에서 일어나는 모든 변화를 함께 이야기해 주면서 도움을 주는 부모를 필요로 한다. 이혼에 대해서 자녀와 이야기할 때, 부모는 자녀에게 나타날 수 있는 슬픔, 분노, 그리고 혼란된 감정에 대해 미리 예측하고 준비해야 한다. 그리고 아이가 보이는 감정을 다루어 주어야 한다. 그러나 부모들은 이러한 이야기가 오히려 슬픔을 더 유발시키지 않나 걱정한다. 여기서 이러한 민감한 문제를 다루어보도록 할 것이다.

슬픔은 자녀와 이혼에 대한 이야기를 하는 과정 내내 나타날 것이다. 부모의 이혼으로 인해 자녀가 경험한 슬픈 감정은 부모가 자녀에게 이혼에 대한 이야기를 하고 질문하는 것을 어렵게 한다. 그래서 여기에서 제시한 방법대로 자녀의 관심을 이해하고 설명하는 것이 힘들 수 있다. 하지만 자녀와 이야기하면서 부모는 자녀가 경험한 이혼에 대한 낙담과 슬픔을 이해할 수 있다. 부모와 자녀는 똑같이 가족의 상실에 대해서 애도할 필요가 있다. 부모의 슬픔을 보면서 아이는 자신의 감정에 대해서 두려워하지 않아도 된다는 확신과 한쪽 부모를 잃은 상실감에 대해서 슬퍼해도 된다는 것을 허용하게 된다. 슬픔을 인정하게 되면 부모는 현실을 있는 그대로 이해하고 자신에 대해서도 있는 그대로 인정하게 된다. 그리고 자녀에게는 "엄마와 아빠가 이혼을 해서 너희에게 어려운 일이 계속해서 생길지 몰라. 때로 슬픈 일도 생길거야"라고 말한다. 또한 "슬픈 건 당연해, 우린 함께 나눌 수 있어"라고 반응해 줄 필요가 있다. 이혼으로 인해 경험한 감정을 부인하고 자신이나 다른 사람에게 감추게 되면 문제가 될 수 있다.

비록 자녀가 보이는 반응에 효과적으로 대처하는 것이 힘들지라도 부모가 참아내지 못하면 그것은 아이의 슬픔이 된다. 이혼한 부모가 그들 자녀의 슬픔이 멈추기를 바라는 데에는 여러 이유가 있다. 즉, 압도적으로 보이는 이혼에 대해 느끼는 슬픔을 피하고, 자녀가 불행에 대한 죄책감으로부터 벗어나도록 하기 위하여, 또 자녀가 보이는 부적절한 반응과 자녀에게 편하게 대해 주는 방법을 모르기 때문에 부모는 자녀가 슬픔감정에서 벗어나기를 원한다.

이런저런 이유 때문에 많은 부모는 자녀의 슬픔에 접근하는 것을 힘들어 한다. 사실 자녀가 경험한 슬픔은 시간이 지나도 사라지지 않으며 오히려 더 심각한 문제가 된다. 이혼 후 몇 년 동안, 아동은 지속해서 원가족을 상실했다는 것에 대해 매번 슬픔을 갖는다. 더욱이 이러한 슬픈 감정과 상실에 대한 부모의 반응은 아동의 건강한 발달 형성에 중요한 요인이 된다. 부모가 아동이 경험한 슬픔에 대해서 지지적이고 애정적인 반응을 보인다면 아이는 더 잘 적응한다. 그러나 더 많은 이혼한 부모들이 이러한 감정을 피하고 그러한 감정 자체를 부인하거나 혹은 "이리와 무엇이 보이니? 너는 불행할 만한 일이 없어"와 같은 말로 자녀의 중요한 감정을 감소시켜 버린다.

슬픈 감정을 부인하기

사람들은 종종 미국의 문화를 부정하는 의미에서 미국인에게 "영혼이란 없어"라고 말한다. 이것은 일상생활의 자연스러운 한 부분인 슬픔, 분노 또는 실망에 대해 표현하는 것이 어려워 부정하는 것과 유사하다. 사람들은 부정적 감정에 대한 경험이나 지식없이 부정적인 감정을 외면해 버리거나 심지어 자신의 약점을 들킬까봐 자신이 의식하지 못한 채 반사적으로 자신의 약점을 없애려고 한다. 하지만 현실적으로, 부모가 이혼한 가정의 아이들은 슬픔을 느끼고 이혼과정동안 외로워한다. 그래서 이혼가정아동은 조부모, 목사, 이웃, 교사, 그리고 다른 사람으로부터 지지를 필요로 한다.

사실상 이혼한 가정의 자녀들을 다른 성인들이 보호하지 않는 것은 아니다. 다른 어른들은 이혼한 가정의 자녀들의 근심을 보고 보호해 주려고 한다. 그러나 성인들은 아이들이 힘들어 하는 지금 이 시기에 도움을 주는 것이 타당한지 또는 슬픈감정을 은근히 무시하는 것이 더 나은 것인지에 대해 확신을 갖지 못한다. 인정 많은 어른들은 이러한 감정에 접근하는 것에 관심을 갖고 있으나 그들이 잘못 말하거나 아이들의 감정을 더 악화시킬 수 있다는 것에도 관심을 갖는다. 대부분의 아이는 부모나 자신의 삶에서 의미있는 성인이 "지금이 참 힘든 때야" 라고 인정해 주면 그것이 관심의 표현이라는 것을 안다. 그때 혼자가 아니라는 것을 아이들은 느낀다. 아동자신이 솔직한 감정을 표현할 때, 어른은 자녀의 슬픔 감정에 대해 이해하게 된다. 예를 들어, 스카우트 교사나 조부모는 "미안 하구나 너에게 참 힘든 시간이지. 나는 너희 집에 많은 변화가 생겼다는 것을 알아, 그리고 모든 것이 곧 더 좋아질 거야"라고 말해 줄 수 있다.

이혼의 초기단계는 대부분의 자녀에게 매우 힘든 고통의 시간이다. 슬픔을 느끼는 것은 당연하다. 대부분의 아이들은 그들의 부모가 침착성을 잃어버렸다고 생각한다. 즉, 꼴사나운 협박, 큰소리지르기, 서로서로에 대해서 창피해하고 비난하고 우는 것을 보게 된다. 그리고 한쪽 부모가 집에서 떠나는 것을 본다. 아이는 부모의 고통과 자신에게 생길지도 모르는 일에 대해서 걱정한다. 우리가 보았던 것처럼, 부모들은 그들 자신의 상실감과 이혼에 대한 죄책감에 사로잡힌 상태에게 어떻게 이야기하고 행동해야 할지 잘 모르기 때문에 자녀가 보이는 슬픔에 제대로 반응하지 못한다. 결과적으로, 많은 이혼한 가정의 아이들은 이 어려운 전환의 시기동안 그들에게 필요한 위안을 받지 못한다. 자녀의 슬픔에 대해 부모가 보이는 비효과적인 반응 하나가 부인(deny)이다. 앞에서 본 것처럼 부모들은 보통 아이의 슬픔을 무시하려고 한다. 혹은 다른 이야기를 하면서 그들 감정을 무효화시켜 버린다. 다음 비효과적인 반응의 가장 일반적인 예를 보자.

일반적으로 부모들은 아이의 슬픔이나 상처난 감정을 단순하게 무시해 버리거나 인정하지 않는다. 여러 이유로 이러한 반응을 하게 된다. 가끔 부모들은 이 위기의 시간동안 자신의 스트레스에 사로잡혀서 자신의 경험 이외 것에는 관심을 가질 수 없다.

어떤 가족의 경우, 오랫동안 감정을 부인하게 되면 자녀의 슬픔, 불안, 그 외의 다른 감정에 반응할 수 없게 된다. 다른 가족의 경우는 행복한 감정과 슬픔 감정을 허용하지만 분노와 같은 금기시하는 어떤 감정을 느끼는 것은 절대 허용하지 않는다. 대부분의 가족은 정서적 표현을 통제하는 나름대로의 규칙을 가지고 있다. 즉, 어떤 감정은 표현할 수 있고, 어떤 것은 표현해서는 안 되는 규칙을 갖는다. 비록 묵시적 규칙이라도 가족구성원들은 어떤 것은 강하게 통제되며 누구를 통제하는지 어떤 감정은 표현해도 되는지 분명히 안다. 또 어떤 가족에서는 누구도 가족 내에서 슬픔이나 실망을 이야기해서는 안 된다는 것을 알고 있다. 어떤 가족에서는 여자아이나 어린아이에게만 슬픈 감정을 허용한다. 물론 이러한 가족의 규칙은 문제가 된다. 특히 이혼과 같은 위기를 겪는 동안 이런 규칙이 가족을 통제하기 쉽다. 이혼과 관련된 감정이 더욱 강렬해지면 슬픔은 우울증으로 대치된다. 또 슬픔에 대항하기 위해서 가족 내 규칙을 유지하려고 다른 증상을 동반하기도 한다. 그렇다고 해서 자녀가 경험한 슬픔을 부인할 수는 없다.

간혹 부모들은 이혼에 대한 자신이 결정을 확신히기 위해 자녀가 이혼으로 인해 어떠한 영향도 받지 않기를 바란다. 이런 부모들은 아이의 반응에 따라 자신의 행복도 결정된다. 만약 아이가 슬퍼하거나 눈물을 흘리면 부모는 가족해체가 나쁜 영향을 주는 것이라는 증거를 잡은 것처럼 행동한다. 만약 아이가 행복해 보인다면, 부모는 이혼은 잘한 결정이라고 생각한다. 이러한 부모는 자녀를 격려하면서 자녀가 보이는 적절한 반응인 슬픔을 피하려고 한다. 어쩌면 자녀가 바쁘고 행복한 상태를 유지하기 위하여 지나치게 많은 활동을 강요할 수도 있다. 이러한 부모는 만약 아이가 조용히 있거나 비 구조화된 시간을 갖거나 눈물을 허용하면 어떤 일이 일어날 것인지를 정확하게 예측한다. 하지만 이런 부모는 자녀와 깊이 있는 관계를 맺는 시간을 갖지 못하며 의도적으로 감정을 표현하는 것에 대해 불편감을 느낀다. 이러한 감정으로부터 멀리 벗어남으로써 자녀의 감정으로부터도 벗어난다. 더 나아가 어떤 권위적인 부모는 "너 자신에 대해서 미안한 감정을 그만 가져! 너는 그것에 대해서 나쁘게 느낄 필요가 없어. 어떤 사람들은 정말 문제를 가지고 있어. 그러나 너는 네가 가지고 있는 좋은 것들에 대해 감사해야 돼"와 같은 말들로 자녀들이 경험한 감정을 없애버린다. 이런 식의 부모의 태도로 인해 자녀는 부모의 요구에 순종하거나 눈물을 그치게 된다. 하지만 자녀의 슬픔을 잡아떼거나 무효화시켜 버리면 슬픔은 비밀이 되거나 감추어진다. 이혼과 같은 상황에서 슬픔은 가족해체로 인한 반응이라고 이해할 만하다. 그것은 계속해서 우울(권태, 비 활동, 흥미의 상실, 동기의 결여, 그리고 학업수행의 문제)이나 안절부절못하는(주의집중결여, 감각적인 것에 몰두하기, 부주의) 증상을 갖게 할 수 있다. 우리가 앞에서 본 것처럼 자녀가 부모 이혼으로 인해 느끼는 슬픔을 표현해서는 안 되는 것으로 받아들이거나 더 나아가 그런 감정을 갖는다는 것을 하나의 모욕으로 생각하기도 한다. 슬픔에 대해 수치감을 경험한 남자 아이의 경우, 힘없이 나약해질 수 있다(무기력한 것처럼 행동을 멈춘다. 성장하면서!). 한편 여자 아이의 경우, 슬픔을 표현하는 아이의 감정적 욕구가 지나친 요구를 하는 것처럼 조롱을 받게 될 수도 있다(너는 항상 울면 안돼, 이건 지나친 것이 아니야).

아이의 슬픔이나 원 가족에 대한 그리움이 이러한 방법으로 부인(denial)되면 아이들은 잘 적응하지 못한다. 이혼으로 아이가 경험한 고통스런 감정이 자연스러운 감정으로 받아들여지지 못하기 때문에 이러한 고통스런 감정은 통합되거나 해결될 수 없다. 아동의 경우 자신이 원하지 않는 환경 속에 놓이게 되면 더욱 불편한 감정을 갖게 되고 자신의 슬픔이나 원치 않는 현실에 실망하기보다는 불안해하거나 혼란스러워한다. 아이가 자신의 슬픈 감정과 교류할 수 없게 되면, 즉, 슬픔감정은 감추어야 된다는 현실 때문에 슬픔을 표현하는 것이 위험하다는 사실을 느끼게 되면, 아이는 성장하면서 경험하게 되는 다양한 감정과 자신이 경험한 진실한 경험을 표현하지 못하게 된다. 사실상 이런 아동들은 자기 자신이나 자신의 정체성과도 교류를 할 수 없게 된다. 더욱이 그들은 자신의 가치, 영적이며 정직한 신념, 직업적 관심, 더 나아가 후기 청소년기에 있어서 정체감 형성과 같은 미래의 목표를 통해 형성되는 성품을 준비할 수 없게 된다. 더 나아가 이혼으로 인해 갖게 되는 합리적인 슬픔이 부인되어지면 아이들은 다른 사람에 대해서 공감하고 포용하는 능력도 발달시킬 수 없다. 요약하면, 이러한 아이들은 우울해지거나 침착하지 못하고 불안해진다. 더 나아가 그들이 경험한 내적갈등을 분명히 다루지 못하면, 아이는 자신에 대해서 혼란스러워하고 자신이 가치 있다고 여기는 것과 흥미로운 것이 무엇인지 분명하지 않게 된다. 그들이 좋아하는 것과 싫어하는 것이 무엇인지 분명히 해야 되는 성인기 초기에 가서 더욱 힘들어지며 자신의 생활에서 자신이 원하는 것이 무엇인지 결정하지 못하게 된다.

또한 이혼가정의 자녀들은 부모이혼에 대한 책임이 자신에게 있다고 생각하여 죄책감을 갖게 된다. 때로 부모에 대한 죄책감을 조작하기 위해 연극적으로 눈물을 사용하기도 하고 미안한 감정을 갖기도 한다. 다른 상황에서 한쪽부모는 이전 배우자를 공격할 목적으로 아이의 슬픔에 대해서 과장되게 반응할 수 있다. 그러나 대부분의 경우 부모는 아이가 받게 될 스트레스의 원인 때문에 죄책감을 갖고 있으며 동시에 불확실한 감정에 대해 어떻게 반응해야 할지 모르기 때문에 그들의 욕구를 편안하게 받아들이지 못한다. 하지만 부모는 아이가 경험한 슬픔과 상실을 성공적으로 통제하도록 돕기 위해 반복적으로 말해 주어야 한다.

자녀의 슬픔에 효과적으로 반응하기

비록 부모가 다양한 방법으로 도움을 줄 수 있다 하더라도 자녀의 슬픔에 효과적으로 반응하기 위해서는 다음 일련의 3단계를 필요로 한다.

첫째, 부모는 자녀가 경험한 슬픈감정에 대해서 알아야 한다. 부모 마음에 그냥 지나갔으면 하는 희망 때문에 무시하거나 부정하기보다는 직접적으로 접근해야 한다. 진실하게 대할 때, 아이의 눈을 바라보고 아이의 어깨에 따뜻하게 손을 얹고, 목소리 톤은 너를 이해하고 있다는 느낌으로 "너는 지금 슬퍼 보인다"라고 최대한 단순하게 말을 한다.

둘째, 부모들은 자녀가 경험한 이런 감정이 정당하다는 것을 수용해야 한다. 즉, 슬픔의 정도를 감소시키거나 감정 밖의 것을 이야기하기보다 자녀의 감정을 정당하게 받아들여야 한다. 예를 들어 부모는 다음과 같은 말을 통해 아이의 경험을 확실하게 할 수 있다. "물론 너는 이 모든 상황에 대해서 불행하다고 느낄 수 있어. 너는 우리와 헤어지는 걸 원하지 않을 수 있어, 너는 우리와 함께 살고 싶어 하는 걸 알아, 이혼이 너를 매우 힘들게 하지. 너에게 슬픔을 갖게 하고 내가 생각하기에 우리가족 모두 똑같은 감정을 느끼고 있어. 나도 그래".

셋째, 부모는 자녀를 안심시켜야 한다. 감정을 혼합하거나 그들이 슬퍼하지 않으면 행복할 수 있다고 압력을 가하지 말고 자녀와 감정을 솔직히 나누고 인정해 주어야 한다. 예를 들어, 부모가 기분 좋게 친밀하게 다가가서 재확인을 해줄 수 있다.

"나와 함께 앉자 우리는 함께 있는 거야. 지금 엄마 아빠이혼으로 가장 힘든 것이 무엇이니? 내가 잘 이해할 수 있도록 말해 줄래".

만약 부모가 자녀에게 수용과 인정의 감정으로 접근한다면, 아동이 경험한 감정은 이혼과 관련해서 경험하게 되는 자연스런 하나의 과정으로 받아들이게 된다. 자녀는 자신의 감정에 과도하게 흔들리지 않을 수 있고 감정을 더 나쁜 상황으로 만들지 않을 수 있다. 자녀는 더욱 안전하다고 느낄 수 있고 곧 다른 곳으로 이사하게 된다는 것도 알게 되며 더 좋은 기분을 가질 수 있다. 슬픔에 대해 반응하는 가장 효과적인 방법 중 하나는 부모가 걱정하는 것과 관심거리에 대해서 자녀와 이야기를 시작하는 것일 수 있다. 예를 들어, 부모이혼으로 가장 힘든 것이 무엇인지 그들이 가장 걱정하는 것이 무엇인지에 대해서 반응하게 되면, 아이는 한쪽 부모나 형제가 떠나가는 것에 대한 두려움을 표현하거나 이혼에 대한 책임감을 표현하기도 한다. 부모가 문제를 해결하도록 촉구하기도 한다. 다음의 예는 이러한 원칙을 잘 설명하고 있다.

제니(Gene)

5살된 제니는 최악의 크리스마스를 맞이했다. 그의 부모는 추수감사절 전에 헤어졌다. 그리고 그의 아버지는 그들의 집을 떠나 다른 아파트로 갔다. 제니가 누구와 크리스마스를 함께 보내야 하는지에 대해서 많은 논쟁과 혼란이 있었다. 결국, 그들은 제니가 크리스마스이브는 엄마와 함께 보내고 크리스마스는 아빠와 보내기로 결정했다. 크리스마스 밤에 조부모, 아빠 그리고 그와 특히 친했던 나나와 함께 저녁을 먹었다.

크리스마스 저녁에 아빠가 제니를 조부모님 댁으로 데리고 왔다. 아빠는 조부모님에게 제니의 행실이 별로 좋지 않다고 말했고, 크리스마스는 매우 재미가 없었다고 했다. 그의 아버지는 제니가 "욕심" 많아 보이는 것을 좋아하지 않았다. 선물을 줄 때 감사하다는 말을 아무에게도 하지 않은 것에 대해서도 매우 화가 나 있었다. 선물 열어보는 것이 끝나자마자 제니는 보채기 시작했다.

집에 도착하지마자 나나는 제니에게 왜 기분이 안 좋은지 왜 화가 났는지에 대해서 물었다. 나나는 손을 잡고 그녀가 좋아하는 크리스마스장식을 보여주었다. 그러나 제니는 그녀로부터 도망쳤다. 나나는 제니가 좋아하는 인형을 갖다 주었다.—이 인형은 집에서 그녀가 특별히 잘 갖고 놀던 것이었다—그러나 보통 그가 하던 것과 같은 반응을 보이지 않았다. 나나는 참았지만 그에게 관여하려는 노력을 상실했다. 그리고 제니는 마치 내키지 않는 마음으로 이방에서 저방으로 무언가 잃어버린 사람처럼 왔다 갔다 했다.

제니가 잠시 동안 목적없이 집 주변을 왔다갔다 한 후에 마치 그가 보통 때와 달리 안절부절하지 못하고 있는 것을 발견했다. 슬퍼 한다는 것을 알았을 때 그녀는 그의 얼굴을 보았다. 우리 큰 아이가 지금 좀 슬퍼 보이는데? 잠깐 동안 안아볼까?

제니는 나나의 제안을 거절하고 뒤로 물러나서 바닥을 내려다보았다. 나나는 제니가 불쌍하다는 생각이 들었다. 나나는 제니에게 재확인을 해주었다. "너 오늘 슬프니, 오늘 나에게 안기고 싶지 않지. 좋아 나는 여기에 있을 거야 그리고 네가 노는 것을 지켜볼 거야.

제니는 나나에게 일정한 거리를 두고 왔다 갔다 했다. 나나는 의자에 앉아 있었고 제니는 진정하지 못하고 있는 것처럼 보였다. 그러나 그녀는 오랫동안 그와의 거리를 두지는 않았다. 몇 분 후 그는 그녀의 의자로 왔고 그녀 앞에 앉았다. 나나는 제니를 무릎이 앉히고 그를 꽉 껴 앉았다. 제니는 "나는 엄마와 아빠가 결혼생활을 계속 하길 원해"라고 이야기 했다. 나나는 그 감정을 이해했고, 그리고 "물론 나도 그래, 너희 가족이 함께하지 못해서 오늘 슬퍼보였구나", 제니는 끄덕였다. 더욱 깊이 그는 할머니 품 속으로 들어갔다. 그리고 이혼에 대해서 더 이야기를 했다. 오래지 않아 그의 얼굴은 좀 밝아졌고 방안의 비슷한 인형을 바라보면서 그들과 같이 놀아도 될까?라고 물어보았다. 좀더 기분 좋은 감정이 되도록 감정을 나누자 제니는 늦게까지 다시 놀이에 관심을 갖게 되었다.

이 경우에서처럼 아동들은 공휴일이나 생일과 같은 특별한 날에 더 슬퍼하고 상처입기가 쉽다. 그리고 자녀에게 죄책감을 갖고 있는 부모는 아이가 보이는 불안이나 걱정거리로 인해 더 불편해지고 부모의 이러한 감정은 자녀가 더 나은 감정을 갖게 하는데 미묘한 압력을 가하게 된다. 이러한 부모의 죄책감이 앞에서 살펴본 엄마와 아빠 집에서 제니가 했던 행동과 제니가 그렇게 안절부절하지 못했던 행동을 이해하게 한다.

부모는 자녀들이 슬퍼한다는 것을 허용할 수 있다. 그리고 나나가 했던 방법으로 이러한 감정을 다루어 줄 수 있다. 자녀가 감정을 표현할 때, 부모는 자녀가 부정적 감정을 표현하도록 격려해 주고 이런 이야기를 한 것이 잘못이 아니라는 느낌을 갖도록 확신을 주어야 한다. 부모가 아이의 근심에 반응을 보인다면 그 슬픔은 곧 하나의 과정처럼 지나갈 것이고 자연스럽게 없어져 버릴 것이다. 아이가 다른 관심과 활동으로 옮겨가도록 할 수 있다. 만약 그렇게 하지 못한다면, 이혼 후 많은 남자아이들은 불확실한 슬픈 감정이 분노로 변하게 되거나 반항적으로 된다. 한편 여자아이의 경우, 조용하고 복종적이고 아주 "완벽한" 아이가 될 수 있다.

이렇게 원하지 않는 결과를 막기 위한 가장 좋은 방법은 엄마와 아빠가 (1) 자녀의 슬픔과 분노를 인정하고 (2) 자녀와 이러한 감정을 나누면서 아동의 감정을 알아주고, (3) 자녀가 걱정하고 있는 것들에 대해서 안심을 시켜주는 것이다.

몇몇 부모는 여기서 제안하고 있는 방법으로 반응해 주는 것이 매우 힘들다는 것을 알고 있다. 왜냐하면 사실상 부모들이 자녀의 감정을 분명히 이해해서 적절하게 반응하기란 쉽지 않기 때문이다. 어떤 방법을 사용하든 당신 스스로 당신의 아이에게 가장 좋은 방법을 결정하라.

우리는 여기서 이혼초기에 부모를 위한 지침서를 제공하였다.

도움이 되는 책들

많은 이혼한 부모는 죄책감을 가지고 있어서 자녀가 경험한 감정들과 같은 중요한 문제를 다룰 수 있는 더 많은 책을 읽기를 원한다. 비록 이혼과 양육문제를 함께 묶은 책은 없지만 유용한 책 중의 하나로 L. Engel과 T. Ferguson이 쓴 *Imaginary Crimes* (Boston: Houghton Mifflin, 1990)와 *Liberated Parents: Liberated Children* (A Faber and E. Mazlish, New York: Avon, 1990)과 같은 책은 부모가 자녀를 이해하고 자녀와의 의사소통을 원활하게 하는데 도움을 줄 수 있다.

제 3 부

부모를 위한 지침

제5장

부모의 갈등과 협력

"좋은 부모가 되기 위해서 전배우자와 친구가 되어야 할까?
우리는 결코 사이좋게 지낼 수 없어!"

많은 연구자들은 이혼 후 지속되는 부모 간 갈등에 노출된 아이의 경우 적응이 가장 어렵다고 보고한다. 자녀가 부모들 간의 적대감을 목격할 때, 부모가 서로 비난하거나 아이에게 다른 부모를 폄하해서 말할 때, 그리고 부모가 아이를 자신의 편으로 만들면서 부모간 말다툼으로 인해 자녀를 혼란스럽게 할 때 가장 고통스러워한다. 진 배우자가 무책임한 방법으로 행동할 때 자녀들은 장기적으로 다음과 같은 문제를 갖고 성장한다. 즉, 학교성적이 안 좋거나, 친구들과 잘 어울리지 못하거나 교사나 다른 권위 있는 인물에게 반항적으로 대하거나 부모에게 복종하지 않는 등의 문제를 나타낸다. 아이들은 부모가 서로를 폄하하며, "네 엄마는 제 정신이 아니야. 그러니까 엄마가 말하는 것은 들을 필요 없단다", 또는 "아빠한테 관심 갖지 말아라. 아빠는 너를 주말에만 볼 수 있고 너와 함께 살 사람은 나밖에 없어"라는 식의 말을 할 때 상처받는다. 이는 엄연한 사실이다. 부모 간 갈등이 계속되면 자녀에게 문제행동이 나타날 수 있다. 그리고 아이들은 부모의 적대감에 자주 노출되기 때문에 이러한 갈등에 대해 상세하게 살펴볼 필요가 있다.

부모 간의 적대감으로부터 아이들을 보호하기

이혼 가정의 아이들에게 가장 큰 한 가지 문제는, 단연코 부모 간 계속되는 전쟁상태에 노출되어 있다는 것이다. 어떤 부모들은 이혼과정 동안 분노가 극에 달하게 되어, 일이 잘못된 것은 모두 상대방 때문이라고 비난한다. 이렇듯 격분한 부모들은, 상대가 자신을 배반하고 거부했다고 생각하기 때문에, 격분하는 것을 정당한 것으로 생각하며, 결혼생활의 문제에 있어서 자신 스스로가 기여한 것들에 대해서는 보지 못한다. 이혼이라는 경험을 통하여 부모가 성장하거나, 무언가를 배우려면 통찰이 필요하다. 그것은 이혼에 대한 책임이 전배우자에게만 있고 자신에게는 없다고 여기는, 희생자의 자리에서 벗어나는 과정에서 필수적인 단계이다. 문제 상황에서 스스로가 기여한 것에 대해 인식할 수 있는 능력이 없다면, 분노와 비난은 만성적인 부모간의 갈등에 계속적으로 기름을 붓는 셈이 되며, 그러한 갈등은 자녀들에게 문제가 된다. 부모의 싸움에 자녀들을 끌어들이는 경우, 아이들이 얼마나 고통 받는지를 아는 부모들은 자신의 분노를 책임 있게 관리하고, 부모의 갈등으로부터 자녀를 보호하는 단계로 나아갈 것이다. 그러기 위해 부모들이 어떻게 할 수 있는지 살펴보자.

만성적인 부모 간 갈등 피하기

결혼했거나 혹은 이혼했거나 상관없이 부모들은 의견의 불일치가 있으며, 때때로 상대방에게 화를 낸다. 이러한 갈등이 위협적이지 않거나 그 영향력이 그리 광범위하지 않다면 이는 인간관계의 정상적인 일부분이며 아이들에게도 문제가 되지 않는다. 사람들은 서로 차이가 있기 마련인데, 그것이 솔직하게 드러나지 않는다면 그들은 진실한 관계를 맺을 수 없다. 이혼한 부부는 행복한 결혼생활을 하는 부부들에 비해, 단지 문제를 해결하는데 덜 효과적일 뿐이지, 갈등이 더 많은 것은 아닐 수 있다. 사이좋게 보이는 부부가 갑작스럽게 이혼을 하게 되는 경우 대부분 일상의 문제들을 꺼내놓고 집중적으로 다루는 것이 불가능한 결혼생활이었던 경우가 많다. 문제를 겉으로 드러내기보다 그럴싸하게 감추는, 겉보기에만 화목한 가족인 경우 자녀들은 대인관계상의 문제들을 풀어가는 방법을 배우지 못한다. 그러나 이와는 달리 심각하고 무자비한 부모의 갈등은 엄연히 다른 이야기이다. 이혼한 가족이든 일반 가족이든 혹은 재혼 가족이든 간에 늘 전투태세를 갖춘 부모와 함께 사는 것은 아이들을 불안하게 만든다.

이혼은 자녀들에게 해가 되며, 불가피하게 장기적인 적응상의 문제를 양산하게 된다는 잘못된 믿음이 만연되어 있다. 연구자들은 평균적으로 일반 가정의 아이들에 비해 이혼한 가정의 아이들이 더 많은 문제를 보이고, 상대적으로 낮은 안녕의 수준을 보인다고 밝혀 왔다. 그러나 이혼 그 자체가 적응상의 문제를 야기하는 것이 아님을 보여주는 연구도 있다. 그러한 문제들은 부모의 갈등에 노출되는 정도가 클 때 나타난다. 이는 매우 중요한 구분이므로, 이에 대해 상세하게 살펴보자.

연구자들은 부모의 이혼을 경험한 25% 이상의 아이들이 매우 잘 적응하고 있음을 밝혔다. 다른 아이들이 잘 적응하지 못할 때 이 아이들은 어떻게 성공적으로 대처하는가? 건강한 아이의 경우 다음 내용 가운데 하나를 가지고 있다는 것이 그 이유이다. (1) 서로 잘 협력하는 부모, (2) 상대방을 좋아하거나 신뢰하지는 않지만 자신들의 말다툼으로부터 자녀를 보호하는 것에 뛰어난 감각을 가진 부모.

이와 반대로, 적응을 가장 못하는 이혼가정의 아이들은, 잔인한 전쟁상태에 있으며, 자주 소송을 하는 부모를 가진 경우라는 것이 연구를 통해 밝혀졌다. 계속되는 부모의 갈등에 노출되어 있는 대부분의 아이들은 장기적인 적응상의 문제들로 고통받는다. 그리하여 만성적인 부부 갈등의 영향은 이혼의 일반적인 영향과는 구분해서 고려되어야 한다. 확실히, 만성적인 부부 갈등은 아이들에게 장기적인 문제를 야기하는 원인이 된다.

더 나아가, 지속되는 부부 갈등은 이혼 가정의 아이들에게 뿐 아니라 일반 가정의 아이들에게도 해롭다. 부부 불화의 정도는 어떤 유형의 가족에서든 아이들의 적응을 결정하는 가장 중요한 요인 가운데 하나이다. 그리하여 부부갈등이 심한 일반 가정의 아이들은 부부갈등이 적은 일반 가정의 아이들에 비해 더 많은 적응상의 문제들을 가진다. 예를 들면, 일반 가정에서라도 부부갈등이 높은 경우는 부부갈등이 낮은 경우에 비해 아이들이 공격적이고 반항적인 행동, 불안, 우울 같은 정서적인 증상, 낮은 자존감과 같은 문제들을 더 많이 가진다.

여기서 중요한 것은 다음과 같다. 이혼한 부부는 자녀들 앞에서 자제하고 싸우지 않으며, 자녀들을 부부갈등에 끌어들이지 않는 연습을 해야 한다는 것이다. 불행하게도 사람들은 너무나 자주 이 사실을 무시한다. 전 배우자를 벌주고, 자녀들과 전배우자와의 관계를 깨버리려고 하는 분노의 감정이 일어나는 것은 일반적 현상이다. 그리고 많은 아이들은 이혼 전에 그리고 이혼 후에도, 기억에 남을만한 심각한 부부갈등 상황에 노출된다. 한 연구에서, 중류층 및 중상류층 가정의 아이들 가운데 1/4이 이혼 무렵에 부모간의 신체적인 폭력을 목격했다는 놀라운 수치를 보고했다. 자녀들에게 부부갈등이 왜 그렇게 해로운지를 보다 상세하게 살펴보자.

부모의 협력, 혹은 적어도 겉으로 드러나는 갈등이 없는 것은 아이들의 안정적인 적응에 필수적이다. 대부분의 아이들은 계속적으로 부모 간의 적대적인 관계에 노출되는 한 성공적으로 적응할 수 없다. 왜 아이들은 부모사이에 일어나는 위협적이면서도 우스꽝스러운 상호작용에 그렇게 영향을 받는 것인가? 아이들은 부모가 서로 소리 지르고 협박하는 것을 볼 때 두려워하며 놀란다. 나이가 조금 더 든 아이들은 스스로 거리를 유지하고자 애쓰며, 무관심한 체 할 수도 있겠지만 부모나 자신들 중 누구라도 곤경에 처할까봐 두려워한다. 아이들은 자신들의 가장 중요한 애착대상의 안전과 안녕에 대단히 신경을 쓰며, 부모가 위협을 받는 한 자신들도 안전하지 않다는 것을 안다. 그러나 전쟁 중에 있는 부모들은 전 배우자에 대한 생각에 사로잡혀 있어서 아이들의 얼굴에 드러난 걱정을 보지 못한다. 또한 아이들이 경험하는 수면장애, 야뇨증, 악몽, 손톱 물어뜯기, 과다한 조심성 등과 같은 증상의 근원이 되는 불안을 인식하지 못한다.

나는 싸움을 계속하고 있는 부모를 가진 아이들과 이야기하면서 다음과 같은 질문을 한다. "내가 마술지팡이를 가지고 있어서 네가 원하는 세 가지 소원을 들어줄 수 있다면 너는 어떤 소원을 말하겠니?" 예외 없이, 아이들의 첫 번째 소원은 늘, "부모님이 그만 싸우셨으면 좋겠어요"라는 것이다. 많은 경우 아이들은 두 번째, 세 번째에도 똑같은 소원을 말하는데, 예를 들면 "두 번째도, 부모님들이 더 사이좋게 지냈으면 좋겠어요. 음.. 그리고 세 번째 소원 역시 부모님이 그렇게 많이 싸우지 않았으면 하는 것이에요"라는 식이다. 다시 말해서 아이들로서는 부모님의 싸움을 그만두게 하는 것 이외에 다른 것은 상상할 수 없다. 아이들은 그들의 부모가 서로에게 덤벼들 때 겁을 먹으며, 종종 부모의 싸움이 끝나기를 몰래 기도한다.

자녀들은 부모의 안전과 안녕에 대하여 대단히 걱정한다. 이러한 불안은, 부모들 간의 갈등이 스트레스로 이어져서 부모가 자녀들을 편안하게 해주는 것, 그리고 훈육하는 것이 어려워질수록 더욱 가중된다. 그리고 안전하지 못하다는 느낌과 효과적인 부모를 상실했다는 느낌만으로는 부족이라도 한 듯, 자녀들은 부모간의 적대감에 대하여 책임을 느낀다. 3장과 4장에서 언급한 것처럼, 아이들은 종종 계속되는 부모의 싸움과 같이, 그들의 삶에서 일어나는 주요한 사건들에 대하여 스스로 책임이 있다고 믿는다. 더 나아가 부모가 자주 말다툼의 주제로 삼는 내용들로 인해 아이들의 자기중심적인 경향은 악화된다. 즉, 아이들은 일상적으로 부모가 싸우는 것에 귀를 기울인다. 예를 들면 한쪽이 부모가 다른 부모에게 "제기랄 당신이 그렇게 아이를 망쳐놓지 않았다면, 내가 그렇게 엄격하게 하지는 않았을 거야"라는 식으로 비웃듯이 소리 지르는 경우, 아이들은 대부분 이러한 불행이 자기 때문이라고 느끼며, 심지어는 그런 마음을 가지지 않으려 해도 그것이 마음대로 되지 않는다.

결국 만성적인 부부갈등은 모든 자녀들에게 해가 되며, 특히 나이가 어린 남자 아이들에게는 더욱 나쁘다. 연구자들은 평균적으로 남아가 가족 갈등의 해로운 영향력에 더욱 취약하고 여아와 같이 효과적으로 대처하지 못한다는 것을 밝혔다. 이혼 전이든 후이든, 대부분의 가족에서 여아가 남아에 비하여 가족갈등으로부터 더 많은 보호를 받는다. 특별히 연구자들은 부모들이 딸보다는 아들이 보는데서 더 많이, 그리고 더 오래 싸운다는 것을 알아냈다.

부모의 갈등을 책임 있게 다루기

부모들은 이혼을 통하여 결혼생활의 문제들이 정리되기를 기대하는데, 이혼 후에도 갈등이 지속된다는 것을 알고는 당황한다. 특히 합의가 아닌 재판이혼 과정을 거치는 것은 양육권, 방문, 그리고 양육비 지원과 같은 문제들을 가중시킨다. 7장에서 살펴보겠지만, 부모와 각각의 변호사가 서로 적이 되어 서로에게 도움이 되는 조정을 협의하기보다는 법정에서 이기려고 노력하는 경우, 전 배우자들 간의 빈정댐과 불신은 더욱 가중된다. 그리고 그러한 증오는 종종 최종 판결이 선고된 이후에도 수년 동안 지속된다. 이러한 결과는 가중되는 스트레스, 불행, 불안감으로 인해 고통 받는 자녀(그리고 부모)에게 중대한 문제가 된다. 아이들 앞에서 전배우자와 계속적으로 싸움을 하는 부모는, 심지어 다른 한쪽의 부모가 그것을 멈춘다 할지라도, 이렇게 파괴적인 상호작용에 참여하는 것을 멈출 수 없다. 싸움을 멈추지 못하는 부모, 혹은 자녀들을 보호하기 위해 싸움을 자제하지 않는 부모는 그들 스스로를 위해, 그리고 자녀들을 위해 전문적인 도움을 받을 것을 권한다.

이혼 후에 가장 협력적인 부모 관계를 수립하기 위해 다음의 세 가지 기본적인 단계를 밟을 수 있다.

1단계: 자녀를 보호하는데 전념하기. 분노와 갈등을 책임 있게 다루기 위한 첫 번째 단계는 만성적인 부모의 갈등으로 인해 피해를 입게 될 자녀들의 현실을 인정하고, 갈등을 멈추기 위해 혹은 자녀들을 보호하기 위해 개인적인 노력을 기울이는 것이다. 모든 이혼한 부모들은 이에 대해 깊이 생각하여야 하며, 이 결심을 유지하기 위해 최대한 노력해야 한다. 자녀들에게 해가 되는 것은 어쩔 수 없이 생기게 되는 분리의 문제라기보다는 부모들이 서로에 대해 계속해서 적대감을 가지는 것이라는 사실을 기억하라.

부모의 갈등으로부터 자녀들을 보호하기 위한 내면적인 노력은, 다른 부모들이 어떻게 하든 상관없이 개인적이고 사적으로 이루어진다. 어떤 부모가 무책임한 갈등을 계속하는 것이 다른 부모들 역시 그렇게 해도 좋다는 것을 의미하는 것은 아니다. 우리가 앞으로 살펴보게 될 것처럼, 아이들은 한쪽의 부모를 믿을 만한 존재로 남겨 두기보다는, 부모 둘 모두를 정서적으로 잃게 된다. 부모 중 한 사람만이라도 자녀에게 정서적 안식처가 되어주면 자녀의 안정에 도움이 된다는, "정서적 안전지대"의 개념은 부모들이 첫 단계를 성취하는 데 도움이 된다.

부모 모두가 원한을 품고 싸우는 경우, 자녀들은 부모 양쪽 모두에 대하여 정서적 거리감을 가지게 된다. 그러한 폭풍에서 안전한 피난처는 없다. 그러나 만약 한쪽의 부모가 파괴적으로 앙갚음하는 것을 자제하는 연습을 할 수 있다면 자녀들은 나머지 한쪽의 부모에 대해서는 정서적인 거리감을 가지게 되지만 자제하는 부모와는 여전히 정서적 접촉을 한다. 한쪽 부모의 지지가 있기 때문에 자녀들은 부모의 갈등에 대하여 슬프기는 하지만 우울해지지는 않는다. 양쪽의 부모가 모두 싸움을 하는 아이들과는 달리, 이 아이들은 학교생활에서도 실패하지 않으며 화가 나서 반항적으로 행동하지 않는다. 이러한 아이들은 부모의 고통과 갈등에 노출되어 있기는 하지만, 한쪽의 부모가 다른 부모를 폄하하지 않으며 아이들에게 편을 들도록 압력을 가하지 않기 때문에 대처하는 데 필요한 지원을 가지고 있는 셈이다. 중립적인 입장에 있는 부모와 정서적으로 접촉함으로써 자녀들은 심각한 증상이나 지속적인 문제들을 보이지 않고 그러한 가족의 소란을 견뎌낼 수 있다. 그리하여 한쪽의 부모가 싸움을 자제하는 한, 자녀들은 양쪽 부모가 모두 싸움에 가담할 때는 가질 수 없는 정서적 안전지대를 가지게 된다.

이처럼 한쪽의 부모라도 자제할 때 자녀들이 훨씬 잘 적응하는데 부모 자신이 이성을 잃거나 복수하지 않겠다는 내적인 결심을 유지하는 것이 1단계에서 어려운 부분임은 분명하다. 혼자서는 아무것도 할 수 없다고 하지만 한쪽의 부모가 부모의 갈등으로부터 자녀들을 보호하기 위하여 진지한 노력을 다한다면, 가족생활은 아이들에게 즉각적으로, 그리고 유의미하게 개선된다.

그러나 여기서 이야기한 것을 그대로 믿지는 말라. 스스로 노력하고 자녀들에게 무슨 일이 일어나고 있는지 직접 알아보아라. 물론 이상적으로는 부모 양쪽 모두가 지속되는 부모의 갈등이 미치는 유해한 영향에 대하여 토론할 수 있고 아이들이 있을 때에는 분노에 찬 대화를 중단하기로 서로 합의하는 것이 가장 이상적이다.

2단계: 격해지는 갈등을 멈추기 위하여 수신호 사용하기. 화가 나 있는 전 배우자들은 그들 사이의 갈등을 다루기 위한 방법을 찾음으로써 논쟁이 통제의 범위를 넘어서 상승되지 않도록 할 수 있다. 그 의도가 좋음에도 불구하고, 어떤 주제를 꺼냈을 때, 때때로 분노가 갑자기 타오른다. 이러한 순간에, 갈등은 통제의 범위를 넘어서게 되고, 때리고 욕하고 모욕을 주며 위협하는 상황, 눈물과 고통에 자녀들이 노출된다. 이혼한 부부는 그들이 폭발하기 전에, 앞에서 언급한 것과 같은 원하지 않는 상호작용을 멈추기 위하여 보호 장치를 마련할 수 있다. 자녀들을 위하여, 이혼한 부부는 다음과 같은 체계를 따르기로 서로 합의할 수 있다. 전배우자와의 토론이 감정적으로 격해지는 것을 느끼면 부모 중 한쪽이 신호가 되는 손가락을 세워서 "잠깐만"이라고 표시한다. 한쪽이 이러한 신호를 보내자마자, 대화는 즉각 중단된다. 누구도 마지막 말에 대해 이야기하지 않는다. 어느 누구도, "당신은 언제나 이런 때 신호를 사용해"라는 식으로, 신호를 보낸 이유에 대해 비난하거나 도전하지 않는다. 양쪽 모두, 추가적인 논쟁 없이, 그리고 예외 없이 언제나 그 주제에 대하여 5분 동안 이야기하기를 멈춘다. 신호를 보내고 그것을 따르면서, 감정이 상승되는 것에 대해 적절하게 통제하는 체계가 만들어진다. 5분 후에는 부모가 서로 그 주제에 대하여 계속 이야기하기를 원하는지, 아니면 다른 주제를 이야기하기 원하는지, 혹은 얼마동안 대화를 멈추고 각자 생활하기를 원하는지에 대해 결정할 수 있다.

그러나 만약 한쪽 부모가 둘이 함께 동의한 신호를 지키지 않는다면, 다른 부모는 "멈춤" 신호가 표시되었음을 다시 한번 이야기한다. 다른 쪽의 부모가 그것에 대해 즉각적으로 반응하여 격해지는 것을 추스르지 않는다면 자제하자고 신호를 보낸 부모는 이미 합의한 내용에 의해서 대화를 중단하고 그 자리를 떠야 한다.

이러한 방법을 사용하는 것에 대해 양쪽 모두가 동의한다면 부모들은 의사소통 과정에서 필요한 통제를 할 수 있게 된다. 부모는 갈등이 상승되는 것으로부터 벗어날 수 있는 안전한 "멈춤" 단추를 가지게 된다. 양쪽 부모 모두는 정서적 거리를 두기 위한 시간제한(time-out) 제도를 가지고 있다는 사실에 대하여 재확인해야 한다. 부모가 그들 관계에서 통제를 잃었다고 느낄 때, 그들은 자녀들이 그 상황을 목격하는 경우 파괴적인 영향을 받게 되는 방식으로 행동할 가능성이 커진다. 이와 대조적으로 어른들이 자신의 감정을 효과적으로 통제하기 위한 방법을 활용할 수 있을 때 아이들은 보다 안전하게 느낀다. 부모는 부부관계에서 격해지기 쉬운 감정에 대해 통제할 수 있는 능력과 자녀들이 느끼는 안전감 사이에 직접적인 관련성이 있음을 관찰할 것이다.

3단계: 다음의 지침들을 사용하여 효과적으로 대화하기. 많은 사람들이 상대적으로 제한된 의사소통 기술을 가지고 있다. 그리고 또한 대부분의 모든 사람들이 중요한 관계에 있어서 감정적인 논쟁이 일어나는 갈등을 협의하는 데 불편해 한다. 그런데 이혼한 부부들은 도전적인 과제에 직면한다. 즉 자신이 싫어하고 신뢰하지 않으며 심지어 두려워하는 상대와 함께 재산이나 자녀에 대한 결정을 해야 한다는 것이다. 이혼한 부모들은 서로 친구가 될 필요도, 신뢰하는 것을 배울 필요도, 과거 결혼생활의 문제를 해결할 필요도 없다. 그러나 그들은 더도 덜도 말고 자녀들과 관련된 여러 가지 일에 대하여 정중하게 의사소통해야 한다. 학교에서 누가 아이들을 데려올 것이며 축구경기나 피아노 학원에 누가 데리고 갈 것인가? 언제 여름 캠프를 갈 것인가? 학교 회의나 모임에 대한 교사의 메모를 어떻게 처리할 것인가? 새 신발을 사기 위해 누가 쇼핑을 데리고 갈 것이며 누가 교복 비용을 지불할 것인가? 이후의 여러 해 동안 전배우자들은 아이들의 일상적인 활동과 계획들에 대하여 함께 결정해야 할 것이다. 여기에는 쉬운 답이 없다. 그러나 이혼한 부부가 직면하는 어려운 협상을 구조화해 두는 것은 유용한 도움이 될 것이다. 다음은 효과적인 의사소통을 위한 10가지 기본적인 지침이다.

1. 상황이 잘못된 것에 대하여 당신도 책임이 있다는 것을 인정하라. 전 배우자의 관점에 대하여 비난하거나 강하게 저항하지 말라. 또한 사건의 진실은 단 하나라는 인식을 고수하지 말라.
2. 가까이 있는 문제에 집중하고 한번에 한 가지 주제만을 다루라. 과거의 문제를 들춰내거나 현재의 갈등을 다른 주제로 확대하지 말라.
3. 당신 둘과 관련이 있는 갈등만으로 제한하라. 당신을 지지하는 친구나 친척들을 들먹이지 말라. 예를 들면 "심지어 당신 어머니조차도~ ~"라는 식의 이야기는 삼가라.
4. 자녀들을 위한 선물이라는 생각으로, 존중하는 마음으로 전배우자를 대하는 품위를 가지라. 당신과 함께하는 자녀들, 변호사, 새로운 배우자, 그리고 조부모에게 이와 같은 태도를 가지도록 요청하라. 화를 돋우는 일을 자제하라. 소리 지르거나 모욕하거나 욕하거나 이름을 부르지 말라. 심지어 상대방이 이 같은 방식으로 대할 때조차도 그렇게 하지 말라. 상대방을 공격하는 것은 문제를 확대시키며, 보다 중요한 것은 자녀들에 대한 당신의 품위를 떨어뜨릴 것이다.
5. 가까이 있는 토론꺼리에 대하여, 그것이 끝날 때까지, 신체적, 감정적으로 투자하라. 갈등을 피하기 위하여, 전 배우자에게 경고 없이 방에서 나가거나 대화를 그만두지 말라. 갑자기 밖으로 나가는 것은 일반적으로 긴장을 고조시킨다. 만약 당신이 나가는 것을 선택한다면, 우선 상대방에게 변화할 수 있는 기회를 주라. 예를 들면, "나는 지금 수신호를 사용하고 싶어. 그러니 아무 말도 하지 마. 만약 지금 이야기하기를 멈추지 않는다면 나는 나갈 거야"라는 식으로, 혹은 "지금 당신이 그렇게 막 돼먹게 이야기하는 것을 듣고 싶지 않아. 그만해. 이야기할 때 나를 존중해 주면 좋겠어. 그렇게 못하겠다면 나는 지금 가겠어"라는 식으로 말할 수 있다.

6. 이야기하기 좋은 시간과 장소에 대해 서로 동의하기. 예를 들어 폭발하기 쉬운 부부는, 폭발의 잠재성을 크게 감소시킬 수 있는, 레스토랑과 같은 공공장소에서 만날 수 있다. 약물이나 음주를 한 상태에서는 협상하지 말라.
7. 해결해야 할 그 문제에만 초점을 맞추라. 전 배우자를 협박하거나 상대의 불안을 이용하지 말라.
8. 상대방의 관점을 주의 깊게 경청하라. 상대를 봉쇄하고 자신의 항변을 생각하는 동안 듣는 척 하지 말라.
9. 경멸적인 꼬리표를 붙이지 말고 특별한 행동에 대해 의사소통하라. 예를 들어, "당신은 항상 늦어. 당신은 너무 이기적이라 자신 외에 누구도 생각하지 않아"라고 말하기보다 "당신은 오늘 아이를 20분이나 늦게 데리러 왔어"라고 말하는 것이 훨씬 더 효과적이다. "당신은 항상~", "당신은 한번도~" 등과 같이 일반화하는 표현을 사용하지 말라.
10. 갈등을 증폭시키는 비생산적인 상황으로 악화되기 시작하는 대화를 끝내기 위해, 수신호를 사용하도록 계획을 세우라. 상대방이 대화를 5분 동안 멈추고자 수신호를 사용했을 때 계속해서 논쟁하지 말라.

위와 같은 10가지 규칙을 활용함으로써 이혼한 부부들은 가장 흔한 갈등협상의 함정을 피할 수 있다. 물론, 어느 누구도 위의 지침대로 언제나 잘 할 수 있을 것이라고는 기대하기 어렵기 때문에 부부가 위 지침들을 가능하면 많이 따르고자 동의하는 것에 성공여부가 달려 있다. 어느 한 측이 기꺼이 협조하려 하지 않는 경우, 어느 한 쪽이 신체적으로 위협을 느끼는 경우, 혹은 감정이 지나치게 폭발적인 경우에는 중립적인 중재자가 필요할 것이다. 전문적인 이혼 중재자는 당신이 거주하고 있는 지역의 지방법원 가족법 분과를 통해 무료로 도움을 받을 수 있다.

자녀들을 통해 부부갈등 표현하기

자녀들이 이혼에 얼마나 잘 적응할지에 대한 가장 좋은 예측요인 가운데 하나는 전 배우자들이 부모로서 관계를 지속하면서 서로 협력하는지, 아니면 상대를 폄하하는지의 여부이다. 협력적인 부모역할 수행이 자녀들의 안전한 적응을 향상하는데 대단히 기여하지만, 부모가 그렇게 하기란 어렵다. 두 사람이 이혼할 때에는 그들 사이에 대단한 상처와 분노, 불신이 있다. 둘 모두 배신감, 거절감, 실패감과 같은 어려운 감정에 적응해야만 한다. 그 결과, 전 배우자들은 이혼 후 몇 년 동안 자신의 분노, 슬픔을 상대방에게 분출한다.

불행하게도 부모의 적대감이 표현되는 가장 흔한 방식 가운데 하나가 자녀들을 통해서 이루어진다. 그러한 적대감은 종종 전 배우자와 자녀들의 관계를 폄하함으로써, 혹은 자녀들에게 전배우자를 비난함으로써 행동으로 드러난다. 아이들은 부모 중 한쪽이, 상대방 부모의 권위에 흠집을 냄으로써 상대에 대한 자신의 상처와 분노를 드러낼 때, 지속적인 심리적 증상들과 행동적 문제들을 발달시키게 된다.

한쪽의 부모가 상대방을 폄하할 때 나타나는 결과들을 살펴보기에 앞서, 여기서 "이혼 후 협력적인 관계"라는 표현으로 제안하는 것에 대해 명확하게 할 필요가 있다. 이것은 현실적으로 무엇을 의미하는가? 부모들이 여전히 서로 사랑하고 친구가 되거나 혹은 심지어 서로 좋아할 필요가 있는가? 이전에 강조했듯이, 그럴 필요는 전혀 없다. 더 나아가서 부모들이 자녀들 앞에서, 사실은 그렇지 않으면서 전 배우자에 대하여 긍정적인 감정을 가지고 있는 체 할 필요도 없다. 그러나 부모들은 자녀들과의 관계에 있어서 서로에 대한 존경과 지지를 가지고 대해야 한다. 가능한 정도까지, 각 배우자는 자녀들에게, 상대방이 여전히 그들의 부모이고, 그들에게 관심을 가지고 있다는 것을 이야기해 주어야 하며, 자녀들은 상대 부모를 존중하고 순종해야 한다. 어떤 부모들은 전배우자 때문에 상처받고 화가 나 있기 때문에 이 단계가 되는 것이 어렵다. 그러나 우리가 앞으로 살펴볼 것처럼, 아이들이 가장 관심을 가지는 것은 비난받는 한쪽의 부모를 역할모델로서 가지는 것보다는 양쪽 부모 모두와 가장 긍정적인 관계를 가지는 것이다. 우리 모두는 인간이며, 성격적으로 문제를 가지고 있고, 부모역할을 수행하는 기술에서 취약한 부분이 있다. 그리하여 한쪽의 부모가 전배우자의 인간으로서 혹은 부모로서의 명성을 훼손하지 않는 방식으로 행동하였는지를 보면, 아동이 경험하는 좌절을 확인할 수 있다.

부모들이 서로를 폄하할 때

한쪽의 부모가 상대방에 대하여 "네 엄마는 자신이 무슨 일을 하고 있는지도 몰라. 엄마가 너한테 뭘 하라고 말하려 한다면 아빠한테 오너라", 혹은 "네 아빠는 멍청이야. 너는 도대체 왜 아빠를 보고 싶어하는 거니?"라는 식으로 이야기하면서 폄하하는 것은 매우 파괴적이다. 그러한 이야기는 전 배우자가 행한 어떤 것에 대한 단순한 비난일 뿐 아니라, 인간으로서의 전 배우자에 대한 비방이자 아동의 삶에서 전배우자가 행한 역할 전체에 대한 비방이다.

그러한 비방이 왜 아이들에게 그렇게 문제가 되는가? 거기에는 여러 가지 이유들이 있지만, 가장 중요한 한 가지는 자녀들이 부모를 동일시하고, 심리적인 측면에서 자신을 부모와 똑같은 존재로, 예를 들면, 사랑받을 만하거나 혹은 하찮은 존재로, 능력이 있거나 혹은 협박당하는 존재로 본다는 것이다. 그리하여 자녀들이 자신의 부모와 스스로를 거의 동일시 하다 보니, 엄마가 아빠를 거부하는 것을 엄마가 자신들을 거부하는 것으로 경험한다. 다시 말하면, 부모들이 서로를 비방할 때, 그 장기적인 영향은 아이들의 품위와 가치를 한꺼번에 떨어뜨리는 것과 거의 같다. 그래서 다음의 문구를 인용한다. "아버지(혹은 어머니)가 아이들의 어머니를 사랑스럽게 대하는 것이 아이들을 가장 잘 사랑하는 것이다."

부모는 단순하기 상대만을 비방할 생각이라 하더라도, 자녀들은 그러한 경멸을 마치 자신들에 대한 것으로 받아들인다. 이러한 동일시는 자녀와 같은 성별의 부모사이에 특히 강하다. 예를 들어, 아버지가 어머니를 "뚱뚱해", 혹은 "멍청이야" 등과 같은 표현으로 비방한다면, 딸이 성장해서 여성으로서의 자신에 대하여 좋게 느끼는 것이 사실상 불가능하다. 또한 어머니가 같은 방식으로 아버지의 품위를 떨어뜨리는 말을 하는 것을 들은 아들 역시 같은 결과로 고통받을 것이다. 부모-자녀간의 이러한 동일시와 관련하여 자녀들 앞에서, 밥(Bob)이 케리(Carrie)의 부모로서의 권위를 폄하하는 전형적인 가족 시나리오를 살펴보자.

밥과 케리

케리는 몇 개월 전 밥에게 이혼을 제안했다. 두 명의 자녀들은 주중에는 케리와 함께 생활하고, 주말에는 밥과 함께 보낸다. 이혼 후 케리의 상황은 순조롭지 않다. 한부모가 되는 것은 상상했던 것보다 훨씬 더 힘들었다. 케리는 여러 방향에서 동시에 자신을 잡아당기며 압도하는 듯한 느낌을 가졌다. 그녀는 시간제로 일하며, 대학 학위를 얻기 위해 몇 강좌를 수강하고, 데이트 중인 남자와의 관계도 발전시키고자 애쓰고 있었다.

만약 케리에게 비협조적인 두 자녀가 없었다면, 이러한 모든 요구들은 그녀가 충분히 해낼 수 있는 것들이었을 것이다. 그러나 그녀가 생각하기에, 자신이 이러한 상황을 처리하는 것은 불가능하였다. 사실 케리는 종종, 자녀들이 마치 자신의 삶을 망치기 위한 음모에 가담하고 있는 것처럼 느꼈다. 예를 들어, 7살짜리 바비(Bobby)는 케리의 새로운 남자친구가 집에 올 때마다 그를 무자비하게 비난했다. 케리가 바비에게 여러 차례 으름장을 놓고 자기 방에 들어가 있도록 함에도 불구하고 그는 어떻게 해서든 남자친구와 케리가 함께 보내는 시간을 방해하는 방법을 찾곤 했다. 결국 케리의 남자친구는 더 이상 집으로 방문하기 싫어했고, 그래서 그녀는 함께 시간을 보내기 위해 아이를 돌보는 사람을 고용해야만 했다. 케리는 아들 때문에 너무나 화가 난 나머지 그녀 인생에 있어서 가장 중요한 지지원에게로 달려갔다.

13살짜리 딸 사라(Sara) 역시 똑같이 안 좋은 상황이다. 사라는 남동생이 하듯이, 엄마에게 "바보 멍청이"라 부르기 시작했다. 그것은 마치 사라가, 어떠한 모욕이 케리에게 정말로 상처가 될지에 대하여 감지하는 무시무시한 능력을 가지고 있는 것과 같았다. 바비에게 그랬던 것처럼, 케리는 딸의 불쾌한 행동을 통제할 수 없었다. 딸과의 대화, 이해하려는 노력이나 협박, 제재, 벌 모두 성공을 거두지 못했다. 그러한 실패가 있은 후 몇 개월 뒤에 케리는 무기력감을 느꼈고, 아이들을 변화시켜 보려는 시도조차 점점 포기하게 되었다. 아이들이 자신을 "증오"한다는 것을 느끼면서 그녀는 점점 우울해져 갔다.

케리를 처음으로 도와주었던, 케리의 좋은 친구이자 이웃인 진(Jean)은 무슨 일이 진행되고 있는지를 알았다. 진은 바비와 사라가 아빠와 주말을 지내고 집으로 돌아온 직후에 엄마에게 가장 안 좋게 대하는 것을 관찰했다. 진은 또한 아이들이 케리를 비웃으며 아빠와 전화 통화하는 것을 들었다. 진은 케리와 밥이 이혼 후 잘 지내지 못해온 것과 케리가 데이트를 시작했을 때 밥이 특히 화를 냈다는 것을 알고 있었다. 그러나 그녀는 밥이 아이들로 하여금 터무니없는 행동을 하도록 고무시켰다는 것은 알지 못했었다. 전화통화를 하면서 그들이 웃는 것을 듣고는 아이들이 케리를 힘들게 하며 문제를 일으키고 있는 이 상황을 밥이 즐기고 있다는 것이 분명해졌다.

진이 상황에 대해 설명했을 때, 케리는 "확실해요. 나도 그렇게 생각하지만, 무엇을 할 수 있겠어요!"라고 외쳤다. "밥은 나를 증오해요. 그리고 이제는 아이들도 나를 증오하도록 만들어요. 나는 밥이 그만 두도록 할 수 없어요. 그가 나를 비웃을 거예요. 그들은 모두 한패가 되어 나를 비웃을 거예요. 나는 원통해서 죽을 지경이라구요!"

너무나 흔한 이 시나리오에서 밥이, 자녀들과 케리의 관계를 폄하함으로 인해 케리의 인생은 통제할 수 없을 정도로 고통스럽다. 또한 아직은 분명하지 않을지 모르지만, 자녀들 역시 상처받고 있으며, 그들의 안녕은 심각한 위험에 빠져 있다. 그들은 자존감, 친밀한 관계, 그리고 교사나 미래의 고용인과 같은 권위자와 심각한 문제를 가지게 되는 위험한 길로의 여행을 시작하고 있다.

먼저 아이들에게 무슨 일이 일어나고 있는지를 살펴본 후에, 케리가 자신의 문제를 해결하기 위하여 무엇을 할 수 있는지 보자.

이 예에서, 바비와 사라는 어머니를 조롱하고 지배할 수 있는 대상으로 본다. 아버지는 아이들에게, 어머니를 화나게 하고, 어머니의 품위를 떨어뜨리며, 어머니에게 반항해도 좋다고 가르치고 있다. 아이들에게 부모를 그렇게 무례하게 대해도 좋다고 허락되면, 이러한 거만하고 과장된 태도는 곧 그들 인생에서 만나는 다른 성인들에게까지로 확산될 것이다. 바비와 사라는 아마도 교사, 교장선생님, 경기의 심판, 캠프 상담원, 스카우트 지도자, 코치, 고용인, 그리고 다른 권위자들에 대해서도 비슷한 경멸의 태도로 대하게 될 것이다. 아이들은 다른 사람들을 존중하거나 규칙을 지킬 필요가 없다는 것을 배우고 있다. 이러한 반사회적 메시지는 매우 심각한데, 그들이 성인이 되었을 때 불법적이고 착취적인 행동을 하거나, 신체적인 학대를 행하는 방식으로 행동하게 만들기 때문이다. 부모들이 몸소 적대적이고 모욕적인 방식으로 다른 사람과 관계맺는 것을 보여줌으로써, 자녀들은 타인의 권리와 존엄을 존중할 줄 모르게 된다. 그러한 방식이 변하지 않는다면 서로 존중하는 관계를 형성할 수 있는 아이들의 능력은 그들의 삶을 통해 손상 받을 것이다. 특히 바비는 어머니에게 그랬던 것처럼, 다른 사람에게 상처를 줄 수 있는 위험이 있으며, 사라는 어머니를 존경하지 않는 한, 자기 자신이나 자신의 신체에 대하여 존중할 수 없을 것이다.

또한 사라와 바비는, 어머니를 무시할 수 있는 사람으로 보게 되면서, 역할모델을 상실했다. 케리의 딸로서 사라는 약하고 힘이 없는 어머니를 거부하고 어머니처럼 되지 않기 위해 애써야 할 것이다. 그렇게 하면서 그녀는 여성으로 되어 가는 것이 무엇인지를 배우기 위한 가장 중요한 역할모델을 잃을 것이다. 사라가 어머니로부터 멀어지고자 노력하지만 동시에, 그녀는, 어머니가 가진 부정적인 특성들을 똑같이 닮게 될 가능성이 크다. 사라는 스스로에 대해 "바보 멍청이"라거나, 뚱뚱하고 못생겼다는 것을 느끼면서 성장할 것이다. 전형적으로 그녀는 자신을 같은 방식으로 깔보는 배우자를 선택하게 될 것이다.

이와 비슷하게, 바비도 어머니와 아내는 사랑받거나 존경받을 자격이 없다는 것을 배울 것이다. 아버지와 동일시하면서, 바비는 여성들을 경멸하는 태도를 일반화시킬 것이며, 또한 여성들에 대해 냉담하게 대할 것이다. 그는 성장한 이후 여성과 평등적인 애정관계를 형성하는 것이 대단히 어려울 것이다.

부모들은 관계의 측면에서 가장 중요한 교사이다. 우리 모두는 수년 동안 부모의 일상적인 상호작용을 보면서 관계에 대한 중요한 기대들을 가지게 된다. 부모라는 모델로부터 우리는, 친밀한 관계에 있는 두 사람이 어떻게 지내야 하는지에 대한 어떤 "도식(schema)" 혹은 길잡이가 되는 지도를 발달시키게 되고, 사람이 무엇을 함께 할 수 있으며 무엇을 함께 할 수 없는지에 대한 기대를 가지게 된다. 어떻게 친해질 수 있는가? 누구의 욕구가 충족될 수 있으며, 누구의 욕구가 무시되어야 하는가? 우리가 실수했을 때 누군가에게 의지할 수 있으며, 그들을 신뢰할만하다고 기대할 수 있을까? 우리가 실수했을 때에도, 여전히 배려 받을 수 있으며, 문제에 대한 도움을 얻을 수 있고, 서로 주고받는 관계를 가질 수 있을까? 사람들은 중요한 차이점이 있어도 여전히 함께 살 수 있는가, 아니면 불가피한 불일치가 있는 경우 헤어져야 하는가? 사람들은 문제에 대하여 의사소통하는 방법을 찾고 함께 해결을 모색할 수 있을까, 아니면 분노와 비난 속에서 영원히 철창에 갇혀 있어야만 하는가?

우리는 가족 안에서 성장하면서, 위와 같은 질문 및 많은 다른 중요한 질문들에 대한 답을 배운다. 우리가 가족 이외의 관계들을 맺어감에 따라 이러한 도식은 다시 학습되거나 변화할지 모른다. 그러나 그럼에도 불구하고 첫 번째 모델은 우리가 나중에 맺게 되는 관계에서 만족을 찾는데 있어서 가장 중요한 결정요인이다. 부모가 전 배우자에 대하여 부모로서의 권위를 폄하함으로써 적대감을 표현한다면, 그때 바비나 사라와 같은 아이들은 형편없는 지도를 실제 그들 삶의 길잡이로 가지게 되는 셈이다.

한쪽의 부모만이 협력할 때

한쪽의 부모가 협력하고자 노력하지만 다른 한쪽의 부모가 그렇지 않은 경우 어려운 문제들이 생긴다. 이렇게 화가 나는 상황에 대해서 쉬운 해결책은 없지만, 도움이 되는 활용가능한 지침은 있다. 앞에서 본 예시를 이어서 살펴보자.

> 케리의 전 남편, 밥이 자녀들로 하여금 엄마에게 불순종하고 무시하도록 부추겼기 때문에, 케리와 자녀들 모두 밥의 파괴적인 행동에 의해 고통당하고 있었다. 우울해진 케리는 상황을 변화시키는데 있어서 무기력감을 느꼈다. "나는 밥이 내 인생을 망치는 것을 멈추게 할 수 없어요. 그는 내 감정에는 관심도 없어요. 내가 그에게 그만 두라고 이야기한다면 그는 비웃기만 할 거예요. 밥은 이혼 전에도 내 말에 귀를 기울이거나, 내 요청을 들어준 적이 한번도 없었어요. 지금도 역시 그런 식일 거예요."

케리, 그리고 비슷한 상황에 있는 많은 다른 사람들도 무기력하고 희망이 없다고 느낀다. 이러한 무익한 느낌은 결혼생활을 하면서 배우자로부터 무시당하고 경청 받지 못했거나 지지받지 못했을 때 느껴지는 것과 같다. 결혼생활을 떠나는 것은 굉장한 좌절인데, 그 이유는 이혼 후에도 똑같은 문제들에 맞닥뜨리게 된다는 것 때문이다. 그러나 이러한 상호작용에 대한 당신 자신의 반응을 바꿈으로써, 이 문제를 해결할 수 있다. 케리는 이 상황을, 이전에 남편과의 관계에서 취했던 복종적인 역할로부터 벗어나 성장할 수 있는 기회로, 그리고 남편과 자녀들에게 보다 자기주장적이며 직접적으로 반응하는 것을 배우는 기회로 활용할 수 있다.

그녀가 어떻게 이것을 할 수 있을까? 같은 주제를 가진 일련의 단계들을 살펴보자. 부모는 상대 배우자의 문제 행동을 변화시키고자 하는 노력을 멈추고 그 대신에 이러한 갈등적인 상호작용에 대한 자신의 반응을 변화시킨다. 다르게 말하면, 우리는 다른 사람을 변화시키고자 시도하는 데에는 대부분 실패하지만, 우리 스스로의 반응을 변화시킴으로써 잘못된 상호작용 양식에 영향력을 발휘하고 그것을 변화시킬 수 있다. 이것이 우리가 가질 수 있는 실질적인 통제이다.

먼저, 케리는 남자친구에게 자신을 위해 밥과 이야기하도록 했다. 그러나 이러한 접근은 경쟁과 질투심을 가중시켰다. 폄하당하는 부모는 전 배우자에게 그 문제에 대하여 직접적으로 이야기할 필요가 있다. 직접 대면하여 그 주제에 대해 직면하는 것이 변화의 가능성이 가장 높다. 치료자, 새로운 배우자, 조부모, 친구가 관여한다 할지라도, 그들의 개입이 폄하당하는 부모를 구하지는 못한다. 전 배우자에게 연락하여 부모로서의 자신들 관계에서 나타나는 문제들에 대해 이야기하기 위해 만나자고 요청함으로써, 스스로 처리해야 한다. 전 배우자를 만났을 때, 자신이 좋아하지 않는 것, 그리고 변화를 원하는 것에 대해 이야기한다. 부모들은 자신들이 어떻게 폄하당하고 있는지, 그리고 그것이 왜 자녀들에게 더 안 좋은지에 대해 가능하면 구체적으로 이야기할 수 있다. 그러면서 전 배우자의 생각이나 의견을 물을 수 있다.

놀랍게도 전배우자는 상대의 말에 관심을 보인다. 그러나 부모들은 누가 옳고 그른지에 대한 논쟁을 원하지 않는다. 대신에, 폄하당하는 부모는 그만두어야 하는 표현이나 행동의 구체적인 유형에 대해 그저 다시 한번 언급할 뿐이다.

다음, 폄하당하는 부모들은 전 배우자에게 자녀들과 전배우자와의 관계에 대하여 폄하하지 않을 것이라는 확신을 줄 필요가 있다. 예를 들어 "나는 당신과 아이들 관계를 폄하하는 식으로 보복하지는 않을 거예요. 나는 부모로서 당신이 역할을 하도록 지원할께요. 그리고 당신도 내가 부모로서 역할을 할 수 있도록 지원해 주기를 바래요". 이렇게 직접적으로 부딪혀서 문제행동을 지적하고 그것을 표면적으로 드러내며, 그에 상응하는 행동은 없을 것이라는 확신을 주고 난 이후, 종종 일부 전 배우자들은 그에 대응하는 보다 더 심한 반응을 보인다.

만약 그러한 첫 번째 직면이 문제를 악화시킨다면, 폄하당하는 부모는 자녀들과 전배우자를 함께 만난다. 관련된 모든 사람들 앞에서 부모는 전배우자에게 자녀들과 자신의 관계를 폄하하는 것을 멈추도록 다시 요청할 수 있다. 또한 자녀들에게도, 전배우자가 계속 그렇게 하도록 부추기는 경우에라도 그러한 책략에 참여하지 않도록 요청한다. 차분하지만 솔직한 방식으로 그 문제에 대해 지적하고 그것을 표면화하는 것은 대체로, 자녀들과 그들을 자극하는 부모 사이에 형성된 파괴적인 동맹을 푼다. 그리고 다시 한번 더, 자녀들과 전배우자에게 그들 관계에 있어서 상대의 행동에 상응하는 어떠한 폄하도 없을 것임을 확인시켜 주어야 한다.

때때로 부모는 전배우자로 인해 신체적인 위협을 느낀다. 만약 그런 경우에는 존경받는 조부모라든지, 두 사람 모두의 친구, 혹은 성직자와 같은 제3자가 함께 참석하여 조용히 자리를 지켜줄 수 있다. 단 새로운 연인은 적절하지 않다. 또한 분노가 쉽게 불붙을 가능성이 적은 레스토랑이나 공공장소에서 이러한 대화를 가질 수도 있다.

이렇게 하여 케리는 파괴적인 양상을 멈출 수 있었다. 그녀는 이 문제를 가지고 밥과 아이들에게 직면하도록 격려받았다. 케리의 이러한 행동과 함께, 자녀들의 모욕적인 행동에 대하여 전보다 더 엄격한 규제가 이루어졌을 때 상황은 해결되었다. 게다가 케리는 아이들에게 자신을 무시하는 행동을 계속하는 경우 아버지와 함께 살아야 하고, 자신과는 주말만을 보내게 될 것이라고 이야기하며, 진심으로 자신의 결심을 보여주었다. 케리는 자신의 삶에 대해 통제하게 되었고 전배우자가 그녀를 희생자로 만드는 것을 그대로 내버려 두지 않았다. 그러면서 그녀는 자신이 동등함을 주장했다. 다른 어느 누구도 그녀 대신 이것을 할 수는 없다. 그녀가 관계에 있어서 자신의 동등한 힘을 선언했기 때문에 자녀들도 보다 존중하게 되었다. 잠시 동안은 밥이 그녀를 비웃고 계속해서 아이들을 자극하고자 할지라도, 아이들은 그러지 않았다. 케리는, 밥을 변화시키지 못하는 자신에 대해 무기력하게 느끼는 대신, 자기 스스로를 변화시키고 유해한 상황에서 자신의 반응을 변화시킴으로써 이 문제를 해결했다.

결혼관계 끝내기

서로 싸우기를 멈출 수 없는 부모들은 종종 그들의 결혼생활도 끝내지 못한다. 그것이 증오로 가득 찬 관계라 하더라도, 전쟁을 하는 부모들은 정서적으로 서로를 끌어들이면서 연결되어 있다. 특별히 소송을 좋아하는 부모에게 있어서 전 배우자는, 그들 세계의 감정적인 중심에 남아 있다. 그들의 세계는 상대 부모가 무엇을 하며, 상대가 행한 잘못된 행동에 대해 무엇으로 되갚음 할지를 통제하는 것으로 조직화되어 있기 때문이다. 전쟁을 끝내고 아이들을 위하여 보다 차분한 생활을 제공할 수 있기 이전에, 그들은 내면적으로 혹은 감정적으로 결혼생활을 끝내야만 한다. 모든 사람에게 이것은 어려운 일이며, 특히 전쟁 중인 부모들에게는 더욱 어렵다. 결혼생활의 심리적인 종결은, 법적으로 이혼이 진행되는 과정 동안 일어났던 것보다 훨씬 더 많은 일을 수반한다.

두 사람은 이혼 판결이 난 이후에도 수년 동안 계속해서, 사실상 결혼상태일 때와 똑같은 정서적 유대를 가지고 있을 수도 있다. 변호사를 구하고, 이사를 하고 그리고 서류에 서명을 하는 것들은 이혼의 외적인 구성요소들이다. 그러나 어떤 사람은 이 절차를 그냥 지나치고 여전히 실질적인 이혼은 아닌 상태일 수 있다. 이는 마치, 결혼에 수반하는 정서적 책임을 인식하지 않은 채 단지 결혼식만을 행하는 것과 같다. 이혼의 실질적인 측면은 내면적인 것이라는 사실은 너무나 무시되어 왔다.

내면적으로 결혼생활을 끝내기 위한 몇 가지 국면이 있다. 첫째, 예전에 즐겼으나 앞으로는 누리지 못하는 결혼의 좋은 면들에 대해 슬퍼하고 작별인사를 해야 한다. 결혼에서 완전하게 떠날 수 있기 전에 반드시 슬퍼해야만 한다. 어떤 부모들은 떠난 사람 때문에 슬퍼한다. 다시 말해서 모든 부모들이 그들 관계에서는 이루어지지 않은 희망과 꿈에 대해 애도한다. 싸울 태세가 된 부모들은 이혼으로 인해 야기된 상실들을 경험할 수 없거나, 결혼생활의 문제에 있어서 자신이 기여한 것에 대해서 인식하지 못한다. 그들은 슬픔 때문에 둘 관계에서 자신의 위치가 낮아질까봐, 혹은 자신들이 상처를 받으면 전 배우자가 승리한 것으로 증명될까봐 두려워할지 모른다. 그러한 수치심으로부터 자신을 보호하기 위하여 그들은 전 배우자를 벌주고 통제하고자 시도하며, 의식하지 못한 채 자녀들을 계속되는 싸움의 저당물로 활용하면서 소진되어 버릴지도 모른다.

부부 모두는 결혼을 끝내는 것에 대해 어느 정도의 "양가감정"을 경험한다. 즉, 문제가 되는 것들과 함께 결혼생활의 좋은 측면들을 뒤로한 채 떠난다. 어떤 배우자들은 떠나는 것에 대한 죄책감을 감소시키기 위해, 혹은 수치심을 숨기고 남겨지는 것의 고통을 감소시키기 위해 관계에서의 긍정적인 면들을 인정하려 하지 않는다. 심지어 깊은 슬픔에 빠진 부부들은, 새로운 삶을 만들어 가고 자녀들을 돌보는 예외적인 경험을 나눌 뿐만 아니라, 함께 좋은 시간을 가지기도 한다. 이혼이라는 현실적인 단어는 부모들이 자신들의 상충되는 혹은 양가적인 감정을 인정하도록 요구한다.

정말로 결혼을 끝내기 위해서 부모들은 관계에서 드러난 문제에 있어서 자신 스스로가 기여한 것에 대해 볼 필요가 있다. 그것은 두 사람이 논쟁하도록 만든다. 부모들이 결혼생활의 문제에 대하여 어떻게 책임을 공유할지에 대하여 보기 시작하고, 이혼에 대하여 전적으로 전배우자가 잘못했다고 비난하는 것을 멈출 때, 그들은 정말로 결혼을 끝내고 새로운 삶으로 나아가게 된다. 가족구성원들과 선의를 가진 친구들은 종종 상대방을 비난함으로써 한쪽의 부모에 대한 자신들의 지지를 표현한다. 그러한 언급은 부모 중 어느 누구에게도 도움이 되지 않는다. 왜냐하면 부모 가운데 어느 한쪽에만 모든 책임을 부과하여, 부모들이 이 경험으로부터 무언가를 배우고, 다음 관계에 있어서 새롭고 더 좋은 것을 얻기 어렵도록 만들기 때문이다.

그러나 부모들이 결혼생활의 심리적인 측면까지 빠르게 끝내기는 어렵다. 특히, 결혼기간이 길었을 경우 전체 과정은 몇 년이 걸릴지도 모른다. 그러나 만약 부모들이 결혼생활을 끝내는 내면의 작업을 시작할 수 있다면, 가장 협력적인 부모역할을 수행하는 관계를 수립함으로써 감정적으로 거리감을 갖는데 도움이 될 것이다.

도움이 되는 책들

Getting to Yes (R. Fisher, Penguin, 1991)는 갈등을 협상하고 보다 효과적으로 의사소통하는데 도움이 된다.

Necessary Losses (J. Viorst, Fireside, 1998)는 부모들로 하여금 이혼과 같은 생활의 변화를 잘 이해하고, 그러한 변화로 인한 상실감에 대하여 보다 효과적으로 타협하도록 하는데 도움이 된다.

제6장

아이들은 어머니, 아버지를 필요로 한다

"아빠가 더 이상 나를 보러 오지 않아, 내가 뭘 잘못한 걸까?"

자녀들은 부모 모두를 가질 권리를 부여받지만, 부모의 이혼 직후시기에 있는 대부분의 아이들은, 양쪽 부모에 대한 나면서부터의 권리를 박탈당한다. 이혼 사례의 90%에서 어머니가 자녀들에 대하여 일차적인 신체적 보호의 책임을 가지게 되고, 아버지는 방문의 권리를 부여받는다. 보호의 권리를 부여받지 못한 대부분의 아버지에게 있어서 이혼은 결혼생활의 끝일 뿐 아니라, 부모로서 자녀양육에 참여하는 것의 끝이기도 하다. 이혼 후 처음 2년 동안은 아버지가 자녀를 자주 만나는데, 일반적으로 시간이 지남에 따라 만나는 횟수가 적어진다. 특히 어머니가 재혼한 경우 아버지는 부모역할에 대하여 포기하기 쉽다. 연구자들에 의하면, 이혼 후 25%의 아이들만이 아버지와 매주 만난다고 한다. 이혼 후에도 여전히 아버지가 자녀 양육에 참여하는 경우 딸보다는 아들일 경우가 더 많다.

약 20%에 해당하는 아이들은 이혼한 아버지를 단지 일 년에 한번이나 두 번 만나며, 더 많은 아이들의 경우 심지어 1년에 한 번도 만나지 못한다. 왜 아버지는 이혼 후 아이들과의 관계를 끊게 되는 것인가? 본 장에서는, 자녀양육에 존재하는 "여성들의 문화"를 포함한 몇 가지 이유들에 대해 상세하게 알아볼 것이다. 첫 아이가 태어났을 때 여성의 문화는 새내기 어머니를 지원하기 위하여 자주 모여, 출산을 축하한다. 할머니, 자매들, 간호사, 산파, 그리고 이미 어머니가 된 친구들 모두는 이 대단한 새로운 기쁨을 공유하고 새내기 어머니에게 신생아를 먹이고 돌보는 방법에 대해 함께 가르쳐 준다. 불행하게도 새내기 어머니와 아기를 지원하는 그러한 애정 있는 모임에 대다수의 아버지는 속하지 못한다. 그 모임에 참여할 것을 요청받았을 때 많은 아버지들은 그러한 도움과 지원을 받아들이지 않는다. 우리의 문화가 변화하고 있으며, '아버지 되기'에 대한 지원이 확실히 증가하고 있음에도 불구하고 대다수의 아버지는 개인적인 정체감에 돌보는 자로서의 역할을 포함하기 위한 변화를 하지 못한다. 아버지들은 부모역할을 하고, 아기를 목욕시키고 기저귀를 갈아주고 달래는 것에서 기쁨을 얻는 방법을 배우는 일에 똑같이 참여하도록 격려받기보다, 그러한 돌보는 역할에서 멀어지기 시작한다. 왜냐하면 그들 스스로가 준비가 되어 있지 않고 그러한 일을 수행하기에 적절하지 않다고 느끼기 때문이다.

많은 사람들이 이혼 후 자녀양육에 대한 아버지의 빈자리에 관심을 가지지 않으며, 오직 양육비를 보내지 않는 것에만 관심을 가진다. 남성이 아니라 여성들이 아이를 돌보아야 한다는 문화적 규준은 여전히 강하게 작용한다. 그러나 이혼한 아버지들의 지속적인 참여의 정도는 아이들의 적응을 결정하는 데 중요하다. 본 장에서는 자녀들, 혼자서 부모역할을 하는 어머니들 그리고 이와 유사한 아버지들을 위하여, 아버지가 자녀양육에 참여하지 않을 때 나타나는 불리한 결과들을 살펴보고, 자녀들이 부모 양쪽과 계속적인 관계를 맺음으로써 득을 얻을 수 있는 방법을 제안하고자 한다.

아이들은 종종 부모 모두를 잃는다

분리불안과 어린 자녀들이 이혼 때문에 부모를 잃을까봐 염려하는 것에 대해 2장에서 강조했었다. 근거가 없는 걱정은 없으며, 남겨지는 것에 대한 두려움은 이혼 후 몇 년 동안 실제로 일어난다. 이혼으로 인해 야기된 장기간의 불행과 한부모 어머니가 되는 것에 대한 여러 가지 요구들은 어머니로 하여금 아이들로부터 신체적, 정서적으로 멀어지게 만든다. 이혼 후 아버지의 대부분은 양육에 덜 참여하게 되고 그로 인해 나타나게 되는 한부모 어머니로서의 과도한 역할에 대한 스트레스는, 아이들이 정서적으로 반응적인 부모와 함께 보내는 시간의 양을 엄청나게 감소시키는 것으로 이어진다.

부모 중의 한쪽 혹은 부모 모두에 대해 신체적, 정서적으로 가까이 하기 어려워짐에 따라 이혼한 가정의 자녀들이 겪는 많은 문제들이 야기된다.

여성한부모들은 압도당한다

이혼 후 첫 해, 혹은 그 이후에, 어머니는 종종 자신의 개인적인 염려와 재정적인 염려에 사로잡혀 있다. 통계 수치에 따라 차이가 있긴 하지만, 어떤 연구들에서는 자녀를 양육하는 어머니들이 이혼 전 수입의 1/4 이상 잃는다는 것을 보여준다. 수입에서의 손실은 일을 많이 해야 하는 상황으로 이어지거나 혹은 재정적으로 어려운 학교와 여가시설이 열악하며 범죄율이 상대적으로 높은, 좋지 않은 지역으로 이사하는 것 등을 동반한다. 게다가 많은 어머니들은 스스로가 이혼을 제안한 경우라 할지라도, 자신들이 예측한 것보다 더 오랜 기간 동안, 훨씬 더 많은 고통을 이혼으로 인하여 받게 된다. 개인적인 고통이나 재정적인 어려움에 대처하기 위한 노력으로 인해 자녀들의 욕구에 주목하지 못하고 효과적으로 부모역할을 하지 못할 수 있다. 어머니들은 한부모가 되는데 필요한 새로운 모든 요구들, 예를 들면 데이트, 옛 친구들의 상실, 새로운 지지체계 형성, 구직, 노동인구에 진입하기 등과 같은 것들을 하기 위하여 애쓰고 있다. 만약 아버지가 적극적으로 관여하지 않는다면, 어머니는 아들을 훈육하는 것과 같은 아버지의 역할까지도 수행해야 한다. 이러한 일들은 많은 한부모 어머니들에게 특히 어렵다. 왜냐하면 일반가정이든 한부모 가족이든 상관없이 아들의 경우는 아버지보다 어머니에 대해 불순종적이기 때문이다.

자녀를 양육하는데 있어서 배우자가 없는 어머니들은 과도한 역할에 의해 어려움을 겪는다. 그들은 다음과 같은 것을 해야만 한다. 배수구와 마당의 마른 풀을 청소하며, 휴식 없이 아이들을 돌보고, 일정을 절묘하게 관리하면서 아이들을 학교, 스카우트 모임, 의사와의 약속 등에 정시에 데려다 주어야 한다. 그리고 직장에도 늦지 않아야 한다. 어머니들은 매일 무수한 일들을 한꺼번에 해낸다. 그러나 자녀들이 이혼으로 인해 힘들어 하고, 삶에서 일어난 변화들로 인해 어머니를 더 많이 필요로 하는 그때가, 어머니 역시 자녀들에게 잘해 주기 어려운 시기라는 것이 현실적으로 부딪히는 문제이다.

자녀들의 높아진 욕구와 한부모의 감소된 능력 간의 부정적인 상호작용에 대하여 다시 언급해 보자. 혼자가 된 어머니가 자신의 새로운 역할에 필요한 여러 가지 요구들에 적응하기 위해 노력하는 그 때, 아이들은 잘 정돈된 집안, 예측 가능한 매일의 일상생활, 일관성 있는 훈육, 부모로부터의 정서적 반응과 같은 것들에 대한 욕구를 높게 가진다. 가끔씩의 초인적인 노력에도 불구하고, 어머니들은 압도당한 상태이며, 피로에 지쳐서 종종, 자녀들의 고양된 욕구를 충족시켜 줄 만한 시간이나 에너지를 가지고 있지 않다.

이러한 어려운 상황을 이해하기 위하여 재정적인 문제를 보다 깊이 탐색해 보자. 이혼은 아버지와 어머니 모두에게 있어서 생활수준의 하락을 가져온다. 그러나 가장 큰 경제적 하락과 스트레스는, 아버지가 적극적인 부모역할을 하지 않는 여성 가장 가족에게서 나타난다. 통계수치가 나아진다고는 하지만, 약 25%의 아버지들은 여전히 경제적인 지원을 하지 않으며, 또 다른 25%의 아버지들은 불규칙적으로 하고 있다고 한다. 그 결과 한부모 여성가장 가족은 종종 빈곤선으로 내몰리고 있다. 그리고 경제적인 어려움은 아이들에게 있어서 문제의 위험성을 높인다. 빈곤한 가운데 성장하는 경우 아이들은 자존감이나 성공에 대한 기대 뿐 아니라 영양이나 건강과 같은 모든 것에서 어려움을 가진다. 개인교습, 교육에 도움이 되는 장난감, 책, 컴퓨터, 그리고 학업에서의 성공과 관련된 다른 요인들을 가진, 좀더 잘 하는 아이들조차도 힘이 부친다. 결국 이렇듯 요구가 많은 역할 변화와 경제적 어려움이 동시에 일어남으로 인해 대처하기 훨씬 힘든 상황이 되고 만다.

이러한 스트레스들이 누적되어 결국 아이들은 이혼 전에 받았던 것에 비하여 어른들의 관심을 덜 받게 되고 부모역할의 측면에서도 덜 효과적인 상황에 이르게 된다. 이것이 일상생활의 측면에서는 구체적으로 무엇을 말하는가? 이것이 구체적이고 매일 일어나는 행동의 측면에서 의미하는 바는 무엇인가? 연구자들은 이혼한 어머니들이 이혼하기 전 만큼 자주 자녀들과 함께 많은 시간을 보내지 못하며, 자녀들과 함께 저녁식사를 하지 못하고, 일정한 시간에 잠자리에 들도록 하지 못하고 지각하지 않고 학교에 갈 수 있도록 준비시키지 못한다고 말한다. 또한 이혼한 어머니는 일반가정에서의 어머니보다 가까이서 자녀들을 감독하지 못한다. 그들은 아이들이 어디에 있는지, 누구와 어울리는지, 무엇을 하는지 잘 모른다. 이혼한 가정의 아이들은 일반가정에서보다 어른들의 감독이 소홀하며, 집에 혼자 있거나 친구들과 시간을 보내는 경향이 더 많다. 이러한 문제들은 부모의 양육의 질이 떨어지기 때문에 더 악화된다. 연구자들은 이혼한 부모들이 자녀들과 덜 효과적으로 의사소통하며, 불규칙적으로 훈육하고 자녀들에 대한 애정이 덜하고 가정환경도 덜 정돈되었음을 발견하였다.

이혼한 아버지는 적극적인 부모가 아니다

일반적으로 적응기간이 지나면, 어머니와 자녀들이 정서적 관계를 유지하기 어려운 상황은 끝나는데 비하여, 모든 이혼은 아버지와 자녀들의 관계의 정도와 질에 있어서 영원한 축소를 의미하는 경우가 많다. 이혼 후 2년째 즈음 어머니는 일반적으로 자존감과 자신감을 회복한다. 그들은 부모로서 그 이전에 기능하던 수준을 회복하며, 자녀들과 정서적으로 관계를 맺는 측면에서도 개선된다. 불행하게도 아버지의 경우는 그렇지 않다. 이혼 후 3년째 아버지와 자녀들의 상호작용은 대부분의 경우 아예 없거나 거의 없는 것과 마찬가지 상황이 된다. 이렇게 되는 것은 문제인데, 그 이유는 아버지의 참여 정도가 아이들의 적응과 밀접하게 연결되어 있기 때문이다.

이혼한 아버지는 아이들에 대하여 계속적으로 개인적인 책임과 재정적인 책임을 가지지만 종종 이러한 의무를 수행하는 것이 힘들다. 이기적이며 자녀들을 양육하는 의무를 이행하는데 무관심한 것 때문에 자주 아버지 혼자만 비난 받는다. 그러나 남자들을 비난하는 것 외에도, 이와 관련된 복잡한 사회문제를 이해해야 한다.

문화적 영향. 전통적인 어머니의 역할은 1900년대 초반에 산업혁명에 의하여 제도화되었다. 농업사회에서 도시사회로의 변화는 성역할의 구분을 만들어냈으며, 그것은 상호배타적이고 가족 안에서 힘의 경쟁이 일어나는 근거가 되었다. 노동시장에서는 아버지들이 훨씬 더 많은 힘을 가지지만, 자녀를 양육하는데 있어서는 어머니들이, 아버지와 같은 정도이긴 하지만, 암묵적으로는 훨씬 더 많은 힘을 가진다. 이렇게 경직된 성역할 구분의 결과로, 많은 남성들과 여성들은 여전히 아이들은 아버지보다 어머니에게 더 많이 속하게 된다고 믿으며, 어머니가 "진짜 부모"라고 믿는다. 이러한 성에 기초한 편견은 어머니에게 독단적인 양육권을 부여하고, 아버지에게는 격주 주말에 방문하도록 하는 식의 방식으로 드러나며, 이는 법원에서 1980년대까지 그대로 유지되었다.

이러한 문화적인 영향의 결과로, 많은 아버지들은 아이들의 발달에 자신들이 중요한 기여를 하고 있다고 느끼지 않는다. 불행하게도 많은 어머니들 역시 이러한 신념을 공유하고 있다. 반복하건대, 전국 조사에서 어머니들의 대다수가 전남편이 자녀양육에 더 많이 관여하기를 원하지 않음이 밝혀졌다. 또한 연구자들은 많은 이혼한 어머니들이 전 배우자의 방문으로 인하여 불편하다면, 자녀에 대한 지원을 혼자서 도맡을 준비가 되어 있다는 것을 발견하였다. 이러한 문화적인 편견이 변하기 시작한다 할지라도 자녀를 양육하는 것은 여전히 여성의 일로 여겨진다. 어머니는 자녀양육의 영역에서 전문가이며, 아버지는 기껏해야 보조원일 뿐이다.

여성들의 역할은 전문적인 성취와 독립을 포함하는 영역까지로 확장되었지만, 남성들의 역할이 아이들을 양육하고 돌보는 영역에서 똑같이 확장된 것은 아니다. 아이가 출생한 이후 아이를 먹이고, 기저귀를 갈고 목욕을 시키는 것과 같은 실질적이고 일상적인 과업들에 아버지들이 전적으로 참여하지 않는다면 아버지들은 부모역할에 대단히 자신 있거나 편안하게 느끼지 않을 것이다. 또한 대부분의 경우, 슬프게도 아버지들은 아이들에 대하여도 알지 못한다. 이혼 이후 보다 독립적인 부모역할에 대한 새로운 요구에 대하여, 아버지들은 훨씬 더 부적절하며, 중요하지 않다고 느끼게 되기 쉬우며, 그래서 더 멀어지게 되기 쉽다. 새내기 어머니들이 어머니로서의 역할을 하는데 도움이 되는 여성들의 문화를 상기하면, 그러한 도움들을 즐기는 남성들은 극소수이다. 아버지인 많은 남성들은 그들 자신의 아버지나 할아버지, 삼촌 혹은 멘토에게서 정서적으로 반응적인 부모역할을 하는 좋은 모델의 덕을 본 적이 없다. 아버지들은 책임 있는 부모역할을 어떻게 떠맡아야 하는지에 대해, 능력 있는 아버지가 되는 방법에 대해 알지 못한다. 왜냐하면 그들이 어렸을 때 나이 많은 남성 어른들로부터 다음과 같은 것들을 받지 못했기 때문이다.

- 어려움을 겪을 때 신체적인 애정과 편안함
- 진정한 관심사에 대한 지지와 격려
- 능력에 대한 확신과 그들이 성취한 것에 대한 인정
- 어려움에 빠뜨리는 일상의 문제를 해결하는데 필요한 실질적인 도움
- 수치감을 주지 않는 엄격한 훈육

많은 아버지들은 어린 시절에 위와 같은 효과적인 부모역할의 기본적인 요소들을 경험한 적이 없다. 그래서 성인이 된 이후, 자신들이 받아본 적도 없으며 배운 적도 없는 것을 자녀들에게 주는 방법에 대해 모른다.

부모들 간의 분노. 계속되는 부모간의 갈등으로 인해 아이들에 대한 아버지의 관여가 이루어지지 않기도 한다. 5장에서 언급한 대로 이혼으로 인해 야기된 상처와 분노, 그리고 이혼을 반대하는 측에 의해 진행되는 법적인 절차로 인해 가

중된 증오가 이혼 판결과 동시에 종결되는 것은 아니다. 메데아(Medea)에 대한 전통 그리스 신화의 에우리피데스(Euripides) 판에서, 이아손(Jason)은 아름답고 젊은 공주를 위하여 메데아를 떠난다. 극에 달한 복수를 관찰해 보면, 메데아는 다음과 같이 맹세한다. "그는 살아서는 절대로 나에게서 낳은 아들을 다시 보지 못할 것이야.... 이것이 이아손에게 가장 깊은 상처를 주는 방법이지." 전통적인 성역할의 관점에서 어머니가 자신의 분노를 발산하는 한 가지 방식은 자녀들로 하여금 아버지를 대항하여 자신과 제휴하도록 하는 것일 수 있다. 자기보고 연구들에서 연구자들은 공통적으로 양육권을 가진 모든 어머니들의 1/2이 분노를 표현하는 수단으로 아버지의 방문을 방해하거나 그것에 저항한다고 보고하고 있음을 밝혔다. 이와 비슷하게 아버지의 주요한 보복 수단은 종종 재정적인 지원을 유보하는 것이다.

어머니와 아버지 모두 부모의 싸움에서 자녀들을 자신의 편으로 만들고자 애씀으로써 아이들을 혼란스럽게 할 수 있다. 8장에서 살펴보게 되겠지만, 이러한 부모들은 드러내놓고 화를 내거나 비난함으로써, 혹은 자녀들이 전배우자를 방문하기 원하거나 전배우자와 친밀한 관계를 원하는 경우 미묘하게 슬퍼하거나 상처받음으로써 자녀들로 하여금 충성심 갈등을 가지도록 만든다. 불행하게도 이혼한 가정의 아이들이 양쪽 부모 모두로부터 부모 모두와 똑같이 관계를 유지해도 좋다고 허락받는 경우는 거의 없다. 그러나 이혼 전에 어머니가 보통 일차적인 양육자였기 때문에, 대부분 아이들은 이혼 후 어머니와 함께 살고 아버지 보다 어머니와 더 친밀한 경향이 있다. 부모들 사이에서 선택을 하도록 요구받는 경우, 대부분의 아이들이 처음에 감정적으로 느끼는 충성심은 어머니에게로 향한다. 그러한 상황에서 아버지가 지속적으로 자녀들과의 관계를 유지하기 위해서는 전아내의 허락을 구하게 될 것이다. 이런 상황에서 무기력하고 통제당하는 느낌 때문에 전배우자가 재혼하여 새로운 가정을 가지게 되는 경우 아버지는 관계를 끊게 된다.

부모역할을 수행하는 데 있어서 이혼한 아버지의 부재는 자주, 중요하지 않은 것으로 잊혀져 왔다. 다행스럽게도 아버지로 하여금 자녀양육비를 지원하도록 하는 것에 대한 압력은 증가하고 있다. 그러나 아버지가 개인적으로 자녀들과 관계를 가지도록 하는데 상응하는 이득은 없다. 대부분의 아버지는 이혼 후 자녀를 양육하는 역할을 계속하기 위해서 적극적으로 고무 받을 필요가 있다. 아이들은 아버지와 더 자주 만나기를 원하며, 아버지가 관계를 유지하지 않는 경우 사회적, 정서적, 지적인 측면에서 어려움을 겪는다고 연구자들에게 공통적으로 이야기한다. 우리가 살펴본 것처럼, 아이들은 사고에 있어서 자기중심적이며, 아버지의 부재에 대하여, "나에게 무언가 잘못이 있음에 분명해, 그렇지 않다면 아빠는 나를 보기 원하실 거야"라는 식으로 스스로 책임을 떠안는다. 이런 식으로 아이들은 대개 아버지의 떠남에 대해 스스로를 비난하며 자존감이나 주도성에 있어서 현격한 저하를 보인다. 이러한 변화는 우울, 학교생활에서의 부적응, 친구관계에서의 어려움, 성적인 난잡성 등으로 드러난다.

아버지가 관계를 끊게 되면 아이들이 박탈감을 느끼는 것 뿐 아니라 어머니와 아버지 역시 고통 받는다. 아버지가 아이들에게 헌신하고 부모-자녀관계에 스스로를 투자할 때 그들의 삶이 보다 목적지향적이며 의미를 가지게 된다. 아버지가 부모역할을 하는 것에 대해 포기하게 되면 그들은 자신의 중요한 일부분을 포기하는 셈이다. 인생이 남성들에게 부여한, 자신의 생식적인 일부를 세상에 표현할 수 있는 기회를 잃는 것이다. 또한 실망스러운 부분들을 재건하는 기회, 그리고 자신의 어린 시절에 대해 보상하는 기회를 잃게 되는 것이다. 이와 동시에 어머니의 삶은, 부모역할을 하는데 있어서 협조적인 상대방이 있는 경우 가질 수 있는 휴식 없이, 한부모에게 부과되는 요구들에 의해 과한 부담을 가지게 된다. 이혼 후 아버지가 적극적인 부모역할을 하지 않는 경우 분명히, 어머니, 아버지, 그리고 아이들 모두가 손해를 보게 된다. 그러나 부가적인 장애들이 아버지로 하여금 자녀들과의 관계를 지속하지 못하게 만든다.

전통적인 남성 역할. 전통적으로 남성이 가지는 성역할은 자녀들과의 관계에 방해가 된다. 부드러운 감정과 공감적인 반응을 인정하기보다, 남성들은 그러한 것들에 의해 위협을 받으며, 때때로 그러한 것들을 모욕적인 것으로 간주하기까지 한다. 대부분의 남성이나 여성 모두 아이들에 대해 정서적으로 반응하는 것은 남자다운 행동으로 생각하지 않는다. 눈물 닦아주기, 공룡그림이 있는 밝은 노란색 반창고 붙여주기, 이 닦아주기, 아이들의 눈높이에서 이야기할 수 있도록 몸을 낮추기, 잠자리를 돌봐주기, 옛날이야기 해주기, 그리고 피곤할 때에도 수많은 "왜"라는 질문에 대답하기와 같은 행동들은 보통 남성들의 행동으로 간주되지 않는다. 이렇게 불행한 사회화로 인해 남성들은 핵가족에서 그리고 이혼 이후 양육 계획에 있어서, 자녀들에게 관여하는데 한계를 가지게 된다.

이러한 남성의 사회하는 삶의 초기에 시작된다. 그들이 자라는 동안, 우리 문화에서 대부분의 소년들은 자신보다 나이 어린 아이들이 생각하는 것, 느끼는 것을 이해하고자 노력하도록 요구받지 않거나, 혹은 어린 아이들의 욕구를 알고 그것에 반응하도록 격려 받지 않는다. 예를 들면, 소년들은 "동생이 신발 끈 묶는 것을 도와주겠니? 동생이 혼자서 신발 끈을 묶으려고 노력하는데 안 되는구나. 동생 옆에서 네가 하는 것을 보여주거나 아니면 동생이 혼자 할 수 있도록 격려해 주렴"과 같은 말을 들을 기회가 없다. 운동장에서 또래들과 경쟁할 수 있는 정도 연령의 사춘기 소년이 집으로 돌아와 어린 동생이 책 읽는 것을 도와주는 경우를 찾아보기란 매우 드물다.

나는 이웃에 사는 네 살짜리 남자아이가 아빠놀이를 하면서 유모차에 있는 인형에게 이야기하는 것을 본 적이 있다. 나는 그에게로 가서 오늘 아이가 어떤지를 물었다. 그러자 그 아이는 "좋아요"라고 답했다. 그때 그 아이는 자신이 이렇게 놀아도 된다고 생각하는지를 나에게 물었다. 유치원에 근무하는 친구들과 학급 보조교사로 일하는 친구들 중 한 명이 인형을 가지고 노는 것은 여자아이들이 하는 것이며, 남자아이들은 하지 않는다고 말했다. 그러자 그 아이는 산책하는 동안 아기를 돌봐줄 수 있는지 물었다.

어렸을 때 우리가 배운 성역할에 대한 고정관념은 성인이 된 이후 부모로서의 우리 행동에 대하여 길잡이가 된다. 자녀양육의 실제적인 측면에서 민족과 사회계층에 따라 약간의 차이가 있기는 하지만 많은 부모들은 자녀를 키우는 것은 어머니의 영역이며, 아버지의 기여는 일차적으로 재정적인 지원과 훈육으로 제한된다고 여기도록 가르친다. 그 결과 대부분의 가족들에서 자녀를 돌보는 일상적인 활동의 대부분이 어머니에 의해 이루어진다. 이렇게 잘못된 사회화의 한 가지 직접적인 결과는 많은 아버지들이 이혼 후 자녀를 키우는 일에 규칙적으로 참여하는 것과 관련된 구체적인 계획을 세우지 못한다는 것이다.

내가 이혼한 부모들을 만났을 때 아버지들에게 "당신은 아이들과 지속적이고 정기적으로 만날 것이라는 것을 확신할 수 있도록 어떤 계획이나 구체적인 일정을 가지고 있습니까?"라고 질문하였다. 많은 아버지들은 "잘 모르겠어요. 지금까지 어떤 실제적인 계획을 해 본 적이 없습니다. 대부분 아내가 지난 수년 동안 아이들을 돌봐왔거든요. 그건 언제나 아내의 일이었으니까요. 내가 할 만한 역할이 크게 없었다고 생각합니다."라고 답했다. 이혼 전에 효과적이고 참여적인 부모였던 아버지들조차 이혼 후 자녀 양육에 적절한 관심을 보이는 경우는, 슬프게도 매우 극소수에 불과하다. 이러한 아버지들은 이혼한 이후 아이들 양육에도 적극적으로 참여할 것이며, 부모로서의 책임 역시 지속적으로 가질 것으로 기대한다. 그러나 아이들을 돌보는 일상의 일과에 적극적으로 참여해 왔던 아버지들조차 일단 혼자 그 일을 하게 되는 경우, 아이들을 돌보는 자신의 능력에 대해 불안하게 느낄 수 있다. 능력 있는 이혼한 아버지는 나에게 다음과 같이 말한다. "내가 결혼했을 때 나는 딸의 기저귀를 갈고 목욕시키고, 먹이고 모든 것을 할 수 있었어요. 그 일은 쉬우며 나는 그것을 즐겼습니다. 아내는 직업이 있었고 나는 실질적으로 부모의 역할을 똑같이 했지요 그러나 지금은 아내가 주변에 없습니다. 나는 늘 잘못할까봐 걱정합니다. 그게 바보 같다는 것을 알고 있어요. 그런데 전에는 잘못할까봐 염려하지 않고 익숙하게 잘 해냈던 것들조차 지금은 할 수가 없습니다."

적극적인 부모역할을 할 준비가 되어 있지 않은, 이혼한 아버지들에게 남아 있는 그러한 염려, 그리고 경직된 성역할에도 불구하고, 아버지들이 부모로서 역할을 하도록, 혹은 처음으로 아이들에 대해 가깝게 관여하도록 격려 받을 필요가 있다. 다음에서는 아버지들이 부모역할을 포기할 때 아이들이 종종 어떻게 투쟁하는지에 대해 살펴볼 것이다.

아버지가 관계를 단절했을 때 나타나는 부정적 결과들

자녀를 양육하는데 이혼한 아버지들이 적극적인 역할을 수행하지 않을 때 소년, 소녀들은 장기간에 걸친 적응상의 문제를 가지게 될 가능성이 더 크다. 앞서서 살펴본 것처럼, 아동의 연령과 성별에 따라 그 영향력은 다양하다. 그러나 일반적으로 아버지가 가까이 있지 않은 것의 영향은 학업적으로나 사회적으로, 그리고 정서적으로, 특히 우울과 관련한 문제에 있어서 가장 주목할 만하다.

학업문제, 그리고 사회적 문제들

조사연구들에서 이혼으로 인하여 아버지를 잃은 아이들은 정서적인 관계를 유지하는 아버지를 가진 아이들만큼의 학업적인 혹은 사회적인 성취를 하지 못한다는 사실을 반복적으로 보여주고 있다. 예를 들어 아버지가 부재한 아이들은 성취 검사에서 더 낮은 등급을 받으며, 점수도 더 낮고, 결석도 더 잦다. 아버지가 부재한 소년들은 SAT, GRE와 같은 표준화된 지적능력 시험에서 또한 더 낮은 점수를 받는다. 아버지가 거의 혹은 전혀 관심을 보이지 않는 경우 소년들은, 보다 적극적으로 관여하는 아버지를 가진 소년들에 비하여 수리과목과 수학에서 더 낮은 점수를 받는다.

한 가지 예를 들기 위해서, 200점에서 800점까지의 범위에서 언어능력과 수리 능력을 측정하는 고등학교 SAT시험을 생각해 보라. 이혼가정에서 아버지가 없거나 혹은 아버지와 관계가 거의 없는 가정의 소년과 유사하게, 일반가정이면서 정서적으로 거리감이 있거나 비반응적인 아버지가 있는 가정에서 성장한 소년들은, 예를 들어 수학 400점, 언어 475점에서 보는 것처럼 언어영역보다 수리영역에서 유의미하게 낮은 점수를 받는 경향이 있다. 그러나 이와는 대조적으로 어떠한 형태의 가족구조이든 상관없이 정서적으로 반응적인 아버지가 있는 경우 소년들에게 있어서, 예를 들면 수학 480점, 언어 475점에서 보는 것처럼 특별한 결핍은 보이지 않았다. 수리영역에서 점수가 낮은 것은 추상적 사고능력에서의 결함을 의미한다. 아버지의 부재는 소년들이나 소녀들 모두에게 있어서 개념적 능력을 낮추는 경향이 있다. 그러나 그러한 결함은 소년들에게 더 많이 나타나며 소년이 5세 이전에 아버지가 관계를 단절한 경우에 더욱 뚜렷하다.

지적인 성취와 학업성취에서의 결함 이외에, 아버지가 부재한 아이들은 성격적으로나 사회적으로도 문제를 가진다. 정서적으로 반응적인 아버지가 부재한 소년들은, 아버지와 정서적 관계를 유지하는 소년들과 비교해 볼 때 보다 의존적이며, 자신의 정체감을 찾고 소년으로서 혹은 성장한 이후 성인남성으로서 안정된 느낌을 가지는데 있어서 어려움이 더 많다. 예를 들어, 이혼으로 인해 아버지를 잃은 일부 소년들은 같은 또래의 다른 소년들과 우정을 형성하는데 혹은 운동경기에서 성공적으로 경쟁하는 데 있어서 어려움이 더 많을 수 있다. 이러한 소년들은 훨씬 미성숙할 것이며, 여자아이들이나 어린 아이들과만 놀지도 모른다. 조금 더 나이가 들어서 아버지를 잃은 경우에는 성인의 권위에 대항하여 반항하는 것으로 나타나기 쉽다. 그러한 소년들은 보다 공격적이고 충동적이며 훈육하기 어렵다.

아버지를 잃은 것으로 인한 유해한 영향력이 소년들에게 더 큰 것은 아니다. 소녀들에게도 역시 문제가 발생한다. 그러나 소녀들의 문제들은 대부분 사춘기에 이르렀을 때에 분명하게 드러나는 경향이 있다. 예를 들면, 이혼 때문에 아버지를 잃은 십대의 소녀들은 남성들과 서로 존중하고 만족스러운 애정관계를 가지는데 있어서 어려움을 더 많이 가질 것이다. 이혼 연구자들은 슬프게도, 아버지가 그들의 삶에서 적극적으로 관여했던 소녀들에 비하여 아버지가 부재한 소녀들이 남성들에게 보다 자기주장적으로 접근하고, 어린 나이에 성적으로 적극적이 되며, 더 많은 상대자와 성관계를 가지는 것을 알아냈다.

불행하게도 사춘기 시기동안 이성과의 관계에서 나타나는 문제들은 성인기 초기와 결혼에 이르기까지 계속된다. 인생의 후반부에, 이들 어린 소녀들은 결국 이혼으로 막을 내리게 되는 불안정적이고 불만족스러운 결혼생활을 할 가능성이 보다 높다. 아버지가 부재한 딸들은, 자기중심적이고 미성숙하며 그들의 욕구와 관심사에 반응할 줄 모르는 배우자를 선택하는 경향이 있다. "남자들이란 전혀 쓸모가 없어"라는 그들의 선입견은 배우자 선택을 통해 보다 확고해진다. 이러한 문제들과는 대조적으로 젊은 성인 여성들에게 있어서 학업적 성공과 전문적 성취에서 가장 좋은 예측요인들 가운데 하나는 아버지의 확신과 격려이다.

이로써 우리는 장기적인 지적, 성격적, 그리고 성역할상의 문제들이 소년이나 소녀 모두에게 있어서 아버지의 부재와 관련이 있음을 살펴보았다. 이러한 내용들은 이혼 이후 아버지가 사라져 버린 모든 아이들이 이러한 문제들로 힘들어한다는 사실을 의미하는 것인가? 절대 그렇지 않다. 그러한 내용은 평균적인 것을 보여준다. 우리는 어떤 한 아이에게 나타날 결과를 예측할 수 없다. 왜냐하면 언제나 광범위한 개인차가 존재하기 때문이다. 아버지가 부재한 경우에도 어떤 아이들은, 특별하게 능력 있는 어머니 덕분에 예외적으로 잘 적응해 왔다. 연구자들은 이렇게 특별하게 성공적인 여성 한부모들을 다음과 같이 묘사하고 있다. (1) 정서적으로 관계를 유지하며, (2) 엄격하지만 예민한 훈육방식을 유지하고, (3) 아이들과 의사소통을 잘 하며, (4) 아이들이 독립적이고 성숙한 행동을 하도록 격려한다. 성공적인 부모역할의 이러한 네 가지 핵심적인 차원들을 강조함으로써 대단히 능력 있는 여성 한부모들은 우리들에게 보다 효과적으로 부모역할하는 방법에 대해 알려주고 있다.

대단히 성공적인 여성 한부모들의 유형을 구분하면 두 가지로 나누어진다. 전통적인 아내의 역할을 했으며, 이혼에 놀란 어머니들이 특별히 능력 있는 한부모가 되었다. 그렇게 변화해 가면서, 이러한 어머니들은, 양육적이고, 자신에게 과한 목표를 설정했을 때 지지적인 자신의 아버지와의 관계를 돈독하게 유지했다. 또 한 유형의 대단히 성공적인 여성 한부모는 이혼 전에도 매우 독립적이었다. 이들은 이혼 후 아이들에게 안정감을 줄 수 있도록, 잘 정리 정돈된 가정을 제공할 수 있는 능력이 있다. 아버지의 부재가 언제나 장기적인 문제를 가져오는 것은 아니라 할지라도, 아버지가 시간제로 부모역할에 참여하는 것이 반드시 필요하다.

정서적 문제들

이혼한 아버지가 자녀양육으로부터 단절될 때, 아이들은 보통 슬프고 화가 난다. 그리고 많은 경우 결국에는 우울해진다. 이러한 세 가지 감정적 반응은 종종 차례대로 나타나는데 보다 구체적으로 살펴볼 필요가 있다.

슬픔. 우리는 이미 8세 이전의 아이들에게 있어서 슬픔이 이혼에 대한 초기의 지배적인 반응이라는 것을 살펴보았다. 대부분의 아이들은 아버지가 떠난 이후 매우 슬퍼하며, 그러한 슬픔은 아버지와 지속적이고 정기적으로 만나지 못하게 되는 경우 대단히 격해진다. 처음에 보이는 이러한 슬픔은 "나는 아빠를 원해요. 아빠는 언제 돌아오나요?"라는 식의 정서적인 호소를 통해 겉으로 드러난다. 이러한 아이들은 눈물을 잘 흘리며, 자주 소리 내어 울고 끊임없이 신체적인 접촉이나 안심에 대한 욕구를 드러낸다. 아버지가 멀리 있는 경우, 이러한 아이들은 결국 자신의 상처를 감소시키거나 덮기 위하여 그리고 자신의 슬픔에 대처하기 위하여 화를 내게 된다. 그들의 분노로 표현되는 항변이 실패하고, 그리고 자신의 반응을 드러내는데 무기력해지는 경우 내면적으로 우울이 자리 잡게 된다.

분노. 모든 아이들이 분노와 슬픔을 모두 경험하긴 하지만, 분노는 조금 연령이 높은 아이들에게, 그리고 사춘기 아이들에게서 지배적으로 보이는 초기 감정이다. 8세에서 12세까지의 소년들은 이혼 후 아버지가 떠났을 때 특히 화를 낸다. 아버지가 관계를 단절하고 적극적인 부모역할을 하지 않는 경우 아이들은 그들이 원하지 않으며 이해하지 못하는 고통스러운 상실감을 경험한다.

너무나도 자주, 소년들은 그러한 분노를 불쌍한 어머니와 선생님을 미치게 만들어 버림으로써 표현한다. 많은 여성 한부모들은 화를 돋우며 비협조적인 아들과 함께 사는 것을 전쟁으로 묘사한다. 매일 매일의 일상생활이 어머니와 아들 모두에게 비참할 수 있으며, 그러한 전쟁이 몇 년 동안 계속되기도 한다. 이들 중 몇몇 어머니들은, 아들의 분노와 요구가 점점 많아지며 더 무례해지고 다루기가 어려워지는 악순환 속에서 덫에 걸린 무기력한 희생자인 것처럼 느낀다. 그리고 나면 어머니는 점점 좌절하게 되고 무능해지며, 아들은 더 반항적이고 무례하게 되면서 모자 관계는 나선형을 이루며 악화된다.

때로 여성 한부모들은 바쁘게 일하거나 가능하면 많은 시간을 집에서 떨어져서 지냄으로써 그러한 불행한 상황으로부터 벗어나 휴식하고자 한다. 그러나 동시에 그들은 스스로가 좋은 부모가 아닌 것에 대해, 혹은 아이들과 충분한 시간을 함께 보내지 못하는 것에 대하여 죄책감을 느낀다. 모자 사이에 이렇게 적대적으로 얽혀 있는 것을 풀기 위한 최선의 방법은 아들이 정서적인 관계를 유지하는 것이 가능한 아버지와 함께 규칙적으로 시간을 보내는 것이다.

아이들이 아버지와의 접촉을 상실했을 때 느끼는 슬픔과 분노는 고통스러우며 더 심한 불안을 야기한다. 이 외에도 또 다른 염려스러운 반응은 아동기의 우울이다.

아동기 우울. 이혼으로 아버지를 잃은 모든 연령의 소년, 소녀들은 깊은 개인적 상실감에 직면한다. 이러한 사랑의 상실은 보통, 과도하게 부담을 가지고 있는 여성 한부모로부터 사랑을 덜 받음으로써 악화되어 자존감을 급작스럽게 떨어뜨리며, 그 결과 아동기 우울을 낳는다. 그러한 우울은 서로 다른 행동적인 증상으로 표현될 수 있으며, 몇 년 동안 지속되기도 한다.

아동기 우울은 돌봄을 제공하는 중요한 사람으로부터의 애정상실에 대한 반응으로 나타나며, 두 가지 핵심적인 구성요소를 가진다. 첫째, 부모와의 관계를 상실하는 것은 아이들에게 부정적인 자기상(self-image)을 만들어낼 수 있다. 아이들은 "나는 사랑스럽지 않아, 나는 가치가 없어, 내게 무언가 잘못이 있어"라는 식으로 느낀다. 아동기 우울의 두 번째 구성요소는 자기효능감의 상실이다. 우울한 아이는 무기력하고 희망이 없는 것처럼 느끼며, 더 이상 무언가를 잘 할 수 없으며, 영향력을 가질 수 없다고 느낀다. 그러한 아이들은 스스로를 패배자라고 인식한다. 그들은 힘이 없다고 느끼며, 실패를 예측하고, "나는 시도하기 싫어. 나는 할 수 없어"라는 식으로 새로운 도전이나 새로운 활동을 시도하려 하지 않는다. 연령이 어린 아이들의 경우 우울로 인하여 자존감의 상실, 자신이 사랑받을 가치가 있는 존재라는 인식의 상실이 부각되는 경향이 있다. 조금 연령이 높은 아이들은 자신의 능력에 대한 중요한 평가, 주도권의 상실, 그리고 자기효능감의 감소 등으로부터 많은 고통을 받는다.

부모는 아이들에게서 다음 네 가지 행동범주 중 하나에 속하는, 우울의 징조를 관찰할 수 있다.

1. 정서적 측면. 우울한 아이들은 슬픔을 느끼고 눈물이 어려 보이며, 소리 내어 운다. 이혼에 대한 초기 반응에서 분명하게 드러나는 슬픔은, 대부분의 아이들에게서 이혼 후 최소 6개월간 지속되면서 사라지지 않는다.
2. 동기적 측면. 아이들이 과제물을 완수하지 않고 공부에 대한 동기를 가지지 않기 때문에, 성적과 학업이 뒤쳐진다. 그 외에 아이들은 집안일도 게을리 하고, 노는데 혹은 전에는 즐기던 활동들을 주도하는데 흥미를 덜 보인다. 이러한 아이는 종종 "따분해요"라는 말을 한다.
3. 신체적 측면. 우울한 아이들은 식욕을 잃거나 많이 먹고 싶어하지 않는다. 가장 좋아하는 음식도 더 이상 흥미를 끌지 못한다. 아이들은 항상 피로감을 느끼거나 복통, 두통, 혹은 단지 아픈 것 같은 느낌과 같은 모호한 신체적 증상을 호소한다.
4. 인지적 측면. 아이들은, 예를 들어, "난 이것을 못해"라고 말하면서 실패를 예측한다. 그들은 또래관계, 운동, 학업 등 어떤 영역에서든 실패를 예상한다.

9, 10세 이하의 아이들은 우울과 관련하여 정서적, 신체적 징조를 더 많이 가지는 경향이 있다. 연령이 더 높은 아이들은 동기적 측면과 인지적 측면에서의 증상을 더 많이 가지는 경향이 있다. 이러한 네 가지 범주의 증상은 아동기 우

울에서 보이는 겉으로 드러나는 징후이긴 하지만 그것이 아동기 우울의 모든 것은 아니다.

아이들은 그렇게 분명하게 관련이 있는 증상을 보이지 않더라도 우울할 수 있다. 다른 종류의 행동문제는 아동의 내면에 존재하는 우울을 감소시키거나 위장하기 위한 시도일 수 있다. 예를 들어, 어떤 아이들은 공허감과 따분함을 피하게 위하여 약물 혹은 무모한 행동과 같은 자극을 추구하기도 한다. 또 다른 경우, 무감각해지고 T.V.나 컴퓨터 게임, 인터넷에 빠져 지냄으로써 우울로부터 탈출하고자 시도하기도 한다. 일부 아이들이 보이는, 우울로부터 탈피하기 위한 방어기제는 심하게 몸을 움직이는 것이다. 학령기 소년들 가운데 특이한 경우는 부모에 대한 상실감과 관련된 슬픔, 무기력감을 없애버리기 위한 시도로서 심하게 몸 흔들기, 과대 활동 등을 통해 아버지에 대한 상실감에 대처하고자 노력하기도 한다.

몇몇 추정치들은 미국 공립학교에 다니는 소년들 가운데 7~8% 정도가 과다행동으로 약을 복용한다는 사실을 보여주고 있으며, 이것은 경각심을 가지게 하는 통계치이다. 그러한 소년들은, 주의를 집중하고 덜 산만하며 덜 충동적이 되도록 하는데 도움이 되는, 암페타민,[1] 보통 리타린(Ritalin)을 처방받는다. 이런 약물은 실질적으로 주의력결핍장애가 있는 3~4%의 아이들, 주로 소년들에게 매우 도움이 된다(주의력결핍장애는 과다행동의 증상이 동반되기도 하고 동반되지 않기도 한다). 주의집중을 유지하는데 신경학적인 문제가 있는 아이들에게 리타린은 대단히 이로운 약물이다. 오늘날 의사들은 부작용을 적게 하는 시간제한이 없는 캡슐(cylert) 가운데에서 자극적인 약물을 자주 처방한다. 리타린은 주의력 장애가 있는 아이들이 보다 효과적으로, 그리고 오랫동안 집중할 수 있도록 하는데 도움이 된다. 주의를 집중할 수 있는 능력이 나아지는 것은 학업 성취가 나아지며, 사회적인 단서들에 더 잘 참여할 수 있게 되기 때문에 또래관계도 좋아진다. 그리고 대부분의 과다행동을 보이는 아이들로 하여금 가족들에 대하여 차분하고 덜 파괴적이 되도록 만든다.

---

1) 역자주: 중추신경을 자극하는 각성제

그러나 많은 주에서의 소송들에서, 안절부절 못하는 증상을 보이는 모든 아이들에게 전체적으로 리타린이 과다하게 처방되고 있음을 고발하고 있다. 약을 복용한 많은 파괴적인 아이들은 생물학적인 근거를 가지는 주의력 문제를 보이지 않는다. 그들은 심하게 몸을 움직임으로써 우울을 없애 버리려고 하거나, 혹은 정리되지 않은 가족생활이나 혼란에 대한 반응을 보이고 있는 것이다. 리타린을 처방하는 것은 효과적인 훈련과 구조화되고 예측 가능한 가정환경을 제공하며, 상실감을 해결하는 방법에 대해 아이들과 이야기하는 것보다 더 쉽다. 이렇게 적극적이고 파괴적인 소년들은 확실히 교사나 부모가 보기에 행동을 관리하는 데에 문제가 있는 것처럼 보인다. 그러나 그들에게 주의력과 관련하여 신경학적인 문제가 있다고 결정하고 약물로 그것을 관리하기 전에 사회적인 요인들이 원인이 아닌지 구별할 필요가 있다. 구체적으로, (1) 아동이 최근에 개인적으로 중요한 상실로 인해 고통 받고 있는 것은 아닌지, (2) 일관되고 효과적인 훈육이 부족했던 것은 아닌지, (3) 아이가 혼란스러운 가정환경에서 살고 있는 것은 아닌지를 사정할 필요가 있다. 이러한 세 가지 요인들이 작용하는 경우 부모들은 과잉행동이 있건 없건 관계없이, 주의력 결핍 장애라는 진단을 받아들이고 약을 복용하기에 앞서 아이가 우울이나 다른 행동적인 문제들을 표현하고 있는 것일 가능성에 대해 고려해야 한다(실질적으로 아동들에게 자극적인 약물의 장기적인 효과에 대해 알려진 것이 없다). 위와 같은 세 가지 사회적 요인들이 작용하는 경우, ― 그리고 많은 경우 그러한 요인이 있는데 ― 부모들은 자녀들을 돕기 위해 두 가지를 할 수 있다. (1) 엄격한 훈육, 성인의 감독, 그리고 정돈된 가정환경과 예측가능한 일과의 제공 (2) 정서적으로 반응적이며 지지적인 아버지와 함께 정기적으로 계획된 시간을 보내는 것. 만약 아버지가 이러한 것들을 해줄 수 없다면, 삼촌이나 할아버지, 혹은 다른 교육적인 남성과 지속적인 관계를 가질 수 있도록 할 필요가 있다. 또한 아이들에게 아버지나 어머니가 함께 시간을 보내지 않는 것이 그들 탓이 아니라, 아버지나 어머니가 좋은 부모가 아니기 때문이라는 말을 해 줄 필요가 있다. 그렇지 않으면 아이들은 부모의 거절과 상실에 대한 책임과 스스로에 대한 비난을 내면화하게 되고, 대부분 우울해진다.

이혼에 대한 반응의 성차

이혼의 모든 측면에서 성별에 따른 차이를 발견하게 된다. 남편과 아내 간의 이혼에 대한 인식의 차이, 양육방식의 차이, 그리고 이혼과 재혼에 대한 남자 아이와 여자 아이의 차이 등에 대해서 살펴보고자 한다.

결혼에 대한 인식

일반적으로 이혼에 대한 남녀 간의 이야기는 일치하지 않는 경향이 있다. 이혼한 배우자들은 누가 먼저 이혼을 제안했는지, 이혼 전에 부부생활이나 가족관계에 어떤 일이 있었는지, 이혼의 계기가 된 사건이 무엇인지 등에 대해 의견을 공유하지 않는다. 남편과 아내 간에는 결혼생활에 대한 불만에 있어서도 차이가 있다.

여성은 남성의 부족한 의사소통 능력에 대해 불평하는 경우가 가장 흔하다. 아내는 남편이 자기 자신에 대해, 그리고 자신의 감정에 대해서 더 많이 이야기하고, 더욱 애정적이며 친밀할 것을 원한다. 이혼한 아내는 또 부부가 공유하는 관심사나 활동이 부족한 것에 대해서 불만을 토로한다. 안타깝게도, 많은 아내들이 남편의 음주문제나 신체적 위협 등에 대해서도 어려움을 호소한다.

이혼 전 결혼생활에 대한 남성의 불만사항은 여성과는 다르다. 남편의 가장 주된 불만은 아내가 항상 자신에게 불평이나 비난을 한다는 것이다. 남편은 이혼한 아내가 늘 트집을 잡고 잔소리를 했다고 말한다. 남녀 모두가 성생활에 대한 불만을 표현하지만 주된 관심사에는 차이가 있다. 남성은 주로 성관계의 횟수가 부족한 것을 불만스럽게 여기는 반면 여성은 주로 성관계를 통해서 충분한 애정을 나누지 못하는 것에 불만을 갖는다. 이런 견해 차이는 이혼 이후에도 지속된다. 어머니가 아버지와 자녀 간의 만남에 대해서 이야기하는 내용은 양적인 면과 질적인 면에서 모두 아버지가 이야기하는 내용과 매우 다르다.

성적 차이에 있어서 또 다른 관심 영역은 남성과 여성의 이혼 후 적응에 대한 것이다. 이혼 후 처음 1년 동안 여성은 대개 남성에 비해 더 원만하게 적응한다. 남성은 여성에 비해 건강에 문제가 생기거나, 정신과 치료를 받거나, 사고를 경험할 확률이 훨씬 더 높다. 여성이 남성보다 성공적으로 이혼에 적응하는 것에는 다양한 요인이 영향을 미치는데, 그 중 하나는 이혼하고 한부모로서 살아가거나 재혼하여 재혼가족을 이루어가는 과도기에 발생하는 다양한 변화에 대처하는 과정에서 여성이 남성보다 정서적 지지를 더 효과적으로 주고받기 때문이다.

부모역할에서의 차이

양육권을 가진 어머니와 아버지는 부모역할을 하는 방식에 있어서도 대단히 중요한 차이를 보이는데, 각자 강점과 한계가 있다. 양육권을 가진 어머니와 아버지는 둘 다 어린 자녀들을 돌보고 따뜻하게 대한다. 그러나 어머니는 자녀, 특히 아들을 효과적으로 통제하여 집안일을 맡게 하거나 독립적으로 행동하게 하는 데는 어려움을 겪는다. 반면에, 아버지는 어머니만큼 자녀와 효과적으로 의사소통을 하지 못한다. 특히 아버지는 자기 자신에 대해서 이야기하지 않고, 자신의 감정이나 기대를 잘 표현하지 않는다. 부모는 자녀에게 자신을 노출할 필요가 있는데, 왜냐하면 자녀가 이를 통하여 한 사람으로서의 부모를 더 잘 알 수 있고, 더 가깝게 느낄 수 있기 때문이다. 아버지는 어머니에 비해 자녀를 더 잘 훈련시키지만 어머니처럼 자녀의 행동이나 행방을 제대로 감독하지는 않는다. 아버지는 청소년 자녀의 행동을 감독하는 것을 가장 힘들어하는데, 특히 청소년기 딸의 행동이나 딸이 어울리는 친구들을 제대로 파악하지 못하는 경우가 많다.

어머니는 아들을 효과적으로 훈련시키지 못하기 때문에 그 결과, 상대방에게 분노를 느끼고 서로를 통제하려는 전쟁(control battle)을 하게 되는 경우도 자주 있다. 이로 인해 이혼한 어머니와 아들은 일반 가정의 모자에 비해 관계가 소원한 경향이 있다. 이러한 부모-자녀 간의 친밀감 차이는 모자관계에서만 나타나는 것으로 모녀관계에서는 발견되지 않는다. 불행하게도, 이혼한 어머니와 아들 사이의 친밀감 부족은 어려운 시기가 지나도 사라지지 않고 성인기까지 지속되는 경우가 많다.

이혼과 아버지의 부재 및 재혼에 대한 남아와 여아의 반응

연구자들은 자녀들에게서도 중요한 성차를 발견한다. 이혼 가정 자녀의 85% 이상이 양육권을 가진 어머니와 함께 살고 있다. 부부갈등, 이혼, 그리고 어머니가 혼자 자녀를 키우는 것 등에 기인한 문제는 여아에 비해 남아에게서 더 심각하다. 여성한부모 가정의 남아는 여성한부모 가정의 여아나 일반 가정의 자녀에 비해서 장기적인 부적응 문제를 나타내는 경우가 더 많다. 앞에서 살펴본 바와 같이, 어린 남자 아이들은 보다 의존적이고 도움을 필요로 하는 경우가 많은 반면, 조금 자란 남자 아이들은 공격적이고 반항적이다. 여성한부모 가정의 여아와 남아를 비교할 때, 남아는 학교나 집에서 더 자주 행동문제를 보이고, 친구들과 지내는데 어려움을 겪는 경우가 많으며, 학업 성적이 좋지 않다. 이혼 2년 후, 여성한부모 가정의 여아는 양부모 가정의 여아와 유사한 수준으로 원만하게 적응하는 반면, 여성한부모 가정 남아와 양부모 가정의 남아가 보이는 행동의 차이는 더 크게 벌어지는 경향이 있다.

남아가 여아에 비해 이혼에 적응하는데 더 어려움을 겪는 것을 어떻게 설명할 수 있을까? 연구자들은 이혼 후에 부모가 (1) 남아를 효과적으로 훈련시키지 못하고 (2) 남아를 향하여 분노나 비난을 가하는 것을 발견했다. 이에 대해서 더 자세히 살펴보도록 하자.

효과적이지 못한 훈육. 왜 이혼 후에 남아가 여아에 비해 효과적인 훈육을 받지 못하는 것일까? 연구자들은 일반적으로 부모는 이성의 자녀에 비해 동성의 자녀를 더 적극적으로 훈육하는 경향이 있음을 발견하였다. 즉, 어머니는 아들에 비해 딸을, 아버지는 딸에 비해 아들을 더 훈육하는 경향이 있다는 것이다. 그러므로 이혼 후에 아버지가 자녀양육에 적극적으로 관여하지 않는다면, 아들은 훈육에 있어서 중요한 자원을 잃게 되는 것이다. 반면에, 주로 어머니가 양육권을 가지므로 딸은 훈육의 측면에서 별로 잃는 것이 없다. 어머니는 이전과 마찬가지로 딸에게 한계를 설정하고 훈육하는 반면 아버지의 부재는 아들에 대한 훈육이 일관되지 못함을 의미하는 것이다. 이런 결핍이 이혼 후 남아의 공격성과 반항에 영향을 미친다. 10장에서 살펴보고자 하는 바와 같이, 모든 아이들은 부모가 효과적인 훈육을 제공할 때 더 잘 적응한다.

심화된 분노. 남아는 이혼 후에 부모로부터 일관된 훈육을 받지 못할 뿐 아니라, 여아에 비해 더 자주 부모의 비난과 분노의 대상이 된다. 이런 비판적 반응은 주로 어머니에게서 나타나는데, 이는 이혼한 어머니와 아들 사이의 친밀감 부족의 원인이 된다. 특히 부모는 아들을 딸처럼 조심스럽게 보호하거나 갈등으로부터 방어하고 피해를 줄이려고 하지 않는다. 일례로, 5장에서 살펴본 바와 같이, 부모는 딸보다는 아들을 부부싸움과 갈등에 더 자주 노출시킨다. 전체적으로 이런 여러 요인들이 아들의 낮은 자아존중감과 공격성에 영향을 미치는 것으로 볼 수 있다.

마지막으로 우리는 남아와 여아가 모두 부부갈등이 심한 기간에 불안감을 느끼고, 어른들이 자신의 격앙된 정서적 필요에 반응하도록 노력하는 것을 보아왔다. 예를 들어, 아이는 "무릎 위에 앉아도 되요?" "동화 하나만 더 읽어주세요" 혹은 "오늘 밤에 같이 자면 안돼요?"라는 식의 말을 하며 자신의 불안감을 표현한다. 그러나 우리 문화의 성에 대한 고정관념은 여아의 이런 욕구에는 관대한 반면 남아의 욕구는 거부하는 경향이 있다. 일부 아버지는 자기 아들이 "계집애 같다"는 소리를 듣게 될까봐 두려워한다. 그러나 이런 아버지는 아버지와 탄탄한 애정관계를 가진 남자아이들이 남성으로서의 정체감을 보다 확고하게 발달시킨다는 사실을 알지 못한다.

모녀간의 갈등이 증가하기 시작하는 초기 사춘기까지 여성한부모는 딸보다는 아들을 키우는 것을 더 힘들어 한다. 이런 경향은 양부모 가정에서도 유사할 것이다. 미국 인구통계청(U. S. Bureau of the Census)에 의하면, 딸을 둔 가정에 비해 아들을 둔 가정이 결혼생활을 유지할 가능성이 9% 가량 높다고 한다. 자녀가 있는 가정에서는 아버지보다 어머니가 이혼을 제기하는 경우가 더 많은데, 딸을 둔 어머니에 비해서 아들을 둔 어머니는 이혼해서 자녀를 혼자 키우려고 하지 않을 가능성이 더 높다. 또 우리가 살펴본 바와 같이, 이혼 가정이나 양부모 가정 모두 동일하게, 남아는 아버지에 비해서 어머니에게 더 반항적이다. 최근의 두뇌과학은 남아는 여아에 비해서 선천적으로 공격적인 소인을 더 많이 가지고 있으며, 생물학적으로 더 높은 활동수준을 타고났음을 입증했다. 이런 내재적 요인들이 남아를 더 경쟁적으로 만들고, 이것이 남성의 공격성을 허용하는 우리의 문화적 규범과 합쳐져서 어머니가 반항적이고 말썽을 부리는 아들을 돌보고 훈육하는 것을 어렵게 한다. 따라서, 일반적으로 아들이 여성한부모에게 화를 내거나 무리한 요구를 하면, 어머니는 아들에 대한 훈육이 실패한 것에 대해 무기력감을 느끼면서 분노하게 되는 부정적 순환이 시작되는 것이다.

이혼 후 아들을 양육하는 것이 더 어렵다는 사실은 형제·자매관계에서도 확인된다. 연구자들은 자매에 비해서 형제나 남매 간에 더 많은 분노와 갈등이 발생하는 것을 발견하였다. 이혼한 가정에서 언니는 선생님과 보호자의 역할을 하면서 여동생을 돌보고, 서로 사이좋게 지낸다. 이런 차이는 주로 남아가 기질적으로 더 까다롭고, 반면에 여아는 더 협조적이고 공감적으로 사회화되기 때문에 나타나는 것으로 보인다. 이혼한 부모가 여아에 비해 남아를 더 효과적으로 훈육하고, 일관성과 질서를 유지하며, 돌보아야 하는 이유는 이외에도 많다. 아들과의 관계에서 이런 부정적 순환에 걸려 있는 여성한부모들은 부모교육을 통해 행동관리 기술을 배워서 통제력을 회복할 수 있다. 이에는 타임아웃을 효과적으로 사용하는 방법이나 효과적인 훈련에 도움이 되는 자연적 결과[2])를 시도하는

2) 역자주: 자연적 결과(natural consquences)란, 자녀가 적절하지 못한 행동을 할 때 부모가

방법 등이 포함될 수 있다. 혼자서 아들을 키우는 어머니가 자신감을 갖고 책임을 감당하기 위해서 부모교육은 반드시 필요하다. 부모가 무책임하며 결정된 규칙을 효과적으로 적용하지 못하는 경우, 자녀는 부모를 존경하지 않는다. 부모가 가정에 대해 책임을 지고 자녀들이 안정되도록 한 이후에야, 자녀는 자신이 걱정하는 것에 대해 이야기하고, 부모의 위로를 받아들인다.

그러나 이런 성차는 점차 더 복잡해진다. 예를 들어, 11장에서는 남아는 정서적으로 반응적인 계부의 등장에 긍정적으로 적응하는 반면, 여아는 새로운 등장인물들에게 잘 적응하지 못하는 경우가 많음을 보게 될 것이다. 청소년기에 들어서면 성차에 또 다른 변화가 나타난다. 아동기에는 여아에 비해 남아에게 이혼이 더 힘든 경험이었던 반면에 청소년기에는 여성한부모와 딸 사이의 갈등이 여성한부모와 아들 사이의 갈등과 비슷한 수준으로 높아진다. 여자 청소년은, 아버지가 자녀의 삶에 적극적으로 관여하지 않을 경우, 모녀간 갈등 뿐 아니라 데이트와 이성관계에서도 어려움을 겪는다. 부모가 지속적으로 청소년기 딸의 행동을 주의 깊게 살피고 적극적으로 감독하지 않는다면 문제가 악화될 가능성은 더 높다. 다양한 연령의 남아와 여아가 보이는 여러 가지 문제에 대한 가장 좋은 해결책은 아버지와 어머니가 함께 자녀를 엄격하게 훈육하고, 겉으로 분명히 드러나게 애정을 표현하는 것이다.

이를 허용하여 자녀가 그로 인한 부정적 결과를 감당하는 과정을 통하여 스스로의 행동을 통제해 나갈 수 있도록 하는 양육기술을 의미한다. 예를 들어, 자녀가 늦잠을 잘 때 깨우거나 야단치지 않고, 늦게 일어난 자녀가 아침을 굶고 학교에 가거나 학교에 지각하여 선생님으로부터 벌을 받는 과정을 통하여 스스로 자신의 행동을 변화시켜 나갈 수 있도록 하는 것이다.

이혼 후 아버지 역할

이혼으로 인해 어머니보다는 아버지의 부모로서의 역할과 자녀에 대한 관여가 더 크게 변한다. 이혼 전에는 효과적인 아버지였던 일부 아버지들이 이혼 후에는 그렇지 못한 반면 다른 일부는 위기에 적절하게 대처해서 이혼 전보다 더 유능하고 자녀에게 밀접하게 관여하게 된다. 연구자들이 이혼과 자녀에 대해서 더 많은 것을 알게 되면서 아버지와 자녀의 만남의 횟수가 아니라 만남의 질이 자녀의 적응을 예측하는 변인임이 분명해졌다. 아버지가 단순히 "친구"이거나 "여행가이드"가 아니라 자녀와 진짜 부모로서의 관계를 유지할 때 자녀의 장기적인 적응 수준이 높아진다. 이는 아버지가 자녀를 훈육하고, 부적절한 행동에 대해서 야단치고, 자녀의 행동을 살피고, 자녀가 어울리는 친구들을 통제하고, 숙제를 도와주며, 다양한 일상생활에 참여하는 것을 의미한다. 물론 일부 아버지는 이혼 후 효과적인 아버지 역할을 하지만 다른 많은 아버지들은 시간제 아버지 역할을 힘들어한다. 다음에서는 흔히 볼 수 있으나 효과적이지는 못한 몇 가지 아버지 역할의 유형을 살펴본 후, 이혼한 아버지가 자녀들과 보다 효과적으로 관계를 맺을 수 있는 방법에 대해 알아보고자 한다.

문제시되는 아버지 역할 유형

물론 아버지 역할의 유형은 다양하지만, 문제시되는 유형은 다음 세 가지 중 하나로 볼 수 있다. 널리 알려진 단순히 무책임한 아버지, 잘 알려지지 않은 이혼 후 무력화된 아버지, 그리고 가장 우려되는 유형인 단순히 친구가 되어 버린 피상적인 아버지에 대해서 살펴보고자 한다.

무책임한 아버지. 많은 사람들이 아버지를 부정적으로 바라보면서 아버지의 새로운 독신생활을 종종 로맨틱하게 묘사한다. 어머니가 떠나버린 아버지에 대해 분노를 느끼는 아들을 감당하느라 집에서 고생하는 동안, 아버지는 신나게 지내면서, 젊은 여성을 만나고, 자녀양육에 대한 요구에는 벽을 쌓은 사람으로 생각하기도 한다. 이런 시나리오가 실제로 일어나는 경우도 분명히 있다. 일부 이혼한 아버지들은 자녀양육의 책임을 감당하기에는 너무 무책임하고 이기적이다.

이런 경우에는 자녀도 상황을 정확하게 알아야 한다. 이혼한 부모는 전 배우자가 자녀에게 지키지도 않을 것이면서 계속 만나자고 약속하는 것을 그냥 두고 보기보다는 자녀에게 아버지 혹은 어머니가 떠났으며, 정기적이고 신뢰할 수 있는 방식으로 만남을 지속하지 않을 것이라고 이야기해야 한다. 자녀가 언젠가는 아버지나 어머니와 가깝게 지낼 수 있을 것이라는 비현실적인 소망을 계속 간직하는 것이 최선은 아니다. 물론 그것이 자녀들에게 매우 잔혹한 현실이기는 하지만 이를 회피해서는 안 된다. 지켜지지 않는 약속은 일생 동안 지속되는 불신과 환멸을 가져온다. 좋은 의도에서라도 어머니가 아버지를 보호하거나, 아버지 행동의 결과로부터 자녀를 보호하기 위해서 변명하거나, 또는 자녀가 비현실적인 희망이나 기대를 갖도록 그릇되게 이끄는 것은 문제가 있다.

이와 유사하게, 어떤 아버지는 자녀와 함께 할 것을 약속하지만 이런 헌신을 정기적으로 지속하는 데는 실패한다. 이렇게 신뢰할 수 없는 모습은 주로 술이나 약물남용과 관련된다. 물론 완전한 거부에 비해 아버지와 가끔이라도 만나는 것이 자녀의 적응에 도움이 되겠지만 일정치 않은 만남은 대단히 우려스럽다. 자녀들은 실망을 거듭하면서 고통받게 된다. 특히 자기중심적인 어린 자녀는 아버지를 만나지 못하는 것이 자기 때문이라고 여기며 스스로를 비난한다. 어린 아이들이 "내가 뭔가 잘못한 게 틀림없어. 그렇지 않다면 아빠가 나를 만나러 왔을 거야"라고 말하면서, 자신이 부족하고 사랑스럽지 않기 때문에 아버지가 정기적으로 만나러 오지 않는다고 말하는 것을 듣는 것은 정말 가슴 아픈 일이다. 이런 식으로 정기적인 만남을 약속했으나 일상적으로 자녀를 실망시키는, 들락날락하는 아버지는 흔히 자녀에게 우울감, 낮은 자아존중감, 학교생활에서의 실패 등을 초래한다. 아이가 아버지의 관심을 끌려고 계속해서 노력했지만 결국 실패하는 것을 바라보는 것은 고통스러운 일인 것이다.

앞에서 이야기한 바와 같이, 아버지가 자녀를 거부하거나 지속적으로 책임을 감당하지 못하는 것에 대해 어머니, 할머니, 할아버지는 자녀에게 그들이 기본적으로 가치가 없거나 사랑스럽지 않아서가 아니라 아버지가 부모 노릇을 할 역량이 부족하기 때문이라고 설명해 주어야 한다. 이와 같이 고통스러운 상황에 대해서 자녀와 계속해서 대화를 나누지 않는다면, 자녀가 다시 왜곡된 인식에 빠지고, 자신이 부족하고 근본적으로 잘못되었거나 아버지가 멀어져가도록 뭔가 잘못했다고 느끼게 될 것이다. 특히 남아의 경우, 큰형 프로그램(Big Brothers), YMCA, 보이 스카우트 등의 조직이나, 교회 사람들, 가까운 가족, 특별히 삼촌이나 할아버지와 같이 아버지 역할을 대신할 사람들과 장기적인 관계를 맺는 것이 대단히 중요하다. 이혼한 어머니는 아들에게 정서적으로 반응할 수 있는 남성 캠프지도자, 코치, 태권도 사범, 특히 선생님 등을 가능하면 많이 찾아야 할 것이다. 혼자서 아들을 키우는 어머니는 명확한 규칙을 제시하고, 정기적으로 한계를 설정하며, 따뜻함과 격려, 성숙하고 책임감 있는 행동을 조화롭게 갖춘 선생님을 찾기 위해서 많은 노력을 기울여야 한다. 허용적이거나 조직적이지 못한 선생님은 이런 남자 아이와의 관계에서 크게 실패한다.

무력화된 아버지. 지금까지 살펴본 것과는 또 다른 이유에서, 전혀 다른 유형의 아버지들이 이혼 후 자녀와의 만남을 포기한다. 대부분의 사람들은 앞에서 이야기한 무책임하고 자녀를 방치하는 아버지와는 대조적인 이런 유형에 대해서는 잘 모른다. 연구자들은 이혼 전에는 애정적이고 사려 깊은 부모였으나 이혼 후에 자녀와의 관계를 지속하는 것이 몹시 고통스러운 부모가 있음을 발견하였다. 어떤 경우에는 전처가 자녀와 연합하여 자녀가 아버지에게 적대적이 되도록 하는데, 이런 어머니는 아버지를 나쁜 사람이나 적으로 만들고, 자녀가 아버지의 성생활에 대해 스파이 노릇을 하는데 협조하게 하기도 한다(예를 들어, "그 여자가 어제 밤에 또 집에서 자고 갔니?"와 같은 질문을 한다).

또 다른 경우에, 이혼 전에는 책임감 있는 아버지였던 이들은 이혼 후 자기 자녀를 만나려고 다른 남자의 집을 방문해야 한다거나, 자녀와 제한된 시간에만 만나면서 매번 헤어져야 한다거나, 혹은 자녀가 자신에게 보이는 분노를 감당해야 하는 것 등을 견디기 어려워한다. 이런 아버지는 이와 같은 상황에서 계속해서 상처를 받기보다는 차라리 아버지 역할에서 완전히 벗어나 버리는 것이다. 양육권을 갖고 있지 않은 아버지들 중 책임감 있는 아버지가 되고자 노력하는 대다수 아버지들은 자녀와 만나면서 반복적인 혼란과 슬픔을 경험한다고 말한다. 그러나 자녀에게 아버지와의 좋았던 관계를 상실하게 되는 것은 무척 힘든 일이므로, 아버지로 하여금 완전히 포기하기보다는 조금 더 나은 선택을 하도록 할 수 있다. 예를 들어, 무력화된 아버지에게는 자신을 방해하는 진짜 장애물이 무엇인지에 대해 잘 알고 있는 상담자나 지지 집단(support group)이 도움이 될 수 있다. 이를 통해 많은 아버지들이 지지와 도움을 얻어서 자신의 슬픔과 무기력을 보다 효과적으로 다루고, 이혼 전과 같은 양질의 부모역할을 지속할 수 있다.

아버지가 부모로서의 관계를 유지하지 못할 때 자녀는 매우 여러 가지 어려움에 직면하게 된다. 자녀에게는 관계가 끝나는 것에 적응하는 것보다는 만남의 횟수가 달라지는 것에 적응하는 것이 훨씬 더 쉽다. 관계의 종결은 죽음에 가까운 것으로, 자녀는 원치 않는 상실에 대한 슬픔과 무력감을 감당해야만 한다. 다른 사람들은 떠난 부모와 자녀의 관계가 특별히 가까웠던 것으로 여기지 않더라도 부모와의 관계를 잃게 되는 자녀는 심리적 문제를 발전시키게 될 가능성이 매우 높다. 아버지(혹은 어머니)가 자녀와의 관계를 끊고자 할 때는 아동심리학자, 목회상담자, 혹은 가족치료자 등이 자녀의 성공적인 대처에 도움이 되는 경우가 많다.

관계가 피상적인 아버지. 무책임한 아버지와 무력화된 아버지는 이혼한 아버지들 중 지극히 소수에 불과하다. 자녀의 삶에 최소한으로만 관여하고 있는 대다수 이혼한 아버지들은 어떠한가? 이혼 후 자녀와 동거하지 않는 대부분의 아버지는 자녀와 우호적이고 평등하지만 피상적인 관계를 형성한다. 그들은 진정한 의미에서의 부모역할을 포기하고 단지 자녀와 친구가 되고자 하며, 함께 즐거운 시간을 보내려고 한다. 자녀를 훈육하는 어려움을 감당하는 것에 주저하고, 제대로 된 부모역할에 포함되어 있는 갈등을 피하고자 하며, 자녀의 행동을 살피거나 자녀가 올바르게 행동하도록 도우려 하지 않는다. 아버지로서 의미 있고 자녀의 인격형성에 관여하는 관계는 맺지 않은 채 단지 친구로 전락하는 것을 바라보는 것은 대단히 슬픈 일이다. 왜 이처럼 수많은 아버지와 자녀 관계가 소원하고, 관계가 가질 수 있는 진정한 의미와 힘을 상실하게 되는지 살펴보자.

아마 — 이혼 전이나 이혼 후에 — 자녀양육에 있어서 적극적인 역할을 감당하는 아버지가 드문 가장 주된 원인은 경직되고 제한적인 성역할 사회화일 것이다. 많은 남성들은 자신이 자녀에게 과연 뭔가 중요한 것을 제공할 수 있는가에 대해 자문하면서, 부모로서의 능력에 의구심을 갖는다. 많은 남성들이 자신의 아버지와 거의 함께 시간을 보내지 못했고, 중요한 인생사에 대해 별로 이야기를 나누지 못했으며, 자신에게 중요한 것에 대해 아버지로부터 별다른 이야기를 듣지 못하면서 성장하였다. 그 결과, 많은 남성들이 취약하고 다양한 감정을 느끼는 어린 자녀의 정서적 욕구에 반응하는 것을 매우 어색하고 낯설게 느낀다. 게다가 우리 사회의 많은 남성과 여성은 여전히 자녀란 선천적으로 아버지보다는 어머니에게 속하는 것이라고 믿고 있다. 이와 같이 부모역할에 대해서 충분히 정체성을 갖지 못하는 것이 많은 남성으로 하여금 자녀양육에 온전히 참여하지 못하도록 한다. 우리 문화는 여성에게는 어머니 역할을 성공적으로 받아들이도록 돕는 다양한 지지와 정보를 제공함으로써 많은 초보엄마에게 도움을 준다. 반면에 부모역할로의 전환을 촉진하는 강력한 사회적 지지를 받는 남성은 거의 없다. 이런 문화적 영향으로 인해, 자녀양육에 대한 책임은 기본적으로 어머니에게 부과된다. 어머니가 자녀양육 이외에 다른 여러 가지 심각한 사회적 압력에 시달리고 있는 경우에도 그렇다. 심지어 어머니가 아버지와 자녀양육의 책임을 나누고자 하거나 혹은 아버지가 주된 양육자가 될 것을 원하는 경우에라도 이혼 후 주된 양육자의 역할은 어머니에게 기대된다. 그러나 다행스럽게도, 대부분의 사람들이 그다지 어렵지 않은 방법을 통해서 아버지의 참여를 높이거나 가족생활을 향상시킬 수 있다.

한 연구에서는 치료자들이 단지 몇 회기의 상담을 통해서 이혼한 아버지가 부모로서 적극적으로 자녀들에게 관여하도록 도울 수 있었다. 상담을 받은 아버지들은 자신이 여전히 자녀의 인생에서 중요한 역할을 할 수 있고, 자녀의 성장에 크게 기여할 수 있다는 것을 깨달았다. 치료자들은 자녀와의 만남과 아버지와 자녀의 접촉을 보장할 수 있는 생활여건에 대해서 구체적인 계획과 세부적인 일정을 수립하도록 특별히 신경을 썼으며, 이런 단기상담이 대단히 효과적인 것으로 나타났다. 이와 같이 지속적이고 적극적인 참여는 일반적인 아버지와 자녀 사이에서 보여지는 낮은 수준의 참여와는 전혀 다른 것이다. 단지 몇 시간의 격려와 자녀와 함께 하는 시간에 대한 주간 계획만으로도 치료에 참여한 아버지들은 자녀의 인생에 동참할 수 있었던 것이다. 이와 같이 아버지와의 관계를 유지함으로써 얻게 되는 유익은 자녀의 성공적인 적응을 통하여 확실하게 드러났다. 분명한 메시지는 적극적인 부모역할을 하도록 아버지를 격려하는 것이 어머니, 아버지, 그리고 자녀 모두에게 유익하다는 것이다.

이혼한 아버지가 적극적으로 자녀와 관계를 가지도록 돕기

전통적인 아버지의 부모역할이 부적절하며, 실패한 것이라는 사실은 이혼 후 가족관계에 있어서 가장 확고하게 드러난다. 너무 많은 아버지들이 자녀로부터 멀리 떨어져 있는 반면, 너무 많은 어머니들이 한부모로서 과중한 부담을 떠안고 있다. 자녀들이 필요로 하는 아버지 역할과 어머니 역할을 제공받을 수 있도록 어떻게 도울 수 있을까?

이런 질문에 대한 부모의 답변은 대개 상대방에 대한 비난을 초래한다. 만약 이혼한 어머니에게 왜 아버지가 자녀양육에 관여하지 않는가를 묻는다면 그 전형적인 대답은, "나는 전 남편이 아이들에게 관여하도록 하기 위해서 내가 할 수 있는 모든 것을 다 했지만 그는 아이들과 아무 것도 하고 싶어 하지 않아요. 그는 단 한번도 그런 적이 없어요. 아이들도 아버지를 만나고 싶어 하지 않아요. 아이들은 내가 가라고 하니까 할 수 없이 가는 것뿐이에요. 사실 아이들은 친구들이랑 그냥 집에 있는 것을 더 좋아해요."일 것이다.

이와는 전혀 다르게, 이혼한 아버지에게 왜 자녀에게 관여하지 않는지 묻는다면, 그 반응은 다음과 같을 것으로 예상된다.

> 전처는 내가 아이들과 함께 하는 것을 매우 어렵게 만듭니다. 내가 아이들을 데리러 갈 때 조금 늦는다든가, 아니면 나와 함께 지내는 것보다 생일 파티에 가는 일과 같이 "더 중요한" 일을 하라고 아이들을 격려하는 등의 사소한 일 때문입니다. 나는 전처가 나와 아이들만의 관계를 처음부터 원치 않았다고 생각합니다. 아내는 변호사에게 이야기한 것처럼, 아이들은 어머니와 함께 해야 한다고 믿습니다. 전처는 이혼 전에도 내가 아이들이랑 뭔가 하려고 하면 나를 비난하면서 "옳은 방법"을 말했습니다. 지금은 또 다른 방법으로 나를 들볶는 것입니다. 재혼한 지금의 아내는 내가 돈을 보내는 것에 화를 내고 전처에게 너무 쉽게 져준다고 불평합니다. 그녀는 내가 전처에게 더 강하게, 더 자주 맞서야 한다고 생각합니다만... 결국 불가능하게 느껴집니다.

양측이 모두 정당한 염려를 가지고 있지만, 이와 같이 극명하게 상반되는 견해는 화가 난 전배우자들 사이에서 일어나는 미숙한 의사소통을 반영하는 것이며, 부모역할에 있어서 피할 수 없는 양극화를 초래한다. 어머니의 권리와 아버지의 권리에 대한 논쟁을 중단하고, 자녀가 자주, 정기적인 일정으로, 아무 갈등 없이 아버지와 어머니를 만날 수 있도록 신뢰관계를 구축할 수 있어야 한다. 이를 위한 여러 가지 실질적인 방안들이 있다.

이혼한 부모가 자녀에게 줄 수 있는 가장 좋은 선물은 자녀가 부모 모두와 비슷한 수준으로 가깝게 지내는 것을 허용하는 것이다. 부모는 여전히 남아 있는 전배우자에 대한 자신의 적대감과 다른 부모와 관계를 지속하고자 하는 자녀의 욕구를 구분할 필요가 있다. 조부모는 손자, 손녀로 하여금 이혼한 며느리나 사위에 대항해서 자기 자녀의 편을 들도록 하는 대신, 부모 사이의 전쟁과 분열적인 충성심 갈등에 휘말리지 않도록 아이들을 격려함으로써 도움을 줄 수 있다. 친구들은 자녀의 삶에 아버지가 기여하는 것의 중요성과 아버지의 삶의 질에 있어서 자녀의 중요성을 강조함으로써 아버지의 부모역할을 지지할 수 있다. 여자 친구나 재혼한 아내는 자녀와 관계를 지속하고자 하는 아버지의 노력을 지지하고, 이러한 헌신을 전처에 대한 위협적인 유대관계로 오해하지 않음으로써 도움을 줄 수 있다. 가까운 가족이나 친구 이외의 사람들도 도움을 줄 수 있다. 상담자나 중재자는 이혼한 부모가 양육권과 자녀와의 만남을 위한 상황을 구체적으로 계획하도록 도울 수 있는데, 별거 초기부터 아버지가 적극적인 부모역할을 확실하게 하도록 할 수 있다. 교사는 개인적으로 아버지를 교사-학부모 간담회나 다른 학교 행사에 초청하거나 성적표나 기타 학교의 전달사항을 부모 모두에게 보냄으로써 이혼한 아버지들에게 적극적으로 다가갈 수 있다. 고용주는 다른 선진국의 고용주들처럼, 모든 시민들에게 가장 중요한 일이 바로 자녀양육임을 깨닫고, 가족의 필요에 따라 근무시간을 융통성 있게 조정해야 한다.

이혼을 담당하는 변호사는 논쟁을 계속하는 부모에게 적대적 소송과정의 결과를 교육할 윤리적 책임이 있다. 그 내용에는 가족이 부담해야 할 막대한 경제적 비용, 도산의 가능성, 이후에 부모로서 상호 협조할 수 있는 능력이 감소되는 것, 소송 전에 제시된 중재안이 최종 판결과 거의 유사할 가능성 등이 포함된다. 이혼 담당 변호사는 또 가급적 법정에서 자녀를 놓고 싸우지 않도록 권고할 필요가 있다. 가급적 중재적인 결정을 추구해야 하며, 의뢰인에게 법정에서 한쪽 부모가 승리할 때마다 상대방이 패하는 것이 아니라 자녀들이 패하는 것이라는 인식을 심어주어야 한다. 판사는 자신의 성역할에 대한 편견을 점검하고, 자녀가 아버지와 어머니에게 동일하게 속하는 것임을 인식해야 한다. 부모역할에 대한 계획과 일정은 각 가정의 서로 다른 환경에 맞도록 융통성 있게 다듬어져야 하지만, 양부모가 모두 적극적인 부모역할을 해야 함을 분명히 할 필요가 있다.

많은 아버지들이 이혼 후에도 자녀를 돌보는데 대한 자신의 지속적인 책임을 인식하고 기꺼이 받아들인다. 이혼 전부터 유난히 자녀에게 관여하지 않았던 일부 아버지들은 이러한 가족 위기를 자녀의 인생에서 보다 중요한 역할을 하고

자 하는 변화의 기회로 삼을 수 있다. 이혼의 위기에는 심한 고통이 내포되어 있음이 분명하지만, 또 변화를 위한 잠재력도 있다. 그러나 앞에서 제시한 합의된 노력이 없다면, 많은 아버지들이 혼자서 효과적인 부모역할을 지속하기는 힘들다. 이혼을 둘러싼 위기는 모든 사람들에게 변화와, 이혼 후에도 자녀가 부모 모두를 가질 수 있도록 함께 노력을 기울이기 시작하는 기회를 제공하는 것이다.

도움이 되는 책들

Still a Dad: The Divorced Father's Journey (S. Prengel, Mission, 1999)는 시간제 아버지의 경험을 잘 포착하고 있고, 이혼한 아버지에게 격려와 실용적인 조언을 제공한다.

*The Single Parent Resource Book (B. Noel, Champion, 1998)*과 *The Single Parent's Almanac* (L. Foust, Prima, 1996)은 부모가 이혼 후 상황에 효과적으로 대처하는데 필요한 자원을 찾는데 도움을 준다.

제7장

양육, 중재, 그리고 법정

"아이들이 나와 함께 지낼 때 아빠를 잊어버린다면
나는 어떤 유형의 엄마일까?"

접근 합의를 결정하는데 부모들에게 길잡이 역할을 하는 원칙이 두 가지 있다. 첫째, 아동과의 관계에서 양쪽 부모 모두가 지속성을 유지하는 것, 둘째, 결혼 갈등으로부터 아동을 보호하는 것이다. 이러한 두 가지의 목표를 염두에 두고서, 부모는 장점 및 제약점을 지니는 다양한 양육 계획을 만들 수 있다. 대부분의 경우에 있어서 중재는 소송보다는 자녀 양육권의 합의를 협상하는데 있어서 더 나은 방법이라고 할 수 있다. 그럼에도 불구하고 양육과 방문에 대한 합의가 법원에서 이루어지고 있어 우선 이러한 합의의 역사에 대해서 살펴보고자 한다.

양육 결정의 역사

초창기에 법적으로 아버지편에게 우호적이었던 법이 놀랍게도 나중에는 어머니편에 우호적으로 변화하였다. 양육권 합의에 대한 혼란은 새로운 중간적인 근거, 즉 책임을 공유하도록 하는 방식으로 변화하여 나가는 단계에서 연유된다. 여전히 양육권의 판결은 끊임없이 변하고 있다. 양육권을 결정하는 전통적인 수단은 지속적으로 변화하였지만, 아직까지 양육권을 결정하기 위한 최종적인 지침이 완전하게 나타나지는 않았다.

18~19세기를 통해서 미국과 영국의 판사들은 양육권을 아버지에게 부여하였다. 이러한 선호는 아동들에게 재정적으로 아버지가 더 나은 것을 제공할 수 있다는 경제적인 현실성에 기반을 둔다. 법원의 판결은 "오직 아버지의 특별한 사랑만이 그들의 아이들에게 제공되어질 수 있다는...." 주장과 같이 아버지가 사애로운 역할을 하는 것으로 낭만적으로 묘사되어진다.

20세기의 시작과 더불어 경제적, 사회적 변화는 이러한 법률적 편견에 영향을 주기 시작하였다. 1900년에 미국은 농경국가에서 산업사회로 변화하였다. 노동력이 농장에서 도시의 공장으로 이동함에 따라 조부모나 친척으로 이루어진 확대가족으로부터 받던 지원은 사라지고, 고립되고 취약한 핵가족이 그 자리를 대치하게 되었다. 성역할에 있어서도 뚜렷하게 양극화되었는데, 아버지들은 기본적으로 공장에서 임금근로자가 되었고, 어머니들의 경우에는 기본적으로 집에서 아동에 대한 보호 제공자가 되었다. 아동에 대한 양육과 훈육에 대한 어머니의 중요성은 이전시대에 아버지의 역할과 같이 존경받게 되었다.

1900년 무렵 어머니는 타고난 양육 능력(모성본능) 즉 가지고 있는 것으로 보았다. — 이러한 생각은 만약 미성숙한 초기 어린시절에 어머니와 떨어져 있게 된다면 아이들이 돌이킬 수 없는 충격을 겪게 될 것이라는 생각에 기반을 두고 점진적으로 발전하였다. 즉, "유아기 원리(tender years doctrine)"로부터 어머니가 양육부모로서 지지되는 법적인 기반이 나타나게 되었다.

1900년부터 1970년대 중반까지 법적으로 어머니의 양육권이 더 인정받아 유행하기 시작하였다. 그리고 아버지의 경우에는 생계를 이어가는 사람으로 직접적으로 양육의 역할은 없는 것으로 보았다. 어머니는 아동들의 양육권을 부여받았고, 아버지는 주말마다 방문할 수 있는 권리를 받으며, 장기적으로 어머니에게는 위자료를, 가족에게는 아동에 대한 지원을 제공하도록 요구받는다.

이러한 대안들은 잘 이루어지지 않았다. 결과적으로 아버지에게 있어서는 능동적이며 부분적인 시간 할애의 양육 역할 수행을 포기하게 만들었고, 어머니에게 있어서는 단독으로 양육할 것을 요구함으로써 과부담을 가져오게 되었다. 나아가 아버지들이 자녀들과 적극적으로 관계 맺지 않는 경우, 아버지들은 아동에 대한 양육비를 지원하지 않는 경향이 있으며, 이로 인해 어머니와 아동들에게 추가적인 경제적 부담까지 부과되는 것이 분명하다. 여성운동의 성장과 함께 "유아기 원리"는 생물학적인 경향이라기보다는 사회적인 편견이라는 인식이 확산 되었고, 많은 주에서 양쪽에 과실이 없는 이혼의 경우에는 아버지 관여의 긍정적인 효과에 대한 연구 결과들로 인해 양육과 방문의 조정에 있어서 새로운 시기가 도래되었다.

현재의 추이에서 "유아기 원리"는 "아동들에게 가장 유익한" 법규로 바뀌고 있다. 비록 법원에서 아동들에게 가장 유익한 것이 무엇인지를 객관적으로 결정하는 것은 어려운 일이지만, 만약 그것이 가능하다면, 양육을 하는데 있어서 아버지가 적극적인 역할을 하도록 지지하고, 어머니를 선호하는 초기의 성차별적 편견을 알리게 되었다. 이로 인하여, 1980년대에는, 양육권을 결정하는데 있어서 복잡하고, 때로는 고통스럽기까지 한 문제들에 대한 좀더 나은 해답으로서, 공동양육권을 합의하는 형태로 나아가게 되었다.

법적인 공동 양육권 그리고 양육 계획들을 좀더 공평하게 공유하는 것은 몇 가지 문제들을 해결하는 동시에 새로운 문제들을 발생하게 한다. 이러한 양육 계획은 아동을 기르는데 있어서 양쪽 부모의 참여를 강조하는 새로운 형태를 띄게 되나, 공동 양육권, 그리고 부모 모두가 자녀에게 동등하게 접근하도록 하는 대안이 이혼에서 발생하는 중요한 문제에 대한 만병통치약은 아니라는 것이다. 공동 양육권은 많은 가족들에서 제대로 이루어지지 않았으며, 특히 부모가 호전적인 경우에는 더 그랬다. 본 장의 뒤에서, 다른 양육권 및 접근(방문)일정이 아동에게 미치는 영향 뿐 아니라, 합의에 관하여 자주 오해되고 있는 것에 대한 찬반 의견을 평가할 것이다.

양육결정의 깊은 딜레마에 대한 쉬운 답은 없다. 부모들은 가장 사려 깊게 짜여진 양육계획조차도 불완전하며 제한을 가진다는 사실을 아는 것에서부터 이 과정을 시작해야 한다. 이혼 중인 부부를 위한 공식은 어디에도 없다; 어떤 가족에 있어서는 문제가 되지 않는 것이 또 다른 가족에게 있어서는 문제가 될 수 있다. 부모들은 그들의 개인적인 환경에 적합한 특정한 계획을 세울 필요가 있다. 시간이 지남에 따라 부모들은 융통성을 가지고, 자녀의 욕구에 맞도록 계획이 변경될 필요가 있다. 이혼 중재는 이혼과정 중에 있는 부부에게 양육권 분쟁과 양육계획을 효율적으로 세우는데 도움을 준다.

마지막으로, 아동 양육 법령에 사용되는 용어들은 문제가 있으며 자주 부모의 권위와 존재를 위협한다. 그 용어로써 양육권, 방문권, 단독 양육권, 공동 양육권들은 아동에 대한 소유 의미를 내포하고 있으며, 또한 용어들이 도출된 적개적인 법정 과정을 반영한 것이라고 할 수 있다. 예를 들어 아동은, 어머니의 허락 없이 아버지의 방문에 응하면 안 된다. 아동들은 방문자가 아니라 양육자인 어머니에 속하여 있는 것이다. 1991년 영국 법원은 부모의 역할을 무효화하는 언어의 힘을 인식하고 양육권이나 방문권이라는 용어들을 삭제하였다. 대신 보다 중립적인 용어를 사용하고 접촉명령과 거주명령이라는 용어를 만들었다. 미국의 법원도 역시 변화하고 있으며, 그리고 거주하고 있는 부모 대신에 양육권을 가진 부모, 접근 부모 대신에 방문 부모의 용어 등을 대부분의 주에서 사용하고 있다. 용어의 선택도 매우 중요한 요소이다.

법적 물리적인 공동 양육

1980년 무렵 많은 주에서 양쪽 부모 모두와 지속적으로 만나도록 하는 것을 장려하는 법이 제정되었다. 공동 양육권은 아동이 한 부모의 집에서 살지만 중요한 결정에 있어서는 양쪽의 부모가 모두 책임을 공유하는 데 합의해야 한다는 것을 의미한다. 공동 양육은 대부분 협조적인 부모들에게는 유익한 새로운 접근이다. 그러나 서로 잘 지내지 못하는 부모일 경우에는, 자녀를 위축시킬 수 있다. 그러나 법원이 이러한 합의를 한참 싸움 중인 부부에게 적용할 경우 잘못되어 실패할 수 있다.

공동 양육권은 전반적으로 잘못 이해되고 있다. 공동양육권에 대한 주요 오해는 법적인 공동양육(아동과 관련된 중요한 결정에 대한 책임을 공유하는 것)과 물리적 공동양육(방문 및 접근일정)을 혼동하는 데에서 일어난다. 공동 양육권은 그들의 자녀와 함께 보내는 시간을 전배우자와 동등하게 50 대 50으로 나누는 것을 의미하지 않는다. 공동 양육권이라는 것은 법적으로 그들의 자녀들에 대해서 영향을 주는 결정(교육, 의료, 종교, 일반적 복지와 같은 경우)을 하는 경우에 있어서 양쪽 부모 모두가 동등한 권한을 가진다는 것이다. 부모들에게 동등한 역할을 주는 것을 통하여 공동 양육권은 아버지와 어머니의 지속적인 부모역할과 양쪽 부모가 아동의 삶에 능동적으로 관여하는 것을 장려한다.

이러한 공동의 법적인 틀 안에서, 부모들은 그들이 원하는 물리적 양육 계획(방문권 합의 또는 방문일정의 합의 등)을 세울 수 있다. 몇몇의 부모들의 경우에는 아동을 돌보는데 있어서 50 대 50의 원칙으로 완전하게 공유하기를 원하지만, 대다수의 경우는 아니다. 다시 말하면, 많은 다양한 방식으로 공동 양육권 조정이 가능하지만, 원칙적으로 (1) 아동과의 관계에 있어서 지속성과 (2) 양육권분쟁에 아동의 노출을 보호하는 것이 이 모든 것을 결정하는데 있어서 주요 지침이다.

공동양육 방식

공동 양육권 조정의 많은 방법들 중에서, 연구자들은 단독 양육권이든 공동 양육권이든 간에 근본적으로 물리적 양육권을 가지고 있는 부모들(함께 거주하는 부모들)이 방문을 통해서만 아동을 볼 수 있는 비양육 부모보다 거주 결정에 있어서 만족도가 높다는 사실을 발견하였다. 양육이 공유형태로 이루어지는 경우, 아동들은 부모 모두의 집에서 상당히 많은 시간을 보내게 되고, 다음 공동양육의 세 가지 유형 가운데 하나에 속하게 된다.

첫 번째 유형으로서, 이혼가정의 1/4은 아동들이나 부모들 모두에게 유리하도록 공동양육권을 지지하면서 유지된다. 이러한 부모들은 아동에게 가장 이익이 될 수 있도록 함께 일할 수 있고, 그들은 부모로서의 기능에 있어서 각각이 가지는 문제들을 해결할 수 있다. 이러한 협력적인 부모들은 물론 그들의 아이들을 위한 계획을 짜고, 아이들의 문제를 서로 상의하며, 부모 각각의 집에서 비슷한 정도의 규범을 유지하는 것을 시도한다. 또한 가장 중요한 것으로 각각의 양육을 서로 지원하여 준다.

두 번째 유형은 공동양육을 하는 경우에 있어서 다수의 경우로서 싸움을 좋아하지는 않지만, 다른 쪽 부모와 만나지 못하도록 하는 경우이다. 이러한 부모들은 좀처럼 전배우자와 이야기를 하지 않고, 또한 부모 각각의 집에서 이루어지는 규범이나 활동을 유사하게 유지하는 것 자체를 시도하지 않는다. 어쨌든 그들의 신용 때문에 그들은 거의 다투는 일이 없이 방문에 대한 자세한 계획을 세우고, 또한 아동들에게 그들의 부모에 대한 험담과 같은 것을 하지 않는다. 대부분의 경우 이러한 유형의 부모들은 집이 아닌 학교와 같이 서로 만나거나 상호작용할 필요가 없는 시간이나 장소에서 아이들을 주고받는 계획을 세운다. 비록, 1년이나 그보다 오랜 기간 동안 부모들이 상대방에 대해서 아무 이야기가 없다 해도, 아동들은 대부분 이러한 가족들에 잘 적응을 한다. 연구에 따르면 만약 아동이 나이가 들었다면, 부모들은 서로가 덜 관여하기—사실상 부모는 평행적임—를 원한다. 그러나 만약 아동의 나이가 6세 이하라면 이러한 것은 좀처럼 힘든 상황으로 볼 수 있다.

공동양육을 합의하는 이상적인 상태는 떨어져 지내는 부모와 의사소통의 단절이나 다툼이 거의 일어나지 않고 잘 협력하는 것이다. 그러나 세 번째 유형으로서 1/4에 해당하는 이혼부부의 경우 아동이나 부모 모두에게 해가 되는, 높은 수준의 갈등 상태가 계속된다는 것이다. 이 경우 공동양육은 아이들에게 중요한 문제를 발생시킨다. 부모들은 협력이나 의사소통을 잘 하지 않을뿐더러, 그들의 논쟁이 양육을 망쳐 버린다는 것이다. 아이들을 교대로 돌보기 위해 만날 때 아이들 앞에서 서로 언쟁하며, 법원으로 되돌아 갈 경우에 대해 위협하며, 다른 부모와 떨어져 있을 때 그 부모를 비판하고 험담하며, 전 배우자의 방문을 고의로 방해하는 것을 시도하며, 아이들에게 한쪽 편을 들게 하거나 또는 부모들 간의 다툼에서 메신저의 역할을 하도록 압력을 가하는 등의 행동을 한다. 이러한 부모들은 자주 그들의 높은 경쟁심, 적개심 그리고 높은 욕구에 대한 탈출구로써 소송이라는 방법을 사용함으로써, 그 결과 아동들에게 끔찍한 고통을 주게 된다. 약 15% 정도의 부모가 지속적인 법정 투쟁에 아이들을 끌어들이고, 그 아이들은 이혼 이후 가장 잘 적응하지 못하고 있다. 연구에 의하면 가족의 크기는 부부간의 다툼의 높은 수준과 관련이 있는 한 요소라고 할 수 있다. 만약 오직 한명의 자녀만이 있다면 부모들은 쉽게 다툼을 피하는 것을 알 수 있지만, 만약에 3명이나 그 이상의 자녀가 있을 경우에는 그러한 불일치를 피하는 것이 어려워진다.

공동 양육계획은 한참 분쟁중인 부모들의 자녀들에게는 큰 고통을 야기한다. 연구자들에 의하면 자녀들이 분쟁중인 부모들과 며칠 동안 함께 보내게 되는 경우, 아동에게 우울증, 자폐증 그리고 대화를 기피하는 현상이 나타날 수 있다. 또한 육체적으로 두통, 위장장애 그리고 수면장애와 같은 현상이나 공격성과 같은 문제행동을 보인다. 분쟁을 멈추지 않는 부모들에게 적합한 양육계획은 무엇일까?

공동 양육은 이러한 가족들에서는 성립되어서는 안 된다. 대신에 단독 양육 또는 일차적인 물리적 양육권을 통하여 아동과 함께 있는 부모와 다른 부모사이의 접근을 최소화하는 방향으로 이루어져야 한다. 다시 말해, 법원은 다른 부모를 방문하는데 갈등을 갖지 않고 방문할 수 있는 부모를 선호하게 된다(일반적으로 법에서 '우호적인 부모'라고 부른다). 만약 어떠한 부모도 협조적이지 않다면, 지침에서는 좀더 효과적으로 양육할 수 있고, 양육기술을 가지고 있는 부모에게 우선적인 물리적 양육을 맡기게 된다.

법원에서는 이러한 결정을 하기 위해서 보통 심리학적인 평가방법에 의존한다. 만약 어느 쪽 부모도 자녀양육이나 혹은 상대 부모와 자녀의 관계를 촉진하는데 더 적합하다고 평가되지 않는 경우, 두 가지의 차선책이 뒤따르게 된다.

첫 번째 방식은 아동들이 같은 성별을 가진 부모와 함께 살게 하고, 다른 부모로 하여금 융통성 있게 방문하도록 계획하는 것이다. 이러한 방식은 나이가 많은 자녀들 특히 같은 성별을 가진 부모와 살기를 원하는 10대 이상의 자녀에서 특히 잘 이루어진다. 두 번째 방식은 단독 양육권과 일차적인 물리적 양육권을 격년으로 각 부모에게 주는 방식이다. 이 방식은 여전히 두 부모 모두 관계를 가지고 있는 것을 인정하지만, 그들의 자녀를 위한 결정에 있어서 공동결정이나 상호영향을 줄 수 없다. 물론, 교대가 이루어지는 해에 어떤 아동들은 혼란스러워질 수 있겠지만, 지속적으로 부모들의 분쟁에 노출되는 것보다는 덜 문제가 될 수 있다.

비록 동일한 시간의 방문일정을 가질 필요는 없지만 서로 싫어하는 감정으로 자녀양육에 책임을 지지 않는 부모뿐 아니라 서로 잘 협력하는 부모 모두에게 비록 동일한 시간의 방문일정을 가질 필요는 없지만 어떤 공유된 법적 양육 방식을 권한다. 부모 공동 양육은 자녀에게 최선의 이익이라는 목표를 가지고 다루어져야 한다. 그래야만 양쪽 부모들에 대한 접근성이 증가함으로써 아동의 슬픔과 무력감을 누그러뜨릴 수 있다.

부모간의 세력 다툼에 자녀들이 노출되지 않고 관계가 지속된다면, 많은 다른 물리적 접근 계획들은 성공적이 될 것이다. 대부분, 이혼하는 과정중인 부모들은 주말마다 각각의 부모가 자녀와 일마징도의 시간을 보낼 것인가에 너무 초점을 맞추고 있으며, 또한 양육권 분쟁이 자녀들의 삶에 미치게 될 영향에 대해서는 간과하는 경향이 있다. 즉, 부모들의 태도가 적대적인지 아니면 협력적인지의 문제가 구체적인 방문계획을 잡는 것보다 더 중요하다. 조부모, 변호사, 새로운 조력자들은 부모들이 이 점을 간과하지 않도록 하며, 이기거나 무승부에 투여하도록 해서도 안 된다. 이 점에 주안하여 다른 가능한 방문계획을 살펴보자.

동일-시간. 이혼과정 중인 몇몇 부모들은 그들의 자녀들과 같은 시간대를 공유하고 싶어하고, 이러한 책임을 수년 동안 수행하고자 한다. 법원에서는 자녀와 만날 수 있는 시간의 선택을 자유롭게 하도록 하지만 많은 부모들은 50-50 분할의 방법을 선택하지 않는다. 그러나 만약 아버지(또는 어머니)가 그의 직장 일정을 조정하고자 하는 의지가 있고, 아동과 동일한 시간을 가지기를 원한다면, 이러한 요청은 받아들여진다. 동일-시간 합의의 기본적인 형태는 (1) 한주를 나누거나 또는 격주 단위, (2) 격년, 그리고 (3) 집의 공유이다. 법원에서 동일-시간의 명령을 내리면, 대개 한 주를 나누거나 또는 격주단위로서 양육한다.

일주일에 3일씩 또는 격주 분리방식. 일반적인 동일-시간 합의는 각 부모의 집을 자녀가 옮겨 다니는 것이다. 즉, 어린 자녀들은 각 주마다 3일 반씩 각 집에서 지내게 된다. 8살이나 그 이상의 자녀들은 보통 그러한 변경횟수를 줄이고 싶어 하고, 격주 단위로 옮겨 다니는 것을 선호한다. 이러한 접근 일정에서의 한 가지 중요한 점은 처음 돌봐주는 사람으로부터의 반복적인 분리가 어린 자녀들에게 잠재적으로 부정적인 영향을 미친다는 것이다. 자녀들은 몇 명의 돌봐주는 사람이 있는 경우 향후 여러 애착관계를 형성한다. 한명의 돌봐주는 사람보다 더 많은 보호 애착의 유대를 형성할 수 있기 때문에 다른 부모와 재결합함으로써 이렇게 공유하는 것은 아동이 양측 부모와 밀접한 관계를 유지하도록 하여 한 부모와의 결별은 큰 스트레스를 주지는 않는다.

한편 이러한 공유방식의 약점은 아동의 생활에 있어서 변화의 횟수가 증가되고, 일상생활의 일관성이 줄어들게 된다는 것이다. 몇몇의 강건한 자녀들은 동일-시간 조정에 융통성 있게 대처할 수 있다. 그러나 다른 경우의 자녀들은 분열이 너무 심해지므로 1차 거주지의 안정성을 필요로 하게 된다. 부모들은 접근에 대한 합의가 각각의 아동의 다양한 기질과 성격에 맞기를 원한다(그리고 그들의 자녀들의 욕구는 시간이 지남에 따라 변한다).

이러한 시간의 분할이 실패하는 때는 언제이고, 성공하는 때는 언제인가? 이러한 방법은 조화로운 커플에게 가장 좋다. 왜냐하면 이러한 방식은 양육부모들 간의 더 많은 협동을 필요로 하고, 만약 자녀들이 부모의 분쟁에 노출되는 것이 많아지는 경우, 이 방법은 결코 채택되어서는 안 되기 때문이다. 물리적 공동양육이나 동일-시간 형태는 부모들끼리 논쟁을 억제하지 못할 때, 상대방 부모를 아이들에게 정규적으로 비방할 때, 또는 아동이 부모 중 한쪽 편을 들도록 압력을 가할 때 아동에게 문제가 발생한다. 즉, 공동 양육합의 방식은 화가 나 있는 전배우자가 양육의 차원과 결혼의 차원을 분리하고, 갈등을 책임성 있게 다룰 수 있고, 그리고 자녀를 부모간의 싸움으로부터 보호할 수 없다면 성공하기 힘들다. 또한 이렇게 한 주를 나누어 양육하는 형태를 성공시키기 위해서 아동은 반드시 다른 두 가정에 적응할 융통성을 가지고 있어야 한다. 이에 관한 아이들의 이러한 능력은 매우 광범위하나. 어떤 경우에는 쉽게 할 수 있지만 다른 경우에는 그렇지 못하다.

투쟁적인 커플의 경우 법원이나 중재자는 아동에게 더 이상 해를 끼치지 않도록 분쟁을 종료시키기 위해 물리적 공동양육권을 장려하는 경우가 너무나 많다. 만약 부모가 계속 갈등적인 상호 작용만을 한다면, 동일-시간 형태는 자녀들에게 문제가 된다. 만약 부모들 사이에 긴장이 높거나 자녀가 소송이라는 사건에 지속적으로 노출된다면, 단독 양육권 그리고 거주지 선정은 첫 번째로 협력적인 부모에게 주고, 두 번째로 좀더 아동을 양육한 능력이 있는 부모에게 주고, 세 번째로 동일한 성을 가지고 있는 부모에게 줄 수 있다. 너무나 자주, 거주지 선정에 대한 어려운 결정을 동일-시간 조정이라는 원리하에 회피하고 있다. 그러나 이는 부모들이 무언가를 "잃었다"라는 점에서는 안심이나 아동에게 유익한지는 의문이다.

일주일에 3일씩 또는 격주로 조정한 것이 성공하기 위해서는 각 부모가 가까운 곳에 서로 거주할 필요성이 있고, 자녀는 지속적으로 같은 학교에 다니도록 하여야 한다. 매주마다 양육을 나누는 형태는 7~8세 이하의 아동에게는 오히려 혼란을 느껴 그다지 효과적이지 않다. 아동은 그들이 어디에 속하는지 이해하지 못한다. 이러한 동등한 방문을 하도록 하는 것은 공평을 지향하는 성향이 강한 학령기 아동들에게 오히려 적합한 방법이라고 할 수 있다. 평화로운 이혼의 경우에는 위압적인 방문보다는 양 부모의 집을 돌아다니는 것을 선택하는 방식이 아동에게 더 유익할 수 있다. 이러한 제안은 일반적인 원칙, 즉 아동이 자랄수록 부모들은 방문 조정에 대해서 가능한 한 아동이 원하는 대로 해주어야 한다는 것을 따르는 것이다.

어느 정도 나이가 있는 자녀의 경우에는 그들의 거주지 조정에 관한 결정에 참여하도록 하는 것이 더욱 유익할 수 있고, 힘을 발휘시켜 줄 것이다. 그러나 부모간의 긴장이나 충성심에 대한 갈등이 크다면 거주지 조정에 대한 아동의 개입은 단지 아동들에게 고통만을 줄 뿐이다. 아동들은 선호를 표현함으로써 어느 한쪽의 부모를 선택하는 등의 행동을 해야 하는 고통스러운 상황에 놓이는 것을 결코 원하지 않는다. 부모들이 편안히 자녀가 실제로 원하는 것을 표현하도록 할 때, 접근계획에 대한 토의에 아동이 참여하여 아동의 능력을 고취시킬 수 있다. 마지막으로, 대부분의 사춘기에는 안전한 보금자리가 필요하다. 그리고 청소년들은 1차 거주지를 보통 선택하게 된다. 사춘기 중반에는 많은 십대들이 같은 성별을 가진 부모와 함께 살기를 원한다. 그러므로 부모들은 자녀들의 이러한 성향에 대해서 주의할 필요가 있다.

격년 방식. 만약 부모가 서로 가까이 살 수 없는 경우라면, 학령기의 아동을 고려하여 격년 조정을 채택할 수 있다. 예를 들어, 아동이 1년 또는 2년을 어머니와 함께 살고, 그 후에 같은 기간 동안 아버지의 집에서 사는 것이다. 이는 우호적인 관계망을 덜 파괴하고, 대부분의 아동이 양부모의 집에 2년씩 거주하는 것을 선호하기 때문이다. 비록 아이들이 학교를 매년 또는 2년마다 바꾸어야 하지만, 한쪽 부모와의 근본적인 관계를 잃는 것보다는 이러한 조정이 더 쉬울 수 있다. 매년 같이 살지 않는 부모와 아동들이 빈번하거나 규칙적으로 방문하는 시간을 가진다. 예를 들어 크리스마스나 봄방학 그리고 여름에 8~10주 정도. 때때로 활발한 아동들의 경우에는 이러한 계획에 잘 적응할 수 있지만, 소극적인 아이들의 경우에는 교우관계를 유지하거나 다시 맺지 못한다.

비록 격년 조정이 한 주내 조정이나 격주 조정과 같이 부모간의 많은 상호작용을 필요로 하지는 않지만, 이 경우에 있어서도 부모 간에 협력이 필요하다(적어도 중립을 지키거나 서로 거리를 유지할 필요가 있다). 공동 양육권 그리고 동일-시간, 방문권의 조정은 부모들 서로가 잘 지지해 줄 경우에 가장 좋은 방법이다. 그들이 양육권 분쟁에 많이 노출되는 경우에는 이러한 방법들은 결국 실패하게 될 것이다. 추가적으로 그들은 결코 친구를 사귀는데 시간이 많이 걸리는 수줍은 아동이나 좀더 안정적인 삶을 필요로 하는 아동들에게는 잘 이루어지지는 않는다. 게다가 양쪽의 아동을 위한 환경이 다르다면, 부모들은 방법을 지속적으로 수정해 나가야 한다. 부모는 매주나 격주 조정의 방식을 격년 방식보다 친숙해 하기 쉽다. 다음 라비의 사례를 통하여 격년 조정의 방식이 어떻게 잘 이루어지는지 살펴보겠다.

라비(Robby)

어느 날 '랍'이 일이 끝난 후 집으로 돌아왔을 때 아내 '클레어(Clair), 7살짜리 아들 '라비는 모든 짐을 싸가지고 나간 후였다. 클레어는 미안하다는 말과 함께 더 이상 결혼생활을 유지할 수 없다고 하면서 떠났다. 그리고 랍에게 친정부모가 있는 곳으로 아이를 데리고 갔다고 알렸다. 랍은 분노가 폭발하였다. 그는 아들을 어떤 방법을 해서든 돌려받으려고 작정했다.

이후 6개월 동안은 모두에게 고통스럽고 혼란스러운 시기였다. 랍과 클레어는 화해가 가능한 순간이 있었지만, 그러나 클레어는 자신의 생활에 대한 관심이 증가하고, 랍은 그녀가 그렇게 나간 것에 대해서 용서할 수 없었다. 이러한 상황은 라비에게 영향을 주었다. 라비는 그의 아버지로부터 떨어져 있는 것에 대해서 자주 분노, 슬픔과 고통을 느꼈다. 클레어는 라비가 그의 아버지를 그리워하는 것을 매우 보기 힘들어 했으나, 그녀는 여전히 어린아이는 어머니와 함께 지내야 한다고 믿었고, 그녀의 부모역시 그러한 관점을 지지했다. 랍은 이러한 견해를 완전히 부정하였으며, 라비는 아버지와 함께 있어야 한다고 믿었다. 랍은 항상 부모로서 개입되어 왔었으며 특히 클레어의 가출이후에, 아버지가 엄마보다는 라비의 삶을 안정적으로 제공해 줄 수 있을 것이라고 생각했다. 그 결과, 이혼의 과정에서 양쪽 부모는 모두 변호사와 심리학자들을 고용하여 라비의 양육권을 가지기 위해서 분쟁을 하였다.

비록 변호사들이 강하게 그들의 고객을 위해 변호하며 전략적으로 다른 부모의 인간성이나 양육에 있어서 결점을 강조하였음에도, 판사는 현실적으로 가족의 상황을 사정하였다. 클레어의 가출에도 불구하고, 양쪽 부모는 아들 라비에게 사랑스러운 가정을 제공할 수 있다고 생각했다. 그래서 판사는 라비의 삶이 좋아지게 하기 위해서 이 두 사람에게 격년의 방문일정의 공유하는 법적인 공동양육이 성공적이라고 생각하였다. 비록 처음에 이러한 조정에 대해서 양쪽 부부 모두가 뭔가를 잃었다라고 느꼈지만, 라비에게 있어서는 좀더 나은 것을 얻게 된 것이라고 생각하였다. 판사는 법원이 명령한 이혼 중재자가 랍과 클레어의 분쟁을 해결할 때까지, 상대에게 비난하고 라비에게 악영향을 미칠 심문의 과정을 연기하였다.

이후 중재자와의 6차례의 회기가 지난 후에 양편 부모에게 초기의 입장을 포기하고, 공동으로 라비를 양육하는 것에 대해서 동의하였다. 이후 클레어가 먼저 1차적 물리적 양육을 맡아 라비는 클레어와 함께 살았고, 한 달에 2번의 주말은 라비와 함께 지냈다(금요일 학교가 끝난 후 데려가고, 월요일 아침에 학교로 데려다 주는 방식으로). 크리스마스 방학, 봄방학 그리고 여름에 8주 정도를 그의 아버지와 함께 보냈다. 그렇게 1년이 지난 이후에 라비는 그의 아버지의 집으로 옮기고, 거기서 학교에 등교하고 방문일정은 전년에 어머니 집에 있을 때 아버지가 했던 것처럼 하였다. 그리고 2년이 끝나갈 때쯤 중재자는 그들의 계획을 평가하고 수정하기 위하여 다시 만났다.

비록 규칙들은 어머니 집에 있을 때가 아버지와 함께 있을 때와는 조금 달랐지만, 라비는 각각의 집에서 기대하고 있는 것에 대하여 잘 알고 있었다. 라비의 부모는 그들 자신이 라비를 매우 사랑하고 있음을 보여주려고 노력하였다. 비록 랍은 자신을 떠나고, 라비를 데려간 클레어에 대한 화가 남아 있었지만, 라비가 엄마를 사랑하고, 떨어져 있을 때는 엄마를 그리워한다는 것을 잘 알고 있었다. 랍은 결코 클레어를 다시는 신뢰하지는 않았지만, 라비를 양육하는 관계에서 그러한 상처나 불신은 별개의 것이 되었다. 그 결과 라비는 잘 적응하였다. 라비는 부모들이 별거 중이었을 때 생겼었던 우울증이나 퇴행은 서서히 사라져 갔다.

각각의 부모와 1년씩을 지내고 난후에 라비는 다시 학교를 바꾸는 것을 원하지 않았다. 랍과 클레어의 신용을 걸고, 아들 라비가 원하는 것을 편안히 말하도록 하고 라비의 욕구를 그들 부모들의 욕구보다 우선하도록 하였다. 라비는 아버지를 사랑했지만, 그의 친구들과 같이 있고 싶었기 때문에 어머니와 함께 살기를 원했다. 랍은 이러한 아이의 의견에 실망을 하였지만, 그 사실을 받아들이고 이전 방문권을 유지하면서 3년 동안 라비의 생활에 적극적으로 개입하였다. 그러나 라비가 13살이 되었을 때 요구는 바뀌게 되었다. 그는 4년 동안 고등학교 생활을 하기 위해서 이제 다시 아버지에게 돌아가서 살기를 원하였다. 이것은 클레어에게는 충격이었지만, 십대 라비는 정말로 아버지와 살기를 원하는 것을 알 수 있었다. 고맙게도 이 두 부부는 융통성이 있어서, 라비가 잘 적응 할 수 있도록 도왔고, 4년이 지나 학교를 졸업한 이후에도 여전히 두 부모와 친하게 지내고 있다.

주거 공유(Shared House). 어떤 자료에 의하면 아동들을 그냥 같은 집에 남고, 그들의 이혼한 부모들이 주기적으로 들어오고 나가는 상황을 언급한다. 이러한 방문 조정방식은 장기적으로 대부분의 가족들에게 적합하지 않고, 좀처럼 견디기 힘들다. 어쨌든 불행히도 이러한 상황은 공동양육의 개념을 조롱하는 것으로 자주 사용된다. 이러한 선입견은 공동 양육권(지속적으로 아이들의 삶에서 부모의 역할을 장려할 수 있음)과 접근권(매우 융통성이 있음)의 개념의 혼란을 보여주는 것이다.

마지막으로 동등한 시간 그리고 공동 양육 계획들에 관한 부모들의 주요 관심은 아동이 다른 규칙과 일정을 가지고 있는 두 가계에 적응하기 어려운지에 대한 것이다. 몇몇 연구에서 학령기 아동의 경우에는 다른 부모의 가정에서도 각 가정"내"(within) 서로 일관성이 있는 한 각각의 집에서 잘 적응을 하는 것으로 나타났다. 성공적으로 공동 양육 계획을 위해서는, 부모들이 다음에 나오는 지침들을 따를 필요성이 있다.

• 아동에 관해 서로 협력하고 지원할 것 혹은 최소한 부모 갈등으로부터 아

동을 보호하도록 할 것

- 거주지 변경 시 아동이 믿을 수 있고 계획할 수 있도록 예측 가능한 계획을 수립할 것(더 나이가 있는 아동은 더욱 융통성 있는 계획을 가질 수 있으나 정례적인 것이 최상임
- 양쪽 부모 가정 내 규칙들이 가능한 일관성을 가질 것

아동은 두 집에서의 잠자리 시간, 식사 시간, 수용될 만한 행동 등 실제상황에서 명료하게 정해진다. 그러나 한편 다른 규칙들이 존재할 때 잘 적응한다. 아동은 규칙이나 기대가 명료하지 않고 각각의 부모가 각 가정에서 믿을만하게 이를 강화시켜 주지 않으면 어려움을 겪는다. 기억할 것은, 또한 규율훈련이 많으면 이혼가정의 아동에게 특히 문제가 된다.

한 부모에 의한 우선 물리적 양육

부모들은 이미 언급을 하였듯이 동등한 시간을 공유하지 않는 방식으로 공동양육을 할 수도 있다. 많은 가족들에서 어머니는 지속적으로 기본적인 양육권을 가지는 것을 선택하고, 아버지는 부분적인 양육의 역할을 한다. 한 부모(아버지든 어머니든)가 우선 물리적 양육을 할 때 많은 다른 생활 조정이 가능하다.

아버지 양육

최근에 들어서 아버지가 양육을 하는 경우가 증가하고 있다. 그러나 남성이 우선적으로 양육하는 수가 증가하고 있는 것은 이혼의 증가에 의한 것이지, 결코 아버지가 양육을 하는 비율이 높아지고 있는 것은 아니다. 이혼을 한 가정의 10명 중 9명 이상이 그들의 어머니와 여전히 살고 있다. 그러나 아버지가 우선 물리적 양육을 할 경우에는 그들은 절반의 시간을 얻게 된다. 이 경우 아버지는 학령기 이전이나 어린 아동이 아니라 학령기이거나 사춘기의 아동일 가능성이

높다.

아버지와의 생활은 아동들에게 어떠한 효과를 주게 될까? 연구자들에 의하면 아버지와 함께 사는 경우에는 어머니와 사는 아동과 같이 잘 적응하는 것으로 나타났다. 어머니가 양육하는 경우와 마찬가지로 아동의 적응은 (1) 효과적으로 양육하는 아버지의 능력(즉 양육의 제공이나 효과적인 훈육, 그리고 정상적인 가계생활) 그리고 (2) 어머니와 아동의 관계를 지지하는 아버지의 능력에 달려 있다.

아마도 어머니와 아버지 양육에 대한 비교 연구는 아동의 성별과 양육지위 사이의 상호작용을 중시하여 다룬다. 비록 적은 연구가 시행되었지만, 연구자들은 학령기 아동은 동일한 성을 가진 부모와 함께 살 경우에 더 잘 적응하는 것으로 나타났다. 여자 아동의 경우 남자 아동보다 어머니 가정에서 생활할 때 잘 적응하는 것으로 나타났으며, 남자 아동의 경우에는 여자 아동보다 아버지 가정에서 생활할 때 더 잘 적응하는 것으로 나타났다. 반대로 반대의 성별을 가진 부모와 생활을 할 경우에 있어서는 낮은 자존감과 공격적인 행동을 하는 경향을 나타냈다. 그러나 아버지 가정에서 양육되는 아들의 경우는 덜 사교적이고, 덜 여성적인 성향이 나타나는 것으로 나타났다. 만약 양 부모가 모두 서로 우선 물리적 양육을 원하고 동등한 시간이나 접근권에 대해서는 만족하지 못한다면, 부모들은 동일한 성별의 이점을 고려해야 한다. 아동과 동일한 성별을 가신 부모와의 지속적인 관계는 매우 중요한 것으로 보인다.

비록 부모들이 동일 성별의 이점을 고려한다고 할지라도 다른 더 중요한 차원이 있다. 연구 결과, "아동의 적응은 1차적 보호자의 능력에 가장 큰 영향을 받는다."는 것이다. 어머니 또는 아버지 양육가정 모두에서 부모들이 애정을 가지고, 명확한 규칙과 의사소통을 장려하는 경우에 양쪽의 성 모두의 아동들이 잘 적응을 할 수 있다. 이러한 효과적인 아동양육 실천방법은 10장에서 언급하도록 하겠다.

어머니 양육

대부분의 이혼한 아버지의 경우에 1차적 물리적 양육 또는 동등한 시간 조정을 시도하지 않고, 85%의 아동들은 어머니와 함께 사는 것으로 나타났다. 대부분의 부모들은 여전히 어머니가 우선 물리적 양육권을 가지기를 원하고 아버지의 경우에는 그들의 자녀를 방문하는 것을 선호한다. 그러나 이러한 많은 부모들은 공동양육방식을 통하여 아버지의 역할을 유효화하고 이혼 후 전적인 양육에의 참여나 재정적인 지원을 장려할 수 있다. 이러한 공동 양육권의 틀 내에서는 어머니는 우선 물리적 양육권을 가지고, 부모들은 자녀들의 환경에 적합하도록 아버지의 방문을 계획한다. 다음은 부모들이 양육계획을 세우는데 유용한 지침이다.

거주방식을 위한 일반적 지침

양육권과 방문권의 조정은 매우 광범위하며 부모가 그 가족의 상황에 맞는 가장 적절한 방법을 선택하는 것이 중요하다. 동의한 양육계획이 무엇이든간에 어떻게 구현되느냐에 따라 성공이 달려 있다(몇 시간을 부모와 함께 보내느냐의 문제가 아니다). 그러한 조정이 성공적으로 이루어지도록 할 수 있는 중요한 지침을 살펴보겠다.

규칙성

비록 자발성과 비공식성이 자주 강조되지만, 양육의 문제에 있어서는 잘 이루어지지 않는다. 각 부모가 언제 아동과 함께 할지 구체적인 내용의 명료한 일정이 필요하다. 왜? 명료한 일정은 양육권 분쟁을 최소화한다. 왜냐하면 일정에 따라 아버지들이 언제 어머니의 허가 없이 그 다음에 자녀들을 만날 수 있는지에 대해 말할 수 있기 때문이다. 또한 일정을 통해 어머니가 아버지에게 어떤 계획이 있는지 묻지 않고도 어떠한 일을 하는지 알 수 있다. 그러나 양육 계획은 아이와 부모의 욕구 변화에 따라 융통성이 있어야 한다. 부모는 그들의 이혼이 성립될 때, 양육계획을 주기적으로 검토하고 동의안이 양쪽 부모의 합의하에 변경될 수 있다는 내용을 원한다.

대부분의 아이들은 일관성 있고 예측 가능한 일상생활 내에서 가장 잘 생활하며, 그리고 이러한 규칙성은 특히 이혼의 영향에서 가장 중요한 것이다. 아이들이 언제 한쪽 부모와 함께 있고, 언제 다른 부모를 볼 수 있는지를 미리 정확히 알고 있다면 아이들은 좀더 편안해 할 것이다. 부모들끼리 합의한 방문 일정을 아이들에게 조심스럽게 보여준다면 아이들은 명확하게 이해를 할 것이다. 아동이 각각의 부모들과 함께하는 날들을 달력에 그려둠으로써 아이들이 기억하는데 도움을 줄 수 있다. 약속을 해 놓았으나 갑작스럽게 만나지 못하게 된 경우에는 아이들에게 사전에 변동사항에 대하여 알려주어야 한다.

예견되지 않은 방문 일정은 문제가 된다. 아동들에게는 신뢰성이 필요하다. 예를 들어 4살의 수지는 "아빠, 나 엄마가 그리워; 나는 가고 싶어." 이에 대한 현명한 아버지의 대답은 다음과 같다. "네가 나와 함께 있을 때, 때때로 네가 엄마가 그리운 것을 알고 있다. 엄마와 함께 있는 것이 좋다고 느낄 수는 있어. 그렇지만 오늘은 수요일이고, 우리가 함께 하는 시간이란나. 자~ 달력을 보면, 엄마가 내일 오전 8시에 너를 데리러 오실 거야. 그때 엄마를 만날 수 있고, 그리고 엄마한테 얼마나 보고 싶었는지 이야기를 하는 거야. 내일 아침에 엄마한테 줄 그림 오늘 그리고 싶지 않니? 네가 알다시피 엄마는 네가 그림 그리는 걸 항상 좋아해."

일관성과 친숙함

부모는 이혼한 이후에도 자녀의 삶에 많은 요소들이 가능한 일관성있게 유지되길 원한다. 변화는 스트레스를 유발한다. 선생님, 보모, 가족의 친구들, 그리고 학교 동료들은 아동이 집에서 변화를 대처하는데 연속성과 안정성을 제공하는데 중요한 원천이 된다. 부모는 아동의 일상이나 환경의 변화를 가능한 피하여야 한다. 새로운 학교나 이웃들이 때때로 이혼 후에 필요하기도 하지만, 이것들은 더 많은 조정과 적응을 요구한다. 부모들은 친밀감과 안전성을 통해 가능한 아이들의 생활의 변화를 최소화하여 편안해 하도록 해야 한다.

더불어 아동은 자신만의 공간이 필요하다. 아동은 각 부모의 집에서 적어도 하나의 공간을 가짐으로써 유익을 얻을 수 있다. 최소한 자신만이 소유하는 공간을 마련하여 박스나 선반 안에 아이들의 물건을 보관할 수 있어야 한다. 더 나아가 선반, 방, 침대, 장 등에 아동의 이름을 적어서 소속감을 느끼도록 할 수 있다.

횟수

우선 어머니가 우선 물리적 양육자라면, 더 많은 시간을 아버지가 아이들과 함께 보낼 수 있도록 하는 동시에 양육권과 관련된 분쟁에는 노출되지 않도록 해야 한다. 연구에 의하면 아버지와 자주 만나는 경우에 있어서 아버지와 자녀 관계의 친밀감이 더 높아지고, 방문에 있어서 아동의 만족감도 높아지며, 그리고 아버지에 의해서 아이들을 더 효율적으로 키울 수 있게 된다고 한다. 이상적으로, 아버지들은 아동과 같이 밤을 지내는 등 매주 만나서, 그들의 숙제나 훈육, 식사시간 그리고 자는 시간 등 실제적인 양육활동에 참여할 수 있다.

방문이 효과적이기 위해서 일정한 규칙과 계획을 가지고 갈등이 없는 상태에서 진행되어야 한다. 전례적인 격주의 방문 방식은 피해야 하는데, 이는 자녀와 부모가 서로 알거나 또는 실질적인 양육관계를 갖는데 시간이 충분하지 않기 때문이다. 비양육 아버지가 매일같이 방문을 하는 경우에도 역시 효과가 없다. 이것은 8시간동안 인위적인 장소에서 아버지와 아이들이 무엇을 해야 할지 모르는 상황이기 때문에 아버지에게 스트레스를 준다. 경험적으로 모든 연령의 아이들은 연구자들에게 이러한 제한된 방문이 그들에게 좌절감과 실망을 준다고 이야기하고 있다. 비양육자인 아버지와 함께 보내게 되는 경우에 규칙적으로 짜여진 일박의 일정과 주말을 포함해야 한다. 이러한 조정은 매우 필요한데, 왜냐하면 저녁요리나 숙제를 함께 하는 것, 그리고 밤에 같이 지내는 등의 일상적 활동을 아버지에게 허락한다는 뜻이기 때문이다. 이렇듯 보다 긴 방문은 실생활에서의 상호 영향을 가능하게 하며 또한 대부분의 비양육자 아버지와 자녀들 사이에서 특징적으로 나타나는 오락이 위주가 됨으로써 발생된 불만족을 막을 수 있다(대부분의 공동양육은 이 오락위주의 방문이 멈춰질 때 제대로 진행된다). 아버지가 친구처럼 되는 경우에는 많은 것을 잃을 수 있다. 아버지들은 실제의 양육관계에 내재된 갈등과 씨름할 필요가 있다(훈련과 통제를 행사하고, 아동의 활동과 행동을 감독하고, 아동의 선생님과 친구들과 상호작용하며, 눈물을 닦아주고 그리고 반창고를 붙이며, 자기 전 책을 읽어주는 것 등). 마지막으로 아이들과 방문 일정 사이에 전화나 e-mail을 하면 좋을 것이다(예를 들어, 아빠의 매주 수요일 저녁 8시에의 전화).

실례로서, 많은 이혼한 가정에서 잘 이루어지는 하나의 방문 일정으로서 비양육 아버지가 매달 두 번의 긴 주말(목요일 방과 후부터 월요일 등교 시까지)을 그의 집에서 함께 할 수 있도록 하는 것이다. 물론 아이들과 함께 있지 못하는 주중에는 아버지가 저녁에 방문을 하거나 일박을 할 수도 있다(학령기의 아동들은 부모가 주중 방과 후에 방문하는 것, 교실에서의 사원봉사, 소풍이나 실외활동에 참석하는 것을 좋아한다). 부모들은 추수감사절, 크리스마스 그리고 생일과 같은 날에는 번갈아 가면서 있어 주어야 한다. 방학 일정이나 일을 조정하여서 부모들은 아이들과 함께 하는 기간을 늘릴 필요가 있다. 예를 들어 크리스마스 2주 동안, 봄방학 1주 동안 그리고 여름방학에 몇 주간을 아이들과 보내는 것이다. 만약 이보다 덜 시간을 가지게 된다면 아이들과 아버지는 서로에 대해서 잘 모르게 되고, 만약에 너무 자주 만나게 된다면 그들의 관계가 너무 좋아지지만, 너무 피상적이 될 수 있다. 너무 무심하거나 너무 서투르게 자주 만난 많은 아버지와 아이 관계는 2년 안에 깨어지고 쇠퇴하게 된다.

마지막으로 권리와 함께 책임도 따라야 한다. 비양육 부모는 자녀와 중요한 시간을 보내고자 할 때 양육에 스스로를 헌신할 필요가 있다. 아이들은 그들의 1차적 보호자(조부모, 낮 센터 보호자 또는 다른 사람)로부터 떨어져서는 안 된다. 비양육 부모가 자녀와 함께 하는 시간을 늘리기를 원하는 경우에는 이것을 받아들여야 한다. 그러나 역으로 비양육 부모는 이러한 개인적인 양육을 제공하기 위해서 직업상의 일정, 직업적 목표, 다른 관계들에서 소비하는 시간을 기꺼이 변경해야 한다.

부모를 만나는 것에 대한 아동의 통제

아동이 그들의 부모를 만날 때 통제를 할수록 그만큼 더 잘 대처할 수 있다. 아동은 그들이 다른 편 부모의 집에 가고 싶을 때 쉽게 자전거를 타거나, 걷거나, 버스를 타고갈 수 있다면 방문 일정에 매우 만족해한다. 우리가 본 것과 같이 이혼은 대부분의 아동들에게 무기력함을 느끼게 하고, 자존감이 낮아지게 한다. 만약 자녀들이 방문 일정에 어떠한 영향력을 미칠 수 있다면, 그들은 이혼에 보다 더 효과적으로 대처할 수 있도록 동기부여가 될 것이다. 비록 부모들이 항상 자녀가 원하는 일정을 만들어 줄 수 없음에도 불구하고, 부모들은 자녀들이 무엇을 원하는지, 가능한 한 그들의 선호를 충족시켜 줄 수 있도록 해야 한다.

대부분의 이혼 가정에서는, 아버지는 가정 울타리 밖에서 생활하게 되며, 어머니는 자녀들의 물리적 양육의 우선권을 갖게 된다. 경제적인 압박 때문에, 많은 아버지는 그들의 부모의 집으로 다시 돌아가게 된다. 양육권을 가지지 못한 아버지들은 종종 별거 후 첫 5년 동안 3~5번 정도 이사를 다니기 때문에 이는 방문에 있어서는 최악의 효과를 가지고 온다.

가능한 한, 떨어져 지내는 아버지는 처음 이사를 신중하게 계획하여야 하고, 보다 영구적인 주거를 얻을 수 있도록 해야 한다. 예를 들어, 아버지와 자녀는 새로운 공간을 장식하기 위해 함께 가구, 그림, 장식물을 함께 설치할 수 있다. 아버지는 전처가 살고 있는 곳에 새 집을 얻고(같은 학교지역 내에), 이는 자녀들이 그를 더 쉽게 볼 수 있게 한다는 장점이 있으며, 같은 동료 이웃들과의 관계를 유지할 수 있게 하고, 소속감을 유지할 수 있다. 너무 많은 부모들이 근시안적이어서 이같이 중요한 지침을 인식하지 못하고 있다. 따라서 양쪽 부모들의 집을 자전거나 걷는 것으로 쉽게 오갈 수 있는 자녀는 각 부모들과 충분히 만날 수 있다.

오가는 것

자녀들이 양쪽 부모의 집을 오가는 것은, 자녀들이 다른 한쪽의 부모를 방문하기 위해 다른 한 쪽 부모를 떠나 있어야 한다는 것을 의미하고, 이는 가족 구성원 모두에게 어려운 시간이 될 수 있다. 이 주제를 신중하게 생각해 보도록 하자. 남아 있는 부모는 다양한 반응을 나타낸다. 즉, 자녀를 떠나보낼 때 슬픔을 보이거나, 오래된 갈등이 표출되면서 이전 배우자에 대해 분노가 표출되기도 하고, 부모의 책임감으로부터 약간의 휴식을 가지는 데서 비롯되는 안도감이 있다. 그들의 감정과 상관없이, 혼자 남아 있는 부모들은 그들이 다른 부모에게 가 있는 동안 잘 지낼 거라는 것과 걱정없이 다른 부모와 즐겁게 지내고 오기를 바란다는 것을 자녀에게 재보장해 줄 필요가 있다. 또한 혼자 남아 있는 부모들은 자녀가 다른 편 부모와 함께 시간을 보내는 기회를 가져 기쁘고 아이를 화요일 4시(구체적인 날짜, 일시, 장소)에 다시 볼 수 있어 행복하다고 말하기도 한다. 다시 말해 자녀들은 죄책감 없이 다른 부모와 친밀감을 느끼고 자녀가 없을 때에도 부모의 복지에 대해서 걱정하지 않고 양육부모를 떠나도 된다고 말로 허용해 줄 필요가 있다. 대부분의 상황에서, 만약 당신이 방문에 대한 신념을 보여준다면, 당신의 자녀는 신뢰를 가질 것이다. 반대로, 만약 자녀가 당신의 눈물이나 공포 혹은 외로움에 대한 증거들을 계속해서 보게 된다면, 그들은 불안장애를 보일 것이다.

부모와 자녀의 면담이 자녀에게 첫 만남부터 반드시 행복해하거나 친밀감을 느끼게 될 것이라고 기대하는 것은 좋지 않다. 서로가 다시 잘 알아가기 위해서는 준비기간이 필요하다. 방문의 첫날밤은 종종 자녀에게 가장 어려운 시간이며, 부모들은 자녀들이 화를 내거나, 수줍어하더라도 화를 내거나 거부당했다고 생각하면 안 된다. 자녀들을 즐겁게 해주기 위한 당황스러운 활동을 계획하는 것 보다는 부모 자녀간의 방문이 쉽도록 하기 위해서 첫 방문에서 협상을 하는 것이 가장 좋은 것이다. 예를 들어, 부모와 자녀는 저녁을 같이 준비할 수 있고, 저녁 후에 산책이나 자전거 타기를 같이 할 수 있으며, 일상적인 대화를 나눌 수 있는 기회를 가질 수 있는 보드게임을 한다거나 자기 전에 이야기를 들려주는 것 등을 할 수 있다. 비록 자녀들이 단지 TV를 보겠다거나, 컴퓨터 게임을 하겠다고 저항할지도 모르지만, 그들은 곧 같이 책을 읽고, 놀이를 하고, 산책하고, 공유된 활동들을 하면서 개인적 접촉을 하게 되며 이는 대화를 더욱 쉽게 만든다.

서로를 자주 보지 못하는 부모와 자녀는 의미 있는 관계를 형성하는데 잠재적인 손실 위험을 갖고 있다. 종종 부모와 자녀가 서로 떨어져 산 이후에 처음 하는 방문은 꽤나 어색하고 그 감정을 끝내기도 상당히 힘들다. 이 처음의 어색함을 피하기 위해서 몇몇 부모들은 많은 인공적인 활동들로 자녀를 과대 자극한다. "디즈니랜드 아빠" 혹은 "여행가이드 부모"와 같이 말이다. 이런 활동들은 부모나 자녀에게 전혀 충분한 활동이 아니다. 대신에 부모들은 자녀의 흥미를 맞추기 위해 적극적으로 다른 방법들을 찾아볼 수 있고, 자녀들과 감정적인 교류를 할 수 있는 방법을 찾기도 한다. 또한 자녀는 부모가 자녀의 오가는 것에 대한 어려운 심정을 터놓고 이야기하는 것에 안도를 한다. 예를 들어, 아빠가 "너의 엄마를 남겨두고 나와 같이 여기서 머무는 것이 때로는 힘들 수도 있어. 나는 네가 엄마를 얼마나 그리워하는지 안단다. 그리고 너는 여기에 나와 같이 잠시 동안 있을 거야. 그럼 우리 함께 우리가 어떻게 지내면 될 지 생각해 보고 이야기해 보자. 어때?"라고 말할 수 있다. 자녀와 어울릴 수 있는 가장 좋은 방법은 그들의 흥미를 지지하고 같이 즐길 수 있는 활동에 참여하는 것이다(예를 들어, 체스놀이, 탁구, 자전거타기, 수영하기, 수수께끼 등등).

부모와 자녀는 모두 각자를 다시 찾아가기 위해 공유된 활동들에서 조용한 시간을 가질 필요가 있다. 게다가 부모와 자녀들은 그들이 서로 이야기를 하지 않기 때문에 예전처럼 가까워지지 못한다. 특히, 만약 자녀가 문제를 표출한 경우, 어머니들은 종종 문제에 대한 해결을 너무 빨리 제안하는 경향이 있다. 그리고 아버지들은 종종 그들의 근심걱정을 중요하지 않은 것으로 혹은 과장된 걱정으로 왜곡해 버린다. 예를 들어 "그것은 큰 문제가 아니야"처럼 말이다. 만약 부모가 자녀들의 문제를 미리 고정시키거나 왜곡시키지 않고 추후의 논의로 이끌고 더 세심하게 들어준다면 더욱 깊은 신뢰가 형성될 것이다. 부모들은 그들이 그 문제를 신중하게 다룰 수 있도록 내버려 두어야 하고 열린 마음으로 그 문제에 대해 더 들을 수 있기를 원한다. "그것은 문제로구나. 네가 그것에 대해 얼마만큼 생각했는지 알 수 있을 것 같구나. 내가 그것을 더 잘 이해할 수 있도록 조금만 더 이야기해 주지 않겠니?"라고 말이다.

비양육자인 부모는 또한 부모와 자녀간의 중요한 대화를 더욱 촉진시키기 위해서 가족 의례를 만들 수 있다. 예를 들어, 부모들은 주간 회의를 설정할 수 있고, 가족들의 계획을 논의하기 위한, 모든 구성원에게 영향을 미치는 의사결정을 하기 위한 만남의 시간을 만들 수 있다. 자녀들은 매일 밤 의식적으로 같은 시간에 잠자리에 드는 것에서 편안함을 느낄 수 있다. 예를 들어, 모든 사람들이 8시 30분에 같은 장소에 모여서, 씻고, 부모들이 들려주는 짧은 이야기를 듣고, 가족이 계획한 방학 일정에 대해 이야기를 나누는 것이다. 이 같은 공유된 초점이 확립된 이후에, 더욱 중요한 대화들을 위한 조용한 시간이 종종 필요하다. 말하고, 듣고 서로를 더욱 잘 알아가기 위한 기회들을 만들어내려는 노력 없이, 관계는 피상적이 되고, 방문 횟수는 줄어들 것이다. 자녀와 감정적 교류를 키우고 싶어 하지만 그것을 받아본 경험이 없기 때문에 어떻게 해야 할지 모르는 아버지들은 도움을 찾을 수 있다. 자녀와의 더욱 의미 있는 관계를 발전시키는 능력은 치료사, 목사, 부모교육 프로그램 그리고 편모를 위한 자조그룹을 통해서 배울 수 있다.

시작하는 사람들을 위해 : 아버지들은 당신에 대해 더욱 많은 것을 공유해야 한다. 자녀에게 당신의 어린 시절 중 재미있었던 것을 이야기해 주고, 때로는 무서웠던 순간, 실망한 순간, 당신이 가지고 있었던 문제들에 대한 이야기를 해주어라. 그리고 만약 자녀들이 당신과 당신의 인생에 대해 알고 싶어 한다면, 당신에게 중요한 것이 무엇인지를 같이 공유하고, 당신 자신을 보여주라.

아동의 연령

여러 연령대의 아동들을 방문하는 일정에 대해 제안함에 있어서 여러 방안이 가능하다는 것을 먼저 밝히는 바이다. 어떤 아동에게는 유효할 지도 모르는 방문 방법이 다른 아동들에게는 부정적인 영향을 끼칠 수도 있다.

이틀에 한 번, 몇 시간 동안의 잦은 단기 방문은 주된 양육자들과 함께 정기적인 접촉이 필요한 유아나 어린이들에게 더 유효하다. 그러나 이와 같은 방문 시기 동안 아버지는 음식먹이기, 목욕시키기, 아동 변화의 과정에 적극적으로 참가해야만 한다. 심지어 어머니, 할머니, 그리고 새 아내가 처음에 이 같은 일을 더 정교하게 할 수 있다고 하더라도, 아버지는 스스로 부적절하다고 두려움을 갖거나, 다른 사람들이 여성이 양육하는 것을 선호한다는 이유로 인해 포기해서는 안 된다. 이것은 단지 아버지로 하여금 그들 자신의 매우 어린 자녀를 위해 어떻게 양육을 해야 하는지를 학습하도록 해주는 것이다. 만약 아버지가 다른 사람이 자신의 아이를 완벽하게 양육할 수 있다고 느끼면, 그들은 더 이상 배우려고 하지 않을 것이다. 아버지들은 도움을 주는 사람들에게 제한된 범위를 설정하여 "아니요, 괜찮습니다. 제가 할게요"라고 말할 수 있어야 한다. 그렇지 않으면 그들은 자신의 자녀를 돌보는 일에 편안함을 결코 느끼지 못할 것이다. 비양육권자의 아버지들이 그들의 자녀와 함께 시간을 보내는 것은 필수적이다. 초기의 양육 활동에서 생겨나는 애착관계는 인생의 전반적인 관계를 위한 기초이다. 이것은 인생의 모험이다. 따라서 놓치지 말자.

4살 이하의 자녀들은 오랫동안 주 양육자와 떨어뜨려 놓으면 안 된다. 2~3일의 분리는 어린 자녀들에게 매우 긴 시간이다. 비양육권자인 부모가 셋째 혹은 넷째 날 밤에 방문을 하거나 혹은 주말, 이틀에 한번 전화를 하는 것은 많은 가정에서 이루어지고 있다. 특히 취학 전 아동들은 친숙하고, 정기적이고 지속적인 면담을 필요로 한다.

학령기 아동들은 더 긴 시간동안의 분리를 받아들일 수 있고, 일정을 보다 유연하게 조정할 수 있으며, 보통 양 부모와 더 많은 시간을 보내고 싶어 한다. 6세 이상의 많은 아동들은 3, 4일에 한 번씩 어머니의 그리고 아버지의 집을 돌아가면서 생활하는 것을 받아들인다. 학기동안 주말을 더 길게 갖거나 하룻밤 머무는 것은 대개 좋게 작용한다. 일정은 학교 일정과 다른 활동들을 침해하지 않는 범위에서 조정되어야 한다.

십대 이전의 자녀들은 더 긴 시간동안의 방문을 다룰 수 있으며 그들은 스스로가 어디에서 머물고 언제 각 부모와 머물지를 결정하기를 원한다. 십대 중반이 되면, 특히 14~15세의 자녀들은 주로 자기와 같은 성의 부모와 머물기를 선택한다. 부모들은 이와 같은 선호를 받아들이고, 가능한 한 적응해야 한다. 일반적으로 청소년은 방문일정과 생활 결정에 주요 참여자가 되어야 한다. 이를 통해 그들은 강화된다. 그들이 선호하는 것들을 신중하게 고려하고 가능한 한 반영하여야 한다.

책임 짐

부모는 자녀들이 제한선을 시험하고 있음을 알아야 하며 따라서 가정 환경내 경계선을 선정하여야 한다. 자녀들은 종종 가족의 붕괴에 분노하고 그들을 훈련시키는 것은 더욱 어려워진다. 그들은 한 부모가 다른 부모에 반대하도록 하는 역할을 시도하기도 한다. 8~11세 소년들은, 특히, 자주 화를 낸다. 때때로, 그들은 그들의 부모를 처벌하는 방법들을 찾아, 비양육자인 부모로 하여금 죄책감을 느끼도록 하거나 방문을 거부하거나 흥미를 잃도록 한다.

붕괴 이후, 몇몇의 자녀들은 이야기한다 "나는 당신을 더 이상 보고 싶지 않아요." 이 같은 위협은 특히 이미 그들의 자녀에게 죄책감을 느끼고 있는 비양육자인 아버지에게 더 유력하다. 한 부모가 자녀를 훈육하거나 제한을 둘 때,

자녀들은 으레 나가서 살거나, 다른 부모와 살겠다고 위협한다. 많은 이혼 부모들은 그들의 자녀에 의해 힘이 약해지며 그들의 자녀와 협상하고 부탁을 하는 관계가 형성된다. 아동이 우위를 차지하고 부모가 자녀에게 너무 많은 권력과 통제를 부여하면 위기적인 결과를 가져오게 된다.

자녀들의 타당한 불평불만은 들어주어야 하지만, 그들에게 부모 자식관계를 좌지우지하는 힘을 주어서는 안 된다. 몇몇의 경우를 제외하고는 부모는 그들의 자녀가 비양육자인 부모와 시간을 보내는 것의 여부 혹은 관계를 지속할 것인지에 대한 여부를 결정하도록 놔두면 안 된다. 관계의 지속성은 자녀에게 실제적인 것, 그리고 주어진 것으로 인식되어야 한다. 비록 분노와 마음의 상처는 논의되어야 하고, 관계의 실제적 문제에 대한 해결책은 모색되어야 하지만 자녀들이 부모와의 관계를 위험에 빠뜨리도록 해서는 안 된다. 많은 아버지들은 자녀들의 분노 거부에 대해 과민반응하고 그래서 그들의 부모 역할까지 포기하곤 한다. 그리고 많은 어머니들은 문제에 대한 해결 반응을 포기하곤 한다. 자녀들이 과장되고 냉소적이 되어, 성인을 지나치게 통제하거나 한쪽 부모를 무력화시킬 때 자녀들은 인생의 전반에서 고통을 겪게 된다.

마지막으로, 만약 부모가 법정에서 계속 싸움을 한다면, 대부분의 자녀들은 장기적인 적응 문제를 호소하게 된다. 법정 싸움에서 종종 야기되는 두 가지 이슈는 아동 양육비와 방문 일정이다. 다음에는, 마지막으로 이 두 가지 문제를 살펴보고 부모로 하여금 이혼 중재자를 활용하도록 격려시키는 것과 가능한 한 법정 밖에서 그들의 차이를 진정시키는 것을 다루도록 하겠다.

중재를 통한 분쟁해결

사람들이 혼란에 반응하는 전통적인, 그러나 비효과적인 두 방법은 “싸움과 도피”로 특징지어질 수 있다. 논쟁을 해결하는 보다 건설적인 방법은 중재를 통하는 것이다. 대부분의 주에서, 법은 양육권이나 훈육 계획에 대한 그들의 논쟁에 대해 중립적인 중재자의 도움을 받으라고 권유하고 있다. 만약 두 부모가 양육 계획에 합의를 하면, 판사는 주로 그것을 수용한다. 만약 부모들이 중재를 통해 합의를 하지 못한다면, 변호사가 각 부모를 위해 변론하되, 대부분 불가피하게, 더 상처받고 비참하게 될 것이다. 이 같은 고통스럽고 비싼 법적 절차의 끝에 판사가 그들의 운명을 결정하게 될 것이다. 많은 이혼 절차가 부모들의 스스로의 통제에서 벗어나고 있는 반면에 중재는 많은 부모들에게 그들의 운명을 결정할 수 있는 기회를 제공한다. 중재가 무엇인지에 대해 보다 세밀하게 살펴보자.

중재는 이혼 절차상에서, 이혼 후의 그들의 논쟁을 해결하기 위해 이혼하는 부부들을 위한 건설적인 방법을 제공한다. 유능한 중재자는 가족 법 지식, 아동심리, 그리고 협상 기술에 있어서 중립적인 전문가이다. 중재자는 이혼하는 가정의 논쟁 이슈를 규정하며, 가족의 최선의 이익을 위한 합의점을 찾도록 도와준다. 중재자는 합의적인 논의가 이루어지도록 의사소통 절차를 지도하면서, 모든 사람은 들을 기회를 가지며 갈등은 한 번에 하나씩 논의된다. 중재자는 한편에 서서 다른 한편을 비난하거나, 이혼하는 부부를 위한 결정을 내려주지 않는다. 대신에, 중재자는 아동의 욕구를 이해하도록 부모들을 돕고, 아동의 최선의 이득에 맞는 합의점을 찾도록 하며, 두 부모에게 가능한 가장 협조적인 부모관계를 확립하도록 도와준다. 중재자는 제안을 할 수 있으며, 부모 계획을 발전시킬 수 있도록 도와주지만, 최종적인 합의는 부모에게 달려 있다.

중재는 결혼상담이나 심리치료가 아니다. 중재자는 부부 스스로가 합의점을 찾도록 도와주는데 초점을 맞추며, 변호사처럼 한 편을 대변하지 않는다. 목적은 이혼하는 부부가 다시 결합하는 것을 돕는 것이 아니라, 각자를 신뢰하고 친구가 되도록 하는 것에 있다. 중재는 이혼과 관련된 이슈를 해결하도록 가족을 돕고 성공적인 부모로서의 합의점에 도달하도록 한다. 유사하게 중재는 변호사를 대체하는 것이 아니다. 대부분의 부모들은 여전히 법을 이해하는데 도움을 주고, 그들이 보호받아야 하는 권리를 확신시켜 주고 최종 합의서도 작성해주는 변호사를 원하고 있다. 많은 부모들은 두 부모에게 수용 가능한 법정 밖의 상황에 대한 중재를 해줄 수 있는 신뢰할 만한 변호사를 원하고 있다.

공동 양육과 같이, 중재는 만병통치약이 아니다 : 이는 고유의 문제와 한계를 가지고 있음을 의미한다. 이 절차는 항상 유효한 것이 아니다. 비록 참여자들이 서로 좋아하거나 신뢰할 필요가 없다고 하더라도, 그들은 모든 가족 구성원에게 공정한 해결책을 찾기 위한 좋은 신뢰의 기반 위에서 함께 해야만 한다. 한쪽이 승소했다고 하더라도, 이후의 갈등과 추가 소송은 종종 발생하고, 자녀들에게 더욱 많은 문제를 발생시킨다.

중재는 한쪽 부모가 심리적으로 폭력적인 경우, 약물중독이나 알코올 중독인 경우, 그리고 자녀들의 행복과 안전에 지나치게 의존하는 세 경우의 상황에서 실패한다. 한쪽 부모가 제출하고 서명한 양육계획을 다른 쪽 부모가 진정으로 믿지 않으면 그 부모는 후에 이를 법정에 다시 가져온다. 중재의 성공은 중재에 대한 변호사의 태도가 "법정 밖에서 한번 해결해 봅시다"인지, 아니면 "법정에서 싸웁시다. 내가 당신이 원하는 것을 얻도록 해 주겠소"인지에 달려 있다.

몇몇 사례는 반드시 법정에서 해결되어야만 한다(예를 들어, 심지어 능력 있는 중재자의 도움이 있다고 하더라도 전 배우자와 친밀한 관계 속에서 논의를 할 수 없는 가정폭력희생자의 경우). 그러나 가족의 대다수에게 있어서, 중재는 이혼이 야기하는 복잡한 문제 해결을 위한 최선의 대안이 되지 못한다. 부모들이 법정에서 논쟁을 할 때, 신랄한 태도와 불신은 이미 부모들 사이에서 존재하며, 이는 법정 절차가 진행될수록 악화된다. 결과적인 분노는 종종 부모와 자녀 모두에게 유해하다. 자녀는 그들의 부모가 법정에서 싸우는 것을 보면서 고통받고, 그리고 그 상처는 오래도록 남는다.

중재의 결과는 부모와 자녀를 위한 감정적인 이득과 더불어 법정 싸움보다 비용 효과적이다. 한쪽이 파산할 때까지 법정 싸움을 하는 부모를 가정 법정에서 종종 보곤 한다. 더 이상 법정 지불을 할 수 없을 때까지, 가족이 재정적 위기에 처할 때까지 계속하곤 한다. 따라서 이혼 결정과 양육 계획이 소모적인 소송이 시작하기 이전에 실제적으로 시작 단계에서부터 마련되어야 한다. 위자료와 아동 양육비에 대한 결정은 판사가 책상 위에 놓여진 소프트웨어 프로그램의 컴퓨터 지침을 단순히 보면서 이루어진다는 것을 유념해야 한다.

마지막으로 중재된 동의서는 법원 명령의 해결책보다 더 유연한데 이는 상호의 찬성과 공감에서 비롯된 것이기 때문이다. 이혼하는 부모들은 중재를 통해 논쟁을 해결하기 위한 최선의 노력을 해야 한다.

이혼 후의 논쟁 이슈로서 가장 흔한 두 가지는 아동 양육 계획과, 아동 양육비 및 위자료이다; 중재는 불일치를 해결하도록 부모들을 돕는 건설적인 역할을 할 수 있다.

아동 양육 분쟁

때때로 한쪽 부모는 이미 정해진 아동 양육 혹은 면담 일정을 재협상하고 싶어 한다. 부모들은 이전 배우자가 재혼을 하면, 아동 양육의 변화를 꾀한다. 그리고 법정에 다시 돌아가도록 위협한다. 한쪽의 단독적인 양육으로의 변화보다는 법적 공동 양육을 확립하거나 동등한 면담 조정을 꾀하는 것이 쉽다. 비록 법정이 비양육자 부모가 자녀에게 접근하는 것을 선호한다고 하더라도, 법정은 강력한 상황적 증거가 나타나지 않는다면 그 사례를 다시 열지 않는다.

부모가 양육과 면담 일정에 대해 동의하지 않으면, 법정은 이혼 중재 프로그램을 통해 그들의 차이를 해결하도록 격려하거나 강제로 부모들을 참여시킨다 앞에서 강조한 것과 같이, 이 중재 프로그램들은 종종 논쟁을 해결하는 데 효과적이다. 법정 싸움을 양극화하는 것은 피할 수 있다. 부모가 법정에서 돈과 재산을 가지고 싸우는 것은 그것을 지켜보는 자녀에게는 매우 부정적인 것이다. 이와 같은 법정 절차는 극적으로 부모의 적대감을 증가시키며 이는 직접적으로 아동에게 적응의 문제를 야기시킨다.

통계는 다양하지만, 대략 15%의 이혼하는 부모들은 상대방과 화해하거나 법정 싸움을 끝내기가 불가능하다고 한다. 그들은 법정에서 자녀양육을 가지고 계속해서 싸우며 때때로 다른 한쪽 부모가 자녀를 보는 것을 막는다. 몇몇 경우에 책임감 있는 부모들은 다른 부모의 부적절한 개입에 대해 필요한 제한을 두는 보호적인 자세를 취한다. 그러나 대부분 부모들은 아이를 통해 서로에게 전투적인 분노를 표출한다. 부모가 성공적인 중재를 할 수 없거나, 반복되는 소송에 걸려 있을 때를 보면, 조부모들이 좋은 판단을 내리게 하는 것보다는 갈등을 더욱 악화시키는 역할을 하고 있을 수도 있다.

한쪽 부모가 단독 양육을 쟁취했을 때, 자녀들은 다른 한쪽 부모만 잃는 것이 아니다. 이혼 과정은 문제가 많은 자녀를 만들 수 있고, 또한 부적응 아동을 만들 수 있다. 만약 법정 싸움이 계속되면, 자녀는 부모의 지속되는 갈등으로부터 보호받을 수 있는 치료를 받아야 한다.

프랭크(Frank)와 브렌다(Brenda)

프랭크는 전처인 브렌다를 가치 없는 엄마라고 증오했다. 9살 난 아들 카알(Carl)은 학교에서 행동 문제가 있고 프랭크는 이것이 브렌다의 잘못이라고 보았다. 카알의 4학년 담임선생님은 카알을 "매우 화나있는 작은 소년"이라고 묘사했고 다툼을 일으키고 다른 선생님들에 대한 존경심이 없는 것으로 인해 걱정하셨다. 프랭크는 불평하기를, 브렌다가 카알을 적절히 다루는 법을 모른다는 것이다.

프랭크는 브렌다에게 카알과 자신들의 딸을 키우는 방법을 고치도록 긴 목록을 작성해 주었으나 브렌다는 충고 한 가지도 듣지 않았다. 브렌다는 프랭크의 끊임없는 비난과 통제를 벗어나기 위해 이혼했으며 확실히 프랭크의 시도들에 굴복하지 않았다. 브렌다는 그의 통제로부터 결국 벗어났고 다시는 프랭크가 그녀를 업신여기지 못하게 하였다.

브렌다는 카알이 학교에서 심각한 문제를 가졌고 집에서 그를 통제하는데 어려워했다. 이것은 처절한 딜렘마였다. 즉 브렌다는 프랭크로 하여금 그녀는 조절하거나 모든 것을 그녀 탓으로 돌리거나 무엇을 하도록 말하는 것을 허용하지 않기로 결정했으나, 동시에 카알에게 심각하게 나쁜 일이 진행되고 있다는 느낌을 가졌다.

프랭크는 수만번 브렌다에게 아이들을 키울 때 따라 주었으면 하는 지침들을 브렌다가 말하도록 하였다. 브렌다는 그가 말을 끝내기 전에 중단시켰고 말하기를, 프랭크가 카알과 있을 때는 그가 카알을 다룰 수 있지만 자신과 있을 때에도 그녀 생각에 최선의 것을 카알에게 할 것이라고 하였다. 프랭크는 전에 수십 번 아이를 양육하는 방침을 일러주었다. 프랭크가 브렌다에게 책임을 떠넘기며 "무능한 엄마"라고 부르고 브렌다의 부적절한 양육으로 "그의" 아이들이 고통받고 있다고 책임지울 때 논쟁은 고조되었다. 만일 브렌다가 프랭크의 충고를 따르지 않았다면 그가 위협하여 법정에 가서 브렌다가 "형편없는 엄마"라는 것을 증명하고 양육권을 얻어 아이들을 새 부인에게 "올바른" 방식으로 키웠을 것이다.

5일 후에 직장에서 돌아 온 브렌다는 2개의 편지를 발견하였다. 하나는 프랭크로부터의 양육권을 찾겠다는 위협의 편지였고, 아들의 선생님에게서 온 것이었다. 선생님은 카알이 일년내내 문제를 일으켰고, 지난 며칠간 더 이상 통제할 수 없으니, 아들을 데려가라고 하는 것이었다. 앞으로 수업을 계속할 수 없다고 하였다.

브렌다와 프랭크는 둘 다 그들 사이에 지속되는 갈등이 카알의 행동 문제의 원인이라는 사실을 인식하고 있지 않았다. 브렌다와 프랭크가 계속 싸우면, 카알은 아버지가 어머니에게 하는 행동들을 계속 보게 될 것이고, 심각한 행동 문제를 나타내게 될 것이다. 또한 만약 브렌다와 프랭크가 법정에서 양육권에 대한 다툼을 하게 된다면, 카알은 부모의 갈등에 대한 자신의 책임을 느끼게 될 것이고, 그의 공격적인 행동 문제는 더욱 악화될 것이다. 다행스럽게도 프랭크와 브렌다의 변호사들은 중재 프로그램 시도를 지지했다. 중재자는 법정으로 이 갈등을 다시 끌어들이자는 프랭크를 설득했고, 그가 더 이상 브렌다에게 함부로 하지 않도록 제안했다. 프랭크는 여전히 브렌다에 대해서 비판적이고 그녀를 통제하려는 시도를 멈추지 않았으나 더 이상 그녀를 모욕하지는 않았다. 브렌다 또한 자조그룹으로부터 도움을 받았고, 프랭크의 비판적인 언사에 감정적으로 휘말리지 않도록 그와의 관계에 제한을 두었다. 더욱 중요한 것은 그녀가 카알로부터 신뢰받는 태도를 가질 수 있게 된 것이다. 이처럼 갈등으로 빚어진 긴장이 완화됨에 따라 Carl의 학교에서의 행동도 많이 개선되었다.

아동양육비 논쟁

아동 양육비 지불에 대한 불일치는 부모를 법정으로 오게 하는 또 다른 이슈이며 이는 아동의 적응 문제를 야기한다. 강제적인 아동 지원 방침이 이제 대부분의 주에서 효력을 발휘한다. 많은 주는 일정정도 아동 지원을 비양육자인 부모가 아동과 함께 있는 시간의 비율과 연관 짓는다. 결과적으로 몇몇 양육 다툼은 자녀와 더 많은 시간을 보내고 싶어 하는 진실된 욕구라기보다는 아동 양육비 지불을 줄이려는 하나의 도구로서 보여진다. 다음에 살펴보겠지만 이 문제는 중재에 의해 해결될 수 있다.

만약 아버지가 그의 재정적 책임을 다하지 않는다면 어머니는 어떻게 대응해야 할까? 자녀에게 이 사실을 숨기는 것으로 그녀의 이전 남편을 보호하거나 남편으로부터 자녀를 떨어뜨려 놓기 위한 도구로 활용해서는 안 된다. 한편으로는 아버지의 불순응으로 발생된 재정적 고충이 자녀들에게 현실적으로 나타나기 때문이다. 다른 한편으로는 어머니들은 돈을 얻기 위한 방법으로 면담의 우선권을 놓기가 싫기 때문이다. 비록 몇몇의 법정이 양육비를 줄 때까지 면담을 거부하는 어머니들을 지지하기도 하지만, 이 방법은 종종 더 큰 문제를 야기한다. 이 상황에서 자녀들은 그들의 아버지와 관련된 관계를 잃게 되고, 부모에 대한 적대감을 키우게 되며 적응 문제에 있어 더욱 상처받기 쉽다.

자녀 양육비를 확보할 수 있는 더욱 효과적인 방법은 아버지와의 직접적 혹은 간접적인 협상을 통해 이 문제를 해결하는 것이다. 첫 번째 방문은 아버지와 직접 양육비 지불에 대해 논의하는 것이다. 두 번째 방법은 처음의 것이 실패했을 때, 어머니가 가족 법원 중재자와 문제를 해결하기 위해 만나는 것이다. 많은 카운티 법정과 지역사회의 정신건강관련 기관들은 이 문제와 관련된 훈련을 받은 중재 카운슬러를 두고 있다. 역설적으로, 아버지로서의 태만을 보이는 사람들은 사적인 관계의 감정이 없다고 한다. 그들은 자녀들과의 접촉이 거의 없었고, 그 접촉이 불만족스럽기 때문에, 그들이 재정적 의무를 수행하는 데 화가 나 있었다. 양육비 지불에 불순응하는 아버지들은 그들이 자녀에게로의 자유로운 접근이 보장되었을 때 양육비 지불을 안정적으로 할 것이다.

세 번째 방법은 그들의 자녀와 시간을 보내고 싶지 않아 하거나 아동 양육에 기여하고 싶어 하지 않는 무책임한 아버지들에게 요구되는 것이다. 만약 중재가 실패하면, 어머니는 아동 양육비 지불을 얻기 위해 법정으로 가야 한다(변호사 비용과 매달 분할금을 요청하는 등). 변호사는 공격적으로 양육비 지불 불복종에 대한 기소를 하고 임금을 원천징수하거나, 재산의 선취특권을 줄 것이다.

앞서 보았듯이, 법정은 한때 어머니에게 단독 자녀 양육권, 장기 위자료, 그리고 양육비 지불받는 것을 부여하였다. 이혼한 아버지의 반 이상이 이 지불에 실패하였고, 법정은 지불을 강화하는 것에는 노력을 기울이지 않았다. 1980년대쯤, 이 상황은 대부분의 주에서 바뀌었다. 현재 법정에서는 종종 어머니들로 하여금 노동 시장에 참여하게 하도록 하기 위해 단기의 보다 적은 위자료 지불을 받게 하는 것을 적용하였다. 반대로 법정은 자녀 양육비 지불을 보다 엄격하게 적용하여, 이 명령에 불복종 하는 아버지들에게는 임금 차감을 적용하였다. 다행스럽게도 현재의 어머니들은 그들이 필요로 하는 법적, 재정적 지원을 쉽게 얻을 수 있다. 그러나 아동은, 최대한 이러한 협상책으로부터 보호되어야 한다.

수잔(Susan)과 래리(Larry)

수잔과 그녀의 세 자녀에게 재정은 이혼 이후 가장 큰 문제였다. 수잔이 다시 일을 하고, 집을 판 후, 싼 집세의 아파트로 이사했음에도 불구하고 여전히 매달 돈은 불충분하였다. 이 문제의 원인은 그녀의 전남편인 래리가 판사가 명령한 아동 양육비의 1/3도 지급하지 않았기 때문이다. 몇 달은 전혀, 다른 몇 달은 분할금의 일부를 보냈으며, 제 때 전액이 온 적이 없었다. 그가 재정적 지원을 하지 않으면 4인 가족이 먹고 입고 지낼 수가 없다.

크리스마스 휴일에 수잔의 재정적 문제는 제 1우선 이었다. 재정상 아이들에게 선물조차도 살 수 없는 현실 앞에 그녀는 변화가 필요하다는 것을 알았다. 수잔은 주 가정법원의 가족법 분과를 통하여 이혼중재자와 약속을 잡고 래리에게 그가 원하는 곳에서 만나기로 하였다. 래리는 (10분 늦게) 첫 중재회의에 도착하였다.

중재자는 수잔과 래리 각자가 문제를 어떻게 보았는지 경청하였다. 중재자는 수잔에게 요청하기를, 수잔이 문제를 어떻게 보며 중재를 통해 변화되기 원하는 것을 가능한 구체적으로 래리에게 말하도록 하였다. 냉정하고 사실적인 태도로 수잔은 래리가 지원 할부금을 신용있게 보내지 않음으로 인해 발생된 어려움들을 조목조목 지적하였다. 중재자는 이번에는 래리에게 "이것이 수잔의 문제라고 보는 것입니다. 이제 당신의 편에서 말하시지요?"

래리가 한탄하면서 : "당신은 내가 아이들에게 아무것도 하지 않는다고 했어! 당신은 내가 그들에게 한 모든 것을 비난했어. 내가 기저귀를 갈려고 하면 당신은 마치 내가 끔찍한 실수를 하는 것처럼 지시를 했지. 내가 아이에게 음식을 먹이려고 하면, 당신은 너무 많은 음식을 너무 빨리 준다고 말했어. 샌드위치를 아이에게 만들어 주려고 하면 내가 부엌에서 방해된다고 했지. 아이들 중에 하나와 혼자 있을 때마다 당신은 와서 내게 뭔가 다른 것을 하라고 말하는 것 같았어.

당신은 내가 그들과 함께 좋은 것을 할 때마다 위협감을 느꼈지. 당신은 항상 모든 일에 책임있는 대표여야만 했어. 그리고 올바로 한다는 것은 그들에게 당신의 방식대로 하는 것을 의미했지! 나는 결구 그들을 위해 당신과 싸우는 일을 포기했어 - 당신은 내가 무엇을 하든지 간에 그들을 당신의 아이로 만들려고 했어. 그러나 당신은 여전히 내가 그것을 위해 모든 대가를 치루기를 기대하고 있어. 당신을 위한 얼마나 멋진 방침들인가. 썩어질!" 수잔은 계속해서 그녀의 좋은 의도를 설명했고, 래리는 오직 그의 장벽만을 이야기 했다. 중재자는 곧 회합을 통제하여 분노에 찬 토로가 여기서 받아들여질 수 없음을 확인시켰다. 중재자는 양쪽이 듣도록 도왔으며, 그들의 어조는 변화되었다. 안정되자 그들은 아이들에 대한 건설적으로 얘기하기 시작했다. 회합의 끝에, 래리와 수잔 둘다 계속 만날 것에 동의하고, 다음 주 약속을 잡았다.

수잔은 래리가 말하듯이 수잔이 아이들을 자기편으로 끌어들이거나 래리와의 관계를 방해한다는 데 결코 동의하지 않았다. 그러나 수잔은 중재자의 제안을 따랐으며, 앞으로 아이들과 래리가 하는 것을 진실로 비난하거나 지도하지 않을 것이라고 래리에게 말했다. 그리고 적극적으로 래리와 아이들과의 관계를 지지할 것이라고 하였다. 중재자는 또한 래리가 규칙적으로 아이들과만 지낼 시간을 갖되, 밤을 함께 보내는 것을 동의하는 새로운 방문계획을 제안했다. 래리는 한번에 모든 아이들과 함께 하기는 어렵고, 따라서 새로운 약속을 하여 아이들을 한명 혹은 두 명을 때에 따라서 볼 것을 말했다. 또한 래리는 매달 제때 아동양육비 전액을 보낼 것에 동의했다. 수잔은 이 계획을 받아들였지만, 앞으로 래리가 양육비를 지불하지 않는 상황이 발생할 시에는 그의 임금을 차압하는 방법을 활용하겠다고 말하였다.

비록 앞서서 다양한 제안들을 다루었지만, 모든 자녀에게 유용한 이상적인 계획은 없다. 이혼하는 부부들 각자는 그들의 자녀와 가족의 욕구에 맞추어서 합의를 해야 할 것이다. 부모는 자녀들의 성장과 환경의 변화에 따라 계획을 수정할 준비를 하여, 유연해질 필요가 있다. 모든 양육과 면담 일정에 있어서의 근본적인 방침은 아동의 두 욕구, 즉 아동이 양편 부모와 관계를 지속하고자 하는 욕구와 아동이 계속되는 부모갈등으로부터 보호되어야 하는 욕구간의 균형이 유지되어야 한다는 것이다. 대부분의 사례에서 부모가 자녀에게 해줄 수 있는 가장 큰 도움은 법정 싸움이 시작되는 되기 전에 그들의 문제를 해결하는 것이다. 분쟁의 해결은 중립적인 중재자를 통해서 이루어지는 것이 좋다. 소송 대신 중재가 이루어질 때 아동은 가장 잘 적응한다.

도움이 되는 책들

Does Wednesday Mean Mom's House or Dad's? (M. Ackerman, New York: Wiley, 1997), *Mom's House, Dad's House* (I. Ricci, New York: Fire side, 1980): 이혼부모가 양육을 분담하고 방문계획을 세우는 실제를 다루고 있다.

The Divorce Mediation Handbook: Everything You Need to Know (P. James, San Francisco: Jossey-Bass, 1997): 가능하다면 중재는 소송보다 훨씬 좋은 대안이라는 점에서 위의 책을 권한다. 그러나 가장 협력적인 부모조차도 법적 재정적 권리를 알 필요가 있으므로 이에 관해서는 *Divorce and Money* (V. Woodhouse and V. Collings, Nolo.com, 1996)라는 책을 적극 추천한다.

제 4 부

이혼 후 자녀양육

제 8 장 충성심 갈등

제 9 장 부모화 현상 : 아동에서 성인으로 전환

제10장 자녀양육 실천

제11장 재혼가족 : 새로운 가족관계 형성

제8장

충성심 갈등

"내가 왜 아이들을 보내야만 해요?
결혼생활 때 남편은 아이들과 한번도 함께
지낸 적이 없었다구요!"

자녀들은 부모 중 누군가를 선택해야 하는 압박감을 느낄 때 충성심 갈등의 고통을 경험한다. 이혼한 부모는 자녀들이 양부모와 동시에 가깝게 지내거나 관계맺을 수 있기를 바란다. 그러나 대부분의 가정에서 부모는 자녀에게 한 쪽 부모와 가까워지는 것을 포기하고, 어느 한 쪽 부모의 편을 들어야만 한다는 메시지를 전달한다. 아들이 아빠를 보고 싶다고 애타게 표현할 때, 엄마가 상처받거나 실망하는 모습을 얼굴표정이나 목소리 톤을 통해 미묘하게 전달할 수도 있다. 아버지의 경우는 이를 공공연하게 표출할 지도 모른다. 아버지는 다음과 같이 말할 수도 있다. "그래 좋아, 엄마가 그렇게 보고 싶으면 엄마랑 같이 살아! 엄마랑 살아도 상관 않겠어" 때때로 부모는 자녀에게 이와 같은 충성심 갈등을 직접적으로 드러나게 전하지만, 대개 간접적으로 전달하는 경우가 많다. 직접적으로 전달하든 간접적으로 전달하든 간에 어느 한쪽 부모와 친밀하게 지내는 것은 다른 한 쪽 부모를 배신한다는 것을 의미하기 때문에 충성심 갈등은 자녀를 왜곡되게 만든다.

자녀는 양쪽 부모 모두와 가깝게 지내기 원하며, 어느 한 쪽 부모를 선택해야만 하는 압박감을 느낄 때 괴로워한다. 한 쪽 부모의 편을 들고 선택해야 하는 압박감이 강하면 강할수록 자녀의 갈등은 더욱 심해지고 적응하기 어렵게 된다. 충성심 갈등은 자녀에게 장기적인 문제를 일으키게 하는데, 특히 부모가 분노조절이 어려운 정체된 상태에 있을 때 더욱 발생하기 쉽다. 이 장에서는 부모가 높은 수준의 윤리적 지침을 습득하여 자녀들이 자신만큼이나 다른 쪽 부모도 사랑할 수 있고 가깝게 느껴도 된다는 점을 명백히 전달하는 방법에 대해 다루게 될 것이다.

충성심 갈등이 자녀에게 미치는 영향

30여년의 나의 임상경험에서 볼 때, 장기적인 갈등 문제를 안고 있는 대부분의 이혼자녀들은 충성심 문제와 관련된 고통스러운 경험을 갖고 있다. 한 쪽 부모의 편을 들거나 혹은 부모사이에서 선택해야 하는 압박감을 느낄 때 자녀들은 어쩔 수 없는 구속에 묶이게 된다. 자녀들은 매우 심각한 갈등과정에서 이런 선택을 할 수밖에 없다. 그들은 양쪽 부모와 관계 맺기 원하며 부모가 양방향으로 끌어당길 때 내적으로 분열되는 것을 느낀다.

충성심 갈등은 모든 연령대에 문제가 될 수 있지만, 특히 9세에서 13세의 자녀들은 한 쪽 부모의 편을 들어야 하는 부모의 압력에 가장 취약한 연령이다. 이 연령대의 자녀들은 전적으로 좋거나(all-good) 전적으로 나쁘게 보는(all-bad) 경직된 도덕적 판단을 내리는 경향이 있다. 자녀들은 "진실"에 대한 어머니, 아버지의 서로 다른 설명을 통합할 수 없기 때문에 암묵적인 부모의 유인에 쉽게 응하게 되고, 한 쪽 부모의 편을 들게 된다. 자녀들이 이러한 충성심 갈등에 휩싸이게 되면, 다른 쪽 부모에게 심히 도덕적이고 판단적이게 된다.

결혼관계가 깨지는 위기 기간동안 부모가 자녀로부터 충성심을 확인받고 싶어하는 마음은 충분히 이해할 만하다. 특히 배우자와의 인연이 끊어질 때 자녀들과 안정적이고 사랑으로 연결된 관계는 위안이 된다. 자녀들이 한 쪽 부모에게만 관심을 가질 경우 특히, 전배우자가 매우 큰 고통을 안겨주었을 때, 부모가 상처받거나 때때로 위협받는 것은 이해할 수 있는 일이다. 그런데, 만약 부모가 자녀에게 어떤 부모를 제치고 다른 한 부모를 선택해야 하는 압력을 암암리에 전달한다면 자녀는 해결할 수 없는 딜레마에 빠지게 된다. 이는 바람직한 방식이 아니다. 부모는 자녀에게 양쪽 부모를 함께 좋아하고 사랑할 수 있다고 분명하게 언어적으로 전달하는 방식으로 도울 수 있다. 이렇게 함으로써 부모는 자녀에게 최대한의 관심을 갖고 진심으로 관계를 맺는 것이라고 볼 수 있으며, 보다 안전한 자녀와의 관계를 보상받게 될 것이다. 다음에 제시된 사례는 충성심 갈등이 발생하는 전형적인 가족 장면이다.

메리(Mary)와 짐(Jim)

메리와 짐은 이혼한 지 8개월이 되었다. 형제들 가운데 아이인 데이비드(David)는 이혼과정 동안 위궤양의 심각한 증상이 진행되었다. 메리는 의사로부터 위궤양은 경우에 따라서 심리적 긴장에서 오는 심인성 병이라는 설명을 듣고 12살 된 아이를 데리고 심리 상담소를 방문하였다.

데이비드의 엄마와의 초기 면접에서 치료자는 아들이 아버지와 함께 지내고자 하는 바램을 엄마가 지지하지 않는다는 것을 알게 되었다. 메리는 데이비드가 아버지의 집에 가 있을 때 얼마나 걱정되는지에 대해서 이야기하였다. 짐은 총을 소지한 사냥꾼이었다. 남편이 총을 잠궈 놓은 곳에 보관한다 하더라도 메리는 남편이 자녀들을 주의깊게 지켜본다고 믿지 못하였다. 메리는 짐의 부주의한 면에 대해 걱정하고 언젠가 사고가 날 수 있음에 대해 우려하였다.

치료자는 총에 대한 메리의 걱정을 신중하게 다룰 필요가 있다고 보았지만, 한편으로는 총과 관련된 메리의 불안을 통해 분열된 충성심의 주제가 표출된 것은 아닌가 하고 생각하기도 하였다. 치료자는 어머니와 아버지를 함께 만나기로 결정했고, 다른 세 자녀들을 모두 만나 다른 가족 구성원들이 이혼에 대해 어떻게 반응하는지 알아보고, 자녀들의 안정감을 평가하며 충성심 갈등에 대한 치료자의 추측을 탐색하기로 하였다.

두 번째 회기에서 치료자는 자신의 가설이 맞았다는 것을 단번에 알게 되었다. 치료자가 가족들을 맞이하기 위해 치료실로 들어갔을 때, 그들이 앉아 있는 위치를 통해 가족동맹의 형태를 짐작할 수 있었다. 막내 딸은 엄마 옆에 앉았고, 큰 아들은 아버지 옆에 앉았다. 치료실의 정중앙에는 왼쪽에 앉은 엄마나 오른쪽에 앉은 아빠와 단 1인치라도 가깝지 않게 데이비드가 앉아 있었다.

치료자는 즉각적으로 충성심 갈등을 드러내는 것으로 시작하였는데 "이 가족의 팀은 어떻게 이루어졌습니까? 누가 누구의 편입니까?"라고 질문하였다. 대부분의 양극화된 가족들이 그렇듯이 각 가족 구성원들은 팀이 무엇을 의미하는지 정확하게 알아차렸다. 어머니와 막내 딸이 한 편이었고, 아버지와 큰 아들이 연합되었으며 데이비드는 불안정하게 가운데에 있었고 동시에 두 편에 속하려고 애를 썼다. 비록 많은 가족들이 연합된 팀을 이루거나 가족구성들간에 하위집단을 형성하기도 하지만(예를 들면 큰 아이들과 작은 아이들, 여자아이들과 남자아이들) 이러한 집단은 그래도 양호한 하위집단으로써, 데이비드의 가족동맹은 훨씬 더 경직되고 배타적인 경우였다.

치료자는 계속해서 데이비드의 충성심 갈등의 근원에 대해 초점을 맞추었는데 "네가 아빠를 만나고 싶어할 때 엄마는 어떻게 느끼시는 것 같니?"라고 질문하였다. 데이비드는 "엄마가 안 좋아 하시는 것 같아요"라고 대답하였다. 치료자는 "엄마와 가깝게 지내고 싶니?"라고 질문하였다. 데이비드는 고개를 끄덕거리며 솔직하게 대답하였다. 그리고 나서 치료자는 "그렇게 하는 게 아빠 기분을 어떻게 만드는 것 같으니?"라고 질문하였다. 데이비드는 아동들이 가족 일에 대해 종종 그렇게 하는 것처럼 즉각적으로 분명하게 대답하였다. "때때로 아빠를 화나게 하는 것 같아요"

곤경에 처한 데이비드를 도와주는 치료자의 기술은 부모에게 매우 큰 영향을 주었다. 만약 치료자가 부모가 데이비드에게 은연중에 둘 중에 하나를 선택하는 압력을 주고 있다고 말했다면 강하게 부인했을 것이다. 그러나 부모가 치료자에 대한 데이비드의 대답을 들었을 때, 각각의 부모가 한 쪽 부모와만 가깝게 지내야 된다는 메시지를 어떻게 데이비드에게 전달하였는지 분명하게 드러났다. 데이비드가 양쪽 부모와 함께 자유로운 관계를 누릴 수 없다는 것이 모두에게 분명해졌다.

대부분의 부모와 같이 일단 짐과 메리가 그들 사이의 갈등으로 인하여 자녀들이 얼마나 상처받는지 알게 되면, 이 문제에 대해 치료자와 함께 건설적으로 다루기 시작한다. 짧은 시간 안에, 부모는 서로가 좋아하지 않고 신뢰하지 않더라도 자녀들의 정신적 안녕을 위해 부모 중 한 사람을 선택하게 하는 미묘한 압력행사를 멈추어야 한다는 것을 인식할 수 있게 되었다고 하였다. 부모는 자신들 중 한 쪽을 선택하게 하지 않을 것이며, 다른 부모와도 좋은 관계를 유지하길 바란다고 자녀들 앞에서 서로에게 말할 수 있게 되었다.

이런 대화를 나눈 뒤 데이비드의 위궤양 증상은 좋아졌다. 곧 위 문제는 완화되었고 6개월 뒤 궤양 증세는 완치되었다. 치료 전에 데이비드는 자신이 사랑하고 필요로 하는 부모 사이에서 갈등하는 스트레스로 인해 내적으로 쇠약해지고 있었다. 데이비드는 다른 한 쪽 부모를 잃지 않으면서 한 쪽 부모와 가까워지려는 노력을 위태롭게 해왔던 것이다. 부모들이 데이비드가 그들 사이에서 선택하는 것을 멈추게 했을 때 궤양을 일으킨 긴장은 경감되었다.

왜 부모는 자녀들에게 선택하게 만드는가

어떤 부모는 자신들이 자녀에게 중요하듯, 전배우자도 자녀에게 중요하다는 것을 인식한다. 이와 같은 부모들은 다른 쪽 부모에 대한 자녀의 필요성에 위협당하지 않고 그 관계를 지지한다. 다른 편 극단에 있는 부모들은 다른 한 쪽 부모가 자녀들에게 얼마나 중요한지 인식하지 않으려 하고 독점적으로 충성심을 요구한다. 대부분의 충성심 갈등은 이 두 극단 사이의 어딘가에 해당된다. 충성심 갈등을 행사하는 많은 부모들은 다른 한 쪽 부모와 가까운 것이 실망스럽고 그들에게 상처가 된다는 것을 자녀들에게 어떻게 전달하고 있는지에 관해 잘 인식하고 있지 못한다.

부모가 의도적이든 혹은 부지불식간에 자녀에게 충성심 갈등을 일으키는 원인에 대해 다음의 여섯 가지 보편적인 설명이 있다. 이와 같은 이유에 대해 다음 부분에서 자세히 살펴보겠다.

전 배우자에 대한 미움

자녀에 대한 충성심 갈등의 가장 흔한 원인은 전배우자에 대한 분노와 비난이다. 그리스 신화 메데아(Medea) 이야기의 교훈을 통해 알 수 있듯이 배우자를 벌하거나 보복하는 가장 효과적인 방법은 자녀들을 빼앗아가는 것이다. 이혼으로 인한 소모적인 분노감정과 복수심은 자신을 버리고 떠난 배우자로부터 배신당했거나 모욕당했다는 감정에서 비롯된 것으로 보여진다. 이러한 수치심에서 유발된 증오심이 이혼 후에도 지속될 때, 부모는 이와 같은 정당성을 이용하여 본질적으로 사랑스럽지 못하거나 버림받았다는 견딜 수 없는 감정에 대한 방어를 한다. 그러한 부모는 결혼의 실패가 서로에게 책임이 있다는 점을 부인하고 자신의 상처받은 자존감을 회복하기 위해 비난을 퍼붓는다. 불행하게도 몇몇 변호사, 심리치료가, 조부모, 친구들은 이러한 비난적 태도에 불을 지르고 한 쪽 부모의 관점만 지지하여 자녀문제만 악화시키고 결국 이혼은 무력한 희생자의 의견에 반하여 부도덕하고 비양심적인 사람에 의해 자행되었다.

전통적인 성역할 또한 이혼 후 부모가 가진 분노의 큰 원인이다. 어떤 어머니는 전배우자의 자녀에 대한 "새삼스런 관심"과 이혼 후 공동양육에 대해 화가 나 있다. 그들은 자녀에게 독점적인 충성심을 주장하는 것이 정당하다고 느낀다. 그들의 관점에서 볼 때 이혼 전 남편들이 자녀에게 부모로서의 개입을 하지 않았기 때문에 자녀양육에 대한 남편의 역할을 지지하지 않는다. 이와 같은 어머니는 자녀양육과 관련해서 그들이 훨씬 더 많은 일을 했기 때문에 자녀가 자신에게 속한다고 느끼는 것 같다. 이와 같은 어머니는 "나는 절대로 아이들을 남편에게 줄 수 없어. 남편은 자식을 위해서 결코 아무것도 한 게 없잖아"라고 생각할 것이다. 이와 마찬가지로, 아버지들 또한 화가 나있다. 그들은 전부인이 아이들에게 충분히 잘 해주지 못한다고 항상 불평만 늘어놓고, 잘 대해 주려고 노력할 때마다 자신들의 행동에 대해 부인들이 간섭하거나 비난했다고 반격한다. 양쪽 편 모두 어떤 부분에 있어서는 사실이다. 이러한 논쟁에서 아무도 이길 수 없지만, 자녀들에게 충성심 갈등을 놓고 화난 감정싸움만을 지속할 때 상처받는 것은 아이들이다.

전 배우자와의 경쟁

서로 경쟁적인 부부관계를 맺어 왔던 부모 사이에서 자녀는 분열된 충성심 갈등에 휘말릴 가능성이 있다. 왜냐하면 자녀양육은 전배우자와 함께 공유하는 것 중 매우 큰 부분이기 때문에 자녀의 애정이나 충성심은 경쟁을 지속시키는 중요한 장이 된다. 이혼으로 인해 슬프고 상처받은 감정은 종종 전배우자를 이기고 싶은 소망을 불러일으키곤 한다. 이러한 경쟁에서 "만약 우리 아들이 당신보다 나를 더 좋아한다면 그건 내가 더 나은 부모라는 것을 입증하는 거야"라는 잘못된 신념을 가질 수 있다. 이와 같은 싸움에서 진정으로 잃게 되는 것은 자녀라는 점을 부모가 인식할 때 쉽게 뒤로 물러설 수 있을 것이다. 그때가 되서야 분쟁에 휘말렸던 전배우자가 자신들이 해야 할 작업—서로 정서적으로 분리하고 심리적으로 결별하는 내적인 작업을 시작하는 것—에 대해 언급할 수 있게 된다.

정당성을 찾음

자녀가 전배우자에 대해 긍정적인 감정을 보일 때 부모는 이혼 결정에 대해 근거 없는 죄책감을 느낄 수 있다. 자녀가 슬퍼하고 한 쪽 부모를 그리워하는 것을 바라보는 것은 부모로서 고통스러운 일이다. 부모는 이혼으로 인한 자녀의 고통스러운 감정을 바라볼 때, 그냥 이혼하지 말았을 것을 하곤 자주 생각한다. 이런 부모들은 자녀를 설득하여 헤어진 부모를 그리워하거나 함께 있고 싶어하는 소망을 단념시킴으로써, 그들의 죄책감을 다룬다. "만약 우리 아이가 전배우자와 함께 하고 싶어 하지 않는다면 이혼에 대한 내 결정은 옳았어."라고 잘못된 생각을 가질 수 있다.

부모는 충성심 갈등을 일으키는 것보다 더 바람직한 방법으로 죄책감을 해결해 나갈 수 있다. 예를 들면 당신의 자녀가 "아빠가 보고 싶어"라고 이야기했다고 가정하자. "아빠하고 주말에 같이 있었잖아."라고 반격함으로써 자녀의 감정을 무마시키고 싶은 마음을 배격하라. 대신, "물론 아빠가 보고 싶겠지. 아빠도 너랑 떨어져 있을 때 너를 무척 그리워할 거야. 오늘 저녁 아빠가 일 끝나고 오실 때 전화해서 안부인사를 전하는 것은 어떨까?"라로 말하려고 노력해라.

이혼 결정에 대한 정당성을 확인하는 또 다른 방식으로 부모는 충성심 갈등을 불러일으킬 수 있다. 두 사람이 이혼했을 때 늘 헤어짐에 대한 양가감정이 존재한다. 비록 부부관계에서 느끼는 문제가 긍정적인 부분보다 많다 하더라도 전배우자를 사랑하는 감정이 다소 남아 있을 수 있다. 많은 부모들이 상대방을 떠나보내지 못하는 감정으로부터 위협받는다. 왜냐하면 전배우자에게 지속적인 관심을 갖거나 가끔 그리움이 남아 있다는 것은 이혼에 대한 후회를 의미하는 것이라는 두려움 때문이다. 부모 자신도 수용하기 힘든 전배우자에 대한 긍정적인 감정은 헤어진 부모와 가까워지고 싶어하는 자녀의 소망을 위협할 수 있다. 부모 자신의 해결되지 않은 갈등감정을 조절하기 위해 자녀에게 충성심을 요구하는 것은 비효과적인 방법이다.

마지막으로 부모는 자녀로부터 좋은 부모로 확인받기 위해 자녀의 지지를 필요로 할지도 모른다. 어떤 부모는 아이가 자신을 더 좋아하는 것을 통해 더 나은 부모라고 착각하는 경우가 있다. 자녀로부터 이 세상에서 가장 소중한 존재라고 여겨질 때 강렬한 만족감을 느낄 수 있다. 부모는 자신이 자녀에게 가장 마음에 드는 대상이고 목욕하고 옷 입혀주고 책 읽어주고 혹은 잠재워주기 원하는 유일한 부모라는 아동기의 상호적인 관계를 즐길 수도 있다. 그러나 자녀의 승인을 받기 위한 부모의 욕구가 너무 강할 때, 효율적인 부모로서의 능력은 감소된다. 특히 자녀가 불응함으로써 위협받을 때, 부모가 제한을 가하고 규칙을 지키게 하는 것은 불가능하다. 자녀로부터 승인을 필요로 하는 부모는 쉽게 조정당할 수 있다. 이보다 더 바람직한 것은 자녀가 원하는 것에 의해서가 아니라 자녀에게 필요한 것이라고 판단되는 것을 제공할 때 좋은 부모로서 확인받을 수 있다. 즉 부모가 그 순간에 자녀의 승인을 받아내기 위해서가 아니라, 자녀의 최상의 이익을 위해서 무엇을 해야 할지 초점을 맞추어야 한다.

통제력 행사

어떤 부모는 자녀의 삶에 통제력을 행사하려는 자신의 욕구 때문에 충성심 갈등의 압력을 가하기도 한다. 부모가 지나치게 통제하는 전형적인 형태는 모든 것이 부모의 방식대로 되어야 하고, 자녀의 삶의 대부분을 부모가 책임지려고 하는 것이다. 이런 부모는 자녀에게 최상의 것을 바라고 그것이 무엇인지 알고 있다고 확신한다. 그러나 전배우자와 자녀와의 관계는 자신의 통제권 밖이라는 점에 대해 계속 당황해 한다.

궁극적으로 한 쪽 부모는 다른 한 쪽 부모가 자녀를 다루는 방식을 결정할 수 없다. 예를 들면, 부모는 종종 전배우자의 집에서는 허용되는 행동을 찬성하지 않을 수 있다. 규칙과 일상적인 생활들은 두 집 사이에 차이가 있을 수 있고 이러한 차이는 자녀에게 다르다는 것보다 잘못되었다는 것으로 보여준다. 이러한 방식으로 생각하는 부모는 전배우자가 자녀와 상호작용하는 방식을 받아들이기 힘들어한다. 부분적으로 그들의 부인은 자신이 자녀를 충분히 통제하고 있지 못한다는 불안정감에서 온 것이다. 장기적인 관점에서 봤을 때, 이러한 불안정감은 그들 부모의 문제행동(알코올, 폭발적 기질, 변덕스러운 기분변화)이나 자녀에 대한 반응 결핍을 통제하기 위해 애쓴 것과 같은 어린시절 경험에서 나온 것일 수도 있다.

통제하고자 하는 지나친 욕구를 충족시키기 위하여 부모는 자녀를 자신의 옆에 묶어두려 하고, 다른 부모와 가까워지는 것을 제지한다. 자녀와 전배우자에 대한 지나친 통제를 행사하고자 하는 욕구는 자녀를 양육하는 "옳은" 방식으로 가장된다. 사실상, 이와 같은 부모는 지적이고 책임감 있는 부모로 합리성을 갖고 전배우자에 대한 불평을 늘어놓을 수 있다. 그러나, 자녀의 최상의 이익을 고려하여 자신의 욕구를 어떻게 조정해야 할지 충분히 고려하면서 배우자에 대한 비난을 멈추는 것은 그들에게 매우 어렵다. 전배우자와 반복적으로 논쟁하는 부모들은 이러한 과도한 통제욕구를 보여준다.

상실감

어떤 부모는 자녀가 다른 한 쪽 부모와 함께 있고 싶어하는 바램을 또 다른 원치 않은 상실감으로 경험한다. 특히 초기 결별단계와 법정소송 과정에서 대부분의 부모는 자녀와 떨어져 있는 짧은 기간에 민감해진다. 짧은 작별이라 하더라도 커다란 상실감과 외로움을 일으킬 수 있기 때문이다. 함께 살지 않는 부모와 같이 있고 싶은 자녀의 소망은 부모로 하여금 마치 모든 사람들이 다 떠나가 버렸거나 아무도 자신과 함께 하고 싶어 하지 않는 것처럼 느끼게 할 수 있다. 부모는 이런 점을 인식하지 못하고, 자녀가 다른 쪽 부모와 함께 있고 싶어 할 때 어떤 몸짓이나 얼굴표정 혹은 목소리로 상처받았음을 미묘하게 전달할 수 있다. 부모의 상실감과 거절감은 이해할만하고 이혼시에 흔히 일어날 수 있는 반응이다. 그러나 부모는 자녀들이 다른 쪽 부모를 그리워하거나 만나고 싶어할 때 그들이 잘못된 것이라는 메시지를 자녀에게 주는 방식으로 부모자신의 슬픔을 이기려 하지 않는다.

부모와 자녀의 감정을 구분하지 못함

마지막으로 부모가 전배우자에 대한 부정적인 감정과 다른 쪽 부모와 지속적으로 관계를 맺고 싶어하는 자녀의 욕구간에 분리를 하지 못할 때, 충성심 압력을 행사할 수 있다. 이러한 차이를 주의깊게 살펴보자.

어떤 부모는 전배우자와 자신과의 차이점을 묻어 두고 다른 쪽 부모와 지속적인 관계를 맺고 싶어하는 자녀의 욕구를 지지해 준다. 이혼한 부모가 이처럼 행동할 수 있다고 제안하는 것은 불가능한 것은 아니다. 3분의 1 가량이 이런 방식으로 잘 해 나가고 있다. 그러나, 이렇게 협력적인 부모에 대해 많이 들어보지 못했다. 이와 같은 형태는 TV 토크쇼에서도 찾아보기 어렵지만, 부모가 협력적인 관계에 있을 때 자녀들은 가장 잘 적응해 나간다. 부모가 다른 한 쪽 부모와의 관계를 지지할 수 없을 때, 일반적으로 자녀들은 고통스러워한다. 자녀가 다른 쪽 부모에 대한 애정과 함께 있고 싶어 하는 소망을 감소시키기 위해 한 부모가 다른 쪽 부모를 비난할 때 문제는 더 커진다.

경쟁적인 부모들은 자녀를 자신과 다른 감정과 욕구를 가진 심리적으로 분리된 존재로 보지 못한다. (여자 청소년일 경우, 이러한 애매한 경계선은 폭식증이나 섭식장애의 형태로 표출되기도 한다.) 자녀를 자신과 분리된 존재로 볼 수 있는 능력은—자신의 선호와 지각의 차이점을 인식하는—좋은 부모의 자질로서 매우 중요한 부분이다. 반면 화가 난 부모가 자신의 감정을 자녀에게 반영시킴으로써 전배우자와 자녀의 관계를 손상시키는 것은 자녀에게 문제를 일으킨다. 결국, 이런 부모는 자녀의 소망과 감정이 자신의 것과 동일하지 않으면 수용할 수 없음을 표명한다. "엄마가 나한테 맞지 않으면 너한테도 맞지 않는 거야."라고 말한다. 부모와 같은 방식으로 생각하고 느끼도록 하는 부당한 요구는 다음과 같이 전달된다. "아빠는 엄마한테 오랫동안 거짓말을 해왔어. 너는 아빠를 믿어서는 안돼. 나중에 너도 알게 될 거야."

다른 쪽 부모와 지속적인 관계를 맺고 싶어하는 자녀의 욕구와 결혼관계를 끝내고 싶어하는 부모의 욕구간의 차이를 인식하지 못하는 것은 자녀에게 많은 문제를 일으킬 수 있는 원인을 제공한다. 이러한 관점을 순진하게 간주하는 독자들은 "만약 당신이 전배우자가 어떻게 했었는지 안다면 내가 왜 아이들이 그와 함께 있는 것을 원하지 않는지 알 것입니다"라고 반박할 것이다. 어떤 부모들은 파괴적으로 행동하기 때문에 때때로 무책임한 부모로부터 자녀를 보호할 필요가 있다. 그러나, 부부상담에서 치료자는 일반적으로 모든 이야기에는 두 측면이 있다는 것을 알게 된다.

예를 들면, 변호사 혹은 치료자가 사무실에 앉아 내담자의 아내가 했던 끔찍한 모든 일에 대해 듣게 된다. 그는 내담자에게 공감하고 부인의 행동에 대해 화가 나게 된다. 그러나, 마을 어딘가에서 그 "끔찍한" 아내는 다른 변호사나 치료자에게 그녀가 당해 왔던 모든 이야기를 터놓을 것이다. 반대로 그 치료자나 변호사는 그녀의 입장에서 공감할 것이다. 변호사, 중재자, 부부 상담자가 그 커플을 동시에 만났을 때 누가 잘못했는지 판단하는 것은 더욱 어려울 것이다. 대개, 상담자들은 모든 결혼에 있어서 서로 다른 두 가지 사실이 있고 대부분의 문제에 있어서 어느 정도 배우자도 함께 기여한 것을 알게 된다.

그리하여 당신은 아마도 전배우자에 대해 진절머리 나서 전남편이나 혹은 전부인과 더 이상 무엇인가 함께 하기를 원치 않을 것이다. 당신을 위해서라면 그것이 옳은 결정일지 모르지만 당신 자녀를 위해서는 그렇지 않다. 만약 자녀들이 어떤 부모와 지속적으로 지내는데 자신을 대하는 방식을 싫어한다면, 그 부모와 함께 있는 시간을 줄이고 싶을 것이다. 만약 자녀가 그들 경험에 의하여 다른 부모에게서 벗어나려 한다면, 그것은 자녀들이 선택할 문제다. 자녀들을 위해서 대신 선택하지 말아라.

가족연합을 이해하기

이혼 후 많은 자녀들이 직면하게 되는 충성심 갈등은 이혼 전 가족 내에 존재했던 팀이나 혹은 하위그룹의 확대판이다. 데이비드 가족(바로 이전 위궤양 증상을 가진 소년의 사례) 안의 연합은 매우 전형적인 형태이다. 가족연합 혹은 동맹의 주요한 주제에 대해서 보다 자세히 살펴보자.

기능적인 핵가족 내에서 부부사이에 정서적 결합 혹은 동맹이 존재한다. 부부가 서로 충성스러운 헌신을 하며, 부부연합이 조부모, 아이들, 친구들, 고용자나 다른 사람들로 인해 분열되지 않는다. 물론 부부 사이에 차이와 문제가 있다 하더라도 타인들에게 정서적인 헌신을 할 수 있다. 그러나, 결혼관계는 타인에 의해 분열될 수 없으며 안전한 동맹을 맺는다. 양부모 가족, 이혼가족, 재혼가족이건 간에 안정적인 부모 동맹이 이루어졌을 때 자녀들은 더 잘 적응하는데, 한쪽 부모에 대항하여 다른 한쪽 부모를 조정하거나 게임을 할 필요가 없기 때문이다. 또한 그러한 가족 내의 자녀들은 양쪽 부모와 자유롭게 가까울 수 있고 개입할 수 있다.

반면, 자녀 문제가 있는 양부모 가정이나 결국 이혼으로 끝난 대부분의 결혼관계에서 부부는 타인의 방해에 저항할 만큼 튼튼한 안정적인 부부동맹을 이룰 수 없었다. 이러한 부모는 자녀나 타인에 의해서가 아니라, 그들의 정서적인 욕구를 충족시키기 위해 효과적인 부부동맹을 맺는데 실패하였다. 전형적으로, 자녀를 출산해서 한 쌍의 부부가 가족으로 확대되면서, 관계상 부부적인 측면들을 지켜 나가기 어렵게 된다. 종종 이러한 부모는 그들 관계에서 일어나는 일상적인 문제들을 이야기하거나 해결할 수 없기 때문에 제3자를 끌어들여 문제를 회피하거나 갈등관계에서 다루어야 할 주제를 다른 쪽으로 관심을 돌리게 한다. 부모가 서로 효율적인 부부동맹을 유지할 수 없을 때, 한 자녀나 혹은 그 이상의 자녀들과 동맹 혹은 정서적 결합을 형성한다. 이러한 상황에서 한 쪽 배우자는 이 부모-자녀관계에서 소외되기 시작하고 따돌림 당한 것에 대해 분개한다. 이러한 가족배열에 있어서 자녀들은 문제를 일으키는데 그들은 연합된 부모에게는 충성을 다하지 못했다고 느끼고 소외된 부모와 가까워지고 싶을 때 죄책감을 느끼기 때문이다.

가족연합에 대해 더 잘 이해할 수 있는 방법은 이혼 전 가족관계에서 일어났던 관계 패턴에 대한 지도를 그리는 것이다. 펜이나 연필로 이혼 전 당신 가족 구성원들을 모두 포함시킨 삼세대의 지도를 그리기 시작한다. 부와 모의 조부모, 부모, 자녀들(그림 8-1 참조). 여기서 질문할 수 있는 것은 누가 누구의 편인가? 정서적 친밀감과 관여의 유대에 따라 가족내에서 일차적인 두 사람간의 관계는 무엇인가? 어머니와 아버지 사이인가? 혹은 어머니와 딸과 같은 다른 쌍들인가? 또 다른 두 사람간의 동맹, 연합이 존재하는가—예를 들면, 조부모와 부모, 자녀와 자녀 사이? 세 명이나 그 이상의 구성들간의 보다 큰 하위그룹이 존재하는가? 커다란 그룹에서 소외된 사람은 누구인가? 단절되거나 어떤 하위그룹에도 속하지 않는 소외된 구성원이 있는가? 모든 자녀들이 한 쪽 부모 편에만 있는가?

그림 8.1에서 보듯이 어머니와 아버지는 효과적인 부부동맹을 맺고 있지 못하다. 대신 어머니와 큰 딸이 가족 내의 주요한 동맹관계이다. 장녀와 어머니, 외할머니는 또한 가족 내에서 3인의 하위그룹을 형성하고 있다. 그러므로 이혼 후 장녀가 아버지와의 관계를 맺고 싶어할 경우, 아버지에게 다가감으로써 오랫동안 유지되었던 엄마와의 동맹관계를 깨는 것으로 여겨 죄책감을 느끼게 될지 모른다. 대부분 이러한 딸은 어머니와 충성관계에 머무르기 위하여 아버지와의 관계를 희생해야 한다고 느낀다. 큰 딸은 이혼 후 어머니나 아버지와의 관계로부터 좀더 자유로웠던 다른 형제들보다 어떤 증상이나 문제를 발전시킬 가능성이 더 많다.

어떤 가족 내에서는 모든 자녀들이 엄마와 연합되고 아버지는 소외되는 경우가 있다. 이러한 자녀들은 어머니를 배신하려고 하거나 이혼 후 아버지와 관계를 발전시키고 싶을 때 죄책감을 느낄 것이다. 가족배열이 어떻게 되었든지 간에 양쪽 부모와 모두 가깝게 지낼 수 있는 자녀들이 이롭다. 이혼부모는 동맹의 경쟁을 조장해 왔거나 자녀들에게 배타적인 충성심을 키워 왔던 가족 내 세대간 연합들을 인식함으로써 역할을 할 수 있게 된다. 근본적으로 비난하지 않으면서 이혼을 하게 된 문제들을 이해하고 인식한다면 이혼 후 문제를 일으킬 가능성은 다소 적게 된다.

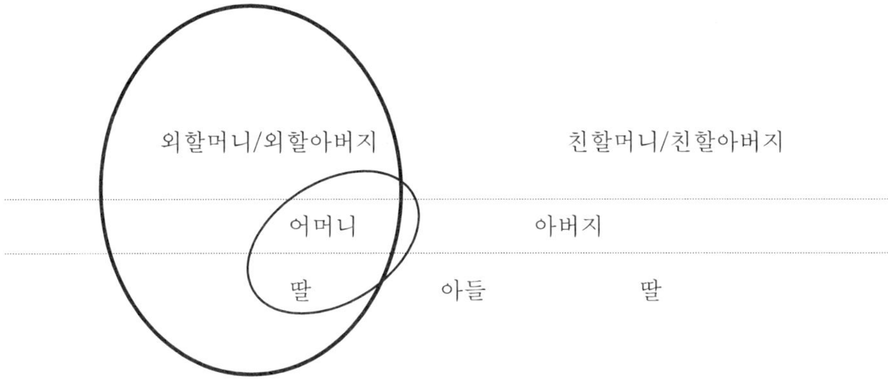

〈그림 8-1〉 삼세대 지도

부모 협력에 대한 동의

흔히 분노에 찬 전배우자들이 부모로서 서로를 지지한다는 것은 매우 어려운 일이다. 많은 사람들이 그렇게 하지 못하고 있다. 책임감 있는 부모조차도 대개 다른 쪽 부모의 권위를 손상시키거나 부지불식간에 자녀들에게 한 쪽 편을 들게 함으로써 다른 한쪽 부모와의 관계를 방해하곤 한다. 부모는 개인적으로 부당한 감정들을 다음과 같이 이야기함으로써 자녀들에게 부적절하게 발산한다. "네 아버지는 다른 여자 때문에 우리를 떠났어." 혹은 "네 엄마가 이기적이기 때문에 넌 학교를 옮기고 이사를 가야만 해. 엄마는 우리 가족보다 엄마 자신을 더 좋아해." 비록 상처받고 화난 감정을 이해할 수 있지만 부모는 자녀들이 다른 한 쪽 부모와의 관계가 손상될 때 고통스러워한다는 점을 명심해야 한다. 무엇이 자녀들에게 최선인지를 고려한다면 자녀들이 다른 한 쪽 부모와 최상의 관계를 맺을 수 있도록 격려해야 한다. 비록 실천하기 어렵더라도 그것은 이혼한 부모가 자녀에게 줄 수 있는 가장 사랑이 담긴 선물이라고 볼 수 있다.

이 부분에서 이혼 부모가 보다 효과적으로 협력하기 위한 대표적인 대본과 부모 계약서를 제시한다. 대본과 계약은 다음의 세 가지 사항을 강조한다. (1) 부모는 다른 쪽 부모의 역할을 지지하고 자녀들에게 전배우자의 권위를 손상시키지 않는다. (2) 부모는 자녀들 앞에서 논쟁을 벌이거나 자녀를 그들의 갈등에 끌어들이지 않는다. (3) 부모는 자녀들에게 부모 중 누군가를 선택하게 만들지 않고 동시에 양쪽 부모와 가까워질 수 있도록 격려한다. 나는 이혼부모가 함께 앉아서 뒤에 제시될 대본과 계약서를 논의할 것을 제안한다. 당신의 상황에 맞게 수정하여 작성한 뒤 가능한 면밀하게 이와 같은 지침들을 따를 것에 동의하라.

대본의 예

대본 1 : 지지에 대한 서약

당신은 각자 부모로서 다른 한 쪽 배우자의 역할을 지지하려고 노력해야 한다. 당신은 다음과 같은 말을 자녀에게 전달함으로써 서로의 역할을 손상시키지 않는다. "아빠한테 관심을 가질 필요 없어. 아빠는 주말에만 만나니까. 실질적으로 널 키우는 사람은 바로 나야." 혹은 "네 엄마는 어쩔 수 없는 사람이야. 엄마 말을 들을 필요가 없어." 대신 큰 소리로 다음과 같은 서약을 서로에게 한다.

> 나는 [자녀의 이름]의 부모로서 당신의 역할을 지지할 것입니다. 당신은 [자녀의 이름]가 성장하는 데 결정할 수 있는 중요한 역할을 합니다. 나는 자녀 앞에서 당신을 비웃거나 비방하지 않겠습니다. 나는 자녀가 당신을 공손하게 대할 수 있도록 자녀를 돕겠습니다.

대본 2 : 자녀와의 관계에 대한 서약

당신은 최대한 자녀들이 다른 쪽 부모와 가까워지고 개입할 수 있도록 협조해야 한다. 많은 경우 부모는 언어적 혹은 비언어적으로 자녀들에게 엄마와 아빠 사이에서 한쪽 편을 들거나 선택하도록 어떤 단서들을 드러낸다. 큰 소리로 서로에게 다음과 같은 서약을 하게 한다.

> 나는 [자녀의 이름]가 동시에 우리 두 부부와 친밀하고 애정있는 관계를 가질 수 있도록 조력할 것입니다. 나는 [자녀의 이름]가 나에게 배신한다고 느끼게 하지 않으면서 당신과 함께 시간을 갖도록 도울 것입니다. 나는 나를 선택하게 하거나 앞으로 불일치가 있을 때 내편을 들도록 자녀들에게 압력을 가하지 않을 것입니다.

대본 3 : 자녀를 개입시키지 않을 것에 대한 서약

두 부부사이에서 일어난 문제에 어떤 방식으로든지 자녀들을 개입시키지 않도록 한다. 자녀들을 통해 서로 다음과 같은 메시지를 전달하지 말라. "엄마한테 직장으로 전화하지 말라고 전해라." 혹은 "아빠한테 다시는 양육비를 늦게 주시면 안 된다고 말씀드려." 큰 소리로 서로에게 다음과 같은 서약을 하게 한다.

> 나는 당신에게 화가 날 때, 아이들을 이용하지 않고 당신에게 직접 얘기하도록 노력할 것입니다. 우리 둘 사이에 갈등이 있을 경우, 자녀들을 위해 무엇이 최상인지 당신과 함께 의논하고 결정할 것입니다. 우리 문제를 스스로 해결하지 못했을 경우, 자녀가 중간에 끼이지 않도록 객관적인 중재자를 만날 것을 다짐합니다.

동의서의 예

각 부모는 다음과 같은 사항을 낭독하고 계획에 대한 동의서에 서명해야 한다.

> 나는 [전배우자의 이름]가 우리 자녀와 관계를 맺을 수 있게 지지할 것을 동

의합니다. 나는 당신과 자녀와의 관계를 헤치지 않고 우리 둘 사이에서 선택하지 않게끔 하며, 우리의 다툼에 개입시키지 않을 것입니다. 나는 매번 이 약속을 다 지킬 수 없더라도 이것을 준수하는 것이 자녀들에게 최상의 것임을 인식하고 위의 사항을 준수하도록 최선을 다해 노력할 것입니다.

서명 ______________________________

앞선 각본과 계약서는 자녀의 발달을 지지하기 위해 부모가 따라야 할 기본적인 규칙을 규정하고 있다. 양쪽 부모는 조부모, 변호사 혹은 다른 사람들이 다른 쪽 부모에 대해 중립적인 입장을 취하라고 이들에게 요청할 수 있다. 자녀들은 한쪽 편을 들거나 양쪽 부모를 비난하지 않도록 조부모, 친척들, 가족 친지들의 협조를 필요로 한다. 즉 주변 어른들은 전배우자에 대한 한쪽 부모의 험담에 대해 비판적으로 반응하기보다 "일이 그렇게 되서 유감스럽네요. 가족 모두가 이혼으로 힘들어하시는 것 같군요"와 같이 중립적인 태도와 최소한의 언급이 보다 도움이 된다는 것을 알아야만 한다.

만약 조부모, 친구, 의붓어버이와 다른 사람들이 다른 쪽 부모는 비난하고 한쪽 부모의 사랑만을 표현하다면 자녀들이 안전함을 느끼기 어렵다. 가족 안팎의 모든 주변 어른들과 전문가들은 부모를 더 이상 양극화시키지 않기 위해 사려 깊어야 한다. 자녀들은 양쪽 부모와 동시에 가까워질 수 있게 될 때 더 나은 삶을 영위할 수 있다.

도움이 되는 책들

The Good Divorce (C. Ahrons, New York: Harper, 1994)와 *Healthy Divorce* (C. and S. Everett, San Fransico: Jossey-Bass, 1998)는 부모가 서로 협조적으로 작업하여 보다 효율적인 양육계획을 세우고 자녀들에게 양쪽 부모와 함께 가까워질 수 있도록 허용할 수 있게 도움을 주는 책들이다. 부모가 충성심 갈등에 대해 더 이해하기를 바라지만 이 주제에 대해 출판된 문헌이 많지 않다. N. Kalter의 책 *Growing Up With Divorce*

(Ballanine, 1991)와 *Families Apart: Ten Keys to Successful Co-Parenting* (M. Blau, Putna, 1993)이 도움을 줄 수 있는 책들이다.

제9장

부모화 현상 : 아동에서 성인으로 전환

"내 아이는 나와 가장 친한 친구입니다.
그게 뭐 잘못된 것인가요?
우리 아이는 매우 행복해하고 책임감도 강하답니다!"

건강한 가족 내에서 어른들은 양육하고 지도하며 아이들은 수용하고 따른다. 가족유형이나 형태에 상관없이 이와 같은 양상을 띤다. 한부모 가족이든, 양부모 가족이든, 재혼가족이든 기능적인 가족 내의 부모는 어른의 일(역할과 책임)과 아이들의 일을 효율적으로 구분한다. 가족치료자들은 이를 "세대간 경계"라고 정의한다. 부득이하게 한부모 가족의 자녀들은 많은 집안일을 떠맡게 되고, 빠르게 성숙하는 경향이 있는데, 이는 양부모 가족보다 부모와 자녀 간에 공유하는 부분이 더 많기 때문이다. 그러나 한부모 가족의 자녀들이 많은 집안일과 책임을 떠맡는다 하더라도 건강한 한부모 가족 내에서 성인과 아이들의 역할은 분명하게 구별되어 있다. 한부모는 여전히 가족 내에서 주도적인 역할을 하고 예상할 수 있는 일상적인 집안일을 잘 조직하고, 가족과 관련된 일들을 결정하고 계획을 세우며 자녀에게 제한을 정하고 규칙을 지키게 하는 것과 같은 일들을 수행한다. 부모의 교제관계와 지지가 정당한 욕구이기도 하지만, 이러한 욕구는 자녀와의 관계에서가 아닌 다른 성인들의 동료관계에서 충족되어야 한다.

가족생애에 대한 이와 같은 기본적인 모델은 이혼의 결과 실패로 어긋나는 경우가 종종 있다. 성인과 아이의 역할이 분명하게 구별되지 않을 때, 부모세대와 자녀세대의 경계가 뚜렷하지 않을 때, 자녀를 통해서 개인적 욕구를 채우려고 할 때, 많은 한부모 가정은 문제가 발생한다. 이러한 현상은 핵가족과 재혼가족에서도 일어나지만, 흔히 한부모 가정의 단계에서 발전한다. 이와 같은 현상이 발생하는 가족에서 자녀는 과도하게 성인의 책임을 떠맡고, 부모와 자녀의 역할이 바뀌게 되어 부모의 정서적인 욕구를 충족시키기 위해 많은 노력을 한다. 가족치료자들은 이러한 반전된 역할을 부모화 현상이라고 부른다.

대부분의 부모들은 부모화 현상이라는 개념에 익숙하지 않으며 처음에는 오해하기 쉬운 개념이다. 이와 같은 역할 반전은 몇 가지 다른 방식으로 나타난다. 자녀가 집안 일에서 많은 책임을 떠맡을 때, 부모화되고 결과적으로 가족내에서 부모가 된다. 이와 같은 책임들로는 과도하게 아기돌보기, 청소하기, 저녁 준비하기, 어린 동생을 훈육하기, 이외 다른 일들이 포함된다. 보다 민감하게 흔히 일어나는 역할반전은 부모의 정서적 안녕에 대해 적절하지 않는 책임감을 갖고 있을 때 발생한다. 외로움, 알코올 문제, 우울, 불안과 같은 부모의 문제를 해결하려고 노력하는 자녀들은 자신의 욕구를 희생하여 그 부모를 돌보려고 한다.

부모처럼 행동하는 자녀와 단지 적절한 책임을 갖고 조력하는 자녀간의 차이는 무엇인가? 이러한 구별은 정도의 문제이다. 부모화 현상에 대해 말할 때, 자녀가 버릇없이 키워지거나 부모의 욕구나 관심에 둔감하게 키워져야 한다고 제안하는 것은 아니다. 자녀들이 집안 일을 함께 나누고, 부모에게 받을 뿐만 아니라 줄 수도 있다는 것을 배우는 것은 매우 중요하다. 부모화 현상은 이런 경계선을 넘었을 때 발생하며, 자녀가 지나치게 어른의 욕구와 책임을 충족시킬 때 발생한다. 가짜 어른과 친구로 변모된 자녀들은 종종 완벽하거나 훌륭한 것으로 묘사되지만, 장기적으로 볼 때 부정적인 결과로 고통받게 된다.

부모화 현상의 세 가지 유형

부모화 현상은 보통 다음 세 가지 중 하나로 나타난다. (1) 자녀가 부모에게 안전함과 방향을 제공하는 것 (2) 자녀가 친밀감 혹은 친구로서 부모의 욕구를 충족시키는 것 (3) 자녀가 집안 일을 돌보며 어린 동생들의 주양육자가 되는 것이다. 이와 같이 세 가지 부모화 현상에 대해 자세히 살펴볼 필요가 있다.

안전함을 제공하기

이혼으로 인한 스트레스와 한부모로서 증가된 요구들로 인해 어떤 부모는 성인의 욕구를 자녀를 통해 충족시키려고 한다. 남자 아이가 부모화되고 가족에서 어른 역할을 할 때, 남아는 부모에게 안정감을 제공하거나 안내자 역할을 하게 된다. 이런 역할 전환의 형태에서 소년은 부모를 돌보는 역할을 맡아, 보호자가 어른의 삶을 살아갈 수 있도록 돕는다. 첫번째 사례에서 마치 어른과 같은 어린 소년은 엄마를 아주 잘 돌보게 되었는데, 그는 이제 겨우 9살이다. 이러한 유능감과 돌봄은 얼핏보기에는 긍정적이지만, 자세히 살펴보면 문제가 있다. 엄마가 아들을 돌보기보다 아들이 엄마를 돌보는 전형적인 경험에 대해 살펴보자.

제프(Jeff)

제프의 부모님은 최근에 이혼했고, 그는 엄마와 두 동생과 함께 새로운 도시로 이사를 했다. 제프는 자동차 앞좌석의 엄마 옆에 앉았으며, 두 여동생은 뒷좌석에 앉았다. 새로운 도시에 도착할 무렵, 제프의 엄마는 불안해지기 시작했고 가족들이 정착해야 할 앞날과 자신의 새로운 삶을 시작해야 하는 것에 당황스러워 했다.

어린 제프는 벌써 엄마의 걱정에 대단히 주의깊고 민감하게 되었다. 제프는 엄마의 불안을 감지하고 모든 것이 잘 될 것이라고 엄마를 안심시키기 시작했다. 제프는 이전에도 종종 그랬듯이 엄마에게 좋은 엄마라고 말해 주었으며, 곧 좋은 직장을 구할 수 있을 것이라고 하였다. 제프가 여러 번 안심시켰음에도 제프의 엄마는 여전히 불안하고 올바른 교차로와 분주한 고속도로에서 빠져나오는 길을 찾기 어려워하였다. 엄마의 부탁이 없었음에도 제프는 자동차 조수석 서랍 안에서 지도를 꺼내어, 그들에게 필요한 출구와 거리의 위치를 찾아내기 시작했다. 단지 9살밖에 안 됐는데 제프는 정확하게 지도를 읽을 줄 알았고 엄마에게 어디로 가야 하는지 안내하였다.

위의 간단한 사례는 무엇을 의미하는가? 제프는 너무나 많은 책임을 떠맡고 엄마에 대해 지나친 통제와 방향을 제공하고 있다. 그는 엄마로부터 보호받아야 할 아이처럼 행동하기보다 마치 부모처럼 행동하였고 자신의 엄마를 돌보았다.

제프 정도의 어린 나이에 지도를 읽을 수 있다는 것은 아주 놀라운 일이다. 그는 많은 10대들이 할 수 없는 일들을 할 수 있다. 어른 역할을 하는 많은 남아들처럼 제프는 능력을 습득해 나갈 뿐만 아니라 엄마의 불안에 민감해지게 된다. 유능하고 잘 돌보는 아들로 성장하는 것이 무슨 문제가 있는가? 스트레스가 많은 시기에 자녀가 지지적인 것은 바람직한 것이 아닌가? 물론 어른처럼 행동하는 것이 상황적으로 발생한 것일 뿐 일상적인 상호작용에서 그런 것이 아니라면 그럴 수 있는 일이다.

자녀가 "부모"가 되는 기간이 지난 후, 엄마가 평정을 되찾고 엄마로서의 역할을 다시 적절하게 계속한다면, 이 자녀는 엄마에게 받는 것처럼 줄 수도 있다는 것을 학습한 능력있고 명민한 자녀가 될 것이다. 그러나, 제프의 경우처럼 이러한 방식의 반응이 부모-자녀관계로 특징지어질 때, 아이는 어른에게 부모처럼 행동하고 있는 것이다. 제프와 같은 자녀들은 어린시절에는 별 문제없이 잘 지낼 수 있다. 그러나 우리가 뒤에서 살펴보겠지만 역할반전의 결과, 청소년 후기나 성인초기에 도달했을 때 문제들이 나타나기 시작한다.

친밀감과 동료관계 제공하기

결혼관계가 끝나면, 보통 배우자에게 가졌던 우정이나 애정은 사라지게 된다. 두 번째 부모화 유형은 부모가 그들의 자녀를 통해 정서적 지지를 받으며 애정이나 우정과 같은 욕구를 충족시키려고 할 때 발생한다. 부모가 자녀를 "최상의 친구"나 "의지 대상" 혹은 "매우 특별한 밀접한 관계"로 부모-자녀를 묘사하는 경우, 다른 성인들을 통해 동료관계에서 충족되어야 할 것을 자녀를 통해 정서적 욕구를 충족시키는 것이라고 볼 수 있다.

함께 이야기하며 공유하고, 경청되고 공감받는 인간의 일상적인 욕구는 분명 정당한 것이다. 그러나, 자녀를 통해서가 아닌 다른 성인과의 관계에서 지지를 통해 개인적 욕구를 충족시키는 것이 필요하다. 자녀를 통해 우정이나 이해받고자 하는 성인의 욕구를 충족시키는 것은 주로 딸과의 관계에서 발생하는 부모화의 형태이다.

다음의 사례에서 엄마의 막역한 친구로서, 논의 대상으로서 성인의 역할을 하는 것이 딸에게는 얼마나 흥미진진한 것인지 볼 수 있다.

윈터(Winter) 부인

이혼 전 윈터 부인은 10살인 딸 조운(Joan)과 특히 친밀하게 지내왔다. 윈터 부인과 그녀의 어머니는 오랫동안 서로에게 매우 중요하게 각별한 친밀한 관계를 나누어 왔으며 그녀 또한 이제 딸과 매우 비슷한 종류의 특별한 유대감을 누렸다. 그러나, 이혼 후 윈터 부인은 그녀의 딸을 "가장 친한 친구"로 묘사하고 있으며 조운이—정서적으로 매우 반응적이고 이해능력이 성숙한—"완벽한" 아이라고 칭찬하였다.

조운 또한 엄마와 같이 공유하는 특별한 관계를 무척 좋아했다. 비록 부모가 이혼하지 않기를 바랬지만, 상황은 전보다 더 나아졌다. 조운은 때때로 아빠를 그리워하기는 했지만, 그들은 결코 가까운 적이 없었다. 조운은 자신이 이전보다 엄마에게 더 중요한 사람이 되었고, 따라서 아버지를 덜 만나는 것이 자신이 치러야 할 대가라고 생각하게 되었다.

조운과 엄마는 윈터 부인의 삶에 있어서 중요한 모든 사항들에 대해 의논하였다. 조운은 엄마가 직장 친구들이 엄마에 대해 험담하는 것에 대해 화를 내고 있는 것과 그러한 "친구"들이 말한 거짓된 모든 것조차도 알고 있었다. 조운은 또한 엄마가 경제적인 문제에 대해 걱정하는 것도 들었으며, 이혼 전 1년에 거의 6만불 정도의 수입에 비해 현재는 한 해 3만 6천불 정도의 수입으로 생활을 꾸려나가야 한다는 것을 알고 있었다.

그들이 나눈 가장 흥미로운 대화는 엄마가 데이트 하는 동안 무슨 일이 있는지에 대한 이야기들이었다. 윈터 부인은 자신과 데이트 하는 남자들에 대해 말하곤 하였다. 정기적으로 그녀는 조운에게 남자와 데이트를 지속해야 하는지 말아야 하는지에 대해 묻고 하였다. 또한 윈터 부인은 자신의 데이트 상대가 그녀가 그에 대해 충분히 안다고 느끼기 전에 키스하려고 한 것에 대해서도 딸에게 고백했다. 곧 조운은 엄마의 남자친구에게 어디에 갈 것인지, 무엇을 할 예정인지, 언제 귀가할 것인지에 대해 묻게 되었다! 윈터 부인은 조운의 염려에 대해 웃고 즐거워하기도 하였지만 조운은 이에 대해 즐겁게 생각하지 않았다. 조운은 자지 않고 늦게까지 기다리고, 걱정하며 엄마가 돌아올 때까지 기다리며, 반늦게까지 어머니의 연애담에 대해 함께 이야기하며 웃고 즐기곤 하였다. 조운은 그러한 어른들의 관심사에 대해 엄마와 함께 이야기할 수 있기 때문에 그 정도로 성숙하다고 느꼈다. 사실상, 학교의 여자 친구들은 이에 비해 지겹고 유치하다는 생각이 들기 시작했다.

집안일 돌보기

부모화현상의 세 번째 유형은 6세 혹은 7세 정도의 어린 연령에서 일어날 수 있는데, 보통 10대 특히 장녀일 때 나타난다. 이런 자녀는 어린 동생을 돌보거나 집안일을 운영하는 책임을 부여받게 된다. 앞의 두 사례에서 자녀들은 어른처럼 행동함으로써 다른 성인들로부터 충족되어야만 했던 부모의 정서적 욕구를 충족시키고 그들의 부모를 돌보았다. 세 번째 유형의 역할 반전에서 자녀들은 부모의 정서적인 욕구를 충족시키지는 않지만, 부모가 돌보지 않는 집안일을 운영하거나 자녀를 돌보는 것과 같은 어른의 책임을 떠맡는 것이다.

정서적인 지지를 제공하는 소년 소녀들은 이러한 시도에 대해 저항하지 않는다. 그들은 기꺼이 그와 같은 역할을 맡으며 거의 포기하지 않는다. 부모와의 관계에 그와 같은 영향력 있고 중요한 자리를 차지하는 것이 자녀에게도 꽤 보상이 되기 때문이다. 반면, 자녀양육이나 가사의 책임을 떠맡아야 하는 자녀들은 우울해질 수 있고 청소년 시기에는 종종 화를 내거나 반항적이 될 수 있다. 예를 들면, 한부모 가정의 장녀들은 어머니의 역할을 맡아 매일매일 어린 동생들을 먹이고 입히고, 훈육할 수 있다. 이와 같은 부모화에서 청소년은 가사노동을 공평하게 분배하여 맡는 것뿐만 아니라 부모의 자녀양육 의무를 수행하는 것이다. 14세에서 18세 소녀 중 가족으로부터 벗어나거나 이런 유형의 부모화로부터 도망치기 위하여 임신을 하거나 결혼을 일찍 하는 경우도 있다.

다음의 사례는 15세인 마이크가 부모화된 역할에 대해 분노하며 반항하는 모습을 잘 보여주고 있다.

마이크(Mike)

마이크와 이혼한 어머니 낸시(Nancy)는 마이크의 아버지가 해외로 이주한 이후 1여년 동안 전쟁을 치러왔다. 전남편이 이주함에 따라 세 자녀를 키워야 하는 의무가 낸시에게 주어지게 되었다. 대부분의 주말에 아이들의 아버지가 그의 집에 데려 갔었고 가끔 방학 때에는 아이들을 데리고 여행을 가곤 했었다. 직장 일을 하고 파트타임으로 학교를 다니고 있는 낸시에게 세 자녀를 양육해야 하는 의무로부터의 해방은 구세주와도 같았다.

그러나 이와 같은 휴식이 없어짐에 따라 낸시는 혼자서 세 자녀를 양육해야 하는 끊임없는 요구에 압도당하는 느낌을 가졌다. 피곤이 가중되어 예민해지고 우울해진 낸시는 15살인 마이크에게 7살짜리 딸과 10살 짜리 아들을 돌보는 책임을 부과하기 시작했다.

아버지가 떠난 지 6개월 안에 마이크는 실제적으로 혼자서 집안 일을 돌보게 되었다. 낸시는 마이크가 집에 오면 어린 여동생을 돌봐주고 저녁준비를 부탁했다. 일주일 중 이틀은 낸시가 일이 끝난 후 곧장 저녁 수업을 받으러 가는데 마이크는 저녁 준비를 하고 10시쯤 낸시가 돌아오기 전 어린 동생들을 재워야 했다. 낸시는 또한 주말에는 숙제를 하기 위해 혼자만의 시간을 필요로 하는데, 베이비 시터를 둘 만한 형편이 되지 않기 때문에 마이크가 동생들을 돌봐야만 했다. 낸시는 마이크에게 너무나 많은 책임을 떠맡긴 것에 대해 죄책감을 느꼈다. 그녀는 엄마로서 실패한 것처럼 느꼈으나, 그 죄책감은 더욱 집에서 멀어지게 했다.

7살된 딸 로라(Laura)는 아버지와의 이별로 슬퍼했는데 이제는 엄마마저 그녀를 떠나버렸다고 느꼈다. 그녀는 매달리고 요구하고 엄마에게 집에 더 있어달라고 호소하거나 애처롭게 울기도 하였다. 그러나 불행하게도 이러한 시도는 더 상승되는 주기로 엄마를 더 고통스럽게 만들었으며, 더욱 죄책감을 느끼게 하여 집으로부터 도망가고 싶은 마음을 증가시켰다. 남동생 더그(Doug)는 형 마이크가 "그의 주변에서 대장처럼" 행동하고 늘 무엇을 해야 하는지 명령하는 것을 싫어했다. 더그가 화낼 때, 마이크와 엄마가 그를 통제하는 것은 거의 불가능했다. 두 형제간의 지속적인 자극적 행동과 속 좁은 경쟁심은 떠들썩한 주먹싸움으로 확대되어갔다. 싸움을 말리는 데 무력감을 느끼게 된 엄마 낸시는 자신이 완전히 통제력을 상실했다는 것을 인식하였다.

마이크는 모든 사람에게 화가 났다. 마이크는 엄마가 자신에게 너무나 많은 요구를 한 것 때문에, 그 적대감을 로라와 더그에게 돌렸다. 그러나, 마이크는 부모역할에 대해 매우 원망하는 한편 보스가 되는 것에 대해서는 좋은 기분이 들었다. 마이크는 가족에서 권력을 행사하는 것을 즐겼으며 엄마가 집으로 돌아왔을 때, 권력을 포기하는 것을 원치 않았다. 결혼한 커플처럼 엄마와 마이크는 누가 책임자인지 다투기 시작했다. 아들은 더욱 격렬하게 싸우고, 로라는 전보다 더 울어댔으며, 모든 사람들이 느끼기에 아무도 책임자가 없는 것처럼 보였다. 이 시점에서 엄마 낸시는 좌절감을 느끼고 "통제하기 힘든" 10대 아들에 대해 심리적 상담기관에 도움을 요청하게 되었다.

부모화된 자녀의 부정적 결과

부모화 현상이 왜 자녀에게 큰 문제가 되는가? 제프, 조운, 마이크와 같은 자녀들에게 나타나는 부정적인 결과는 무엇인가? 부모화 현상에 따른 문제점을 이해하기 위해 장기적, 단기적인 영향력에 대해 모두 살펴볼 필요가 있다. 보통 부모화 현상에 대한 문제점은 보통 어린 시절에는 분명하게 드러나지 않는다. 대신, 후기 청소년기와 성인초기 시절의 전환기 동안에 나타난다. 행동적인 문제나 정서적인 증상이 나타나는 대신, 제프와 조운과 같은 아이는 대단히 예의 바르다.

일상적으로 그들과 상호작용하는 부모와 선생님, 어른들은 부모화된 자녀를 "완벽한"과 같은 이상적인 단어로 묘사한다. 이와 같은 아이들이 주변이 있으면, 어른들에겐 보람이 있다. 그들은 또래의 다른 아이들보다 성숙하고 책임감이 강하다. 평범한 아이들이 그들의 부모나 교사들의 요구를 하는 대신, 부모화된 자녀는 부모의 욕구를 만족시키고 어른들의 기분이 좋아질 수 있도록 행동한다. 단기적으로 볼 때, 민감한 역할 반전은 부모와 자녀를 모두 충족시키기 때문에 이러한 부모화 유형은 쉽게 일어난다. 성인은 보호받고 싶은 욕구가 있으며, 자녀는 그러한 특별한 위치에 있음으로써 힘과 중요성을 누리게 된다.

부모화된 자녀에게 문제가 되는 결과는 장기적으로 이후에 더욱 분명하게 드러났다. 부모가 자녀를 양육하는 자연적인 흐름이 역행하였기 때문에 자녀의 정서적인 욕구는 충족되지 않을 수 있다. 비록 부모화된 자녀가 처음에는 부모와의 특별한 관계를 누릴지 몰라도, 성인이 되면 부모에게 이용당했다는 것과 자신의 어린 시절이 박탈당했다는 것에 대해 분개하게 된다.

부모의 정서적 욕구를 충족시키게 만든 자녀의 책임감에 대한 장기적인 결과는 상당하다. 부모화된 자녀는 타인에 대해 지나친 책임감을 느끼고, 타인에게 도움을 요청하거나 의지하는 것에 대해 불안해하고, 자신의 욕구를 충족시키는 것에 대해 죄책감을 느낀다. 그들이 학습해 왔던 기본적인 관계모델은 단지 타인을 돌보는 것이기 때문에 부모화된 자녀는 그 이후의 관계에서 제공자나 구세사와 같은 역할을 재연한다. 예를 들면, 그들은 돌보는 사람, 간호사, 상담자, 혹은 목사와 같은 직업을 선택한다. 비록 친절하고 유능할 수 있으나 거절하거나 제한을 정하거나 그들 자신의 정당한 욕구를 충족시키는 것에 대해 죄책감을 느낀다. 그들은 경계선을 잘 긋지 못하기 때문에, 다른 사람들의 문제에 지나치게 동일시하는 경향이 있고 쉽게 소진되는 경향이 있다. 그들은 부모에 대해 책임을 지거나 돌보면서 성장했기 때문에 성인이 되어 자신의 삶에서 통제를 양도하는 것에 대해 위협감을 느낀다. 예를 들면, 스스로가 모든 일을 다 해야 하는 것에 대해 분노감을 느끼기도 하지만, 일과 관련된 책임감을 공유하는 것은 그들에게 어려운 것이다. 이와 같은 통제에 대한 주제는 예를 들면, 파일럿에게 일시적으로 통제권을 넘겨야만 하는 상황에서 비행 공포와 같은 증상으로 표면화될 수 있다. 부모화된 자녀는 애정관계에서도 또한 문제점을 가진다. 누군가와 정서적으로 친밀해지기 위해서 그들은 통제권을 포기하고 공유된 통제나 상호 의존성을 위태롭게 하는 위협적인 단계—한때는 실제적인 위험이 도사렸던 미지의 영역—를 거쳐야만 한다. 이와 같은 방식으로 부모화된 자녀가 성장함에 따라 역할반전으로 인해 예상치 못한 결과들은 더욱 분명해지고, 성인으로 자신의 삶을 구축하기 위해 노력한다. 역설적인 것은 어린시절 어른처럼 행동해 왔던 자녀들은 성인이 되는데 어려움을 경험한다. 이와 같은 점을 염두해 두고 청소년 후기와 독립적인 성인이 되어가는 동안 "집을 떠나는" 발달적 전환기에 초점을 두어 보자.

가정으로부터의 독립에 미치는 영향

청소년 후기와 성인 초기 동안 청년들은 가정에서 독립하는 발달단계를 거치게 된다. 이 시점에서 청년들은 어떤 방식으로든, 물리적으로나 심리적으로 원가족으로부터 떠나게 되는데, 그들 자신의 가정을 준비할 수 있는 보다 독립적인 성인이 되어간다. 모든 것들이 수월하게 잘 되면, 원가족과 사랑으로 결속된 관계는 평생토록 지속된다. 그러나, 이 시기의 부모자녀 관계는 보다 상호적이거나 평등적인 관계가 될 수 있는데, 자녀들은 점점 또래관계나 직업적 목표가 그들 삶의 중심이 되어간다. 이와 같은 발달적 전환기에 문화적인 차이는 있을 수 있으나 개별화 과정 혹은 독립은 세 가지의 복잡한 활동을 포함한다.

첫째, 많은 청년들은 집으로부터 떨어져 대학이나, 군대에서, 혹은 친구들과 함께 아파트에서 독립적으로 거주하게 된다. 이 단계에서 잘 진행되면, 친구들, 직장에서의 멘토들, 이성관계들이 중심이 되고 가족은 집 밖에서 새로운 시작을 지지해 준다.

둘째, 그들의 관심사나 능력이 직업적인 목표로 전환하게 되고, 직장에서 성공적인 수행이 성인의 정체감 형성과 삶의 구조에서 중요해진다. 셋째, 청년들은 종교적 신념에 대해 탐색해 보고 자신의 정치적 입장에 대해 재검토해 본다. 개인적인 정체감 형성에 중요한 부분은 비판없이 부모의 신념을 단지 받아들이기보다 그들 자신의 헌신을 통해 자신만의 가치관들을 규명해 나간다.

부모화된 자녀의 역할반전으로 인한 문제점은 가정으로부터 심리적으로 분리하고 위와 같은 세 가지 발달적 장애물을 성공적으로 협상할 준비가 되어 있지 않다는 것이다. 죄책감에 묶여, 그들은 성장하거나 정서적으로 부모로부터 독립하는 것을 허용하지 않는다. "구속된 결속"을 상기시키며 부모화된 자녀는 이 단계에서 장려되는 그들 자신만의 성인의 삶을 추구하는 것이 어렵다.

부모화된 자녀는 부모의 안녕에 대해 책임감을 느끼면서 성장해 왔기 때문에 물리적, 심리적으로 가정을 떠나는 것이 어렵다. 이와 같은 전환이 특히 어려운 것은 부모가 그들을 필요로 하고, 그들 없이는 외롭고, 혼자서 대처할 수 없다는 것을 앎으로써 죄책감을 느끼기 때문이다. 앞의 사례에서 조운은 그녀가 어머니를 떠나 자신만의 가까운 친구관계를 만들거나, 직업을 찾거나 결혼하려고 할 때 불충성한다고 느낄 것이다. 엄마와 경험하였던 특별한 친밀감은 구속된 친밀감이다. 이는 조운이 인생에서 어머니(혹은 타인의)의 욕구를 지속적으로 지향하기보다 그녀 자신의 목표를 추구하거나 주장할 때 자신에 대해 좋은 감정을 갖지 못하게 할 것이다.

미래 관계에 미치는 영향

조운과 같이 부모화된 자녀는 다소 어른으로서 성공하기 어려운데 왜냐하면 그들 자신의 꿈을 정립해 나가고 수행하기보다 부모나 타인의 욕구에 지속적으로 반응해야 한다고 느끼기 때문이다. 청년으로서 조운은 여러 가지 측면에서 죄책감을 느끼고 이러한 구속감에 지배당할 것이다. 그녀는 자신이 강하게 행동할 때, 독립적일 때, 보다 성취적일 때, 혹은 다른 사람이 원하는 것을 따르거나 순응하기보다 자신이 원하는 것을 주장할 때, 자신이 이기적이고 나쁘다고 믿을 것이며, 죄책감과 우울감을 느끼기 쉽다. 조운은 몇 년 동안 자신의 진로에 대해 불확실한 상내에 머무를 수도 있으며 그녀가 성공함으로써 행복하거나 자랑스럽게 여기기보다 불안하거나 우울감을 느낄 수도 있다. 특히 조운은 자신의 요구에 반응할 수 있는 남자와 애정관계를 갖는데 어려움을 겪을 수 있다. 자신이 항상 주어야만 한다고 생각할 수 있는데, 이는 때때로 누군가로부터 보살핌을 받는 것도 괜찮으며, 문제에 대한 도움을 받는 것도 받아들일 만한 것임을 느낄 수 있는 관계를 맺어본 적이 없었기 때문이다.

마지막으로 이러한 점을 모두 인식하지 못한 채, 만약 그녀 스스로가 사랑을 주고받을 수 있는 애정관계를 즐기게 된다면 조운은 아마 어머니를 배신하고 이기적으로 엄마를 버렸다는 죄책감을 느낄 것이다. 즉 그녀에게 아주 잘 대해주는 괜찮은 남자를 만난다면, 조운은 어떤 방식으로든지 그가 지루하다거나 받아들일만 하지 않을 사람임을 발견하려고 할 것이다.

가짜 어른처럼 성장한 자녀들은 성인초기에 평등한 애정관계를 형성하기 어렵다. 보호받기보다 부모를 보호해 왔던 제프와 같은 자녀들은 관계에서 항상 통제하려는 경향이 있다. 역할 반전의 결과 적절한 어린 시절 욕구들이 충족되지 못했다. 성인으로서 통제권을 포기하는 것과 애정이나 돌봄이 충족되는, 그들 자신에게 정당한 성인적 욕구를 갖는 것은 익숙치 않고 불편할 것이다. 그들은 어떻게 반응해야 할지 모른다. 성인의 친밀감은 동등하게 사랑을 주고받는 것을 의미한다. 성인으로서 이와 같은 균형을 유지하기 위해 유연성은 다른 가까운 관계에서 배울 수 있어야 한다.

부모화된 자녀는 잠시라도 통제권을 넘기는 것에 대해 두려워하기 때문에 친밀감 형성에 문제를 가지고 있다. 그들은 종종 부모를 감시하는데 빈틈이 없어야만 했다. 아마 가장 중요한 점은 다른 사람들과 가깝게 지내는 것은, 성장하는 동안 부모에게 그랬던 것처럼, 이 사람과의 관계에서도 또 다시 통제하고 책임감을 가져야 한다고 가정하는 잘못된 신념을 불러일으킬지도 모른다.

부모화된 자녀는 일시적으로 혹은 어려운 상황에서마저도 보살핌이나 도움을 받고자 하는 자신의 타당한 욕구를 경멸스러운 것—약하거나 유치한 의존—으로 간주한다.

자신의 욕구에서 비롯된 원치 않는 수치스러운 감정들을 회피하기 위하여, 역할전환한 자녀는 그들이 "구원"할 수 있는 몹시 빈곤하거나 문제가 내재된 파트너와 애정관계를 맺을 수도 있다. 그렇지 않으면 친밀감을 회피하거나 난잡한 성관계에 몰입할 수도 있다. 어떤 방식으로든지 간에 제프와 같은 소년은 여성과 상호반응적인 애정관계를 갖기 매우 어렵다.

자존감에 미치는 영향

부모화된 자녀는 종종 자신의 능력이나 책임들의 현실적인 지각에 대한 확신을 갖고 있지 못하다. 자녀들이 성인의 역할을 떠맡을 때, 그들은 부모에게 매우 중요해서 부모의 안녕에 커다란 영향을 주려고 지나치게 노력한다. 결과적으로, 이와 같은 자녀들은 종종 그들 자신의 중요성과 타인에 미치는 자신의 역량에 대해 과장되게 평가하는 경우가 있다. 자녀가 부모의 낮은 자존감을 지지하고, 부모의 정서적인 균형을 유지하며, 또한 부모를 대신해서 중요한 결정을 할 수 있다는 환상이 격려받게 될 때, 자신의 한계점과 능력에 대한 현실적인 지각을 하기 어렵다.

그러나 부모화된 자녀는 그들의 과장됨의 다른 한편에 자신에 대한 불안한 부적절감으로 고통받는다. 실제로 자녀는 결코 부모의 정서적인 욕구를 충족시키지 못하기 때문에 부적절하고 수치스런 감정을 유발한다. 이와 같은 감정은 지속되어 그들 삶에 스며들게 되어 불안의 근원으로써 인식되지 않는다. 자녀가 부모의 정서적 욕구를 실현시킬 수 있다는 것은 단지 환상이다. 이러한 가족 신화의 결과, 부모화된 자녀는 종종 성인기에 강한 행동 불안을 보이거나 그들 앞에 놓인 비현실적인 기대나 과대한 욕구를 충족시키는데 부적절할까봐 염려한다.

마지막으로 부모노릇을 하면서 유년시절을 보낸 자녀들은 청년기 때 또 다른 문제점들을 갖게 된다. 제프, 조운과 마이크는 아이다움의 기회를 상실함으써 결과적으로 내적 공허감을 경험할 수도 있게 된다. 예를 들면, 부모화된 자녀는 우울한 공허감에 대해 다음과 같이 이야기함으로써 놀이켜 볼 수 있다. "내 안에 마치 구멍이 난 것처럼 느껴져요." 이러한 공허감이 어떠한 방식으로 표현되든지 간에, 공허함은 의존적인 아이에 대한 부모의 양육이라는 자연스러운 흐름이 발생하지 않았고, 겉보기에는 완벽한 아이지만 정서적으로는 박탈당했기 때문에 발생한다.

왜 부모화가 발생하는가

많은 부모들은 자신의 이혼을 예측하지 못한 단독의 사건이라고 생각한다.

그러나 이런 시각을 가족생활주기의 다른 단계들에서 부부들이 해결하려고 노력하는 심리적 쟁점들로 확대하여 보면, 부모들은 이혼과 부모화현상 충성심 갈등과 같은 문제가 발생하는 이유를 좀더 잘 이해할 수 있게 된다. 이것을 이해하기 위해 잠깐 이혼의 주제를 떠나 좀더 광범위한 가족발달의 문제들을 검토해 보자.

부부가 되기

가족은 남녀의 구혼과 약혼기간을 거쳐 만들어진다. 부부가 결혼기간과 파경 이후에 경험하는 많은 문제들은 가족을 형성하는 첫 단계에서 경험하는 문제들 중 만족스럽지 못하게 해결하였던 것들이다. 가족연구자들은 새로운 부부가 성공적인 결혼을 시작하기 위해 여러 가지 심리학적 과제들을 해결해야 할 필요가 있다고 확증하였다. 예를 들면, 부부는 금전을 어떻게 관리할 것이며, 언제 서로 사랑할 것인지, 직장과 가사 일을 어떻게 분담할 것이며, 여가시간에는 각자 혼자 보낼 것인지 혹은 친구들과 함께 보낼 것인지 아니면 가족을 방문할 것인지 혹은 직장 동료들을 만날 것인지, 혹은 이런 결정을 어떤 상황에서 할 것인지 등과 같은 의사결정 문제나 서로의 차이점들을 해결하기 위해 서로 만족할 수 있는 절차를 수립해야 한다. 대부분의 부부들이 함께 앉아서 이와 같은 일들에 적합한 규칙을 매우 많이 생각하는 것은 아니지만, 모든 부부는 서로의 생활을 위해 모두 만족할 수 있는 패턴을 수립해야 한다. 만약 부부가 자신들의 선호에 대해 서로 이야기를 하지 않거나 혹은 상대방의 소망에 반응해 주지 않는다면, 이런 기본적인 것들은 앞으로의 문제로 남게 된다.

부부관계를 형성하게 되는 이 단계에서 중요한 과제는 양 배우자가 자신의 일차적인 관심을 자신의 부모로부터 상대 배우자에게로 이전시키는 것이다. 8장에서 살펴본 것처럼, 부부는 부모와 친구, 직장으로부터 오는 중복되는 요구로 인해 파괴되지는 않을 정도의 안정된 부부연합을 수립하도록 노력해야 한다. 배우자중 한사람 혹은 두 사람 모두가 새로운 배우자 대신 자신의 부모에게 일차적인 헌신을 하게 되면, 대부분 만성적인 부부갈등이 생기게 된다.

부부가 충성심의 유대를 원가족으로부터 배우자에게로 이전하고 성공적인 부부연합을 형성하는 것을 결혼식의 가족의례를 통해 설명할 수 있다. 결혼식의 중요한 목적은 부모와 원가족에 대한 충성심을 새로운 배우자에게 이전한다는 것을 공적으로 증명하는데 있다. 전통적인 기독교 의식에서는 가족과 친구, 목사가 결혼식에 모이고, 아버지는 신부를 앞으로 데리고 걸어가서, 모든 사람들 앞에서 상징적으로 신부를 떠나보낸다. 아버지는 딸의 손을 기다리고 있는 신랑의 손에 놓고 그 부부에게서 등을 돌려 자신의 아내의 옆자리에 가서 앉는다. 그때 신부와 신랑은 부모세대로부터 상징적으로 분리되어 부부가 되기 위해 목회자 쪽으로 돌아 앞으로 걸어간다. 이것은 가족과 친구에서 자신들이 영구적으로 결혼한 부부가 되었음을 공식적으로 알리는 것이다.

부모로부터 새로운 배우자에게로 충성심의 유대를 이전하는 것은 주요한 발달과제이다. 모든 문화에서 대부분의 가족들은 이런 전이의 어려움을 겪으며, 안정된 부부연합이 부재한 원가족의 경우는 특히 힘들어 한다. 결혼을 계획하면서 부모와 배우자중 누구를 우선으로 할 것인가의 문제가 고통스런 갈등이 될 수도 있다. 예를 들면, 여전히 세대간 연합이 뒤얽혀 있는 경우는 간혹 자신들이 원하는 방식으로 결혼식을 할 것인지 혹은 부모의 방식으로 결혼식을 할 것인지 여부를 놓고 고통스런 갈등에 직면하기도 한다. 밑바탕에 깔려 있는 갈등은 충성심을 이전하는 것과 관련이 있지만, 이것은 결혼식에 누구를 초대하고, 어디서 결혼식을 치르며, 누가 결혼식을 관리하고 재정적 책임을 질 것인가와 같은 문제에 대한 논쟁으로 나타난다. 이와는 반대로 자신들의 결혼식을 즐기는 부부들은 대부분 일차적인 충성심을 부모로부터 상대배우자에게로 이전하거나 재균형을 이루는데 성공한다. 이런 부부들은 죄의식을 유도하는 충성심갈등 때문에 혹평을 받지는 않는다.

요약하면, 일차적인 충성심을 부모에서 배우자에게로 이전하여 부부연합을 성공적으로 형성한 부부들은 부모 혹은 다른 사람들로 인해 분리되지 않는 협력적인 태도를 유지할 수 있다. 만약 이와 같이 안정된 부부연합을 수립할 수 없다면, 이런 부부는 보통 가족발달의 다음 단계인 아이를 갖고 부모가 되는 단계에서 훨씬 더 큰 어려움을 겪게 된다.

부모가 되기

이상적으로, 신혼부부가 첫 아이를 낳기 전에 부부관계를 공고히 하는 데는 여러 해가 걸릴 것이다. 부부에서 아이가 있는 삼인가족으로 변화하는 과정에서 부부는 일상의 사소한 것들을 함께 이야기할 필요가 있다. 새로 태어난 아기가 일대일의 성인 관계를 얼마나 많이 변화시킬 것인지, 혹은 얼마나 많은 시간과 관심을 필요로 할 것인지를 예측하는 부부들은 별로 없다. 성공적인 부부관계를 형성한 부부는 함께 시간을 보낼 수 있는 방법을 계속 찾고, 부부관계와 각자의 개인적인 관계를 함께 유지함으로써 결혼생활을 보존한다. 부부관계를 거의 지지하지 않거나 아이에게 관심을 두는 것만큼 부부관계에 관심을 두지 않으면, 부부는 아이를 출생한 이후 바쁜 상태가 계속되는 몇 년 동안 고통을 경험하게 될 것이다. 그러므로 이 단계에 있는 부부가 해결해야 할 중요한 심리적 과제중 하나는 이전처럼 부부관계를 유지하면서 부모역할에 부여되는 많은 요구들의 균형을 이루어 가는 것이다.

많은 부부들이 이와 같이 어려운 과제들간의 균형을 이루는데서 실패하고 부부관계도 상한다. 그리고 부부관계는 오로지 부모역할만을 하는 관계가 되어 버린다. 이것은 특히 이전 단계의 심리적 과제인 안정된 부부연합을 만들지 못했을 때 발생할 수 있다. 그런 부부들은 함께 대화를 나누거나 함께 시간을 보내는 것을 계속하지 못한다. 이런 부부들은 항상 부부관계보다는 아이들과 직장의 요구 혹은 다른 사람들에게 반응하는 것을 먼저 하는 것처럼 보이기도 한다. 시간이 흐르면서 한 배우자에게 자녀(혹은 다른 사람들)가 유일하게 중요한 사람인 것처럼 보이게 되면 상대 배우자는 분노하거나 무가치감을 느낄 수도 있다. 부부관계를 부모관계에 놓친 부부들은 이혼할 가능성이 높고 이후에 자녀들도 충성심 갈등에 휩쓸릴 가능성이 크다.

충성심 갈등은 특히 부부관계를 형성하는 초기 단계에서 일차적인 부부연합을 형성하지 못했을 때 발생하기 쉽다. 그 결과 부부연합의 공백을 메우기 위해 문제가 있는 부모와 자녀간의 세대간 연합이 발달한다. 보통 파경이전에 수립되는 세대간 연합은 이혼 이후에 악화된다. 왜냐하면, 부모들은 자신들이 갈등할 때 아이들에게 부부 중 한사람 편에 서도록 미묘하게 압력을 가하기 때문이다.

가족을 형성하는 단계에서 다른 심리적 과제들을 충족하지 못했을 때에도 역시 부모화현상이 발생할 수 있다. 신혼부부가 자신의 원가족으로부터 심리적으로 독립하지 못하였거나 혹은 부부가 되는 단계의 기본적인 과제를 해결하는데 필요한 충분한 의사소통을 하지 못하면, 그들은 효과적인 부부연합을 형성하는데 필요한 준비가 덜 된 것이다. 그 다음 단계에서 첫아이가 출생하면, 부부는 지금처럼 부부관계를 보존하면서 다른 한편으로는 새로 태어난 아기의 요구를 충분히 충족시킬 수 있을 만큼 효과적으로 서로 협력하고 의사소통할 수 없게 된다. 이런 상황에서 어머니는 때로 자신의 정서적 욕구를 충족시키기 위해 아기 혹은 자신의 어머니에게로 향하게 되고, 반면 아버지는 아내와 아기 모두에게 거리를 두게 될 것이다.

몇 년 후, 아기가 학령전기 혹은 아동기에 이르게 되었을 때 부부간의 연합이 부족하고 정서적 거리감이 커지면 때로 이혼으로 이어지기도 한다. 대부분 이미 아내와 자녀에게 거리를 둔 아버지는 파경 이후에 전보다 훨씬 더 무관심하게 되고, 어머니와 자녀간의 연합은 과도하게 밀접한 관계로 이어지게 된다. 이렇게 어머니가 이혼의 스트레스를 극복하고 혼자 힘으로 자녀를 키우려고 노력하는 과정에서 부모역할과 자녀의 역할간에 구별은 훨씬 더 흐려지게 된다. 부모화 현상은 대부분 부모가 사회적 지지나 친구관계에 대한 인간적 욕구의 많은 부분을 아이들을 통해 충족시키려고 하는 이 시점에서 시작된다. 한부모들이 부모화 현상이 발생했는지 여부를 객관적으로 판단하기가 어렵기 때문에 다음 부분에서는 이것을 사정하는 지침을 제공하고자 한다.

부모화를 사정하기

부모는 이혼과 한부모 역할의 스트레스를 극복하려는 과정에서 편안함을 얻기 위해 어떤 일이 일어나고 있는지 인식하지 못한 채 아동에게 의존하기 쉽다. 때로 아동이 상황을 들어줄 수 있는 버팀목이 되어주는 것은 좋다. 그러나 이런 일들이 반복되면 그 가족은 역기능적인 가족이 된다. 부모가 아들 혹은 딸의 지지에 계속 의존하고 자녀들을 친구처럼 다루게 되면 그들은 용기를 잃게 된다. 자녀들이 부모를 사랑하고 부모의 곤경을 알고 도와주고 싶어 해도 자녀는 성인이 아니며 성인의 문제나 욕구를 다룰 만큼 성숙하지도 않다. 우리가 익히 알고 있는 것처럼, 자녀가 부모 혹은 가족을 자신들이 모두 붙잡아두어야 한다고 느낀다면, 그들은 집을 떠나 성공적으로 자신의 삶을 시작할 때까지 힘든 시간을 보내게 될 것이다. 다음 질문들에 답해 보면, 자신들이 자녀들을 부모화하고 있는 것은 아닌지 여부를 스스로 판단할 수 있을 것이다.

1. 당신의 자녀는 당신이 가족을 책임지는 유일한 사람이라고 믿고 있습니까? 한부모는 때로 자녀의 도움을 많이 필요로 한다. 그러나 성공적인 한부모는 말과 행동을 통해 자신들이 성인이며 책임을 맡은 사람이라는 것을 자녀에게 전달한다. 만약 자녀가 가정의 중요한 직무와 책임을 자신이 맡고 있다고 느낀다면 그것은 부모와 자녀 모두에게 도움이 된다. 그러나 학교 숙제하는 것을 방해하거나 혹은 친구와 놀 시간을 허락하지 않는 정도로 자녀에게 의존한다면, 그것은 지나친 것이다.
2. 당신은 자녀를 너무 대담하거나 혹은 정서적으로 문지기의 역할을 하는 자리로 밀어 넣고 있지는 않습니까? 만약 부모에게 자신의 문제를 자유롭게 이야기 하고 어려움을 공유할 수 있는 성인 친구가 없다면 좀더 이렇게 하기가 쉽다. 한부모들은 책임감을 느끼며, 압박받는 과부담을 갖고 있다. 그러므로 이런 스트레스를 극복하기 위해서는 친구와 사회적 지지체계가 필요하다. 그

러나 이런 합당한 욕구는 아동이 아닌 다른 성인을 통해 충족되어야 한다. 대부분의 지역사회에서 배우자가 없는 부모들(Parents Without Parents)과 같은 지지집단이 도움이 된다.

3. 당신의 자녀는 당신이 울거나 지나치게 압박감을 느끼거나 실패감을 느낄 때 혹은 뭔가 잘못되어 가고 있어 지나치게 동요되는 경우 정기적으로 봅니까? 대부분의 사람들은 자녀들이 얼마나 부모를 걱정하고, 부모가 경험하는 곤경에 대해 얼마나 책임질 준비가 되어 있는지를 과소평가한다. 자녀가 부모의 관심사를 인식하는 것은 자녀의 성숙에 도움이 된다. 그러나 부모가 정서적으로 분출하게 되면 자녀의 인식은 걱정이 되어 버린다. 마찬가지로, 아동이 성인의 관심사에 빠져 아동기에 적합한 학교나 또래에 대한 관심들로부터 멀어지게 되면, 부모자녀간의 친밀감은 지나친 것이 된다. 부모는 다른 한부모들과 지지체계를 수립해야 하며 자녀들에게 부담을 주어서는 안된다. 특히 금전문제나 경제적 걱정을 자녀들과 함께 나누는 것을 피하는 것은 가장 바람직한 방법이다.
4. 당신은 이성 관계를 자녀에게 이야기 합니까? 이성과의 관계는 아동이 아닌 어른에게 해당되는 것이며, 부모는 이런 면에서 아동과 사춘기 자녀를 최소한만 끌어들이고 싶어한다. 데이트 관계가 지속될 것 같을 때까지는 자녀가 분리되어 있도록 해야 한다. 부부중 한사람의 애정사는 성인의 일이고 사적인 일이다. 즉, 아동과 사춘기 자녀들을 부모의 이성교제로부터 어느 정도 완충시킬 때 자녀들은 더 잘 살아갈 수 있다.
5. 당신은 자녀를 당신과 다른 사람들간의 매개자로 활용합니까? 전배우자에게 메시지를 전달해줄 것을 자녀에게 요구하거나 혹은 전배우자가 무엇을 하는지 알려줄 것을 자녀에게 요구하는 부모는 그 자녀를 성인의 역할을 하는 자리에 두는 사람이다. 그것은 자녀에게 자신을 희생하면서 부모의 욕구를 충족시킬 것을 요청하는 것과 같다. 유사하게 자녀에게 전화나 혹은 문간에서 대신 답하도록 하거나 원치 않는 전화를 여과하도록 하면 자녀는 부모화 단계로 한 단계 더 나아가게 될 것이다. 성인은 가족과 다른 사람들

사이에서 자녀의 문지기가 되어 주어야 한다. 그러므로 특히, 부모와 부모가 다루기에 어려운 사람들 사이에 자녀들을 두어서는 안 된다. 많은 가족들에 이런 권고가 쉬운 것은 아니지만, 전화응답기에 어른의 목소리를 남기는 것 정도는 자녀가 아닌 부모가 이 가족을 이끄는 사람이라는 것을 모든 사람에게 알리는 한 가지 방법이 될 수 있을 것이다.

6. 당신은 자녀를 당신의 최고의 친구 혹은 생명선이라고 말합니까 혹은 자녀를 완벽한 사람이라고 묘사합니까? 그렇게 잘 처신하는 아동이 아주 가까이 있는 것은 만족스러운 일이지만, 그것은 경고의 신호가 될 수도 있다. 때로 완벽한 자녀는 부모가 마치 어린 아이처럼 행동할까봐 지나치게 걱정을 할 수도 있다. 마찬가지로 그것은 부모에게 자녀가 특별한 친구가 되도록 허용하는 것이지만, 또한 자녀에게 부모의 안녕을 책임질 것에 대한 부담감을 갖게 하는 것이기도 하다. 이런 상황에서 부모는 자녀가 부모에 대한 관심을 줄이고 그 대신 아동기의 일에 관심을 둘 수 있도록 하는데 주안점을 둘 수 있다(마리, 너는 그 일에 대해 걱정해서는 안돼, 그건 어른의 문제이고 내가 그것을 처리할 거야). 어떤 부모들은 자녀에게 세 가지 일, 즉 학교에서 잘 하고, 좋은 친구관계를 유지하고, 최소한 매일 재미있는 일 한 가지를 하는 것만 걱정하라고 말한다.

한부모는 양부모가족일 때보다 아동에게 의존하게 될 일이 좀더 많이 생기기 때문에 때로 가족 안에서 성인의 책임과 아동의 책임간의 경계선이 덜 명확해지게 된다. 만약 이런 의존이 과도한 것이 아니라면, 늘어난 요구로 인해 대부분의 아이들은 또래들보다 더 공감할 수 있고 능력이 있는 쾌활한 아동이 될 수 있다. 그러나 가족이 효과적으로 기능하기 위해서는 부모의 역할과 아동의 역할간에 명확한 경계가 유지되어야 한다. 만약 이런 선이 교차된다면, 성인은 리더의 역할을 다시 주장해야 할 필요가 있다. 부모가 책임을 지고 부모가 자녀를 돌볼 것이라는 것을 아동이 확실하게 알게 된다면 아동은 훨씬 더 잘 지낼 수 있게 된다.

도움이 되는 책들

앞장의 충성심 갈등 문제에서와 같이 부모화 현상에 관한 유용한 책은 가족치료 교재 외에 거의 없다. 어떤 독자들은 가족연맹, 충성심 갈등, 그리고 부모화 현상에 대해 좀더 알기 위해 *Families and Family Therapy* (S.Munichin, Harvard University Press, 1974)와 같은 가족치료 교재들을 읽기를 희망할 수 있다. 그러나 대부분의 독자들은 대규모의 대중출판사들이 출간한 알코올중독자 부모가 있는 가족에서 성장한 아동에 관한 책들을 통해 부모화와 다른 문제 있는 가족역할들에 대해 정보를 좀더 수집할 수 있다(예를 들어, *Adult Children of Alcholics*(J.Woiwitz, Health Communications, 1990)을 보라). 독자들은 또한 *Becoming Parents: How tp Strengthen Your Marriage as Your Family Grows*, By P. Jordan, S. Stanley, and H. Markman(Jossey-Bass, 1999)와 같은 훌륭한 책을 살펴보고 싶어할 수 있다.

부모지지 집단 혹은 부모역할 교육이 필요할 경우에는, 지방병원 사회서비스부, 주의 정신건강부, 혹은 고등학교나 교회에 문의해 보라.

제10장

자녀양육 실천

"당신은 내가 할 일이 무엇인지 계속 알려줄 수 있습니까? 얼마나 긴장된 생활을 하고 있는지 보십시오."

부모들은 이혼을 한 후 부부의 관계만 변화시키려고 하지만, 자녀들과의 관계 또한 변하게 된다는 것을 곧 알게 된다. 특히 자녀를 키우고 한부모가족을 인솔하는 일상의 일들은 대부분 그들이 이전에 알고 있었던 생활과 매우 달라지게 된다. 불행히도, 연구자들은 이혼 후에, 부모들이 (1) 자녀들을 훈육하고 효과적으로 통제하며, (2) 자녀들을 키우고 정서적으로 반응하고, (3) 일상을 예측할 수 있는 틀이 있는 유기적인 가족을 만들어주는데 있어서 때로 부모의 능력이 감퇴된다는 것을 발견했다. 다른 말로 하면, 장기적인 적응문제를 초래하는 원인은 이혼 자체가 아니라 잘못된 자녀양육 실천인 것이다. 부정적인 사실은 이혼 후에 많은 어머니와 아버지들이 자녀에 대한 통제력을 상실하고 그들을 효과적으로 훈육할 수 없게 된다는 것이다. 긍정적인 소식은 부부관계가 분열되면서 부모들은 이혼 후 몇 년 동안은 자녀양육에 좀더 관여하게 되고, 이전보다는 좀더 실제적으로 책임을 지는 기회를 갖게 된다는 것이다. 그러므로 이 장은 부모들이 이혼의 위기를 좀더 효과적인 부모가 되는 기회로 활용할 수 있도록 돕는데 목적이 있다.

자녀에게 지원해 줄 것이 하나도 없을 때 많은 한부모들은 자녀에게 규칙과 결과를 강요하기 힘들다. 그러나 부모가 그런 노력을 하는 것을 값어치 없게 생각하고 자녀에게 휴가를 주거나 자녀들만의 전화를 개설해 주어 자녀를 기쁘게 하는 것과 집안일이나 잡일을 해줄 것을 주장하는 책임감 있는 부모가 되는 것은 전적으로 다른 문제이다. 이런 미칠 것 같은 상황에서 책임감 있는 부모라면, 무엇을 할 수 있을까? 단기적으로, 어떤 아이들은 감독이 더 적고 규칙이 느슨한 부모와 살기를 선택한다. 자녀에게 제한을 강요하는 것에 대해 진지한 대부분의 부모들은 특히 사춘기 직전 혹은 십대 초반의 아이들로부터 "들어봐요, 나는 TV에서 내가 보고 싶은 것은 모든 볼 수 있어요. 그리고 만약 엄마가 그것을 좋아하지 않으면, 나는 아빠와 살면 되요"와 같은 위협을 듣는다. 이런 공통적인 위협에 직면하여, 부모들은 확신을 갖고 자녀를 기다리는 것이 좋으며, 부모가 원하는 것이 아니라 자녀가 필요로 하는 것을 해주는 것이 좋다. 자녀들은 자신들이 조종할 수 있는 부모, 혹은 자녀에게 승인을 받고 싶기 때문에 자녀의 요구를 거절하지 못하고 효과적으로 훈육할 수 없는 부모를 존중하지 않는다. 그런 아이들은 다른 사람도 역시 존중하지 않는다. 그리고 때로 그들은 자신의 요구를 너무 많이 말하고 이기적이며, 분노하는 경향이 있으며, 특히 또래나 친구관계에서 실패하기가 쉽다. 그러나 장기적으로 볼 때, 자녀에게 엄하지 않은 전배우자에 맞선 부모들은 대부분의 자녀들이 결국 가장 존중하는 부모를 선택하게 된다는 것을 알기 때문에 다시 자신감을 얻게 된다. 아동들과 사춘기 아이들은 자녀의 요구를 거절하지 못하거나 자녀의 불승인을 인내하지 못하는 부모, 혹은 부모와 자녀간의 관계에 너무 많은 권력과 통제를 부여하는 부모 밑에서는 자신들이 안전하지 않으며 보호받을 수도 없다는 것을 잘 안다. 이것을 마음에 기억하고 네 가지 일반적인 훈육과 자녀양육 접근을 살펴보자.

훈육에 대한 일반적 접근들

부모들이 활용하는 여러 가지 자녀양육 방식을 이해하기 위해 그림 10.1에 도식으로 나타난 것과 같이 통제와 정서의 두 가지 차원을 생각해 보자.

수평축에 제시된 것처럼, 부모들은 확고하고 엄격한 훈육(높은 통제)에서부터 허용적이거나 혹은 느슨한 훈육(낮은 통제)에 이르기까지 하나의 연속체를 따라 변할 수 있다. 수직 축은 매우 따뜻하고 정서적인 반응과 의사소통(높은 애정)에서부터 낮은 승인, 수용, 관심(낮은 애정)에 이르는 하나의 연속체상에서 나타날 수 있는 부모의 변을 제시하고 있다. 이 두 개의 연속체를 따라 높고 낮은 지점들을 활용하면, 부모들은 전형적으로 네 가지 접근방법 중 하나를 활용하여 자녀를 훈육하게 되는데, 이것은 (1) 권위주의적 훈육, (2) 허용적 훈육, (3) 권위적 훈육, (4) 거부적 훈육으로 특징지어진다.

많은 부모들이 **권위주의적 접근**을 취하는데 이것은 엄격하지만 혹독한 것이다(4분면 II: 높은 통제, 낮은 애정). 이런 부모들의 문제는 "나는 너의 아버지야, 나에게 왜라고 묻지마. 너는 내가 말하는 것이나 해 안 그러면...."처럼 명령하는 것이다.

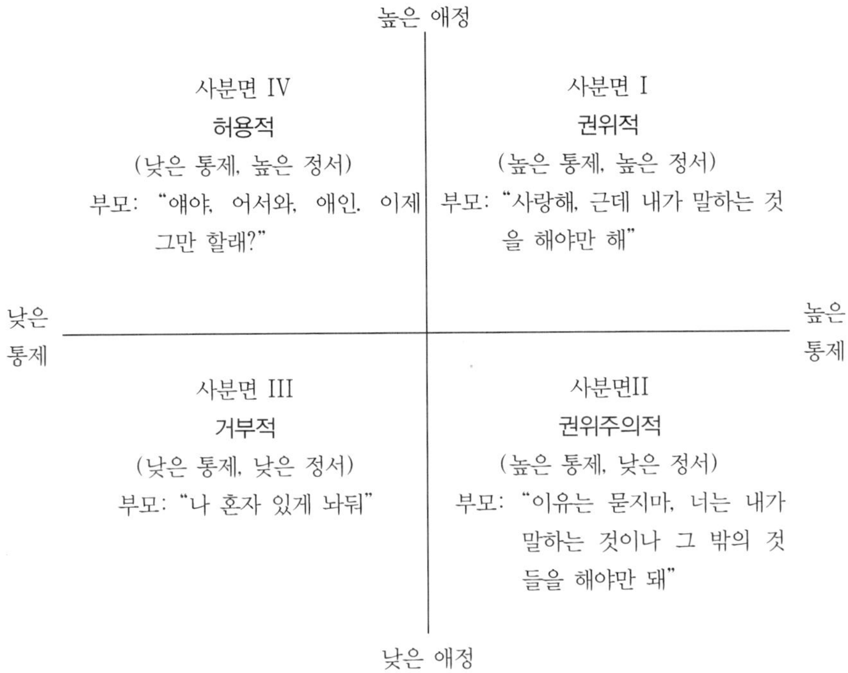

그림 10.1 네 가지의 부모역할 양식들

권위주의적 방식과는 아주 분명하게 대조되는 것으로서, 많은 부모들은 애정이 있지만, 느슨한 **허용적 방식**(사분면IV: 낮은 통제, 높은 애정)을 활용한다. 이런 부모들은 "얘야! 이제 그만 할래?"와 같이 간청하거나 혹은 협상을 한다. 이런 자녀양육 방법들보다는 아직 많이 알려지지는 않은 **권위적 접근**이 훨씬 효과적이다. 이 접근은 확고함과 따뜻함이 있는 제한이 결합한 것으로, 의사소통을 강조하며, 자녀에게 규칙을 강조하는 이유를 말하고 설명한다('**권위주의적**'과 '**권위적**'이라는 두 용어가 매우 유사하여 쉽게 혼돈되는 것은 안타까운 일이다). **권위적**인 부모는 "사랑해, 그런데 너는 내가 말하는 것을 해야만 해"라고 말한다. 많은 부모들은 자녀에게 엄격하거나 혹은 애정적이어야 된다는 잘못된 믿음을 가지고 있지만, 권위적인 부모들은 두 가지를 동시에 모두 할 수 있기 때문에 가장 효과적이다.

마지막으로, 네 번째의 부모양육 방식은 **거부적**인 것이다. 이 부모들은 자녀들과 유리되어 있다(사분면 III: 낮은 통제, 낮은 애정). 이런 부모들은 전후 설명도 없이 단순하게 "나 혼자 있게 내버려둬."라고 말한다. 이 네 가지 자녀양육 전략들의 대조적인 훈육양식들을 자세히 살펴보자.

권위주의적 자녀양육

아마 가장 비효과적인 훈육방법은 권위주의적 접근(사분면 II: 높은 통제, 낮은 애정)일 것이다. 권위주의적인 부모들은 자녀들에게 수용될 수 있는 행동방식과 수용될 수 없는 행동방식에 대한 분명한 기대를 준다. 부모는 규칙을 명확히 설명한다. 그리고 그것을 어길 때 초래되는 결과는 시종일관 강압적이다. 권위주의적인 부모들은 또한 자녀들이 책임감있고 성숙한 방식으로 행동할 것이라는 높은 기대를 갖고 있다. 자녀들에게는 능력보다 높은 수준에서 일을 수행하고 능력있는 사람이 되며, 가족성원들에게 기여할 것을 기대한다.

그러나, 권위주의적인 부모들은 자신들이 자녀들에게 그런 요구를 하는 이유를 말하거나 설명하지 않는다. 자녀에게 부모들이 왜 이런 제한들을 하는지에 대해 의문을 갖거나 이해하려고 하지 말고 순종할 것을 기대한다. 아이들은 왜 규칙을 만들었는지 질문할 수 없다. 그들은 단순히 순종해야만 한다. 앞에서 제시한 것처럼, 권위주의적인 가정에서 성장한 아이들은 부모로부터 "외출하면 안 되는 이유에 대해서 절대로 묻지 마라. 나는 너의 아버지야, 너는 내가 하는 말에 따르기만 하면 돼!라는 말을 자주 들으며, 게다가 부모와 자녀간에는 타협하거나 의사소통할 여지가 거의 없다는 말을 주기적으로 듣는다. 아동들은 부모와 이야기하는 중에 대안을 제시하거나 자신의 입장을 설명하지 못한다. 그러나 가장 중요한 것은 권위주의적인 부모들이 엄격한 지도를 따스함이나 정서와 연결지어 생각하지 못한다는 것이다. 아동들은 항상 차갑고, 거리감이 있고 위협적인 부모를 경험하게 된다.

때로 아동들은, 특히 어린 아동들은 부모권력의 위협과 거부에 대한 두려움 때문에 규칙을 잘 따른다. 이런 엄격하고 사무적인 접근은 훈육을 전혀 하지 않는 것보다는 훨씬 더 좋지만, 주요한 단점들이 있다. 아동들은 복종하지만, 그들은 두려움 때문에 그렇게 한다. 그 결과, 부모와의 관계에서 느낀 불안감이 종종 교사, 코치, 교장, 그리고 다른 성인들에게까지 일반화된다. 비록 대부분의 아이들이 권위주의적인 부모 때문에 위협받지만, 어떤 아이들은 성장하면서 반란하고 도전하며 좀더 언쟁을 많이 하게 된다(혹은 우리가 알다시피, 부부간의 분열이 부모의 권위를 손상시킬 때). 어느 쪽이든, 이런 아이들은 때로 성인이 되어 명성을 얻거나 성공을 해도 낮은 자존감 때문에 고통스러워하고 대인관계에서도 자신감이 부족하다.

권위주의적 접근의 또 다른 단점은 그것이 아동의 지적 능력의 성숙을 방해한다는 것이다. 부모가 어떤 규칙을 세우고 아동이 대안을 제시하거나 타협하는 것을 못하게 하는 이유를 아동이 이해할 수 있도록 설명해 주지 않으면, 아동들은 의사를 표현하고 추론하는 기술을 배우지 못하게 된다. 권위주의적인 부모의 아이들은 부모의 규칙과 지시에 대해 부모와 함께 상호작용하는 기회를 갖는 아이들보다 언어지능의 점수가 더 낮다.

건강하게 발달하는 아이들은 주도적이고 긍정적인 자아상에 상처를 받지 않으면서 복종하는 법을 배운다. 선상한 아이들은 부모로부터 자신들이 높이 평가받는다는 느낌을 잃지 않으면서 자기-통제적이고 자기-신뢰적인 아이가 된다. 그러나 권위주의적인 부모의 아이들은 자신의 소망을 표현하면서 부모의 승인을 유지하기가 매우 어렵다. 권위주의적인 부모들은 애정 어린 양육과 애정을 거의 제공하지 않기 때문에 아이들은 부모의 승인을 얻는 대신 주도성과 긍정적인 자아-존중감을 상실한다. 이런 아이들은 복종적이지만, 두려움 때문에 부모에게 복종하는 것이므로 불안해한다. 이렇게 잘 행동하지만 불안정한 아이들은 부모들이 자신들에게 했던 것처럼, 자기 자신에게도 혹독하고 비판적이며 요구적이 된다. 아주 심하게 권위주의적인 가정에서 자란 많은 아이들은 성인이 되었을 때 지나친 죄의식과 우울, 불안, 우유부단함, 낮은 자존감으로 고통을 겪는다. 이런 사람들은 전형적으로 책임감이 있고, 성실하며, 성공적인 사람이 되어도 이와 같은 인간적, 정서적 문제를 보일 수 있다.

허용적인 자녀양육

권위주의적인 부모는 자녀가 규칙을 알고 또 규칙을 어기면 어떤 강압적인 결과가 초래되는지를 알 필요가 있다고 정확하게 인식한다. 그러나 권위주의적인 훈육은 혹독하고 비타협적이다. 그와는 대조적으로, 다른 부모들은, 특히 이혼 후에, 허용성의 면에서 오류를 범할 수 있다. 비록 허용적인 부모들이 권위주의적 부모들보다 좀더 애정을 보여 주기는 하지만, 그들은 아동의 행동에 대해 확고한 입장을 취하거나 적절한 통제를 부여하지는 못한다(사분면 II: 낮은 통제, 높은 애정). 이와 같이 책임감을 갖고 아동을 효과적으로 훈육하지 못하는 것은 여러 가지 이유 때문에 발생한다. 허용적인 부모들은 만약 자신들이 자녀에게 확고하게 대하면, 마치 자신들의 부모처럼(아마도 좀더 독재적이었던) 혹독하게 행동할 지도 모른다는 잘못된 믿음을 가졌을 수 있다. 혹은 이혼 후에 특히 어떤 부모들은 자녀들이 자신들을 사랑하지 않거나 혹은 요구를 거절하면 자신들과 함께 머물지 않을 것이라는 두려움을 갖는다. 아동기 시절에 권위주의적인 부모 때문에 무력했었던 부모라면, 여전히 자신이 부모라는 책임을 맡은 사람중 한 사람이 자녀들이 잘 행동할 수 있도록 하거나 혹은 하고 싶어하는 것을 하게 만드는 것이 옳다는 것을 진정으로 믿지 못할 것이다. 이런 저런 이유 때문에, 허용적인 부모들은 권력의 균형을 이루는 것을 가볍게 생각하게 되며, 자녀들은 부모-자녀의 관계에서 너무 많은 권력과 통제를 휘둘리게 된다. 이혼 이후에 이런 부부들은 때로 자녀들에 대해 무력감을 느끼게 되며, 자녀들의 행동에 대해 타협하거나 협상하거나 혹은 달래기조차 한다는 이야기를 들을 수 있다. 통제권이 부모에서 자녀에게 이전될 때 부모와 자녀는 모두 고통받기 시작한다.

허용적인 부모들은 느슨한 훈육자이며, 때로 아이들의 응석을 받아준다. 이런 아이들은 자신들에게 기대되는 행동이 무엇인지 혹은 부모의 규범을 어기면 어떤 일이 발생할 수 있는지를 알지 못한다. 가장 중요한 것은 허용적인 부모들이 자녀에게 규칙을 일관성있게 강요하지 못한다는 것이다. 그 결과, 허용적인 부모의 아이들은 부모가 규칙을 일관성있게 강요하지 않으므로 복종하지 않아도 된다는 것을 알게 된다. 그러므로 허용적인 부모들이 자녀에게 애정을 갖고 의사소통을 잘 하는데도 때로 자녀들이 제대로 훈육되지 못하고 성숙한 행동을 기대하기 어렵다. 부모가 자녀에게 능력을 최대한 활용하여 수행할 것이라는 기대를 갖지 않는다면, 자녀들은 기술을 발달시키지 못하며, 성공하는데 필요한 부모의 훈육을 내면화하지 못하게 된다.

또한 허용적인 부모의 자녀들은 학령기에 문제를 겪기도 한다. 예를 들면, 무단결석으로 학교에서 문제를 일으키거나 혹은 무모한 운전으로 경찰에 연루되는 행동문제를 할 수도 있다. 마지막으로 성인이 되었을 때 대인관계에서 좀더 자기중심적이고 요구적이고 의존적이며, 일에 몰두하는 능력이 부족하고 맡겨진 책임을 확실히 완수하지 못하는 경향을 보이기도 한다.

왜 이런 문제들이 발생하는가? 허용적인 부모의 자녀들은 자신들의 행동의 대한 결과를 회피할 수 있다는 것을 학습하게 된다. 아이들은 규칙과 제한이 반드시 적용되는 것은 아니라는 것을 믿게 된다. 그리고 요구적이든, 위협적이든, 꾸물거리든 혹은 조정하려든지 간에 그들은 항상 자신들의 방식으로 할 수 있다는 것을 인다. 연구자들은 이런 아이들이 의존적이고, 미성숙하며, 요구가 많고, 불행하게 된다는 것을 발견했다. 그들은 자아를 거의 통제하지 못하며, 좌절을 인내하지 못하고 또래들과도 잘 지내지 못한다.

유리되거나 거부적인 자녀양육

이 자녀양육 방식을 이해하기 위해 때로 파경을 초래하기도 하는 순환적인 상호작용을 살펴보자. 이혼 이후에 부모가 압박감이나 자녀의 불승인에 대한 두려움을 느낀다면, 아마 이혼 이전에는 효과적이었던 많은 부모들도 이혼 후에는 상당히 허용적이 될 것이다. 특히 남자 아이들을 훈육할 때 느끼는 부모로서의 무능력감은 한부모들이 경험하는 가장 공통된 문제일 것이다. 이혼 후 2, 3년이 지나면서, 허용적인 부모들은 요구적이고, 가정에서 두목행세를 하며 이기적이고 무례한 아이들과 정서적으로 갈등상태에 있게 되는 것에 대해 보상을 덜 하게 된다. 시간이 흐르면서, 이런 부모는 점점 좌절감과 무력감을 느끼게 되며, "내 인생을 망가뜨렸다"고 분노한 아이들로부터 거리를 두기 시작한다. 그리하여 자녀에게 위축감을 느끼는 허용적인 부모들은 자녀들에게 "나를 혼자 내버려둬"라는 메시지를 보인다. 그와 동시에 이혼 이전에는 권위주의적이었지만 이제는 자녀에 대한 권리를 잃고 더 이상 엄격하게 대하지 못하게 된 부모들은 화를 내며, "불가능해진" 아이들을 포기하게 된다. 부모의 지도감독을 받지 못하고 성격이 좋지 않으며, 거부적인 부모와 함께 살고 있는 이 불만족스런 아이들(사분면 III: 낮은 통제, 낮은 애정)은 또래들과의 약물문제, 비행, 조숙한 성관계 문제 때문에 위험에 처하게 된다.

권위적인 자녀양육

비효과적인 권위주의적, 허용적, 거부적 자녀양육과는 대조적으로 권위적인 부모들이 하는 효과적인 자녀양육은 세 가지 원칙을 포함하고 있다. 그 첫 번째 단계는 자녀와 함께 허용되는 행동과 허용되지 않는 행동을 분명하고 명확하게 의사소통하는 것이다. 효과적인 훈육의 두 번째 특징은 아동에게 규칙을 깨뜨리는 것의 결과와 처벌에 대해 말해주는 것이다. 세 번째로, 가장 중요한 것은 효과적인 훈육자는 자녀에게 화를 내거나 깎아내리지 않으면서 자신이 정한 규칙을 끝까지 일관성 있게 지키고 행사하는 것이다.

다시, 연구자들은 이와 같이 매우 효과적인 훈육방식을 권위적(사분면I: 높은 통제, 높은 애정)인 것으로 동일시했다. 권위적인 접근은 (1) 엄격한 제한과 신뢰할 만한 규칙들, (2) 부모의 규칙에 대한 이유와 설명, (3) 책임감있고 성숙한 행동에 대한 높은 기대, (4) 부모의 온정과 명확하게 표현된 애정을 결합하고 있다. 매우 효과적인 훈육을 하는 부모들은 확고한 훈육에서부터 애정어린 아동보호에 이르는 광범위한 자녀양육 방법들을 모두 결합할 수 있는 기술들을 갖고 있다. 사실, 권위적인 부모들은 자녀들에게 "너를 사랑한단다. 그것이 내가 말하는 말을 지켜야 하는 이유란다"와 같이 말한다.

권위주의적인 부모와는 다르게 권위적인 부모는 엄격한 훈육을 믿으며, 이런 엄격한 훈육에 신체적인 애정과 언어적 승인을 좀더 결합시킨다. 예를 들면, 권위적인 부모는 아이들에게 복종할 것을 요구하지만, 또한 아이들에게 책을 읽어주고 마루에서 함께 구르며, 아이들을 무릎에 끌어 앉히고, 아이들이 잘할 때 칭찬하고, 아이들의 눈을 보며 "사랑해"라고 말해 준다. 아이들은 위협적이고 멀어진 부모들보다 애정어린 부모의 요구에 좀더 쉽게 협력한다.

권위적인 부모들은 훈육에 대해 확고하다. 그리고 그 과정에 자녀들을 참여시킨다. 그들은 자녀에게 대안이나 절충안을 제시할 수 있도록 한다. 또한 자녀에게 하고 싶은 것을 말하도록 하고, 왜 어떤 행동은 장려되고 어떤 행동은 제지되는지 그 이유도 설명해 준다. 그와는 반대로, 권위주의적인 부모는 아이들에게 명확하게 제한을 정해주고 그것을 강요하지만, 타협, 대안, 설명의 여지는 주지 않는다. 만약 아이들이 규칙을 만든 이유를 이해하게 된다면, 아주 어린 아이라 할지라도 좀더 협력하고자 하는 의지를 보일 것이다. 아이가 훈육과정에 참여할 수 있을 때에야 아동의 눈에 어른의 권위가 덜 인위적이고 덜 불공평해 보일 것이다.

권위적인 부모들은 자녀에게 일관성있게 규칙을 행사한다. 허용적인 부모들은 아이들이 불승인하는 것을 완화시킬 수 있는 이유를 말하고 설명하려 하지만, 결국 그들은 자녀에게 확고한 입장을 취하거나 확신을 갖고 제재를 하지는 못한다. 아이들은 부모가 규칙을 행사하는 것에 대해 얼마나 진지한지를 예민하게 판단한다. 만약 부모가 일관성 없이 규칙을 강요한다면, 아이들은 계속 그것을 위반하려고 할 것이다. 이런 이유로 권위적인 부모들은 아이들이 이해할 수 있든 아니든, 혹은 동의하든 안하든 자신들이 만들어 놓은 규칙을 지키게 한다.

권위적인 부모는 광범위한 자녀양육 기술들을 사용한다. 우리는 권위주의적인 부모는 제한을 정하지만 너무 혹독하게 하며, 허용적인 부모는 아이에게 통제하는 것을 믿지 않고 거부적인 부모는 아이들을 관리하고자 하는 시도를 포기한다는 것을 이미 알고 있다. 비록 대부분의 부모들이 자신들을 엄격하거나 혹은 애정적이어야 된다고 잘못 믿고 있지만, 권위적인 부모들은 두 가지 방법을 동시에 효과적으로 융통성있게 사용한다. 그러나 최선의 노력에도 불구하고 대부분의 사람들은 이 두 가지 영역의 균형을 맞추는데 어려움을 느낀다. 권위적인 자녀양육을 하려면, 부모가 애정을 갖고 자녀를 양육하고 정서적으로 다가가기에도 충분할 정도로 관대해야 하는 반면, 규칙을 정하여 행사할 때 아동이 수용하지 않는 것을 인내할 수도 있어야 할 것이다. 사실, 자녀양육을 포기한 거부적인 부모와는 반대로, 권위적인 부모는 자녀에게 아주 많이 관여하며, 매우 열심히 일한다.

권위적인 부모들은 또한 아이들과 대화하고 그들의 관심사를 경청하려고 노력한다. 그들은 규칙을 말해주고, 왜 어떤 행동은 장려되고 또 어떤 행동은 제재를 받게 되는지 그 이유를 설명해 주며, 규칙을 강요하기 이전에 대안을 생각하고 타협한다. 이런 부모들은 또한 아이들에게 성숙하고 책임감 있는 행동을 기대한다. 권위적인 부모들이 성공적으로 훈육하기 위해서는 아이들의 실제 능력보다 좀더 상향된 수준을 정확하게 평가할 수 있어야 한다. 아이들이 지속적으로 변하기 때문에 그렇게 하는 것이 어려울 수 있으나 아이들에게는 어렵게 느껴질 수 있는 성숙과 책임감 있는 행동에 대한 요구들은 균형을 이루어야만 한다.

이혼 전과 후 모두 부모들이 가장 많이 하는 논쟁중 하나는 아이들을 훈육하는 방법에 관한 것이다. 명확하게 말하면, 권위적인 자녀양육은 애정어린 양육과 엄격한 양육간의 양극화된 논쟁에 대한 해결책이다. 비록 이것이 권위적인 자녀양육을 하는 부모들에게 도전이 될지라도 이것은 가장 건강하고, 적응을 잘하는 아동을 만들어낸다. 연구자들은 이런 아이들이 독립적이고, 자기-통제적이며, 친구와의 관계에서 성공적이고, 긍정적인 결과를 맺는 경향이 있다는 것을 발견했다.

이혼 이후의 훈육

대부분의 아이들은 이혼 후 어머니에게 양육된다. 여성한부모는 중요한 양육 문제로 어려움을 경험한다. 파경과정 동안과 파경 이후에 아동들에게는 좀더 명확한 한계와 더 구조화된 가정이 요구되지만, 양육하는 어머니는 아동을 훈육을 하면서 너무나 자주 일관성을 잃곤 한다. 연구자들은 이혼한지 6년이 된 많은 여성한부모들이 아동에게 너무 많은 지시를 하고 최종마무리를 거의 하지 못하는 비효과적인 훈육자가 되고 있다는 것을 발견했다. 이런 어머니들은 잔소리와 불만이 많지만, 아동들이 방해하는 것을 허용하고 그들의 요구에도 너무 자주 응해 준다. 연구자들은 많은 여성한부모들이 거의 미칠 것 같이 만들 정도로 반항적이고 경멸적인 아들과의 권력 싸움에 갇혀서 아들에게 화를 내고, 불끈거리고, 벌을 준다고 하였다. 이런 어머니는 자녀를 훈육하거나 통제하지 못하며, 자녀들과 의사사통을 별로 하지 않고 지지적이지도 않으며 애정어리게 대하지도 않는 것으로 나타났다.

흔히 이야기히듯 아동의 적응문제를 초래하는 것은 "이혼 자체"가 아니라 이와 같이 비효과적인 자녀양육 실천들이다. 특히 소년들은 이혼의 스트레스에 대해 좀더 적극적이고 불순종하며 공격적인 행동으로 반응하는 경향이 있다. 그리므로 이혼가정의 아동들에게는 효과적이고 권위적인 자녀양육이 필요하다. 확고한 통제력을 가진 부모의 애정은 아동이 부모의 이혼에 긍정적으로 적응하는데 있어 필수적이다. 이혼가정의 아동들은, 특히 소년의 경우, 명확하게 정해진 일정과 규칙과 규범이 있는 권위적인 학교에서 좀더 잘 적응한다. 이런 아동들에게 친절하지만 지리멸렬하거나 혹은 공격적인 아동을 잘 관리하지 못하거나 교실을 효과적으로 통제하지 못하는 교사는 적합하지 않다.

한부모들은 자녀들에게 권위적으로 접근하는 방향으로 나아갈 필요가 있다. 이혼 후에 권위주의적이고 허용적인 방법으로 훈육하는 것에 따른 문제점은 유의미하게 증가하며, 때로 유리되거나 거부적인 양식도 매우 심각한 문제를 초래한다. 아동들은 가족을 떠난 아버지에게 화가 나있으며, 아버지가 이혼 이전과 똑같은 권위를 더 이상 가지고 있지 않기 때문에 권위주의적 아버지를 점점 더 거부하기 쉽다. 어머니는 그 동안 아버지가 해왔던 훈육자의 역할을 감당하기 어렵기 때문에 좀더 허용적인 훈육을 하기 쉽다. 어머니가 만약 (1) 이 고통스런 시기동안 자녀의 승인을 아주 많이 필요로 하거나 (2) 자녀에게 강한 입장을 취하거나 부모의 뜻대로 자녀들이 행동하게 한다면, 오랫동안 자신의 권위주의적인 부모들이 그녀에게 해왔던 것과 똑같이 해로운 방식으로 자신도 자녀에게 반응하게 될 것이라는 잘못된 신념을 갖고 있다면, 규칙을 강요하는 것이 특히 어려워질 것이다. 그러므로, 파경동안과 파경이후에 자녀들이 권위적인 자녀양육을 필요로 해도 그것을 실천하기가 어려워진다.

이혼 후 효과적인 자녀양육을 좀더 어렵게 만드는 네 가지 요소들이 있다. 그것은 (1) 가족의 상호작용패턴과 관계에서의 변화, (2) 아동의 분노, (3) 어머니가 훈육자가 되는 것과 같은 어머니 생활의 변화, (4) 아버지의 아동에 대한 관여의 감소이다.

첫째, 가족관계의 변화는 아동을 좀더 불안하고 불안전하게 만든다. 그러므로 별거 이후 첫해 동안은 아동을 훈육하는 것이 좀더 어렵다. 아동은 신뢰감과 안전감을 좀더 느끼기 위해, 부모가 경계를 정하고 확고하게 통제하기 위해 수립한 규칙과 한계에 압박을 가하기 시작한다. 아동들은 부모들이 자녀를 통제할 때 확고한지 여부를 알기 위해 부모를 시험한다. 이혼한 부모들은 새로운 가족관계에 적응할 때, 좀더 확고하고 일관성 있는 훈육이 아동의 안정과 안전에 필수적이라는 것을 명심해야 한다.

둘째, 아동들은 화가 나있는 상태이기 때문에 부모의 훈육에 별로 협조하지 않을 수 있다. 간혹, 아동들이 부모의 이별 때문에 아버지에게 화를 내지만, (불공정하게) 어머니가 더 가까이 있기 때문에 이런 화를 어머니에게 낸다. 부모의 파경 이후에 대부분의 소년과 소녀들은 요구가 좀더 많아지고 불순종하게 되는데, 이것은 훈육을 더 어렵게 만든다.

셋째, 어머니의 생활변화가 훈육문제를 어렵게 한다. 6장에서 기술한 것처럼,

일반적으로 아들에 대한 훈육은 아버지들이 담당한다. 부부가 별거한 후에, 여성한부모들은 새로운 훈육자의 역할을 맡아야 한다. 간혹 여성한부모와 아들사이에서 고조된 갈등은 모두의 생활을 불행하게 만든다. 어머니는 자신의 분노와 반항적인 아들을 통제하는데 실패하여 그 결과 자녀들에게 좀더 비판적이고, 처벌적이며 비지지적이게 될 때에 좌절한다. 반대로, 이런 아들들은 훨씬 더 도발적이고, 의사소통하기 어렵고 부모에게 순종하지 않는다. 그리고 이런 아들들을 전혀 통제하지 못하는 어머니는 점점 더 실패한 것처럼 느끼게 된다. 이런 부정적인 순환은 아동의 급속한 성장기처럼 시간제한적인 단계가 아니라 지속적으로 이루어지는 것이므로, 이런 여성한부모들은 부모교육학습에 참여하고, 상담을 받으려 노력하고, 자녀양육관련 서적을 읽고, 신뢰할만한 친구나 존경스런 선생님과 의논하거나 혹은 통제력을 다시 회복하는데 필요한 도움을 얻기 위해 다른 방법들을 찾는 것이 매우 필요하다.

마지막으로, 이혼 후 자녀를 통제하는데 있어서 아버지의 능력은 감소되는 경향이 있다. 왜냐하면, 이혼 후에 아버지들은 보통 자녀와 함께 보내는 시간이 적어지고, 그 결과 자녀에 대한 영향력도 적어지기 때문이다. 그러나 아버지가 훈육에 적극적으로 관여한다 할시라도 아버지의 시도에 대해 아이들은 별거 이전에 반응했던 것만큼 반응하지 않는다. 그리고 아버지가 자녀에게 규칙을 강화하는 것보다 자녀의 승인을 얻는데 더 관심을 두게 되면 자녀들은 훈육과 지도를 훨씬 덜 받게 된다. 이런 일은 때때로 발생하는 일이기도 하다.

이와 같이 별거 이후 발생하는 자녀와 관련된 많은 문제들을 훈육하는 것에는 여러 가지 요인들이 연관된다. 즉, 자녀를 관리하기는 좀더 힘들어지고, 어머니는 새로운 부모역할을 맡으려고 노력하며, 아버지의 권위는 감소한다. 이런 환경은 모두 훈육의 효과성을 감소시키며, 이는 아동의 행동문제를 초래한다. 집에서 자녀에게 제한을 정해주고 통제를 하는 것이 실패하면, 마찬가지로 아동들은 학교에서도 교사나 학급친구들과 문제를 겪기 시작한다. 그러므로 효과적인 훈육의 문제는 이혼가족이 공통적으로 직면하는 가장 중요한 문제가 된다.

다음 부분에서, 우리는 이혼 후 어떤 부모들이 부모역할의 효과성을 개선할 수 있는지 살펴볼 것이다. 대부분의 많은 문제들이 이혼 후 실패한 훈육에서 시작되므로 거기서부터 시작해 보자.

효과적인 훈육

양부모 가족이든, 한부모가족이든 혹은 재혼가족이든 거의 모든 가족에서 부모의 첫 번째 관심사는 자녀에 대한 훈육이다. 한번은 세미나에 참석한 40명의 어머니와 아버지에게 자신의 가장 중요한 자녀양육 문제를 쓰도록 요청한 적이 있다. 39명이나 되는 응답자들이 훈육의 문제에 응답했다! 많은 부모들은 자녀들이 부모에게 마음을 쓰도록 하는 것이 어렵다고 답한다. 그리고 우리가 지금까지 본 것처럼, 이런 훈육의 문제는 유일하게 부모의 파경 이후에 증가한다. 만약 부모들이 자녀를 효과적으로 훈육하지 못한다면, 이혼가정의 아동들은 효과적으로 훈육받은 아동들보다 더 많은 적응 문제를 보이기가 쉽다.

따뜻함을 주지만 확고한 훈육

아동들은 부모가 효과적으로 자신들을 훈육할 때 좀더 확실하고 안전하다고 느낀다. 그러므로 아동의 긍정적인 적응은 부모의 통제에 달려 있다고 할 수 있다. 아동은 부모가 현실적인 규칙을 정하고 행사하면서 자신들을 책임져 주기를 원한다. 즉, 아동들은 부모의 통제 하에서 안정감과 행복감을 더 느끼는 것이다. 부모들은 간혹 자녀들이 왜 부모가 명령하는 것을 원하는지 그리고 왜 제한을 밀어내려 하고 규칙을 어기는지에 대해 질문한다. 앞에서 강조한 것처럼, 아동들은 부모가 정한 규칙에 얼마나 진지하게 응하는지를 시험하는 것에 순응하지 않는다. 부모가 자신들을 책임지고 있는지 여부가 분명하지 않으면, 아동들은 자신들이 안전하지 않으며 부모에게 의존할 수도 없다는 것을 알고 있다.

효과적으로 의사소통하기

자녀를 효과적으로 훈육하는 사람들은 아동의 긍정적 행동에 대해 보상하면서 훈육을 시작한다. 아동이 스스로 옷을 입고, 쓰레기를 청소하고, 장난감을 공유하고, 고맙다고 말하거나 혹은 밤새 잠을 잘 잘 때 부모는 미소와 칭찬, 박수, 하이파이브, 윙크 등으로 이와 같은 바람직한 행동에 보상할 필요가 있다. 아동들이 바람직한 행동을 할 때 확신을 주는 것을 꺼리는 권위주의적인 부모들은 문제행동에만 반응하는 실수를 저지른다. 아동들은 잘 행동하는 것 때문에 자신들이 칭찬받고 사랑받는다고 느낄 때 좀더 순종한다.

효과적으로 훈육하기 위해서, 부모들은 아동들에 대한 기대를 명확히 하고 직접적으로 의사소통할 수 있어야만 한다. 허용적인 부모들은 아동들이 해도 되는 것과 해서는 안 되는 것에 대한 명확한 기대를 제시하지 못한다. 때때로 아동들은 자신들에게 기대되는 것이 무엇인지 잘 모르기 때문에 적합한 행동을 하지 못한다. 예를 들어, 어린 여동생을 때리는 잘못된 행동을 할 때, 허용적인 부모들은 "너는 왜 동생을 또 때리니? 이리와, 그건 아주 잘하는 짓이 아니야"와 같은 모호하게 교정한다. 이런 모호한 지시에서는 아동들이 잘못된 행동을 그만 두거나 혹은 대신 무엇을 할시에 관한 명확한 지시를 듣지 못한다. 또 잘못된 행동을 계속하면, 어떤 결과가 초래되는지도 알지 못한다.

비효과적이고 권위주의적인 부모의 또 다른 유형은 여러 가지 명령을 크게 말하지만 그것들을 강요하지는 않는 경우이다. 아동들에게 화를 내고 때로 비판하며 당혹스럽게 하는 이런 부모들은 쉽게 강압적인 주기 속으로 휩쓸리기 쉽다. 여동생을 때린 아이의 사례에서, 이런 부모들은 "지금 당장 그만둬! 뭐가 잘못되었니? 너는 누구하고도 전혀 잘 지낼 수 없었잖니?라고 소리친다. 이 경우에, 부모는 아동에게 때리는 것을 그만두어야 한다고 말하고 있지만, 그 핵심적인 메시지가 다른 쓸모없는 메시지 속으로 사라지게 된다. 그들은 소리치고, 위협하고, 찰싹 때리는 것을 반복하기 때문에 비합리적이고, 혼돈스럽고 아이들을 위협하는 행동을 하는 자신을 통제하지 못하는 사람의 모델을 제공하게 된다. 특히, 이런 부정적인 강요의 주기는 아동들이 부모를 동요하게 할 수 있는 권력을 자신이 갖고 있다는 것을 알게 될 때 더욱 상승된다. 이런 아동들은 부모를 존경하거나 복종해서는 안 된다는 것을 알기 때문에, 때로 부모의 폭발을 의도적으로 촉발하거나 조종하게 된다.

반대로, 권위적인 부모들은 좀더 명확하고 직접적으로 자녀들과 의사소통한다. 그들은 자녀들이 쉽게 따라할 수 있는 포괄적이고 일반적인 명령을 하지는 않는다. 예를 들어 방을 정리하지 않은 아이에게 권위적인 부모들은 "엉망진창이 된 것을 봐, 너는 방을 정리하지도 않니? 그러고도 오늘 아침에 TV를 볼 수 있을 거라고 생각하니? 나도 쉴 시간이 필요해!"와 같이 말하지 않는다. 그 대신, 그들은 "만약 네가 이 레고를 골라내고 이 옷들을 8시 전까지 치우면 30분 동안 Rugrats를 볼 수 있어"와 같이 명확하고 구체적으로 요구한다

권위적인 자녀양육의 또 다른 예는 아동이 여동생을 때리는 것을 본 부모가 즉시 간결하면서 직접적인 명령을 하는 경우이다. 이 부모는 아동에게 걸어와, 가깝게 눈 접촉을 하기 위해 몸을 기울이고, 단호한 얼굴표정을 하고, 아이 이름을 부르면서, 조용하지만 확고한 목소리로 "존, 동생 때리는 것을 그만둬, 혹은 너는 타임-아웃으로 가야해"와 같이 구체적인 결과를 담은 단순한 지시를 한다. 만약 아동이 복종하지 않으면, 그 부모는 아동의 손을 잡고 타임-아웃 장소로 데려가는 것과 같은 즉각적인 결과를 보여줌으로써 명령을 뒷받침해 준다.

타임-아웃을 활용하기

부모들은 신체적인 폭력과 조롱, 수치심, 유기에 대한 위협을 하지 않으면서 자녀를 효과적으로 통제할 수 있는 방법들을 찾아야 한다. 타임-아웃은 매우 효과적인 훈육방법이다. 이 방법은 부모들이 자녀에게 화를 내지 않고 자신들의 감정에 대한 통제력을 잃지 않으면서 자녀의 잘못된 행동을 통제하거나 중단하게 할 때 효과적이다. 그러므로 효과적인 훈육을 위해서는 이 방법이 필수적이

다.

타임-아웃을 어떻게 활용할 것인가? 아주 간결하게 말하면, 부모는 우선 자녀의 행동 중 없애기를 바라는 두세 가지의 특정한 행동, 예를 들면, 짜증내기나 신성모독, 물어뜯기, 가구에 올라가기, 때리기, 말대꾸하기 등과 같은 것을 선택해야 한다. 그때 부모는 자녀가 집에서 가장 지루해 하는 장소를 정한다: 그 장소는 다른 사람들이나 TV, 장난감, 애완동물, 다른 자극들로부터 멀리 떨어져 있어야 한다. 예를 들면, 조용한 방의 한 구석이나 마지막 계단에 있는 의자가 적당할 수 있다. 부모는 자녀에게 미리 타임-아웃 프로그램을 설명해 주어야 한다. 표적이 된 행동이 다음에 발생하면, 부모는 자녀를 타임-아웃 장소에 있게 해야 한다. 부모는 열 마디 이상 말하지 말고, 논쟁도 하지 말고, 가르치려고도 하지 않으면서 자녀를 타임아웃 장소로 보내야 한다. 이렇게 하기까지, 그 표적 행동이 발생하고 10초 이상이 지나서는 안 된다. 5분전에 관찰된 비행에 대해 타임-아웃을 하는 것은 효과적이지 못하다. 그러므로, 자녀가 어린 동생을 때리면 즉각적으로 "너는 동생을 때렸으니 타임-아웃이야"라고 말하면서 반응하고 타임아웃 장소로 그 자녀를 데려간다.

타임-아웃은 2세 아동은 2분, 10세 아동은 10분과 같이 아동의 연령당 1분씩 지속할 수 있다. 부모는 자녀가 타임-아웃 장소로 가면 휴대용 시계를 설정하고 그 시계의 스톱워치가 울릴 때까지 아이와 상호작용을 해서는 안 된다. 예를 들면, 부모는 자녀가 맹세할 때 "그러나 너는" 하고 반응하지 않아야 한다. 스톱워치가 울리면, 아이는 타임-아웃이 끝났다는 것을 알고 부모에게 왜 자신이 타임-아웃으로 보내졌는지 말해야 한다. 예를 들어, 그 부모는 "타이머가 울렸어, 왜 네가 타임아웃인지 알겠니?"와 같이 묻고, 그 아이는 "내가 동생을 때려서요"라고 할 수 있다. 이 때 부모는 "그래, 너는 동생을 때려서 타임-아웃이 되었어, 타임-아웃은 이제 끝났어"라고 답하면 된다. 만약 자녀가 타임-아웃 장소를 시간이 다 되기 전에 떠나거나 혹은 그 장소에서 소동을 피우면, 부모는 화를 내거나 위협하지 말고 간단히 그 타이머를 다시 작동시킨다. 타이머가 울리고 아이가 타임-아웃에 보내지게 된 이유를 말하면, 그 사건은 종결된다. 타임-

아웃 동안 부모는 꾸짖거나 강의하지 말고 정서적으로 위축시키거나 계속 화를 낸 채 있어서는 안 된다. 그 대신, 모든 사람들은 정상적인 활동으로 되돌아간다.

부모는 아이가 스스로 방청소를 깨끗이 하거나 숙제를 하는 것과 같은 좋은 행동을 하도록 만들기 위해 타임-아웃을 활용해서는 안 된다. 그러나 단기간에 바람직하지 못한 행동을 중단시키는 데는 매우 효과적이다. 타임-아웃 프로그램을 시작하기 전에, 부모는 자녀에게 일어날 수 있는 일들, 예를 들면, 타임-아웃 장소로 가려하지 않거나 혹은 계속 그 장소에 있으려 하는 것과 같은 일들을 다루기 위해 우리가 이 책에서 다루는 것보다 더 많은 준비를 할 필요가 있다. 아동을 통제하기 위해 끊임없이 노력하는 부모들을 위한 타임-아웃 방법, 부모 훈련 학습, 기타 다른 훈육방법들에 관한 좋은 책들이 많이 있다.

훈육을 효과적으로 하는 부모들은 타임-아웃과 함께 다른 많은 전략들을 활용한다. 때때로 그들은 비행을 하는 자녀들을 적극적으로 무시할 수 있다 예를 들면, 어린 자녀가 칭얼거리거나 짜증을 부리면, 부모는 때로 외면하고 다른 활동에 몰입한 것처럼 행동하거나 혹은 단순히 방에서 걸어나간다. 부모는 비행하는 아동과 눈 접촉을 피해야 하고, 화나거나 좌절한 모습 혹은 그 행동이 성공하지 못할 것이라는 모습을 보여서는 안 된다. 대신 비행행동이 멈추면 바로 부모는 1, 2분 동안 아이에게 확실하게 긍정적인 관심을 보여주어야 한다. 이 접근이 성공하려면 이 마지막 단계가 필수적이다.

자연적인 결과들을 활용하기

자연적인 결과들은 어린 자녀들보다는 학령기 아동에게 좀더 효과적이다. 훈육을 효과적으로 하는 부모들은 "자연적인 결과들"을 활용한다. 자연적인 결과는 아동의 비행에 자연적으로 수반하는 결과를 말한다. 자연적 결과들의 몇몇 예를 들어보면, 친구와 함께 놀지 않아 친구가 집으로 가면 장난감을 거칠게 갖고 놀거나 그것을 부숴뜨리는 것, 혹은 제시간에 학교에 가지 않거나 방과 후에 집에 머물지 않는 것, 또 다른 아이를 들어서 뒤로 밀어내는 것을 들 수 있다. 어떤 부모들은 다른 아동에게는 뒤로 밀치는 것을 그만두라고 말하면서 자신의 아동이 다른 아동을 덮치는 것을 허용하며, 곧바로 다른 장난감을 사주거나 교사에게 그 아이를 밖에 나가 놀게 해달라고 요청함으로써, 자신의 자녀가 비행의 자연적인 결과로부터 벗어날 수 있게 한다. 그러나 이렇게 아동이 한 행동의 실제적인 결과로부터 아동을 보호해서는 안 된다. 그렇게 버릇없는 아동은 그 행동을 계속하게 되고 때로 다른 사람에게 무례하고, 요구적이고, 자기중심적이고 극단적이거나 관심을 끌려고 하고 무감각한 아동이 되며, 계속해야 하는 일은 거의 할 수 없게 된다. 권위적인 부모들은 아동들의 구조에는 개입하지 않으면서 스스로 행동에 대한 결과를 경험할 수 있도록 한다.

논리적인 결과들을 활용하기

물론, 부모가 이 접근을 여러 상황에서 활용할 수는 없다. 예를 들어, 거리에서 자전거를 타는 것과 같은 행동에 수반되는 자연적 결과와 같이 자연적인 결과들이 너무 심각하기나 혹은 위험한 것이라면, 부모는 "논리적 결과들"을 활용할 수 있는데, 이것은 아동의 비행에 논리적으로 적합한 처벌을 하는 것이다. 예를 들어, 자녀가 위험한 거리에서 자전거를 타면, 4일 동안 집밖으로 못나가게 한다거나 이를 닦지 않으면 양치질을 다시 할 때까지 간식이나 단 음식은 전혀 주지 않는 것, 그리고 만약 아이가 숙제를 하지 않으면, 아이가 숙제를 마칠 때까지 텔레비전이나 전화를 꺼놓는 것을 들 수 있다. 이런 식으로, 아동의 비행에 뒤이어 논리적 결과들을 제시한다. 부모는 자녀에게 화를 내거나 정서적으로 위축되지 않고 이런 결과들을 명확하고 확고하게 의사소통해야 한다. 더욱이, 이런 결과들을 강요할 때, 부모는 단순히 즉각적인 결과에서 자녀가 빠져나올 수만 있도록 하는 정도의 논쟁에 휘말려서는 안 된다. 부모들은 너무나 자주 쓸데없는 위협을 한다. 그럴 때 자녀들의 행동은 증가되고, 부모들은 좌절하거나 과잉반응을 한다. 그리고 자녀들은 다시 "엄마는 저에게 나이대로 행동하라고 말했잖아요! 하! 그런데 엄마 지금처럼 소리치는 것을 봐요. 엄마는 자신에 대해 부끄러워 해야 돼요. 이 보세요 엄마; 우리는 모두 엄마가 그것보다 더 잘 할 수 있다는 것을 알아요. 자. 큰 소녀처럼 행동할 시간이에요"와 같은 방식으로 부모의 마음을 상하게 하거나 좀더 촉발하곤 한다.

예측

효과적인 부모들은 때로 문제가 생기기 쉬운 상황을 미리 예측해서 훈육해야 할 일을 피한다. 예를 들면 늦은 오후에 자녀들을 야채가게에 데려갈 때, 부모들은 자녀들이 배고픔을 느끼지 않고 단 것을 사달라고 하지 않게 하기 위해 우선 아이들에게 간식을 준다. 혹은 직장에서 긴 시간을 보낸 후 문 안으로 들어갈 때, 부모들은 아이들 한명 한명과 시간을 보내기 전까지는 전화를 하지 않는다. 혹은 여러 아이들이 집안에서 놀면서 싸우기 시작할 때, 부모들은 일이 좀더 확대되기 전에 아이들에게 좀더 많은 지시와 구조를 줌으로써 이 중요한 순간에 개입한다. 예를 들어, 블록과 퍼즐, 미술재료들을 갖고 놀이를 시작하는 아동에게 다시 초점을 맞추어 보자. TV를 끈 이후에도 TV를 보면서 야단법석을 한 것과 똑같은 상태가 지속되고 간혹 형제들끼리 서로 싸운다는 것을 아는 부모들은 아동에게 지금 하고 있는 활동에서 멀어지라고 지시를 함으로써 갈등을 예방하는 방법을 활용할 수 있다. 혹은 "프로그램이 이제 끝났으니 지금 TV를 끄려고 해"라고 말하면서, "조니. 일어나서 개에게 먹이를 주면 좋겠다. 멜리사, 야채를 먹을 수 있게 좀 도와주렴. 내가 지금 TV를 끄면 너희들이 서로 야단법석하는 것을 하지 말았으면 해"와 같은 식으로 잠재적인 문제들을 예측함으로써 앞으로 일어날 수 있는 많은 훈육의 문제들을 예방할 수 있다.

기질의 역할

마지막으로, 훈육문제에 있어 아이들의 기질은 중요한 측면이다. 모든 할머니들은 어떤 아이들이 키우기가 더 힘든지 다 안다. 연구자들은 아동을 키우기가 더 쉽게 만들거나 혹은 더 어렵게 만드는 여러 가지 생물학에 근거한 행동양식과 기질 특성을 확인함으로써 이런 가족의 지혜를 과학적으로 뒷받침해 왔다.

생의 첫 몇 년 동안, 어떤 아동들은 다른 아동들보다 더 화를 더 잘 내고, 긴장을 완화시키기가 어려우며, 새로운 사람이나 장소를 두려워하고 정서적 반응을 할 때 긴장하며, 먹고, 자고, 배출하는 생물학적 리듬도 더 불규칙적이다. 이런 아동들은 소녀보다 소년들에게서 더 많이 나타나며, 부모들은 이런 기질적으로 좀더 어려운 아이를 힘들어 한다. 비록 좌절감을 느낀 부모들이 곧 아동의 존재 때문에 힘들다고 말하게 되지만, 여하간 그런 아동들이 '나쁜' 아이는 아니다. 어떤 아동들은 단순히 일반적인 부모들이 키우기에는 좀더 힘든 어떤 심리적 특성을 갖고 태어나는 것뿐이다.

예를 들어, 새로 어머니가 된 사람에게 잘 울고 쉽게 달래지지 않는 아동이 있다고 가정해 보자. 이 어머니는 기질적으로 좀더 쉬운 아동이 있는 옆집의 어머니처럼 아동을 잘 키울 수 있는 능력이 있지만, 그녀는 자신의 아동이 너무 울고 자신은 아무것도 할 수 없기 때문에 부적절감을 느끼기 쉽다. 또 자신의 정서적 반응 때문에 너무 긴장을 하게 된다면, 어떻겠는가? 이런 부정적인 주기는 때로 어머니의 좌절감과 부적절감을 상승시키기게 되고, 이것은 다시 어머니로 하여금 아동에게 화를 내고 아동을 거부하거나 혹은 우울해지거나 철회하게 할 것이다. 불행히도, 이런 반응들 모두 아동을 더 울게 할 뿐이다. 더욱이, 아동의 생물학적 리듬이 불규칙하다면, 이 어머니는 아동이 언제 배가 고픈지 혹은 언제 잠을 자고 싶어 하는지 잘 모르기 때문에 자신의 일정을 계획하거나 자신만을 위한 시간을 만들기 어려운 또 다른 문제를 겪게 될 것이다. 이렇게 화가 난 어머니는 이 시끄럽고, "계속 보살펴만 주어야 하는" 자녀 때문에 전혀 휴식을 취할 수 없을 것이며, 그래서 좀더 실망하여 아동에게 폭발하게 되고, 심지어 좋은 엄마가 되지 못하는 자신의 능력에 대해 실망하게 될 것이다. 이런 상황에서는, 오래 걸리지 않아 많은 부모들이 자신의 자녀를 "나쁘다"고 생각하게 되며, 그에 따라 정말 눈물이 날 정도로 아동을 다루게 된다.

기질적으로 어려운 아동이 어떻게 부모와 아동간의 부정적 주기를 상승시키게 되는지를 이해하기는 쉽다. 생의 첫 해에 시작되는 부모-자녀간의 상호작용 문제는 때로 아동이 학령기가 되었을 때 행동문제로 표출된다. 연구자들은 치료를 받기 위해 아동지도 클리닉으로 의뢰된 대다수의 아동들이 기질적으로 어려운 소년들이라는 것을 발견했다. 다시 말하면, 기질 자체가 문제는 아니라는 것을 강조하고 싶다. 어떤 부모들은 적극적이고 강렬한 아동을 좋아하며, 예측할 수 있는 일상의 계획을 원하지 않고, 아동이 새로운 활동에 천천히 호의를 갖도록 인내심을 갖고 도우며, 아동이 새로운 상황으로 이전하거나 혹은 들어갈 때 겪는 어려움 때문에 좌절하기보다는 공감한다. 이런 부모들은 때로 자신의 아이가 "개성" 혹은 "강한 성격"을 가진 흥미로운 인간으로 성장할 것이라고 생각한다. 그들이 옳다. 그러나 많은 다른 부모들은 똑같은 기질적 특성들을 부모-아동간 상호작용의 문제를 초래하는 것으로 간주한다. 그리고 이런 생각은 자아충족적 예언이 되어 아동이 전문적 도움을 필요로 하는 행동문제를 일으키게 된다.

불행히도, 이와 같은 부정적인 결과는 부모-아동의 관계에만 그치지 않는다. 대부분의 경우에, 그것은 부부간의 관계도 어렵게 만든다. 연구자들은 기질적으로 어려운 아동이 있는 가족들이 기질적으로 좀더 쉬운 아동이 있는 가족보다 부부간 갈등이 많다는 것을 발견했다. 부모와 아동간의 지속적인 갈등은 부부관계에 좀더 많은 갈등을 유발한다. 그리고 기질적으로 어려운 아이가 있는 부모들이 좀더 이혼하는 경향이 있다.

기질적으로 어려운 아동은 기질적으로 좀더 쉬운 아동보다 한부모가 겪는 좌절의 표적이 되기가 더 쉽다. 그렇기 때문에 이런 불행한 결과는 이혼 후 수년 동안 계속된다. 연구자들은 많은 여성한부모들이 특히 기질적으로 어려운 아들을 계속 통제하는 싸움에 휘말리고 있다고 했다. 부모와 자녀가 만성적인 싸움에 갇혀있을 때, 부모는 이렇게 끝이 없는 싸움의 주기를 중단하고 통제력을 다시 회복하기 위해 도움을 받아야 한다. 부모들은 이 장의 끝에서 권고하는 책들을 읽음으로써 자녀양육에 효과적인 권위적 훈육을 학습할 수 있다. 지역의

YWCA나 공립학교, 데이케어 센터, 지역사회 정신건강 센터 혹은 교회 등에서 이루어지는 부모교육 수업들은 부모들이 좀더 효과적으로 자신들이 책임을 감당할 수 있도록 교육한다.

자녀를 공동양육하는 가계의 문제

이혼가정들이 지녀양육에 있어서 가장 공통적으로 갖는 관심사 중 하나는 아동에게 어머니의 집에서 정한 규칙과 아버지의 집에서 정해진 규칙 중 한가지에만 순응하도록 하면 어떤 일이 생길 것인가이다. 8장에서 강조한 것처럼, 어머니와 아버지가 함께 규칙을 세우고 자녀양육을 실천하는 것에 대해 이야기하고 동의한다면, 그것이 최선이다. 그러나 대부분의 부모들은 이혼 이전부터 이미 자녀양육에 대한 신념과 가치가 다르며, 이것에 대한 논쟁을 때로 이혼 이후에도 지속한다. 그러나 아동에게 각각의 규칙들을 명확히 이야기해 주고 각 가정에서 그것을 일관성있게 강조해 준다면, 아동들은 두 가지 다른 방식으로 규칙을 수행하며 적응할 수 있다. 아동이 각 가정에서 자신에게 요구하는 것이 무엇인지를 안다면, 아동은 충분히 융통성있게 적응할 수 있다. 어머니가 아동에게 "지금은 8:30분이고 네가 자러 가야 할 시간이야"라고 말하는 것을 예로 들어보자. 아이가 저항한다면, 그녀는 계속해서 "나는 네가 아버지 집에 있을 때는 취침시간을 정하지 않는다는 것을 알고 있단다. 그러나 여기서는 그 규칙이 다르다는 것을 너는 알고 있어. 잠들기 전에 책을 읽어줄까?"라고 말할 수 있다.

규칙을 정하기

그러나 우리가 지금까지 살펴본 것처럼, 한 부모가 자신의 규칙은 강조하면서 다른 배우자의 규칙은 느슨하게 적용한다면, 문제가 생길 수 있다. 한 가정에서는 아동을 허용적으로 기르고 아동이 그 결과로부터 빠져나올 수 있게 할 때 그 아동은 다른 가정에서도 자신들이 모면할 수 있는지를 시험해 보기 위해 규칙을 어기려고 할 것이다. 명확하게 규정된 제한과 일관성 있게 강조한 결과들을 갖고 아동이 예측할 수 있는 가정환경을 제공하기 위해 노력하는 부모는 이런 아동들 때문에 초기에 특히 어려움을 겪을 것이다. 이런 환경에서 부모들은 아동들이 긴장스런 시험을 시도할 것임을 예측할 수 있으며, 따라서 잠시 동안 그 폭풍을 안정시키기에 충분할 정도로 탄력적이 될 필요가 있다. 비록 다른 가정에서는 모든 것들이 느슨할지라도, 아동들은 결국 규칙이 명확한 가정의 부모가 진정으로 책임감을 갖고 있어줄 것이라는 것을 알게 된다. 아동은 계속해서 자신들의 시도가 부모의 확고함에 부딪히게 되면 부모에게 반항하는 것을 점점 멈추게 될 것이다. 책임감 있는 부모들은 잠시 동안 이런 도전 때문에 고통을 겪기는 하지만, 결과적으로 그들은 자녀에게 진정으로 존경을 받게 된다는 것을 알게 되기 때문에 깊은 보상을 받게 된다.

의문의 여지가 없이, 이 시나리오에서 책임감 있는 부모들은 규칙을 정하는 것을 어려워한다. 초기에 대부분의 아동은 좀더 허용적인 부모를 선호하고 그렇지 않은 부모를 위협한다. 예를 들면, 한 사춘기 아동이 "좋아요, 당신이 여기서 어떤 일들을 계획하든, 나는 그들과 함께 살기 위해 꼭 갈 거예요. 나는 당신과 당신의 어리석은 규칙을 더 이상 원하지 않아요. 잊었어요? 모든 것이 변했어요"라고 말할 수 있다. 그에 대해 효과적인 양육을 하는 부모는 "네가 그렇게 하기로 했다니 참 슬프다. 그렇지만, 여기의 규칙은 변하지 않았어. 내 집에서 너는 한밤중이 되기 전에 집에 들어와야 하고, 나는 네가 어디에서 누구와 함께 있는지 알기를 원해"라고 응답한다. 실제로는 매우 어려운 일이지만, 부모는 확신을 갖고 아동 곁에 있어야 하며, 잠시 동안 사춘기 초기의 아동들이 좀 더 허용적인 가정을 선택할 수 있다는 것을 알 필요가 있다. 그러나 시간이 지나면서 부모들은 대부분의 아동들이 확고하지만 지지적인 부모와 함께 있기를 원한다는 것을 분명히 알게 된다. 고등학교는 대부분의 고학년 자녀들에게 두려운 곳이며, 심지어 냉정한 사내 녀석들에게조차 그러하다. 10세 이전의 아동들과 초기 사춘기 아동들은 책임지는 것을 두려워하지 않는 좀더 강한 부모들과 함께 지내는 것을 더 안전하다고 느끼며, 자신들이 좀더 보호받고 있다고 느낀다.

때로 책임감있는 부모들은 "중압감" 때문에 분노하고 이런 불편한 역할에서 벗어나기 위해 아주 간혹 책임지는 것을 그만 두기 시작한다. 초기에 아동들이 강도있는 시험을 할 때 책임감 있는 부모들이 규칙을 정하고 결과를 강요하는 것은 매우 피곤한 일이다. 우리가 이해할 수 있듯이, 이런 부모들은 대부분은 자녀의 위협과 압력의 무게하에서 휘어지고, 아동들에게 필요한 효과적인 훈육을 중단하다. 불행하게도, 이때 아동에게 행동 문제가 발생하기 쉽다. 아동들은 부모가 통제하는 상태에서 의존적인 자녀를 보호해 주는 강한 성인으로부터 받을 수 있는 재확신을 부모 중 어느 곳에서도 얻을 수 없게 된다. 이런 아동의 문제를 해결하기 위해 책임감 있는 부모는 허용적인 부모나 중재자와 자녀양육의 문제를 논의하려고 노력해야 한다. 이런 자문이 생산적이 되면, 아동양육은 좀더 쉬워진다. 한부모가 가정 안에서 효과적으로 책임을 지고 있을 때 아동들은 이전보다 더 적응을 잘 할 것이다.

속임을 피하기

마지막으로, 공동으로 자녀를 양육하는 가족에서 아농이 다른 부모에세 대항하기 위해 한 부모를 속이는 경우 중요한 문제가 발생한다. 이혼한 부모들이 서로 갈등할 때, 아동들은 부모를 조정하고 부모의 효과적인 훈육을 손상시키기 위해 부모와의 갈등문제를 일으킨다. 아동이 다른 부모에게 순종하지 않을 때 그것을 지지하거나 혹은 아동이 다른 부모가 정한 규칙에 대해 불만을 이야기할 때 단순히 경청만 해주는 것도 문제를 초래한다. 예를 들어, 딸이 아버지에게 지지를 호소하는 것이 수월하다면, 어머니는 딸을 제한하는 데서 어려움을 느낄 것이다. 만약 어머니는 딸을 8시 15분에 방에서 데리고 나와 8시 30분에는 잠자리에 들게 할 것을 주장하는데, 아버지가 잘 시간을 정해 주기에는 이미 딸이 많이 성숙했다며, 이런 규칙들을 조롱하면, 사실 그 아버지는 딸에게 어머니를 거역할 수 있도록 허용한 것이다.

이러한 전배우자간의 갈등을 지속하는 부모들은 다른 부모의 자녀양육 권위를 손상시키게 하고 아동들이 행동의 결과로부터 모면될 수 있도록 허용한다. 공통적으로, 이런 부모들은 전배우자간의 갈등과 아동의 훈육문제에 관한 갈등에서 모두 평행선을 그리기 때문에 그렇게 한다. 11살 된 죠지가 아버지가 매일 밤 같은 시간에 숙제를 하라고 한다고 어머니에게 불만을 이야기할 때마다. 어머니가 한숨을 쉬면서"그래, 나도 네가 뭘 말하는지 정확히 알아 너의 아빠는 항상 엄격하고 나 역시도 통제하려고 했어"라고 확신있게 말하는 경우를 예로 들어보자. 번갈아 아버지 역시 죠지에게 어머니가 기준이 없고, 죠지가 집에서 하는 일을 통제하지 못한다고 불평한다면, 죠지는 양쪽 집에서 자신이 원하는 반응을 얻는 방법을 빨리 배우게 되며, 결과적으로 양쪽 집중 어느 곳에서도 효과적인 훈육을 하지 못하게 된다.

부모가 아동에게 다른 부모의 의견에 반대하도록 하고, 그런 행동의 결과로부터 모면할 수 있는 죠지와 같은 아동에게 무슨 일이 생길까? 한마디로, 그들은 조종하는 사람이 될 것이다. 그런 아동들은 부모가 아닌 다른 사람들에게도 그 규칙을 적용하는 법을 배우고, 모면할 수 있을 것이라고 생각할 때마다 교사와 다른 권위 있는 인물에게 순종하지 않게 될 것이다. 이런 아동들은 기회주의적이 될 수 있으며, 즉각적인 이득을 위해 권력을 갖고 사람을 마음대로 하고, 따라서 교사나 혹은 인기 있는 또래의 마음에 들게 하는 법을 배우기도 한다. 권력과 우세, 외모를 지향하는 이런 아이들은 말기술이 있고, 옷을 잘 입으며, 댄스나 학생지도와 같은 높은 수준의 활동에서 최고의 수행자가 될 수도 있다. 그러나 그런 인기에도 불구하고, 그들의 관계는 간혹 피상적이며, 오래된 친밀한 친구가 없이 짧은 친구관계를 형성한다.

그들의 조종성과 자아-중심성, 그리고 제한을 수용하는 데서의 거부는 특히 성인이 되었을 때, 규칙에 순응하고, 책임을 수용하고 다른 사람과 협력할 수 있어야 하는 직업의 세계에서 문제를 초래하기 쉽다. 또 타인을 조종하고 결과를 회피하는 능력은 충동적인 행동으로 이어지기도 한다. 그 결과, 그들은 다른 사람들보다 더 쉽게 약물, 특히 알코올에 빠지기 쉽다. 아동에게 다른 부모를 대신하여 한 부모를 속이도록 함으로써 훈육을 회피하게 하는 갈등상태에 놓인 부모들은 그로 인해 발생할 수 있는 중요한 문제들을 예견하지 못한다.

아동의 정서와 관심에 대한 욕구를 충족시키기

우리는 이미 부모의 파경에 대한 반응으로, 아동의 애정과 정서에 대한 욕구가 높아진다는 알고 있다. 그들은 다른 성인에게 재확인을 받음으로써 초기의 불안과 불안정을 극복하려고 노력한다. 아동들은 어른에게 자신들을 지탱해 주고, 책을 읽어주고, 자신의 머리를 빗어주고, 질문에 끊임없이 답변해 주기를 원한다. 이런 반응들은 부모의 이혼에 대한 아동의 반응으로 예측할 수 있는 것들이다. 부모들은 아동들이 현재의 상황에 대해 자신들이 관여하고자 하는 말들을 하는데 부모들이 이에 대해 반응함으로써 아동들이 극복하도록 도울 수 있다.

소녀들과 마찬가지로 소년들도 이와 같은 욕구가 높아진다. 어떤 이혼한 부모들은 아들의 말보다는 딸의 말에 애정을 갖고 좀더 편안하게 반응하는 경향이 있다. 문화적 규범과 전통적인 성역할 고정화는 현실을 경시하여, 남자아동들은 부모의 이별에 대해 별로 슬픔을 느끼지 못하고 자신들을 지탱해 주기를 원하지 않으며 여자아동들 만큼 불안정감 때문에 고통을 받지는 않는다고 생각한다. 소년들의 이런 감정들은 경시되거나 혹은 의존적이거나 나약하고 부끄러운 것이라고 조롱받을 수 있는데, 이것이 여자아동들보다 남자아동들이 부모의 이혼에 적응하는 데서 좀더 많은 문제를 경험하게 되는 이유들 중 하나이다. 소년들의 문화에서 계집애라고 불리우게 될 가능성 때문에 생기는 위협과 그로 인해 아버지들이 정서적으로 반응적인 사람이 될 것에 대해 갖는 두려움을 말로 장황하게 표현하기는 어려운 일이다.

이혼한 부모들이 자녀들에게 정서적으로 반응을 한다 해도, 이와 같이 증대된 욕구에 반응할 수 있는 부모의 능력이 얼마나 되겠는가? 앞 장에서는 이미 이혼이 부모에게 매우 고통스런 시간이라는 것을 강조했다. 어머니들과 아버지들은 새로운 생활과 경제적 걱정, 자신의 인간적 상실감을 극복해야 한다. 새로 한부모가 된 사람들은 때로 아이들의 고조된 욕구에 반응할 수 있을 만큼 충분한 시간과 정서적 에너지를 찾기가 어렵다. 이런 이유로 아동들은 대부분 그것을 꼭 필요로 하지만, 파경 이후 첫 해에는 애정과 관심을 별로 받지 못한다. 많은 부모들이 아동의 욕구를 충족시킬 수 없게 된 것에 대해 죄의식을 느낀다. 이 죄의식은 이혼을 하기로 결정한 것에 대한 의심을 강화시키고, 비생산적인 자기 비난과 우울의 주기를 만들어낼 수 있다.

아동의 증대된 욕구와 부모의 감소된 능력이라는 이런 양면적인 문제를 어떻게 해결할 것인가? 첫 번째, 부모들은 고유의 지지체계를 수립해야 한다. 만약 자신을 위해 아무것도 할 수 없다면, 아동에게 반응하기가 어렵다. 현실적으로, 다른 사람의 지지없이 한부모 역할에 대한 요구를 수행하기는 어렵다. 부모들은 배우자 없는 부모집단(Parents Without Partners), 교회집단, YMCA, 아동보호 프로그램으로 연계된 형태의 놀이집단 등은 물론 친구와 가족을 통해 자신을 위한 지지망을 만들기 시작해야 한다.

시간을 내기

자신을 돌볼 수 있는 여러 가지 방법들을 수립한 부모들은 3-8세의 아동에게 규칙적으로 계획된 "특별한 시간"을 내줄 수 있다. 부모들은 매주 자녀와만 지내는 특별한 시간을 따로 정할 수 있다. 매주 월요일과 수요일 밤 7시부터 7시 30분과 매주 토요일 4시부터 4시 30분은 어머니가 자신들을 위해서 모든 것을 해주는 것으로 계획하는 경우를 예로 보자. 그들은 주중에도 여전히 많은 시간들을 함께 지내지만, 조니(Johnny)는 이 특별한 시간동안에는 어머니의 완벽한 관심을 받을 수 있다는 것을 안다. 아이들은 이렇게 부모와 함께 하는 것을 예측할 수 있는 30분을 갖는 것을 좋아하고, 이 특별한 시간은 그들을 안정시키는 효과를 줄 것이다.

일단 아이들이 자신들을 위해 정해 놓은 시간에 무엇인가를 할 수 있다는 것을 알게 되면, 간혹 부모가 그 시간을 연기해야만 할 때에도 그것을 좀더 잘 수용할 수 있게 된다. 예를 들어, 아침에 어머니가 직장에 나갈 때 조지가 어머니에게 관심을 요구하면, 어머니는 "나는 네가 지금 나와 함께 있고 싶어한다는 것을 알아. 그러나 나는 일을 하러 가야해. 오늘은 월요일이니 오늘밤 7시에 우리의 특별한 시간을 갖게 될 거야. 우리 그때 함께 하자. 지금 안아줄께, 오늘밤 너와 나만을 위한 우리의 특별한 시간을 갖자"라고 반응할 수 있다. 특별한 시간은 더 많은 시간과 애정에 대한 욕구를 둘러싼 많은 갈등을 완화시킬 수 있다.

부모들은 이 시간을 아이와 여러 가지 중요한 일을 하는 기회로 활용할 수 있다. "특별한 시간"의 기본적인 규칙들은 다음과 같다.

- 모든 방해를 미리 예방할 수 있도록 방문을 닫고 부모-자녀시간을 보내야 한다. 특별한 시간 동안은 전화를 받거나 텔레비전을 켜지 말아라. 대신, 재미있는 이야기 책을 함께 읽거나 아이가 선택한 게임을 해라. 부모가 아이에게 관심을 집중하고 가능한 아이가 인도하는 대로 따라가 주는 것이 좋다. 예를 들면, 부모는 "지금 함께 무엇을 하고 싶니?"라고 말할 수 있다.
- 부모들은 이 특별한 시간을 아이들을 얼마나 사랑하고 아이들과 함께 있는 것을 얼마나 즐거워하는지 말하는 기회로 이용할 수 있다. 예를 들면, "나는 너와 내가 함께 있을 때 우리가 이런 시간을 갖는 것이 진정으로 기쁘다. 나는 하루종일 이 시간을 고대했어. 나는 우리가 가까워지고, 이렇게 함께 이야기하고 놀 수 있을 때가 좋아. 너는 내가 직장에 있을 때에도 항상 얼마나 너를 그리워하는지 아니?"
- 부모는 최근에 아이가 한 일중 적어도 하나를 아이에게 칭찬할 수 있다. 예를 들면, 부모는 "나는 동생이 밤에 숙제를 하는 것을 네가 도와주는 것이 정말 자랑스럽다."라고 말할 수 있다. 예를 들면, 어머니는 아이가 방금 자신이 싫어하는 일을 여섯 가지나 했다는 것을 생각할 때조차도, 이 시간에는 칭찬을 해야 한다는 것을 인식해야 한다. 만약 아무것도 떠오르지 않으면, 아이

로 인해 우울해지거나 혹은 너무 아이에게 비판적이 될 것이라고 생각하고 긍정적인 것을 찾을 때까지 계속 찾아야만 한다.

- 훈육의 문제 혹은 다른 부모의 불행감의 원인이 될 다른 문제들에 대한 의논은 또다른 시간을 떼어서 해야 한다. 이 시간은 애정과 공유, 놀이를 위한 시간이다.
- 부모는 모든 시간동안 아이를 안아주고 붙들어주어야 하며, 신체적 애정을 보여주기 위해 아이의 말을 기꺼이 받아들여야 한다. 만약 처음에 이것이 어색하고 부자연스러운 것처럼 보이면, 부모는 다른 식으로 노력해야 한다. 아이가 애정을 갈망하게 되면, 그런 몸짓은 곧 자연스럽게 느껴지게 될 것이다. 만약 그렇지 않다면, 부모는 이런 보유의 감정을 신뢰할만한 친구나 상담자와 논의하고 싶어질 것이다.

이와 같이 애정어린 관심을 갖는 상태에서 이루어지는 부모-자녀간 상호작용은 어린 아동의 스트레스를 충분히 완화시킬 수 있으며 부모-자녀의 갈등을 감소시킬 수 있다. 확실히, 아이들과 특별한 시간을 갖고, 내가 제시한 지침을 수행하는 부모들은 극복해야 할 행동문제들이 훨씬 적어질 것이다. 어떤 한 부모가 한달 동안 그것을 노력해 보고, 일주일에 두 번, 그 결과를 평가해 보았다. 그들은 때로 놀란다.

물론, 특별한 시간 그 자체로만 충분하지는 않다. 부모들은 또한 함께 책을 읽고, 게임을 하고, 그림을 그리거나 쌓기를 하고, 신뢰를 만들어가기 등과 같이 아이와 함께 할 수 있는 빈번한 기회를 찾으려고 노력할 필요가 있다. TV나 이메일 말고, 전화로 대화하지도 말며, 마루에서 뒹굴고 놀면서 보내는 많은 시간을 함께 할 수 있는 시간을 만드는 것을 대체할 만한 것은 아무것도 없다. 이런 유형의 애정어리고 재미있는 만남은 부모에 대한 아이의 정서적 욕구를 충족시키는 데 효과가 있다.

마지막으로, 어떤 부모들은 아이들에게 그들을 사랑한다고 말하는 것을 어색하게 느끼고 친밀한 신체적 접촉을 불편해 하거나 혹은 아이가 하는 것을 긍정적으로 생각하지 않는다. 이것들은 부모와 조부모간의 관계의 문제로 거슬러 올

라간다. 모두 너무 자주 또는 간혹, 무의식적으로 조부모와 부모간의 관계에서 보인 한계를 반복한다. 나는 애정이나 승인을 표현하는 데서(혹은 제한을 정하고 규칙을 강조하는 데서) 어려움이 있는 부모들이 도움을 받고 그들의 부모가 그들에게 했던 것보다 자신의 자녀들에게는 더 좋은 부모가 될 수 있는 방법을 배울 것을 장려한다. 그들 자신이 아동기 때 겪은 어려움을 잘 이해할수록, 부모들은 아이들을 애정을 갖고 키우고 훈육하는 새롭고 더 좋은 방법을 배울 수 있다. 비록 그 과정에서 고통스런 감정을 인정할 것이 요구되고 — 부모들은 만약 자녀들이 부모에게 불순종하고 현실적인 제한을 인정하는 데서 감사할 줄 몰랐다면 — 죄의식을 느낄 수 있지만, 이러한 재학습은 부모와 아이 모두의 인생을 더 풍부하게 만든다.

아동의 생활에 구조와 조직을 제공하기

만약 부모들이 예측할 수 있는 일상의 일과를 갖고 생활을 하면, 이혼가정의 어린 아동들은 좀더 잘 적응한다. 성인인 우리들 대부분은 매일 똑같은 계획으로 사는 것이 지루하다는 것을 안다. 우리는 다음에 무엇을 할지에 대한 계획이 없을 때, 주말과 휴가를 고대하지만, 아이들은 이런 면에서 좀 다르다. 좀더 어린 아이들은 예측할 수 있는 일상의 일과 속에서 안전감을 찾으며, 너무 많은 자유는 그들을 더 불안하게 만든다.

연구자들은 좀더 조직적인 가정환경에서 생활하는 이혼가정의 아동들이 덜 구조화된 가정의 아동들보다 더 잘 적응한다는 것을 발견했다. 우리가 앞에서 언급한 장점을 다시 다루면, 즉 어떤 한부모들은 이혼의 고통과 파멸, 한부모가 된데서 오는 엄청난 요구 때문에 너무 고통스러워서 예측할 수 있는 가족환경을 제공할 수 있는 능력도 감소된다. 압도된 느낌을 받고 있을 때, 가족이 활동을 계획하고 그 계획이 확실히 수행되도록 하는 것은 매우 어렵다. 대부분의 이혼한 부모들이 이별 이후에 자신의 생활에 대한 통제력을 다시 회복하고 일상의 가족 일과를 효과적으로 조직하는 데는 1년 혹은 그 이상이 걸린다. 그러나 이런 적응기간이 오래 걸릴수록, 아동은 더 많은 어려움을 겪게 된다.

어린 아동들이 자신의 세계를 의식하고 자신들에게 생긴 일을 이해하기는 어렵다. 어린 아동들은 자신의 환경을 통제하고 자신의 세계를 정돈할 수 있는 정서적 지적 능력이 없기 때문에, 자신의 경험을 여과하고 자신이 세계를 다루기 쉽게 만들기 위해 성인에게 의존한다. 성인들이 구조와 예측성을 제공하는데서 실패할 때, 아동들은 자신의 경험 때문에 혼란스러워한다. 만약 부모들이 정돈되고 예측할 수 있는 환경을 제공할 수 있다면, 아동들은 더 차분해지고, 탐색하고 학습하기에 충분할 정도로 안전해진다. 아동을 일상의 활동 속에서 효과적으로 부유할 수 있는 태평하고 창조적인 인물로 생각하는 것은 낭만적인 생각이다. 특히 이혼으로 인한 많은 변화와 스트레스에 반응하여, 아동들은 예측이 가능한 일상의 일과와 원활하게 조직된 가계를 환영한다.

이혼한 부모들은 아동의 하루를 조직함으로써 이런 일과를 만들어낼 수 있다. 아동들은 매일 어디로 가야 하며 무엇을 해야 하고, 누구와 함께 지내야할지 알아야 한다. 이런 일정은 최소한도로만 파손되어야 한다; 이런 일이 생기면, 아동에게 미리 그 변화에 대해 알려주어야 한다. 가능한 많이, 아동들은 침대에 자러가는 시간과 저녁을 먹게 될 시간, 그리고 부모가 집으로 돌아오고 나갈 시간을 알아야 한다. 만약 아동들이 텔레비전을 볼 수 있는 시간과 볼 수 없는 시간을 알고 매일 학교준비를 위해 무엇을 해야 하는지 안다면 그것도 또한 도움이 된다. 모든 연령의 아동들에게는 식탁 정리하기, 접시를 부엌으로 나르기, 쓰레기 비우기, 복도 청소하기, 숙제 완수하기 등과 같이 그들이 규칙적으로 수행하기를 원하는 가계의 책임을 주어야 한다. 만약 조직하고 계획하는 것이 당신의 장점이 아니라면, 한가지 필수적인 기초를 붙잡아라: (텔레비전을 켜지 않고, 전화도 받지 않고 모든 사람들이 식탁에서) 함께 식사하기.

이 모든 활동들은 예측가능한 일상의 계획들을 수립하기 위해 활용될 수 있다. 비록 이런 구조가 모든 부모들에게 엄격하게 들릴지라도, 대부분의 이혼가정 아동들은 정돈되고 친숙한 일과 속에서 더 편안함을 느낀다. 그것은 무슨 일이 언제 일어날지를 통제하는데서 아동들에게 좀더 힘을 부여하고 통제감을 느끼게 한다. 이렇게 효과적인 훈육과 애정어린 돌봄이 결합된 예측가능한 가정생활은 아동의 건강한 적응을 보장하는데 도움이 된다.

도움이 되는 책들

부모가 자녀를 좀더 효과적으로 훈육하는데 도움이 되는 많은 책들이 있다. 특히 *The New Dare to Discipline* (J. Dobson, Tyndale, 1996)과 *Parenting the Strong-Willed Child* (R. Forehand and N. Long, Chicago: Contemporary Books, 1996)는 도움이 된다. 아동의 기질과 자녀양육에 관심이 있는 부모들에게 도움이 될 만한 책은 *The Difficult Child* by S. Turecki and L. Tonner(Bantam, 2000)이다.

제11장

재혼가족 : 새로운 가족관계 형성

"당신은 내 상관도, 내 어머니도 아니잖아요!"

재혼가족은 현재 미국에서 급성장하고 있는 가족형태이다. 이혼율이 높아짐에도 불구하고, 사람들은 끊임없이 다시 결혼하고 있다. 대략적으로 1년 동안 이혼한 성인들의 1/3가량이, 그리고 3년 이내에 이혼한 남성의 3/4과 여성의 2/3가 재혼을 한다. 자녀가 있는 경우의 재혼율이 상대적으로는 조금 낮기는 하지만, 대부분의 사람들은 인생의 동반자를 지속적으로 찾고 있다. 이렇듯 재혼율이 증가함에 따라 전체 아동의 1/4은 아동기의 어떤 시점에서는 새로운 부모들과 살게 되는 것이다; 현재 재혼가족은 18세 미만의 자녀를 둔 양부모 가족의 20%가량을 차지하고 있다.

그러나, 다음의 통계 결과들은 중요한 차이를 내포하고 있다. 부인이 재혼을 하여 부부가 된 경우에는 남편이 재혼인 부부에 비해 재이혼할 가능성이 두 배에 가깝다. 왜 그런가? 이전의 결혼생활에서 생긴 자녀가 있는 상태에서 재혼한 경우가 자녀 없이 재혼한 경우에 비해 50% 이상 더 높은 이혼율을 보이고 있다는 뜻이다. 앞으로 살펴보려고 하는 바와 같이, 새롭게 가족을 형성하는 재혼부부는 부부관계를 유지하기 위한 추가적 도전에 직면하게 된다. 이 마지막 장에서는 부모가 재혼하려고 할 때에 자녀들이 직면하게 되는 문제들과 기회들에 대해 살펴보고자 한다.

재혼가족에 대한 편견

재혼가족은 그동안 "실제적"인 가족 혹은 핵가족과는 달리 문제를 양산하는 가족이라는 부정적 평판을 들어왔다. 이러한 태도는 이혼에 대한 사회적 낙인의 연장선상에서 이루어지는 것이라 볼 수 있다. 재혼가족에 대한 편견은 여전히 계모의 이미지는 사악하다는 사회적 통념에서 분명하게 보여진다. 신데렐라와 백설공주 이야기는 오랫동안 우리에게 계모는 이기적이며, 차갑고, 잔인하기까지 하다고 가르쳐왔다. 하지만 계부모를 악한 존재로 보는 것은 매우 부당한 일이다. 이제는 지지를 통해 그들이 필요로 하는 것들을 충족시켜 주어야 할 것이다.

재혼가족의 자녀들 또한 이상적인 핵가족 제도하에서 어떤 불완전한 이류가족으로 취급되어 왔다. 성공적으로 재혼가족이 형성되기 위한 중요한 과업 중의 하나는 이러한 편견을 극복하고 긍정적인 가족 정체성을 확립하는 것이다. 재혼가족도 결혼생활의 행복과 계부모-자녀관계가 서로 보상되는 기회를 가지는 풍부하고 만족스러운 가족이 될 수 있다. 예를 들어, 재혼가족에서 남편과 아내가 행복하기 위해서는 다른 재혼과 같이 서로가 돌보아 주는 친밀한 관계가 형성되었을 경우 가능하다. 그러나, 재혼가족으로서의 삶은 이혼의 경험이 없는 일반적 핵가족(nuclear family)의 경험과 매우 다른 부분들이 있다. 좀더 쉽게 이해하기 위해, 양쪽 부모가 모두 재혼한 경우의 가족을 생각해 보라. 자녀들은 계부모와 원래의 친척들뿐만 아니라 서로 다른 부모에서 태어난 형제자매들(stepsiblings), 부모가 재혼하여 나은 자녀들(half-siblings), 그리고 계조부모(stepgrandparents)들과의 관계 등을 포함하여 복잡다양한 친인척관계로의 전이과정을 잘 풀어나가야 한다. 이러한 재혼가족에서 자라난 자녀들은 그냥 원가족, 그대로의 핵가족에서 자라난 가족원들과는 분명하게 다른 경험들을 가지고 있을 것이며, 재혼한 후에도 전통적인 핵가족(nuclear family)을 하나의 모델이나 이상으로 생각하고 있다면 상당히 커다란 실망이 뒤를 잇게 된다. 이 장에서는 재혼가족이 성공적으로 형성되기까지 일반적으로 드러나는 문제들을 명확히 해보고, 어떻게 드러나는가를 살펴볼 것이다.

재혼가족 형성에 대한 자녀들의 반응

재혼가족이 이루어지는 과정에서 자녀들은 크게 두 가지 기본적 문제들에 부딪히게 된다. 첫째로, 많은 자녀들이 부모의 새로운 배우자를 자기 가족의 일원으로 포함시키는 것을 힘겨워 한다. 자녀들은 새로운 배우자가 친부모의 자리를 대체하는 것으로 느끼기 때문에 당연히 이러한 변화에 저항하게 된다. 특히, 학령기 자녀들과 청소년들은 대체로 자신의 친부모의 "대리자(substitute)"에 대해 매우 차갑게 반응한다. 자녀들은 재혼으로 일어나는 충성심 갈등에 직면하게 되고, 이는 특히 함께 살지 않는 친부모가 재혼에 대해 탐탁지 않게 여길 때에 더욱 그렇다. 만약 친부모가 전반적으로 협조적이라 해도, 자녀들은 새로운 부모를 받아들임으로 친부모를 배신하게 되는 것을 여전히 두려워한다. 부모와 계부모는 자녀들이 원래 친부모와 자주 만나건 만나지 못하건, 함께 살지 않는 친부모가 매우 무책임하건 간에, 어떤 방식으로든 친부모와 연결이 되어 있을 때 더 잘 적응한다는 점을 명심해야 한다. 현명한 부모들은 이러한 자녀의 욕구를 인정해 준다. 특히 재혼 후 초기 2년 동안은 부모들이 자녀들에게 압력을 가하여 원래 부모의 문제를 인정하라거나, 계부모와의 관계를 받아들이라고 몰아치는 것은 금물이다.

함께 살지 않는 친부모에 대한 충성심이 없더라도 처음에는 대부분의 자녀들이 부모의 새 배우자를 거부하고, 계부모가 자신들 가족의 일환으로 느끼지 못하도록 막아선다. 자녀들은 계부모가 집에 있는데도 원래 부모에게 전화를 해서 보란 듯이 어떤 일에 대한 허락을 받는다든지 하는 방식으로 표현을 한다. 또한 아이들은 학교에서 받아오라는 동의서에 오직 "진짜"부모만이 서명할 수 있다고 말을 한다거나, 아마 진짜 우리 엄마 혹은 아빠였다면 이렇게는 안했을 거라고는 말을 할 수도 있다. 또한, 예전에 "진짜"부모와 함께 보냈던 즐거웠던 시간에 대해 계부모에게 얘기하려고 할 수도 있다. 무엇보다 가장 노골적으로, "당신은 우리 아빠가 아니잖아요!"와 같이 직접 말로 비난하는 일이다. 더 나아가, 만약 이혼 전후에 매우 갈등이 첨예했던 가족이었다면, 자녀들은 더욱 더 계부모를 거부할 것이고, 모든 갈등이 그 사람 때문에 생겼을 것이라 생각할 수 있다. 이렇듯 새 자녀들의 계속적으로 적대적이고 거부적인 태도를 접하다 보면, 아무리 좋은 의도를 가진 계부모일지라도 부모역할을 포기하게 되기가 쉽다.

가족의 외부에 있는 사람들은 아이들이 왜 이렇듯 새로운 배우자로 인해 위협을 느끼는지를 이해하는 것이 좀더 수월하다. 그러나, 아이들의 분노와 거부를 정면으로 받고 있는 한 사람으로서 그것을 이해한다는 것은 좀처럼 쉽지 않다. 자녀들이 오직 원래 부모하고만 이야기 하고, 부부의 대화에 자꾸만 끼어들며, 계부모의 제안을 거절하기만 한다면 아무리 성인일지라도 참으로 견디기 어려울 것이다.

재혼가족의 자녀들이 갖는 두 번째 문제는 새로운 배우자로 인해 원래 부모를 잃을지도 모른다는 두려움이다. 자녀들은 이미 부부관계가 와해되는 과정에서 깊은 상실을 경험했다. 그리고 그들은 사실이든 아니든, 이러한 상실감이 더 많아진다는 것에 매우 민감해 있다. 자녀들의 관점에서 보면, 재혼이란 새로운 부모를 얻는 것이라기보다는 그들의 부모를 잃게 되는 위협인 셈이다. 특히 한부모 가족으로 전이되는 과정에서 모녀관계는 매우 친밀한 관계를 형성하게 되는데 재혼이란 그동안 한 부모와 자녀만이 살면서 발전되어 왔던 강한 유대관계에 변화를 가져오면서 잘 짜여진 팀에 새로운 어른이 끼어드는 것이다. 초기에, 자녀들은 방해자에 의해 자신들이 밀린다는 느낌을 갖게 되며 자신들을 위해 부모를 사수하려고 한다. 자녀들은 그들만의 엄마나 아빠를 새로운 배우자와 함께 공유하게 된다면 더 이상 "충분한" 엄마나 아빠를 느끼지 못할 것이라 생각한다. 부모의 관심과 사랑을 포기하기를 주저하면서, 자녀들은 질투심, 경쟁심, 그리고 새로운 배우자에 대한 거절감을 갖게 된다. 이러한 점들이 자녀들이 이혼 후 안정감을 느끼면서 살던 때보다 오히려 재혼 초기에 행동적 문제를 많이 보이는 이유인 것이다.

대체적으로 이러한 두 가지 요인들로 인해, 재혼 후 초기 2년까지는 가족갈등이 매우 첨예할 수 있다. 어떤 연구자들은 가족이 협력적인 평형상태를 유지하게 되고 주요한 문제들이 해결되기까지는 약 5년 정도가 걸린다고 말한다. 그러나 자녀의 연령과 성별의 차이는 자녀의 적응 기간에 매우 결정적으로 중요한 영향을 주므로 고려해야 한다.

보통 남자 아이들은 이혼과 편모가족에서 적응하는 것을 훨씬 더 어려워하지만, 재혼할 경우 그 양상은 달라진다. 또한, 딸들은 오히려 아들보다 재혼 후 적응에 더 많은 어려움을 느낀다. 왜 남자 아이들은 부모의 재혼에 적응이 좀더 수월한가? 만약 새아버지가 따뜻하고 지지적인 사람일 경우 남자아이들은 새로운 부모로부터 얻을 수 있는 것들이 많다. 6장에서 언급되었던 것과 같이, 아들들은 이혼 후 자신의 친아버지와의 연락이 점점 더 희미해진다. 또한 아들들은 한부모 가족에서 사는 동안 어머니와의 관계에서 매우 화가 나고 강압적인 싸움을 하게 되는 경향이 있다. 만약 새아버지가 정서적으로 매우 반응적이면, 대부분의 아들들은 이를 통해 이득을 얻게 되고, 상호간에 만족한 관계를 발전시켜 나간다. 연구결과들을 보면 남자 아이들은 재혼 후 몇 년이 지나면 편모와 사는 한부모 가족에서보다도 그 이전의 본래 가족에서 살 때처럼 적응력이 향상된다.

이와는 달리, 여자 아이들은 보통 새아버지가 들어오면 뭔가를 잃게 된다고 느낀다. 딸들은 처음 가족이 와해될 때에는 아들보다 적응력이 뛰어나며, 한부모 가족에서도 잘 지내는 편이다. 한부모 가족에서 어머니와 딸은 특별한 유대관계를 키워 나간다. 이러한 친밀한 관계가 재혼으로부터 위협을 받게 되는 것이다. 딸들은 어머니와 막역한 친구사이처럼 되고 싶어한다. 대부분의 딸들은 이런 엄마와의 관계를 다른 사람들과 공유하고 싶지 않고, 점차적으로 부모화가 될 경우, 새아버지를 받아들임으로써 이 특별한 지위를 포기하는 것에 저항감을 느낀다. 이 치환현상의 결과로 재혼은 위협을 받게 되며, 새로운 부모와 딸들 간에는 이혼한 어머니와 아들과의 관계에서와 같이 높은 수준의 갈등이 나타난다. 아들과 새아버지와의 갈등은 시간이 지나면서 줄어드는 반면, 불행히도 딸들과 새아버지와의 갈등은 해를 거듭하며 지속되게 된다. 결과적으로, 대부분의 새아버지들은 아들에게는 적극적인 부모의 역할을 할 수 있게 되지만, 딸들에게는 여전히 거절당하는 상태에 머물게 된다.

그렇다면 재혼가족에서의 딸들과의 관계에서 어떻게 긴장을 완화시키고, 가족의 응집력을 높일 수 있을까? 차후에 다시 살펴보겠지만, 가능하면 계부모들은 천천히 부모역할을 맡게 되는 것이 좋다; 어떤 가족의 경우, 부모의 역할을 여전히 그들의 원래부모에게 맡겨 놓는 경우도 있다. 특별히, 원래의 아버지나 어머니가 자신들의 딸들을 감독하고 지도하기를 원하는 경우에는, 특히 청소년기 동안에는 그들에게 그 역할을 허락하는 것이 더 나을 수도 있는 것이다(10장에 있는 그림 10-1을 참고하시오).

이러한 성별에 따른 차이와 함께, 연령은 또한 재혼가족 형성에 있어서 매우 중요한 요소가 된다. 일반적으로, 재혼 당시 자녀의 연령이 어릴수록, 새로운 부모에게 적응하는 것이 좀더 수월하다. 연구자들은 청소년기 바로 직전의 자녀가 있을 때에 재혼하는 것이 가장 어려운 시기라고 말한다. 대부분의 재혼하는 부모들도 자녀가 아주 어린 나이도 아니고, 나이가 좀 들기 전인 10세~13세일 경우가 가장 어렵다고 느낀다. 특히 이 시기는 아이들이 그들 자신의 성적인 정체성을 추구하는 시기이기 때문에 새로운 부부의 사랑감정이 밖으로 드러나는 것에 대해 받아들이기 어렵다. 이와는 대조적으로, 자녀가 사춘기를 좀 지난 청소년일 경우에는, 좀더 미래지향적으로 자신이 집을 떠날 것을 준비하는 시기이므로, 오히려 새로운 부모와 더 편안하게 지낼 수 있다.

이혼에서와 같이, 재혼에 대한 자녀들의 적응은 이 변화기 동안 부모가 자신의 스트레스를 어떻게 극복하고, 부모의 복지와 고통에 어떻게 반응하는가와 상당히 밀접하게 관련이 있다. 자녀들에게 나타나는 적응 문제의 대부분은 부모가 어려움을 겪고 있어서(과민성, 불안, 수울, 음주 등) 부모역할을 감당하기 어렵다는 신호와 같기 때문이다.

재혼가족 자녀양육의 세 가지 유형

대략적으로 재혼가족에서 자녀의 연령에 따른 반응을 살펴보면 대부분의 재혼부모는 다음 중 세 가지 양육 유형 중 하나에 속하게 된다. 즉, 1) 원래의 부모(primary parent), 2) 또 다른 부모(the other parent), 그리고 3) 오래된 친구(an old friend)처럼 양육하게 된다.

원래의 부모 유형

어린 자녀를 데리고 재혼하는 부모들은 전통적인 핵가족과 유사한 형태로 재혼가족을 형성할 수 있다. 그리고 이 때에 재혼 부모는 원래의 부모인 것처럼 될 수 있다. 재혼가족을 이루어 계부모가 자녀의 반응에 민감하다면, 자녀연령이 어릴 때에는 비교적 쉽게 자녀와 친밀한 유대관계를 발전시켜 나갈 수 있다. 자녀의 연령이 7~8세 미만인 경우에 계부모는 원래의 부모와 같은 역할을 쉽게 받아들일 수 있다. 만약 어린 자녀들이 현재 함께 살지 않는 친부모와 친밀한 관계가 아니라면 계부모를 엄마나 아빠로 완전하게 받아들이는 선택을 하게 될 것이다. 이러한 원래의 부모와 같은 형태로의 자녀양육은 친부모(natural parent)가 자녀에게 개입하지 않고, 자녀가 어린 경우에는 가장 흔하게 나타나는 형태이다. 이 경우 재혼 가족은 매우 조화롭게 이루어진다.

다른 부모 유형

재혼가족이 되어 자녀양육을 하고자 할 때에 가장 흔하게 일어나면서도 가장 힘든 경우가 자녀들의 원래 부모가 아니라 "또 다른 부모(other Parent)"가 되는 경우이다. 이 유형은 자녀들이 친부모와 지속적 관계를 가지고 있으며 자녀 연령이 9~15세 정도인 경우에 흔하게 일어나게 된다. 이 시기의 자녀들은 새로운 계부모를 거절하거나 대항하려는 경향이 있으며, 특히 재혼하여 1~2년 동안이 가장 힘든 시기이다. 그 결과, 부모가 재혼하게 된 9~15세 자녀들은 계부모가 마치 친엄마나 아버지처럼 행동하는 것을 받아들이지 않는다. 특히 자녀가 딸인 경우에 새어머니와 새아버지의 권위를 인정하는 것을 매우 힘겨워하게 된다.

초기에 대부분의 원래 부모들은 자녀양육의 주요한 책임을 계속 유지할 필요가 있다. 계부모들에게 부모역할이 이양되기 위해서 역할 변화는 서서히 진행되어야 하는 것이다. 어떤 자녀들은 시간이 감에 따라 계부모의 권위를 수용하게 되나, 그렇지 않은 자녀들도 있다. 만약 원래의 부모가 계부모 역할을 인정하지 않고 이양하려고 하지 않을 때에 갈등이 많이 빚어지게 된다.

특히, 재혼 초기부터 계부모가 자녀를 매우 엄격하게 다루려고 할 때에는 많은 문제에 봉착하게 된다. 자녀들은 계부모가 좀더 조화롭고 부드럽게 개입할 때 마음을 열고 적응할 수 있게 된다. 즉, 계부모가 새로운 자녀들을 그들의 방식으로 통제하려고 하기보다는 그 이전의 원부모의 훈육방식을 인정하고 지원할 때에 가정생활을 보다 조화롭게 유지할 수 있다.

많은 경우, 또 다른 부모가 되어 주는 일은 해볼 만한 것이다. 하지만, 이 역할을 효과적으로 수행하기 위해서는 효과적인 가족의사소통이 요구된다. 자녀와 관계를 발전시키기 위해 인내가 요구되며, 자녀에게 권위행사를 적절히 하기 위해 가장 중요한 것으로 배우자의 분명한 지원이 필요하다. 함께 사는 친부모가 해야 할 중요한 일은 자녀가 또다른 부모에게 순종할 수 있도록 자녀와 의사소통하며 자녀의 의견을 존중하는 일이다. 만약 양육부모가 함께 살지 않는 다른 부모와 갈등을 드러내게 된다면, 자녀가 계부모와 친밀한 관계를 발전시키는 것은 거의 불가능한 일이다.

오래된 친구 유형

위의 유형과는 대조적으로, 세 번째 재혼가족의 자녀양육 유형은 "나이가 좀 많은 친구처럼" 지내는 유형으로 한결 수월한 유형이다. 친구 같은 계부모는 자녀의 삶에 영향을 주게 되는데, 이는 부모역할에 의해서라기보다는 함께 시간을 보내며 인격적 관계를 나눔으로 이루어지는 것이다. 십대 초기나 청소년기에는 계부모의 이름을 호칭으로 부르면서 나이 든 친구와 같은 관계를 선호하게 된다. 이러한 재혼 가족은 상대적으로 화목한 관계를 이룰 수가 있는데, 자녀가 함께 살지 않는 친부모와의 유대관계에 위협을 받지 않으면서도 계부모와 힘겨루기 전쟁에서 벗어나기 때문이다.

계부모와 자녀와의 관계는 시간이 거듭할수록 변화된다. 한 계부모가 한 자녀와 이 세 가지 유형의 관계를 다 경험하게 될 수도 있으며, 각각의 자녀와 각각 다른 역할을 보여줄 수도 있다. 분명히 말하자면, **유연성**(flexibility)을 갖는 것이 가장 중요하다.

이러한 세 가지 유형의 계부모역할을 마음에 담은 후에, 새로운 부모역할로 들어가는 데에 직면하는 구체적인 쟁점들을 살펴보자.

재혼가족의 부모 되기

계부모 역할을 하는데 있어서 남성과 여성은 다른 차원의 문제들에 직면하게 된다. 남성과 여성이 재혼하고 재혼가족을 형성하게 되는 경험들을 좀더 탐색해 보도록 하자.

새엄마 되기

솔직히 말하자면, 새엄마가 된다는 것은 참으로 어려운 일이다. 자녀를 홀로 양육하고 있거나 공동양육하고 있는 남자와 결혼을 한다는 것은 종종 매우 좌절감을 맛보는 관계 속에서 계모역할을 해야 한다는 압력에 직면하게 되는 것을 의미한다.

많은 새엄마(stepmother)들은 스스로에게 비현실적인 기대를 품고 있다. 친절하고도 주도적인 여성인 새엄마는 새로 맡게 된 자녀들이 부모의 이혼으로 인해 겪고 있는 아픔과 고통으로부터 자녀들을 돕고 싶어한다. 또한, 새엄마들은 동화 속에 비춰지는 모습과 같이 그들 자신이 사악한 계모가 아님을 입증하고 싶어한다. 그리고 행복하고, 친밀한 핵가족이 되도록 하기 위해 열매 없는 노력—가족들이 행복해지도록 하기 위하여 쉴 틈 없이 일하고, 자신을 희생해 가는—을 너무나 자주 되풀이하고 만다.

이렇게 새엄마들이 스스로에게 부과하는 압력은 사회적으로 다른 사람들도 새엄마에게 그러한 비현실적 기대를 부여하고 있기 때문에 너 강하게 위세를 가하게 된다. 선통적인 여성상에서 규정짓기는 새엄마들은 남편의 자녀들을 자동적으로 사랑하며, 심지어 자녀들이 그녀를 모두 거절하더라도 그렇게 해야 한다는 것이다. 여성으로서, 부인으로서 새엄마들에게는 남편의 자녀들을 양육하고 매일의 일상생활의 필요한 것들을 공급하도록 요구되어진다. 만약 그녀가 이렇듯 사회에서 부여하는 규칙들을 충족시키지 못할 경우, 그녀는 부인이나 어머니로서 불충분하거나 실패한 것으로 여겨지게 된다. 그러나 분명히 이러한 기대는 대부분의 여성들에게 비현실적인 것이다; 오히려 계부모들에게 더 많은 고통을 부과하게 되고, 재혼가족에 존재하는 갈등이 더 강화되도록 도울 뿐이다.

만약 새엄마가 마치 자신의 친어머니인 양 행동할 때에 나이든 자녀들이 어떻게 반응하겠는가? 진짜 부모에 대한 충성심이나 아버지와의 경쟁심리 문제는 차체해 두고라도, 대체로 자녀들은 새엄마가 자신들에게 보이는 친밀하고, 자신을 돌보려고 하는 모습이나 또는 자신의 어머니를 대치하려는 행동에 대해 매우 거부감을 갖는다. 이러한 과정에서, 자녀들은 자신의 친엄마를 이상적으로 그리게 되며, 그 어머니와 비교해 볼 때에 새엄마는 훨씬 못 미친다고 느끼고 싶어한다.

자녀들이 새엄마를 거절하게 될 때에 새엄마에게는 어떤 일들이 일어나는가? 새엄마로서 사랑을 보여주고 선한 의도로 하려고 하는 모든 것들이 거부됨에 따라, 새엄마는 지는 싸움(no-win situation)을 하고 있는 것이다. 문화적으로 새엄마가 기대를 충족시키고, 좋은 엄마가 되려고 애를 써서 결과적으로 자녀의 사랑을 얻어내는데 승리한다고 하더라도, 이는 그동안 자신을 거절감과 조롱 속에서 복종시킨 결과일 것이다. 동시에, 자녀들이 새엄마를 조종하고 통제하는 자리에 놓이게 된다. 이렇게 자녀와 부모와의 자리가 바뀔 때에 상당히 많은 문제들이 생기게 된다.

새 자녀들이 새엄마를 거절하는 것은 사실 상처와 분노를 낳게 된다. 새엄마는 다른 사람들에게도 분노를 표출하는 시기를 경험하게 된다: 남편의 전 부인에 대하여, 그녀의 영향력이 재혼가족에 존재하는 것에 대하여, 그녀의 남편이 이혼에 대해 죄책감을 느끼고 있기 때문에 자녀의 응석을 받아주고, 버릇없이 기른 것에 대하여, 그리고 특히 자신을 거부하고 견디기 어렵도록 만드는 새로운 자녀들에 대해서 분노가 쌓이게 된다. 더 나아가 더 나쁜 굴레로 들어서게 되면, 그녀는 자신이 사랑해야 할 새 자녀들을 싫어하게 될 뿐만 아니라 그 자녀들이 자신의 삶을 망치고 자신이 주부로서나, 또는 부인으로서도 실패하도록 만들고 있다고 생각하게 된다.

이러한 불행한 시나리오는 매우 일상적으로 일어난다. 재혼 바로 직후, 마치 친부모처럼 해야만 한다고 생각한 많은 새엄마들은 금방 자녀들에 대해 무기력감과 분노감을 느끼게 되고, 그러한 과정에서 남편에게는 버림받게 된다. 그들이 재혼 결정을 할 무렵, 가족의 갈등수준은 이미 가장 높은 상태로 치닫게 된다. 계부모와 새 자녀와의 관계는 시간을 두고 자연스럽게 발전되어야 한다. 계부모는 인내심을 가져야 하며, 초기 1~2년 동안에 얼마나 많은 부분을 수용할 수 있게 될 것인지를 현실적 기대를 가지고 살펴야 한다. 이러한 관점을 더 자세히 살펴보기 전에, 새아버지가 당면한 문제들에 대해서도 살펴보도록 하자.

새아버지 되기

남성들의 경우에는 새엄마와는 달리 새아버지의 역할을 하는 것이 비교적 수월한데 그것은 사녀를 직접 돌보고 사랑해야 하는 압력이 문화적으로 남성에게는 덜 부과되기 때문이다. 그러나, 새아버지들도 유사한 문제를 가지게 된다. 새아버지는 자녀들에게 힘과 권력을 발휘하지 못하는 상태로 새로운 가족 속으로 들어가게 된다. 그러나, 남성들은 상대적으로 자녀를 훈육하고 지도하도록 기대되며, 이러한 역할에 실패하게 될 때에 많은 재혼가족에서는 커다란 문제가 발생하게 된다.

재혼 초기 1~2년 동안에 새아버지가 나이든 자녀들을 훈육하고 바로잡고자 한다면, 대부분의 새아버지들은 매우 어려운 시기에 접어들게 된다. 새아버지가 공정하든 안하든, 자녀들은 어른들에게(특히 또 다른 친부모에게) 새아버지가 불공평하다고 끊임없이 불평을 해댈 것이다. 아무리 민감하고 효과적인 훈육자라 할지라도 그의 권위를 내놓고 무시하는 일에 맞닥들이게 된다. 이러한 새아버지와 자녀간의 힘의 불균형은 대체적으로 새아버지가 가족에 합류하자마자 훈육자의 역할을 취하려고 할 때 여지없이 나타나게 되며, 힘의 지배 싸움은 가족 모두를 불행하게 만들게 된다. 재혼 초기에 이미 자녀 훈육에 실패하게 되고, 타협점을 찾아보려는 친절한 교섭마저 꺼리는 자녀들에 대해 너무도 많은 새아버지들은 자녀들과 함께 하는 것을 포기하고 관계를 철수해 버린다. 일찌감치 자녀들을 무시해버린 채, "나는 그 여자와는 결혼했지만 그 자녀들과는 아니다"라고 선언해 버리곤 한다. 사실 새아버지가 가족의 일원으로 통합되고, 자녀들과 매우 의미 있는 관계를 가질 수 있는 가능성이 많기에 섣부르게 철수하는 것은 참으로 유감스러운 일이다. 왜냐하면 이를 위해서는 대체로 사람들이 생각하는 것보다 훨씬 더 많은 시간이 필요하기 때문이다. 연구자들에 의하면, 어린 자녀들도 적어도 2년은 되어야 계부를 가족으로 받아들이며, 아내와 같은 수준에서 가족의 관리자로서의 권리를 획득하게 된다.

나이든 자녀들이 새아버지가 자신을 훈육하고자 할 때에 왜 그렇게 참기 힘들어하는지에 대해 몇 가지 이유가 있다. 먼저, 그들은 새아버지가 자신의 친아버지가 자기들을 어떻게 양육했는지를 추측하는 것을 괘씸하게 생각한다. 친엄마와 같이, 자녀들은 친아버지의 모습을 이상화시키게 되며, 이혼과정에서 경험하였던 분노와 실제적으로는 새아버지와 상관없는 일에 대한 분노의 불똥까지도 새아버지에게 튀게 되기 때문이다.

또한, 자녀들은 자신들이 잘 모르는 사람의 말에 순종하기를 원치 않는다. 자녀에 대한 권위는 상호 간에 서로 돌보고 존경하는 관계로 발전되기 위한 상호 간의 노력의 시간을 통해 자라게 된다. 많은 새아버지들은 궁극적으로는 훈육자의 역할을 감당해야 한다. 2년 정도가 지난 후에, 대부분의 남자아이들은 새아버지가 아버지의 권위를 가지는 것을 받아들이게 되며, 그것을 적극적으로 반기기도 한다. 반면 여자 아이들은 쉽지 않다. 대체로 청소년기에는 새아버지가 훈육을 할 때 거의 항상 저항한다. 그러나 대부분의 어머니들은 여자아이들을 훈육하는 것에 대한 책임을 다해야 한다.

간혹 재혼가족에게서 나타나는 훈육문제 중 하나는 아이들의 엄마가 새아버지에게 매우 혼란을 주는 것이다. 어머니들의 경우 그 동안 혼자서 감당해 왔던 자녀훈육의 짐을 새아버지가 함께 지어주기를 바라게 된다. 그러나 다른 한편으로는 자기도 모르게 한부모로 있을 때처럼 자녀들과 매우 특별하고 친밀한 관계를 깨기 싫어한다. 그동안 혼자서 부모역할을 하는 것에 매우 지쳐 있었지만 새로운 배우자인 남편이 그 문제를 도우려고 할 때에 저항감을 느끼는 것을 깨닫게 된다. 이러한 혼란스러운 메시지는 일상적으로 일어나며, 모든 가족들은 이에 당황하게 된다. 재혼가족에서 새아버지가 계부모역할에 성공하기 위해서는, 부인이 그의 행동에 적극 지지하며, 엄마가 없는 상황에서는 자녀에 대한 책임이 새아버지에게 있음을 자녀들에게 납득시켜야 한다.

재혼 후 초기 2년 동안은 가족구성원의 역할 및 관계의 복잡한 재조정이 이루어지는 시기이다. 가족 구성원들은 이러한 가족 재구성의 기간동안 인내를 가져야 할 것이다.

해결점 찾기

결합 가족(blended family)이 이루어지면서 생기는 어려운 전이과정을 쉽게 하기 위한 몇 가지 방법을 제시하면 다음과 같다. 첫째로, 계부모들은 결혼한 배우자의 아이들을 사랑해야 한다고 기대하지 말아야 한다. 배우자의 아이들을 사랑하지 않는 것에 대하여 죄책감을 가질 필요도 없다. 만약 시간이 지난 후에 서로가 긍정적인 감정을 가지게 된다면—간혹 그런 경우도 있지만—그것은 보너스라고 생각하라. 그러나 꼭 그래야 한다고 기대하지 말라. 계부모들은 아이들을 공정하고 존중하는 마음으로 대하면 된다. 그러나 이 또한 현실적으로 가능한 수준이어야 한다. 서로 사랑해야만 한다는 부담과 기대가 사라지게 되면, 계부모는 아이들과 오히려 서로를 즐길 수 있게 된다.

동일하게, 아이들의 마음을 사려고 노력할 필요도 없다. 계부모가 아이들이 자신의 친부모에게 갖는 사랑과 경쟁하려고 할 때부터 문제는 태동하기 시작한다. 아이들에게 돈을 너 많이 쓴디기나, 더 재미있게 해주려고 하기보다는, 자신을 잘 살피고 상대 부모보다 능가하려고 애쓰지 않도록 하라. 다른 부모에 대한 예의와 존중은 이러한 경쟁을 잠식시키는 가장 좋은 방법이다.

둘째로, 재혼가족은 서로 재혼하고자 하는 두 성인의 결정에 따라 이루어지는 것이지, 아이들에 대한 관심에 의해 형성된 것이 아니다. 그러므로 새로운 배우자는 아이들의 친부모처럼 행동하려고 하지 않는 것이 좋다. 특히 초기에, 그리고 자녀가 청소년기인 경우에는 더더욱 그렇다. 너무나 많은 재혼가족의 부모들은 자신들이 친부모처럼 자녀양육의 역할을 모두 이행해야 하는 것으로 부담을 느끼고 있다. 그러나, 그렇게 하려고 하는 순간 청소년 자녀들과의 관계에서 매우 큰 갈등과 좌절을 맛보게 된다.

나이든 자녀와 화목하게 잘 지내는 재혼가족의 경우에, 앞서 언급된 바와 같이 새로운 부모가 자녀에게 부모역할을 하려고 하기보다 부모 역할을 원래의 친부모에게 맡겨 놓는 일이 종종 있다. 계부모들은 아이들과 친구같이 우정을 발전시켜 나가도록 애쓸 수 있으나, 그러한 때에도 자신의 결혼은 자신의 배우자와의 관계를 기반으로 이루어졌다는 것을 잊지 말아야 한다. 이러한 태도는 마치 자신을 매우 둔감한 사람인 것처럼 느껴지게 할지는 모르나, 자녀들은 그들의 친부모와의 관계에서 충성심 갈등에 빠지지 않고, 친부모의 자리를 빼앗기는 것 같은 우려감에서 벗어날 수 있다. 더 나아가, 계부모가 아이들의 부모로부터 인정받아야 한다는 실현하기 힘든 강박에서 벗어나도록 하며 아이들의 순종을 강요해야 하는 힘든 전쟁을 치르지 않도록 해준다.

계부모가 부딪치는 가장 위험한 상황 중 하나는 원래 부모들이 어려워하는 부모로서의 책임들을 새로운 배우자가 떠맡아주기를 바랄 때라는 사실을 강조하고 싶다. 예를 들어, 과잉보호를 하는 아버지는 새로운 아내가 성년이 다 된 딸이 학교에 결석하지 않도록 챙겨 주기를 바랄지 모른다. 또는, 어머니가 12살 된 아들을 자신이 원하는 방향으로 통제하지 못하면서 계부가 아이를 훈련시켜 주길 바라기도 한다. 이런 기대는 비현실적인 것들이다. 친부모들은 이런 삶의 전이과정에서 자녀양육의 과제를 해결하면서 성숙하는 기회로 삼아야지 계부모에게 갈등을 떠 넘겨서는 안 된다. 아이들이 어리지 않다면, 원 부모는 부모의 역할을 계속 유지해야 한다. 계부모들은 성년의 자녀들에게는 부모로서보다는 오래된 친구와 같은 역할이 더 바람직하다. 새로운 배우자가 보다 적극적인 역할을 원할 경우, 친구에서 부모로의 조심스러운 역할 전이를 해야 한다.

재혼을 하는 많은 부모들은 이런 점에 귀 기울이려 하지 않는다. 처음에는 이런 제안들이 이제 막 시작하는 핑크 빛 삶과 새로운 가정에 대한 기대와 희망에 대해 찬 물을 끼얹는 것처럼 들릴 것이다. 하지만, 자신들도 모르게 많은 부모들은 전통적 핵가족의 틀에 새로운 결합 가족을 끼워 맞추려 한다. 이러한 노력은 분명히 선한 의도임에도 불구하고 상처와 분노를 종종 가져오게 된다. 그러나, 부모가 아닌 친구의 역할을 취한 재혼가족의 경우 갈등을 줄이고 관계를 형성하는 데 있어 훨씬 앞서가게 된다.

마지막으로, 계부모로서 성공적인 역할을 수행하기 위해선 효과적인 자녀 양육 훈련이 필요하다. 권위주의적인 계부모는 대부분 실패하게 되어 있다. 자녀들은 계부모의 통제를 거부할 것이다. 반면, 허용적인 계부모들은 권위를 인정하려들지 않는 아이들에게 휘둘리기 쉽다. 재혼가정에서, 이런 형태의 양육방식을 취한 계부모의 경우 자녀와 자녀양육의 문제에 대해 포기 혹은 방임을 하기 쉽다. 이와 대조적으로 성공적인 계부모는 부모로서의 역할을 시작할 때 권위있는 자녀양육 방식을 사용한다(그림 10-1 참조). 10장에 나타난 따뜻함과 엄격함을 조화하여 자녀들을 지배하지도 반대로 자녀들에게 조정 당하지도 않는다.

성공적인 재혼가족의 형성

재혼가족이 형성된 후 부부는 그 안에서 성공적으로 부부 연합관계를 수립할 수 있으며, 자신들만의 가족에 가장 잘 맞는 독특한 부모역할을 수행할 수 있는 융통성이 있다. 이 주제를 좀더 확장해서 다루어 보자.

부부 연합관계 수립

부부관계란 일반적인 양부모가족에서도 그렇듯 결합가족(blended family)에게 있어서도 가장 중심이 되는 축이다. 잘 기능하는 재혼 가족과 문제를 안고 있는 재혼 가족에게는 두 가지 큰 차이점이 있다. (1) 계부모와 자녀들 간의 관계의 질과 (2) 부부의 협력관계의 특성에 달려 있다. 부부가 서로 지지를 받고 있다고 느끼며 부부관계의 수립을 위해 노력을 다할 때에, 다른 가족구성원들이 느끼는 안정성과 응집성 또한 높아지게 된다. 이미 언급된 바와 같이 부부 연합관계는 자녀나 또 다른 일상적 요구들에 의해 무너지지 않아야 한다. 이러한 필요는 재혼가족에서도 가장 우선시되어야 한다. 자녀를 동반한 재혼이 다시 파경을 맞아 이혼하는 재이혼율이 상당히 높다는 점(재혼가족의 60%가 재혼 후 5

년 안에 다시 이혼하는 상태)은 일반 가족보다 재혼가족에서 확고한 부부 연합관계를 형성하는 것이 상대적으로 어렵다는 것을 반영해 주는 것이다. 성공적인 가족생활과 자녀양육을 위해 매우 중요한 부부관계의 확립에 어떤 고충들이 있는지 좀더 면밀히 살펴보겠다.

새로 탄생한 재혼 부부에게 가장 큰 장애물은 그들이 서로 간의 신뢰관계를 형성하기 전에 이미 자녀가 있다는 것이다. 실제적으로, 부부는 복잡한 가족 상황 속에서 신혼기를 맞게 된다. 핵가족에서의 신혼부부와 달리, 재혼한 부부는 자녀가 있기 전에 부부 관계를 발전시키지 못한 상태이다. 8장에서 부부관계 형성의 발달 과정에 대해서 살펴본 바와 같이, 결혼한 부부는 서로 간에 관계를 쌓아가기 위해 상당히 많은 심리적 과업 앞에 놓여 있다. 갓 결혼한 신혼부부는 함께 삶의 목적을 합의하며, 어떻게 경제생활을 꾸려나가야 하며, 누가 밥을 하고 누가 쓰레기를 버리는가 등의 사소한 문제들조차 합의해야만 한다. 어떻게 부부가 서로 간의 의견 차이와 갈등을 조정하게 되는가? 부부 중 한 사람은 이것을 하고 싶고, 다른 사람은 다른 것을 원할 때에 어떤 방식으로 균형을 잡을 수 있을까? 자녀가 생기게 되면 이러한 심리적 과제를 수행해 나가기가 더욱 어렵다. 아이들은 자주 부부관계 속에 부적절하게 끼어들게 되며, 이런 문제를 해결하지 못할 때 이혼으로 치닫게 된다. 그러므로 재혼 부부의 경우에는 자녀와 그 관련 문제들이 부부관계를 훼손시키지 못하도록 관계를 보호하는 것이 필수불가결하다. 기능적인 재혼가족 안에서, 부모는 자녀들이 부모를 원하고 있음을 알지만 동시에 부부가 안정되고 지지적인 결혼생활을 유지하고 누리기 위해서 자신들의 욕구도 수용하고 인정할 수 있게 된다. 부모는 부부로서 행복을 누리는 성공적인 부부 관계를 보여줌으로써 자녀들도 미래에 자신들의 결혼의 모델을 보게 됨으로 결과적으로는 자녀에게도 이득이 된다는 것을 인식해야 한다.

밥과 로라(Bob and Laura)

마틴(Martin)씨 집은 결합가족으로서 "남편의 자녀, 아내의 자녀, 그리고 그

둘 사이의 자녀"로 이루어졌다. 부모인 밥과 로라는 30대 후반이며, 4년 전에 재혼하였다. 밥은 이전의 결혼에서 두 명의 자녀를 두었는데, 10살인 죤(John)과 8살인 엠마(Emma)이다. 죤과 엠마는 밥과 로라와 함께 3일 동안 지내며, 주말과 주중의 나머지 시간은 가까운 곳에 살고 있는 그들의 친어머니와 지내고 있다.

로라는 7년전 전남편과 이혼을 하였다. 그녀의 아들은 론(Ron)은 9살이며, 딸인 레아(Leah)는 7살이다. 이 두 자녀는 모두 밥과 로라와 함께 살고 있다. 그녀의 전남편은 다른 주로 이사를 하였으며 재혼을 하였는데 연락이 잘 되지 않는다. 또한 밥과 로라는 재혼하여서 현재 18개월이 된 로스(Ross)라는 딸을 두고 있다.

밥과 로라가 처음 만나 데이트를 하게 되었을 때에, 그들에게는 모두 자녀가 있었지만 그들은 서로가 즐길만한 충분한 시간이 필요했다. 4명의 자녀들은 모두 나이가 비슷하여서 그들은 함께 놀며, 금방 친구처럼 되었다. 밥과 로라가 결혼을 한 이후에 그들 6명의 가족들은 함께 한 주 내내 있을 수 있게 되었다. 길지않은 허니문 기간이 지나자 그들은 자녀들 사이에서 문제를 발견하게 되었고, 더 악화되기 전에 나무어질 필요가 있었다.

밥과 로라가 결혼 한 후에, 밥은 로라의 자녀들에게도 아버지의 역할을 하려고 애를 썼다. 그러나 그들은 자신들을 훈육하려고 하는 밥에 대해 저항을 하였다. 밥의 자녀인 엠마 또한 로라에 대해 부정적이며 비판적으로 되어가기 시작하였다. 두 커플은 항상 집에서 가까이 지내기가 쉽진 않았고, 이젠 한순간도 방해받지 않는 시간이 없게 되었다. 아이들은 밥과 로라가 둘 만의 조용한 시간을 가지려고 할 때마다 끼어들었고 나이 든 두 아이는 두 부부가 서로에게 친밀한 모습을 보는 걸 참지 못해했다. 아이들은 두 사람을 떼놓으려는 음모를 꾸미는 것 같았다. 가족 갈등 수준이 높아짐에 따라 새로운 결혼내의 긴장도 고조되었다.

하지만 밥과 로라는 이런 상황에 단호히 대처했다. 다른 많은 커플과는 달리, 그들은 결혼할 때 아이들이 겪게 될 불안과 관계를 방해하려는 시도들에 대해 예측하고 있었다. 상황이 더 악화되기 전에, 밥과 로라는 서로 격려하고 대화하기에 더욱 노력을 기울였다. 그들은 정기적인 둘 만의 시간을 정하고 충실하게 지켰다(매일 15분간 조용한 대화와 매주 토요일 밤의 데이트). 두 사람은 아이들이 두 사람을 방해하지 않도록 최선을 다했고 매주 일요일 저녁에 가지는 가족회의에서 아이들에게 이 점을 이야기 했다.

이 새로운 가족 내의 긴장이 몇 달간 지속되며 고조되었다. 하지만, 밥과 로라의 노력이 점차 결실을 얻게 되었다. 그들은 아이들의 방해 노력에도 불구하고 부부로서의 관계를 유지할 수 있었다. 아이들이 밥과 로라 사이에 끼어들 수 없으며, 한부모 가족일 때 부모와 나누던 연대감을 다시는 기대할 수 없게 되었다는 걸 자각함에 따라, 가족 갈등은 사라지기 시작했다. 밥과 로라는 아이들에게 자신들의 친부모와의 관계를 계속 유지할 수 있다고 분명하게 이야기했다는 점에서도 성공적이었다. 그들은 아이들이 낳아준 부모와 정기적으로 만나야 하는 필요를 인정했다. 다소 굴곡이 있었지만, 결혼 첫 18개월간을 통해 상황들이 호전되어 갔다. 2년이 지났을 때, 마틴 가족은 조화로운 가족생활을 누리고 있으며 아기를 낳을 계획을 가지고 있다.

자녀들은 막 재혼한 부부 사이에 끼어들려고 하거나 결혼을 인정하지 않음으로써 부부관계를 직접적으로 방해하기도 한다. 이러한 대항은 매우 힘들기는 하지만 자신들의 관계영역을 개척해 내고 서로 간에 부부 연합관계를 고수하기 위해 애쓰도록 하므로 부부에게는 피할 수 없이 중요한 일이다. 3장에서 언급했던 바와 같이 부모는 새로운 부부관계에서 느끼는 행복을 자녀도 함께 누리고 느끼기를 기대하지 않는 것이 현명하다. 왜냐하면 자녀들은 원부모의 재결합을 원하는 경향이 강하기 때문이다. 아이들의 눈에 비춰진 재혼은 원래 부모간의 재결합을 막는 것이기 때문이다. 부모는 아이들의 분노를 예상하고 아이들이 겪을 수 있는 실망, 분노, 혹은 재혼에 대한 염려 등에 대해 함께 이야기할 기회를 주어야 한다. 아이들에게 그들의 생각을 편안하게 이야기 하도록 해야 하겠지만, 자녀의 반대가 재혼을 취소할 이유가 될 수는 없다.

어떤 한부모는 교제중인 사람에 대해 자녀의 인정을 구하거나 심지어 결혼할 대상에 대해 자녀의 허락을 구하는 경우가 있다. 이것은 부모의 삶의 이런 부분들을 나누는 것이 자신과 자녀들에게 도움이 된다는 믿음 때문이다. 몇 몇 부모는 새로운 배우자와의 재혼 결정을 자녀들의 승낙에 근거하는 경우조차 있다. 이런 경우 부모들은 자녀들에게 성인들의 결정에 따른 책임을 전가하게 되는 셈이 된다. 이미 살펴본 것처럼, 성인의 관계를 조정할 수 있게 되는 것이 자녀들의 최대 관심사는 아니다. 재혼의 결정은 부모에게 주어진 몫이다.

혼인으로 인한 결합을 이루는데 또 다른 문제는 충성심의 문제이다. 재혼가족은 누가 먼저인가, 자녀들인가 새로운 배우자인가라는 질문에 시달리게 된다. 통상적으로 너무 많은 시간, 관심, 도움이 이전 배우자나 심지어 조부모에게 주어진다는 불평을 들을 수 있다. 특히 한부모가 자녀들과 유지하던 충성관계에 새로운 배우자를 포함하여 재조정하는 것은 매우 어려운 일이다. 종종 새로운 배우자들은 부모-자녀의 연대 관계에서 소외된다고 불평하게 된다. 하지만, 배우자들이 서로에게 헌신하고 서로의 정서적 필요들—언제나 가까이 할 수 있고 자기를 지지해 줄 것이라는 느낌—을 충족시켜 주는 것이 매우 중요한 일이다. 그러나 재혼가족의 경우 너무 많은 요구와 책임들이 부과되기 때문에 이런 배우자간의 민감성이 형성되기가 더욱 힘들다. 특별히, 배우자들은 "아이들이 항상 우선이고 내겐 순서가 돌아오지 않아"라는 불평을 빈번하게 하게 된다. 재혼가정에서 배우자가 빼앗겼다고 느끼는 상실감은 중요한 결혼 문제 중 하나이다. 자신은 항상 자녀들 다음이라고 느끼는 계부모는 "내가 여기서 뭐하는 거지?"라는 의문을 가지게 되며, 더 나아가 "난 여기서 외톨이야. 소외되었어."라고 느끼게 된다. 커플들은 다른 사람에 대한 의무들에 대해 한계를 정해 놓아야 하며 배우자와 함께 하는 시간을 정기적으로 정해 놓고 가져야 한다. 만약 그렇지 못하면 부모-자녀 관계는 부부 관계와 더불어 지속적으로 고통을 받게 된다.

재혼가족의 차이점 이해

재혼가족은 전통적인 핵가족과 다르다. 우리가 지니고 있는 가족관계와 부모역할의 기본적 모델이 이러한 일반적 핵가족의 모습에 있기 때문에, 너무나 많은 사람들이 재혼한 후에도 전통적인 가족양식을 재생산하려고 노력한다. 이미 살펴보았던 것처럼, 두 사람이 재혼할 때에 자녀의 나이가 8세 미만인 경우에는 이러한 모델을 고려해 볼 수 있을 것이다. 나이가 많은 자녀가 있을 경우에는 부모역할을 새로운 배우자와 함께 수행하려고 하는 초기의 시도는 갈등을 일으키게 되며, 바로 이 점이 왜 재혼가족이 일반 핵가족보다 논쟁과 긴장을 더 많이 지니게 되는가 하는 점이다. 나이 든 자녀가 있는 재혼 가족에서는 보통의 핵가족과 같이 되려고 하기보다는 서로를 위해서 어떠한 가족관계와 부모역할이 가장 효과적일지를 결정해야 한다. 예를 들어, 어떤 자녀는 새로운 부모로부터의 훈육과 지도를 받아들이지만, 다른 형제자매는 거부할 수도 있다. 계부모가 부모의 책임을 감당하고 싶어 할 수도 있으나, 그렇지 않을 수도 있다. 재혼가족에서는 전통적인 핵가족 모델을 좇아가려고 애를 쓰기보다 각각의 구성원이 원하는 가족을 만들고 각자의 선호에 따라 반응하게 될 때에 진정으로 꽃을 피우게 된다.

재혼가족은 또한 각 구성원들이 역할과 규칙을 세우는 것이 더욱 더 필요한 상태에 있기 때문에 일반 핵가족보다도 더욱 모호함(ambiguity)을 지니고 있다. 무엇을 해야 하는지 명확한 지침이 없는 상태인 것이다. 예를 들어, 매우 기본적인 일이지만 가족 성원끼리 어떻게 불러야 하는지도 결정해야 한다. 자녀가 계부모를 뭐라고 불러야 하는지 정해진 관습이 없다. 아이들은 엄마의 새로운 남편인 짐(Jim)을 무엇이라고 불러야 할까? 짐, 아빠, 미스터 존스, 새아빠, 아버지? 이러한 모호함으로 인해 자녀들은 호칭에 대한 결정을 해야 하고, 가족 구성원들 각자가 자신들의 호칭을 정해야 한다. 이는 서로를 탐색하는 일로서 어색한 일일 필요도 없으며, 또한 우스갯소리가 되어서도 안될 것이다. 자녀들에게 다른 사람들을 어떻게 부르라고 강조하기보다는 그들이 편안하게 생각하는 대로 부르도록 할 수 있다. 더욱 모호한 일은 혼합 가족 안에서 계부모의 역할이 시간이 거듭될수록 변화되며, 그렇기 때문에 반복적으로 역할규정이 새롭게 이루어져야 한다는 점이다. 혼합 가족은 특히 초기 2년 동안 상당히 많은 변화에 직면한다. 그리고 계부모들은 이러한 전이과정에서 훈육 및 자녀양육의 책임을 떠맡았다, 포기했다, 또다시 맡게 되는 과정을 반복하게 될 수 있다. 부모로서 이를 잘 수행하기 위해서는, 계부모들은 이러한 애매모호한 상태를 적응하기 위해 필요불가결한 유연성을 마음에 지녀야 한다.

부모들이 깨닫고 있어야 하는 또 다른 재혼 가족의 특징으로는 소속감의 문제를 들 수 있다. 가족구성원으로서의 자격과 다른 가족 성원들과 공동적 정체감을 소유하는 일은 일반 핵가족에서와 같지 않다. 성공적으로 기능하기 위해서는, 모든 가족 성원들이 하나의 가족원으로서의 정체성을 가져야 하며, 한 가족임을 보여줄 수 있는 그들만의 의식이나 전통을 가족구성원들이 발전시켜 나가야 한다(예를 들어, 매년 크리스마스트리 장식이나 생일파티 등). 가족들은 매년 독립기념일에 함께 가족 소풍을 나간다거나 매년 앨범에 보관하기 위해 하누카 동안에 그림을 그리거나 하는 일을 함으로 공통된 정체성을 확립할 수 있다. 어떤 가족들은 추수감사절 저녁식사에 함께 있지 않은 가족의 자리도 식탁에 마련함으로써 우리가 서로 가족임을 느끼도록 한다. 이러한 것들은 바로 각 가족 구성원들이 "우리는 해리스 가족이다"라는 하나의 가족임을 규정하기 위한 매우 다양한 전통 중 몇몇 예일 뿐인 것이다.

일반적 핵가족과 달리 재혼 가족에서 가족의 일원이 됨은 매우 "개방"되어 있다. 그 예로, 자녀와 함께 살지 않는 부모 또한 재혼 가족에 정기적으로 참여할 수 있게 된다. 그들은 자녀에 대한 의사결정을 하게 되며, 이따금 자녀의 삶에 중요한 결정에 있어서 매우 적극적인 역할을 하게 되기도 한다. 이러한 상황, 즉 제 3의 부모가 포함되는 상황은 일반가족에서는 일어나지 않는 일이다. 또한, 이혼 가족의 자녀들은 대체로 두 가족을 공유하게 된다. 그들은 함께 살지 않는 다른 부모들과도 매우 강한 유대를 가지며 그들의 가족 또한 가족의 일부로 여기고 있기 때문이다. 더 나아가, 계부모들뿐만 아니라 조부모들도 확대가족의 생활, 특별한 가족 행사, 그리고 공휴일 등에 있어서 가족으로서 중요한 역할을 차지하기도 한다. 그러므로 재혼가족은 오로지 그들만의 가족이 아닌 것이다; 그들은 자주 충성심의 균형을 이루어야 하며, 다른 두 가족과 함께 가족정체성을 나누어야만 한다. 어떤 경우에는 두 인종이 섞인 자녀가 상이하게 다른 문화 속에서 어떻게 통일된 자아 정체감을 형성해 가야 하는가라는 정체성의 도전 앞에 서게 된다. 두 인종이 섞인 자녀들은 복잡한 주제에 해답을 얻기 위해 고군분투하게 된다. 어떻게 양쪽의 부모가 가진 특성 및 그들이 가진 문화적으로 이질적인 두 세계를 나의 자아감 속에 포함시키며 양쪽 모두를 존중할 수 있을까. 이러한 도전은 매우 귀중한 것이며, 충족되기만 한다면 그 결과는 매우 풍부한 것이 될 것이다.

마지막으로, 혼합가족이 전통적 핵가족과 근본적으로 다른 점은 가족생활 속에 나가고 들어오는 가족 구성원들이 많다는 점이다. 재혼가족 자녀들의 반 정도는 다른 부모와 함께 시간을 갖기 위해 정기적으로 떠나게 된다. 만약 다른 부모도 재혼을 하게 될 경우, 재혼가족 형제자매가 역시 균등하게 가족으로 영입되는 것이다. 자녀들은 너무도 쉽게 “과연 누가 내 가족인가? 누구는 가족에 속하고, 누구는 아닌가?” 하는 가족 구성원들에 관한 질문에 접하게 된다. 자녀들은 이 심오한 질문에 만족할 만한 답을 얻기 전까지는 가족 안에서 안전감을 느끼기 어려우며 그들의 가족 안에 정착되었다고 느끼지 못한다. 이는 결코 쉬운 과업이 아니다; 자녀들은 생각해야 하고, 느껴야 하며, 그리고 이 문제에 대해 끊임없이 대화를 나누어야 한다. 또한 그들의 발달과정의 각기 다른 시점에서 다시 이 문제로 되돌아오게 된다.

자녀들은 자신이 양쪽의 생부모와 계속해서 연결되어 있는 동안 두 가족에 속해 있다는 것을 힘들게 느낀다. 부모들은 1) 동시에 두 가족에게 속해 있음을 말로 허락해 줌으로, 2) 두 가족 중 한 가족을 선택할 필요가 없으며 양쪽 부모들과 동시에 친밀하게 지낼 수 있음을 확신시켜 줌으로, 3) 그들이 다른 가족과 즐기는 것에 대해 인정하고 지지해 줌으로, 4) 자녀가 다른 친부모에 대해 불평하거나 문제를 느낄 때에 이를 자극하기보다는, 다른 관점에서 문제를 해결할 수 있도록 도움으로써 자녀가 이 갈등을 해결하도록 도울 수 있다.

부모를 위한 지침

혼합가족을 위해 부모에게 강조하고자 하는 가이드라인을 요약해 보고자 한다.

1. 다른 친부모와 자녀의 관계의 중요성을 인정하라. 자녀가 다른 친부모와의 관계를 명백하게 인정받고 지지받을 경우에 계부모를 경쟁대상으로 보지 않게 될 것이다. 그러므로 자녀가 다른 부모와 보내는 시간의 필요성을 분명한 말로 반복하여서 인정해 주고 존중해 주도록 하라.

2. 사랑을 강요할 필요가 없다. 재혼한 배우자들은 계부모와 자녀들이 서로 사랑해야만 한다는 기대를 내려놓아야 한다. 이러한 기대는 계부모에게나 자녀에게나 비현실적인 것으로 짐이 되어버리고 만다. 더 나이가 든, 철이 든 자녀가 있을 경우, 계부모는 아주 천천히 부모로서의 역할로 옮겨 가야 한다. 부모보다는 오래된 친구사이 같은 역할을 해주는 것이 훨씬 더 실현가능하다.

3. 자녀에게는 선택의 기회가 없었다는 것을 기억하라. 부모에게 있어서 재혼은 선택이었던 반면에, 자녀들은, 간단히 말하면, 그저 재혼가족의 일부가 되어 버린 것이다. 그러므로 부모들은 재혼의 결정에 대해 완전한 책임을 가지고 있어야 한다. 사실 자녀들에게는 어머니나 아버지의 재혼에 어떠한 권한도 주어지지 않았다(이혼, 새로운 자녀의 탄생, 등등). 부모가 자녀들에게 재혼에 대해 설명하고 그들이 가지고 있는 고민들을 털어놓음으로 자녀에게 확신을 얻고자 하지만, 엄밀히 말하면 재혼 결정의 책임은 부모에게 있어야 하며, 자녀들이 함께 짐을

지지 않도록 해야 하는 것이다.

4. 부부의 연합관계를 수립하라. 재혼 부부는 그들 자신의 부부 연합관계를 수립해야 할 필요가 있다. 이는 부모가 자녀보다 배우자를 더 사랑해야 한다거나, 자녀의 욕구보다 배우자의 욕구를 더 우선시해야 한다는 의미가 아니다. 또한 자녀들 앞에서 부모들이 언쟁이나 불일치를 보여서는 안 된다는 말은 더더욱 아니다. 부부가 다른 욕구들을 조금 뒤로 미루고, 함께 있을 시간을 만들며, 자녀나 다른 어떠한 것들이 부부의 의사소통을 막지 않도록 노력해야 할 필요가 있다는 의미이다. 성공적인 부부 연합관계의 수립이란 부부가 서로 다른 상대방을 기다리는 데에 안전감을 느껴야 하며, 상대방이 무엇인가를 요구할 때에 반응할 수 있어야 한다는 의미이다. 재혼 가족의 많은 요구들이 경쟁적으로 새로운 결혼관계를 무너뜨리려 하겠지만 부부로서 자신들의 관계를 공고히 할 경우에 재혼가족은 더욱 더 응집력 있는 관계를 형성할 수 있다.

결 론

필자는 이혼이 얼마나 고통스러운 일인가를 다시 한번 강조하면서 이 책을 끝맺고자 한다. 우리 중 많은 이들은 대부분의 변화나 갈등들은 청소년기에 국한되어 있다고 믿으며 자라왔다. 우리는 일단 결혼하면 자신은 성숙되고 삶은 정착되어 안정적으로 지속되어 가기를 기대하게 된다. 이혼은 이런 안정과 풍요의 신화와 이전에 가지고 있던 확신들—나는 누구이고 어디로 가고 있다—을 산산이 무너뜨린다. 이혼이라는 위기 순간에 많은 부모들은 자신의 삶의 모든 것들이 변해가는 것을 바라보면서 자신들이 예상했던 것보다 훨씬 더 오랜 기간동안, 훨씬 많은 고통을 겪게 된다. 보다 중요한 것은, 그들이 자신이 하고 있는 것이 과연 옳은 일인지 혼란스러워 하고 사랑하는 사람들의 아픔으로 인해 고통스러워 한다는 점이다.

때로 이혼이 종착지가 아니라는 사실이 도움이 된다. 이혼은 이전 결혼의 종지부이자 새로운 인생국면의 시작이다. 가족해체에 뒤이어 계속되는 일련의 가족 전이들은 우리로 하여금 새로운 방식으로 자신을 바라보게 한다. 이러한 우리 자아인식과 삶의 계획에 광범위하게 영향을 주는 변화들은 우리 자신뿐 아니라 우리의 자녀들에 대해 책임을 져야 할 때 더욱 더 힘겹다.

이혼 후 평정상태를 되찾는데 1년 혹은 2년이 걸릴지 모르지만, 이혼 후 부모와 자녀들은 새롭고 의미있는 삶을 창조할 수 있다. 이 적응의 기간은 한 개인으로서, 부모로서 성장의 시간이 될 수 있다. 이혼이라는 격변은 비통스러운 위기이기도 하지만 더욱 독립적이고, 유연하고, 그리고 인내할 수 있게 되는 기회가 되기도 한다. 인생의 문제들을 극복하는 것을 배워감에 따라 동시에 보다 나은 부모가 될 수 있음을 알게 될 것이다. 이혼의 고통이 보장해 주는 것은 부모로서 더욱 자녀들에 귀를 기울이고 그들을 이해하는 법을 배울 수 있다는 것이다. 그리고 자녀들에게 더욱 친근하고 따뜻하게 다가설 수 있으며, 자녀들을 잘 양육하고 훈련시킴으로써 자녀가 보호받고 있다는 것을 느끼게 해줄 수 있고 동시에 자녀로부터 존경받을 수 있는 걸 배우게 된다.

자기회의와 혼란 속에서 삶을 위해 분투하는 동안, 자녀들도 일어나는 변화로 인해 야기되는 고통들을 극복해 가고 있다. 그들은 부모에게서 사랑과 재확신을 기대한다. 당신은 자녀들의 고민을 진지하게 받아들이고 그들의 문제를 해결하도록 도와줌으로써 그 기대에 부응할 수 있다.

이 책은 자녀들의 두려움, 관심, 오해들에 대해 설명함으로써, 이혼과정에서 자녀들이 밖으로 잘 드러내지 못하는 것들을 부모들이 이해하기를 바란다. 이런 이해를 바탕으로 자녀들이 이혼과정을 잘 극복해 나갈 수 있도록 돕게 되기를 소망한다.

도움이 되는 책들

How to Win as a Step-Family, E. Visher와 J. Visher 공저 (Brunner/ Mazel, 1991)는 재혼하는 부모를 돕기 위한 지침으로 유용하다. 저자들은 식견을 가지고 재혼가족으로서의 자신들의 삶을 이끌어 왔으며, 부모들이 부닥치게 될 문제들을 미리 예상하도록 도우며, 이를 해결하기 위한 실제적인 지침을 제공하고 있다. 이 저자들은 당신이 재혼가족으로서의 삶을 성공적으로 이끌도록 도울 수 있을 것이다.

Why Marriages Succeed or Fail.... And How You Can Make Yours Last(J. Gottman, Fireside, 1994)는 배우자와 효과적으로 의사소통 하는 방법을 습득하고, 이혼으로 이끌게 되는 상호작용 패턴을 인식하도록 도우며, 최상의 결혼생활이 되도록 돕는다. 매우 분명하고, 실제적이며 많은 정보를 제공하고 있다.

Help! A Girl's Guide to Divorce and Stepfamilies, N. Holyoke 저(American Girl, 1999)는 재혼가족의 부모들이 재혼가족 자녀들에게 이 새로운 가족에 대해 얘기할 수 있도록 돕는다. 또한, 재혼가족 부모들은 지원체계를 발전시키는 데에 많은 유익을 얻을 수 있을 것이다. 더 많은 부분을 알고자 할 때에는 아래 주소로 연락을 하면 도움이 될 것이다. 미국 재혼가족 협회(The Stepfamily Association of America), 650 J street, Ste. 205, Lincoln, NE 68508.

찾아보기

역자 소개

성정현
서울대학교 사회복지학과에서 박사학위를 취득하고 현재 협성대학교 사회복지학과 교수로 재직중이다. 박사학위 논문은 "성역할태도와 이혼여성의 적응에 관한 연구"이다.

김희수
연세대학교 사회복지학과에서 박사학위를 취득하고 현재 한국성서대학교 인문사회학부 사회복지전공 교수로 재직중이다. 박사학위 논문은 "저소득 가정 아동의 비행행동에 대한 환경적 요인들의 영향"이다.

박한샘
연세대학교 교육학과 상담전공으로 박사학위를 취득하였으며, 현재 제주도청소년상담지원센터에서 근무중이다. 박사학위 논문은 "이혼가족 자녀의 적응과정에 관한 연구"이다.

양심영
The Catholilc University of America에서 사회복지학박사를 취득하고 현재 숭의여자대학 가족복지학과에 재직중이다. 박사학위 논문은 "Post-Divorce Adjustment of Middle Aged Women in Korea"이다.

양혜원
연세대학교 사회복지학과에서 박사학위를 취득하고 현재 총신대학교 사회복지학과교수로 재직 중이다. 박사학위논문은 "아내구타 노출 아동의 적응향상을 위한 집단프로그램 개발"이다.

전명희
연세대학교 사회복지학과에서 박사학위를 취득하고, University of Mayrland에서 Post-doc researcher로 일했다. 지금은 미국 워싱턴한인봉사센터에서 가정위기상담을 맡고 있으며, 이혼가족부모교육 공인강사로 활동중이다.

주소희
성균관대학교 사회복지학과에서 박사학위를 취득하고 현재 침례신학대학교 사회복지학과 교수로 재직중이다. 박사학위 논문은 "부모이혼후 자녀의 적응에 영향을 미치는 변인에 관한 연구"이다.

최정숙
이화여자대학교 사회복지학과에서 박사학위를 취득하고 현재 단국대학교 행정법무대학원 사회복지학과 교수로 재직중이다. 박사학위 논문은 "여성의 이혼과정에 관한 근거이론 연구"이다.

이혼가정 자녀 어떻게 돌볼 것인가

2011년 8월 20일 중판인쇄
2011년 8월 25일 중판발행

저 자 성 정 현 외

발행인 유 성 열

발행처 청목출판사
서울특별시 영등포구 신길로 40길 20
전화 (02) 849-6157(代) · 2820 / 833-6090~1
FAX (02) 849-0817
등록 제318-1994-000090호

파본은 바꾸어 드립니다. 값 14,000원

http : //www.chongmok.co.kr

ISBN 978-89-5565-144-9

※ 인지는 생략합니다.